Para entender *O capital*

Livros II e III

David Harvey

Para entender *O capital*

Livros II e III

Tradução
Rubens Enderle

Copyright © David Harvey, 2013
Copyright desta tradução © Boitempo Editorial, 2014
Traduzido do original em inglês *A Companion to Marx's Capital, Volume II* (Londres/Nova York, Verso, 2013)

Coordenação editorial
Ivana Jinkings

Editoras-adjuntas
Bibiana Leme e Isabella Marcatti

Coordenação de produção
Livia Campos

Assistência editorial
Thaisa Burani

Tradução
Rubens Enderle

Preparação
Mariana Echalar

Revisão
Camila Petroni

Capa e diagramação
Antonio Kehl
(sobre boneco de Karl Marx feito por Marcio Fidelis)

CIP-BRASIL. CATALOGAÇÃO NA PUBLICAÇÃO
SINDICATO NACIONAL DOS EDITORES DE LIVROS, RJ

H271p

Harvey, David, 1935-
    Para entender O capital : livros II e III / David Harvey ; tradução Rubens Enderle. - 1. ed. - São Paulo : Boitempo, 2014.

    Tradução de: A Companion to Marx's Capital, Volume 2
    Sequência de: Para entender O capital: Livro I
    Inclui índice
    ISBN 978-85-7559-403-2

    1. Marx, Karl, 1818-1883. 2. Socialismo. 3. Filosofia Marxista. I. Título.

14-15196   CDD: 335.4
                                                           CDU: 330.85

É vedada a reprodução de qualquer
parte deste livro sem a expressa autorização da editora.

Este livro atende às normas do acordo ortográfico em vigor desde janeiro de 2009.

1ª edição: setembro de 2014; 1ª reimpressão: maio de 2015

BOITEMPO EDITORIAL
Jinkings Editores Associados Ltda.
Rua Pereira Leite, 373
05442-000 São Paulo SP
Tel./fax: (11) 3875-7250 / 3875-7285
editor@boitempoeditorial.com.br | www.boitempoeditorial.com.br
www.blogdaboitempo.com.br | www.facebook.com/boitempo
www.twitter.com/editoraboitempo | www.youtube.com/imprensaboitempo

Sumário

Nota sobre os textos utilizados 7

Introdução 9

1. Os ciclos do capital 43
   (Capítulos 1-3 do Livro II)

2. As três figuras do ciclo e a continuidade do fluxo do capital 71
   (Capítulos 4-6 do Livro II)

3. A questão do capital fixo 111
   (Capítulos 7-11 do Livro II)

4. O capital comercial 141
   (Capítulos 16-20 do Livro III)

5. Juro, crédito e finanças 167
   (Capítulos 21-26 do Livro III)

6. As visões de Marx sobre o sistema de crédito 201
   (Capítulos 27-37 do Livro III)

7. O papel do crédito e o sistema bancário 223
   (Capítulo 27 em diante do Livro III)

8. O tempo e o espaço do capital 257
   (Capítulos 12-14 do Livro II)

9. Circulação e tempos de rotação 277
   (Capítulos 15-17 do Livro II)

10. A reprodução do capital 301
    (Capítulos 18-20 do Livro II)

11. O problema do capital fixo e a reprodução ampliada 337
    (Capítulos 20 e 21 do Livro II)

12. Reflexões 363

Índice 377

Nota sobre os textos utilizados

Os textos utilizados neste volume foram os seguintes:

Karl Marx, *Capital,* Volume II (trad. David Fernbach, Londres, Penguin/*New Left Review*, 1978). [Aqui utilizamos a edição brasileira: Karl Marx, *O capital: crítica da economia política*, Livro II: *O processo de circulação do capital* (trad. Rubens Enderle, São Paulo, Boitempo, 2014), numeração de páginas citada diretamente.]

Karl Marx, *Capital,* Volume I (trad. Ben Fowkes, Londres, Penguin/*New Left Review*, 1976). [Aqui utilizamos a edição brasileira: Karl Marx, *O capital: crítica da economia política*, Livro I: *O processo de produção do capital* (trad. Rubens Enderle, São Paulo, Boitempo, 2013), citações referidas como C1, seguidas do número da página.]

Karl Marx, *Capital,* Volume III (trad. David Fernbach, Londres, Penguin/*New Left Review*, 1981). [Aqui utilizamos o texto já traduzido da edição brasileira: Karl Marx, *O capital: crítica da economia política*, Livro III: *O processo total da produção capitalista* (trad. Rubens Enderle, São Paulo, Boitempo, no prelo), porém as citações, referidas como C3, são seguidas do número da página da edição em inglês.]

Karl Marx, *Grundrisse* (trad. Martin Nicolaus, Londres, Penguin/*New Left Review*, 1973). [Aqui utilizamos a edição brasileira: Karl Marx, *Grundrisse: manuscritos econômicos de 1857-1858 – Esboços da crítica da economia política* (trad. Mario Duayer et al., São Paulo, Boitempo, 2011), citações referidas como *Grundrisse*, seguidas do número da página.]

Se, no primeiro volume de *Para entender O Capital*, baseei meu trabalho de redação numa transcrição de aulas, neste segundo volume não segui o mesmo método. Embora o Livro II de *O capital* me tenha frequentemente proporcionado *insights* particulares, eu não tinha com esse livro a familiaridade que só se adquire com a prática regular de ensiná-lo. Por isso, precisei estudar um pouco mais o volume como um todo. Antes de ministrar as aulas, compilei longas notas sobre o material do Livro II e os capítulos relevantes do Livro III, as quais depois retomei, para corrigi-las. Isso formou a base para a primeira versão do texto. Então reli mais uma vez os originais e retornei ao meu manuscrito para fazer correções e comentários adicionais. Como frequentemente ocorre no estudo de Marx, leituras consecutivas revelam novos *insights* e novas camadas de significado. Desse modo, entre a exposição oral e a versão escrita há algumas diferenças e divergências não apenas no modo de apresentação, mas também, ocasionalmente, na interpretação substantiva. Interpretar Marx é sempre um projeto em andamento e incompleto, e é isso que torna tão interessante lê-lo e relê-lo.

Quero agradecer aos estudantes que participaram do seminário preliminar sobre o Livro II e àqueles que assistiram pacientemente às aulas no Union Theological Seminary. Suas questões pertinentes foram sempre úteis, e Crystal Hall, Priya Chandresakaran, Nkosi Anderson e Chris Caruso concordaram, de maneira graciosa e prestativa, em entrevistar-me sobre o texto para a versão em vídeo. Também sou profundamente grato a Chris Caruso, que liderou a equipe de filmagem e administra meu website, e a Chris Nizza, que editou o vídeo com grande perícia. Por fim, Maliha Safri gentilmente leu a primeira versão do texto e sugeriu alguns esclarecimentos e reformulações. Ela não é de modo algum responsável por minhas interpretações.

Introdução

Meu objetivo aqui, como em *Para entender O Capital*, Livro I, é levar você a ler o livro de Marx. Eu gostaria de poder acrescentar "nos próprios termos de Marx", mas, como mostrarei em breve, neste caso é particularmente difícil entender quais seriam esses termos. Antes de mais nada, porém, preciso convencê-lo da importância de fazer uma leitura cuidadosa do Livro II de *O capital* e estudá-lo lado a lado com o Livro I. A razão para fazê-lo é, a meu ver, indiscutível.

Nos *Grundrisse* (*e.g.* 327), Marx afirma que o capital só pode ser entendido como uma "unidade de produção e realização" de valor e mais-valor. Com isso, ele quer dizer que se você não pode vender no mercado aquilo que foi produzido no processo de trabalho, então o trabalho incorporado mediante a produção não tem valor algum. O Livro I de *O capital* concentra a atenção nos processos e dinâmicas da *produção* de valor e mais-valor, deixando de lado qualquer dificuldade que possa surgir das condições de sua *realização*. Marx supõe que sempre existe um mercado e que todas as mercadorias produzidas podem ser vendidas por seu valor. O Livro II toma exatamente o caminho contrário: o que se revela como processos dificultosos e frequentemente instáveis de *realização* do mais-valor é colocado no microscópio, ao mesmo tempo que se supõe que não há qualquer dificuldade no reino da produção de mais-valor. Se, como infelizmente costuma ser o caso, o estudadíssimo Livro I é enfatizado demais, e o Livro II é negligenciado e tratado como secundário, isso significa que, na melhor das hipóteses, só poderemos acompanhar metade da história da compreensão marxiana da economia política do capital. Mas, na verdade, as implicações de não se levar a sério o Livro II são muito piores: com isso, deixamos de entender plenamente o que é dito no Livro I, porque, para serem devidamente compreendidas, suas descobertas devem ser postas *em relação dialética* com as do Livro II.

A unidade de produção e realização, como a da mercadoria, é uma *unidade contraditória*: ela internaliza uma oposição entre duas tendências radicalmente diferentes. Ignorar seu caráter contraditório seria como tentar teorizar o capital sem mencionar o trabalho – ou o gênero, falando sobre os homens e esquecendo as mulheres. É das relações contraditórias entre produção e realização que frequentemente surgem as crises. Ricardo e sua escola, observa Marx, "jamais compreenderam as *crises modernas* efetivas, nas quais essa contradição do capital desaba em tormentas que ameaçam cada vez mais o próprio capital como o fundamento da sociedade e da produção" (*Grundrisse*, 335).

Marx nos advertiu claramente sobre tudo isso no primeiro capítulo do Livro I. Na análise da produção de mercadorias, ele deixa de lado as questões de valor de uso como se elas não fossem importantes, como se a descoberta das "múltiplas formas de uso das coisas" fosse "um ato histórico" (C1, 113) e, portanto, fora do campo de visão da economia política. Mas ele continua e conclui que "nenhuma coisa pode ser valor sem ser objeto de uso. Se ela é inútil, também o é o trabalho nela contido, não conta como trabalho e não cria, por isso, nenhum valor" (C1, 119). Sem realização não há valor – nem mais-valor, é claro. O Livro II estuda essas condições que poderiam fazer com que o valor e o mais-valor potencialmente criados na produção não fossem realizados em forma-dinheiro por meio da troca no mercado.

A ideia de uma contradição profunda entre as condições para a produção e realização do mais-valor é tão importante que penso que seria útil fornecer uma indicação inicial de como isso funciona na prática. No Livro I, Marx se concentra nas implicações, para o trabalhador, da busca implacável de mais-valor pelo capital. No ponto culminante dessa investigação, no capítulo 23, dedicado à "lei geral da acumulação capitalista", a conclusão é que a sina do trabalhador é apenas piorar, que "a acumulação de riqueza num polo é, ao mesmo tempo, a acumulação de miséria, o suplício do trabalho, a escravidão, a ignorância, a brutalização e a degradação moral no polo oposto, isto é, do lado da classe que produz seu próprio produto como capital" (C1, 721). Essa ideia do empobrecimento e depauperação crescentes das classes trabalhadoras entrou como uma vingança no folclore da interpretação marxista do capital. Mas trata-se de uma proposição contingente. Ela presume uma situação em que não *surja absolutamente nenhum problema* na realização do valor e do mais-valor no mercado, e a maneira como o mais-valor é distribuído entre rendas, juros, lucro sobre o capital comercial e lucros sobre a produção direta *não tenha relevância alguma*.

No Livro II, no entanto, encontramos a seguinte afirmação, que é radicalmente incompatível com a formulação do Livro I:

> Contradição no modo de produção capitalista: os trabalhadores, como compradores de mercadorias, são importantes para o mercado. Mas como vendedores de sua mer-

cadoria – a força de trabalho –, a sociedade capitalista tem a tendência de reduzi-los ao mínimo do preço.

Contradição adicional: as épocas em que a produção capitalista desenvolve todas as suas potencialidades mostram-se regularmente como épocas de superprodução, porquanto as potências produtivas jamais podem ser empregadas a ponto de, com isso, um valor maior poder não só ser produzido como realizado; mas a venda das mercadorias, a realização do capital-mercadoria e, assim, também a do mais-valor, está limitada não pelas necessidades de consumo da sociedade em geral, mas pelas necessidades de consumo de uma sociedade cuja grande maioria é sempre pobre e tem de permanecer pobre. (nota 1, 412)

Em suma, a falta de efetiva demanda agregada no mercado pode funcionar como uma séria barreira à continuidade da acumulação do capital, e o consumo da classe trabalhadora é um componente importante dessa demanda efetiva. No fim do Livro II, portanto, Marx fala (ainda que de modo um tanto relutante) sobre como a demanda da classe trabalhadora, juntamente com a manipulação das demandas, necessidades e desejos, torna-se crítica para a obtenção daquela forma de "consumo racional" que sustentará a acumulação contínua do capital.

O capitalismo como formação social está eternamente preso a essa contradição. Ele pode *ou* maximizar as condições para a produção de mais-valor – e assim ameaçar a capacidade de realização do mais-valor no mercado –, *ou* manter a força da demanda efetiva no mercado dando poderes aos trabalhadores – e, com isso, ameaçar a habilidade de criação de mais-valor na produção. Em outras palavras, se a economia funciona bem seguindo as prescrições do Livro I, é provável que esteja em apuros do ponto de vista do Livro II, e vice-versa. Por exemplo, entre 1945 e meados dos anos 1970, o capital nos países capitalistas avançados tendia a uma administração da demanda de acordo com as proposições do Livro II (enfatizando as condições para a realização do valor), porém, ao longo desse processo, enfrentou cada vez mais problemas na produção de mais-valor (em particular aqueles que tinham um movimento operário bem organizado e politicamente poderoso). Depois de meados dos anos 1970, e de uma batalha feroz contra o trabalho, ele assumiu uma postura voltada para a oferta – portanto, mais de acordo com o Livro I. Ele enfatizou a manutenção das condições para a produção do mais valor (mediante a redução dos salários reais, o esmagamento das organizações da classe trabalhadora e o enfraquecimento dos trabalhadores). A partir de meados dos anos 1970, a contrarrevolução neoliberal, como a chamamos hoje, resolveu os principais problemas da produção do mais-valor, mas fez isso criando problemas de realização, em particular a partir do início dos anos 1990. De que forma esses problemas na demanda agregada efetiva foram encobertos pela ampliação do crédito é uma história complicada, que culminou no *crash* de 2008. Evidentemente, essa história geral é uma simplificação grosseira, mas fornece uma clara ilustração de como a unidade contraditória de produção e realização se manifestou historicamente. Ela também se manifestou nas alterações ocorridas na teoria econômica burguesa: por exemplo, o gerenciamento keynesiano da demanda dominou o pensamento econômico nos anos 1960, ao passo que as teorias monetaristas voltadas para a oferta se tornaram dominantes mais ou menos a partir de 1980. É importante situar essas histórias em termos da unidade contraditória subjacente de produção e realização, tal como esta é representada pelos dois primeiros livros de *O capital*.

Há, no entanto, um modo de atenuar a contradição entre produção e realização, ou mesmo resolvê-la efetivamente: recorrendo ao crédito. Isso acontece porque não há nada, em princípio, que impeça que o crédito possa ser fornecido para sustentar em igual medida tanto a produção quanto a realização de valores e mais-valores. O exemplo mais claro disso é quando os financistas cedem empréstimos aos empreiteiros para a construção de conjuntos habitacionais de caráter especulativo, ao mesmo tempo que concedem financiamentos hipotecários aos consumidores para comprar esses imóveis. O problema, evidentemente, é que essa prática pode muito facilmente produzir bolhas especulativas do tipo daquelas que provocaram o *crash* espetacular de 2007-2008, primeiro no mercado imobiliário dos Estados Unidos, em seguida na Espanha e na Irlanda. A longa história dos *booms*, bolhas e *crashes* no ramo da construção mostra a importância de fenômenos desse tipo na história do capital. Mas de certo modo as intervenções do sistema de crédito também foram construtivas e desempenharam um papel positivo na sustentação da acumulação do capital em tempos difíceis.

Foi em parte por essa razão que decidi incorporar nesta leitura do Livro II aquelas partes do Livro III que tratam do capital comercial e financeiro, juntamente com o sistema de crédito. Teoricamente, essa manobra faz sentido, porque o Livro II começa com um estudo dos três ciclos integrados do capital – o do dinheiro, o da produção e o das mercadorias. Porém, Marx trata desses ciclos e de suas relações internas em termos puramente técnicos, sem considerar os agentes de classe que surgem com o encargo específico de gerenciar o capital disponível nas diferentes formas do dinheiro, da produção e da mercadoria. Os produtores são muito importantes no Livro I, é claro, mas os papéis distintivos dos comerciantes e dos financistas só são evidenciados no Livro III. O que encontramos nesse último livro é a história do crédito como fonte de todo tipo de insanidade e loucura especulativa, o que leva à questão óbvia de por que o capital tolera essas excrescências, em particular quando acarretam enormes destruições de valor como aquelas que testemunhamos recentemente. A resposta a esse enigma se encontra no Livro II, embora Marx não a mencione especificamente. Na verdade, Marx exclui de forma sistemática o crédito de sua análise ao longo de todo o Livro II (uma exclusão que muitos leitores, inclusive eu, acham irritante e frustrante). Mas o que vemos no Livro II é que, sem o sistema de crédito, os capitalistas seriam forçados a entesourar mais e mais capital, a fim de cobrir problemas de circulação do capital fixo, diferenças nos tempos de rotação, trabalho e curso, e coisas do gênero. Quando o capital é entesourado, ele se torna inativo e morto. Se cada vez mais capital é posto nessa condição, isso tem um sério impacto sobre a dinâmica da acumulação, a ponto de provavelmente a circulação do capital desmoronar e, por fim, paralisar. Portanto, o sistema de crédito é vital para a liberação de todo esse capital monetário entesourado e inativo. Ele ajuda a recolocá-lo em uso ativo. Mas o faz a um certo custo. A caixa de Pandora da atividade especulativa de crédito tem de ser aberta, e dela sai todo tipo de coisa indesejada. Marx não explicita tudo isso, mas essa é uma implicação clara que deriva da análise de uma economia desprovida de crédito, tal como foi realizada no Livro II.

A razão final que me fez incorporar parte do Livro III ao contexto do Livro II é que isso ajuda a ressaltar a natureza holística da investigação político-econômica de Marx. Ao situar a leitura do Livro II em relação aos outros dois volumes de *O capital*, apreciamos melhor os conteúdos e os significados desse volume em relação ao projeto de Marx em seu conjunto. Mas também estabelecemos uma base clara para o entendimento da natureza do projeto geral de Marx. Por exemplo, há muito tempo defendo que não deveríamos citar passagens deste ou daquele livro como se fossem verdades puras e irrestritas, mas sempre tratá-las, mesmo as proposições mais categóricas (como o empobrecimento crescente dos trabalhadores, no Livro I), como afirmações contingentes, que existem em relação à visão total que Marx buscava representar. É claro que as verdades que o Livro II tem a dizer são vitais para a nossa própria compreensão geral. Mas elas são sempre verdades situadas em relação à estrutura evolvente do projeto sempre inacabado de Marx.

Em relação ao texto atual do Livro II, enfrento o desafio de fazer uma leitura adequada desse texto com um misto de entusiasmo e receio. Entusiasmo porque, para mim (e sei que não estou sozinho nisso) muitos dos *insights* e ideias mais interessantes e inovadores de Marx decorrem de uma leitura minuciosa de seu texto. Construído do ponto de vista da circulação do capital em suas diferentes formas (as circulações do dinheiro, das mercadorias e das atividades produtivas), mais do que do ponto de vista da produção, ele propõe um modelo de funcionamento do capital radicalmente diferente daquele exposto no Livro I. Trata-se, para utilizar minha metáfora favorita, do capital visto através de uma janela diferente do mundo. Através de cada uma das janelas dos dois livros, vemos padrões absolutamente distintos de relações e atividades. No entanto, a visão através de cada janela é objetivamente descrita e fielmente retratada. Sempre achei que da triangulação das duas perspectivas surgiria uma teoria geral daquilo que Marx chama de "as leis do movimento do capital" – uma tarefa que jamais foi satisfatoriamente cumprida, em parte porque o Livro II é incompleto e sua visão não é nítida. Assim, o Livro II, por uma série de razões, é o menos lido e o menos estudado dos três livros de *O capital*.

De muitas maneiras, devo muito ao Livro II. E isso porque ele trata do modo como a circulação do capital constrói seu próprio mundo de espaço e tempo. Ele ajuda a explicar por que a história do capitalismo se caracterizou pelo aumento da velocidade e pela redução do custo e das barreiras temporais ao movimento espacial. Ele apresenta esses traços característicos contra o pano de fundo da contínua reprodução e expansão das relações de classe que residem no próprio cerne daquilo que se entende por capital. E me deu uma fundamentação teórica mais segura para entender a economia política da urbanização e as dinâmicas do desenvolvimento geográfico irregular. Por isso, tirei desse livro muita inspiração para a minha própria obra. Em *A condição pós-moderna**, por exemplo, cunhei – e, em certa medida, popularizei – o termo "compressão espaçotemporal" para capturar os sucessivos modos como o capital entreteceu um mundo de circulação de dinheiro, mercadorias, pessoas, informações e ideias de forma cada vez mais coesa, complexa e concentrada. Essa ideia surgiu da minha leitura do Livro II de *O capital*.

Meu receio surge do fato de que o Livro II é, na verdade, um livro tedioso (e isso talvez seja um eufemismo). Faltam o estilo literário, o brilho e o humor, a ironia e as tiradas devastadoras que ajudam o Livro I a ser tão fácil de ler. No Livro II não há vampiros sanguessugas e mesas que dançam; não há quase nenhuma referência à imensa lista de personagens da literatura – Shakespeare, Cervantes, Goethe, Balzac, para não falar das referências eruditas aos gregos e aos filósofos iluministas – que domina o palco do Livro I. O tradutor da edição inglesa, David Fernbach, sem dúvida com receio de ser criticado pela aridez do texto, aponta as enormes diferenças estilísticas entre o primeiro livro e os subsequentes de *O capital*. O Livro I "é manifestamente apresentado ao público como uma obra de ciência que é também uma obra da literatura mundial", enquanto o conteúdo do Livro II segue "muito mais na esteira das passagens menos expressivas do Livro I". Aqueles que têm familiaridade com o Livro I sabem a que ele se refere. Na maior parte do Livro II, Marx parece se contentar em encarnar o papel do contador seco e empoeirado de tantos dias ou horas de produção de uma mercadoria, e de outros tantos dias e horas dedicados às vendas no mercado. O assunto, escreve Fernbach, "é técnico, e até mesmo árido, em muito maior medida do que no Livro I". Acima

---

* 17. ed., São Paulo, Loyola, 2008. (N. E.)

de tudo, o livro é "célebre pelos áridos desertos entre oásis", e isso "fez com que não poucos leitores não especialistas desistissem de enfrentá-lo"[1]. Os *insights* extremamente importantes do livro encontram-se, para dizer a verdade, enterrados sob uma prosa empolada e cálculos aritméticos tediosos.

O problema não é apenas o estilo da redação. O Livro II também carece da estrutura narrativa envolvente e clara (alguns a chamariam de dialética) que é tão persuasiva no Livro I. Isso se explica, em certa medida, pela natureza incompleta e frequentemente inconclusiva da obra. Os fios que amarram o livro num todo estão lá, mas dá trabalho desenterrá-los, e em alguns casos eles estão completamente esgarçados, quando não rompidos. O único modo de o leitor conseguir captar o todo é agarrar os fios mais salientes e tentar entrelaçá-los numa trama que faça sentido. Para isso, é preciso imaginação e paciência, e mesmo assim é difícil ter certeza de que o resultado será realmente aquilo que Marx tinha em mente. É por isso que às vezes se diz que os comentários sobre o Livro II revelam mais sobre os comentadores do que sobre Marx. Isso certamente é verdade, em certa medida, no meu caso. O problema é que não há nenhum outro caminho produtivo de se ler esse livro.

Sob essa dificuldade geral jaz a questão do modo como Engels compôs os textos dos Livros II e III que chegaram até nós. A investigação mais recente dos cadernos e manuscritos originais de Marx parece indicar que as intervenções de Engels foram substanciais e, muitas vezes, bastante questionáveis. Alguns chegam a sugerir que deveríamos atribuir a autoria desses dois livros a Engels, e não a Marx. Os cadernos e manuscritos em estado bruto, sem as edições de Engels, foram publicados recentemente em alemão e é possível que, à medida que os estudiosos de Marx venham a se dedicar mais profundamente a esse material, surjam reinterpretações muito substanciais. Não posso antecipar que reinterpretações seriam essas, mas penso que é correto informar o leitor sobre essa possibilidade. Enquanto isso, posso apenas lidar com o texto tal como dispomos dele normalmente.

O Livro II foi escrito num alto nível de abstração e, por isso, carece da concreção que caracteriza o Livro I. Por exemplo, no Livro I, quando Marx trata da teoria do mais-valor absoluto, ele a ilustra com uma longa história sobre a luta em torno da duração da jornada de trabalho. A relevância do conceito para a vida diária e a política é clara (você se lembra de Mary Ann Walkley, que morreu de excesso de trabalho?). No Livro II, em geral ele não se ocupa com esses exemplos e, quando o faz – quando consulta manuais de ferrovias para obter informações sobre manutenção, reparo e reposição de itens de capital fixo como trilhos e ma-

---

[1] Karl Marx, *Capital*, Volume II (trad. David Fernbach, Londres, Penguin/*New Left Review*, 1978), p. 80.

terial rolante –, é apenas para encontrar abstrações mais apropriadas com base em informações contábeis. Assim, ficamos imaginando como seria um capítulo longamente ilustrativo sobre, digamos, mudanças de tempos de rotação, equivalente àquele sobre a jornada de trabalho no Livro I. Não que faltasse material para essas ilustrações: os tempos de curso (o tempo entre a produção e o mercado) estavam mudando dramaticamente com a chegada das ferrovias e do telégrafo. Poderíamos facilmente inserir nossos próprios exemplos de reconfigurações do espaço-tempo em nossos dias (como o impacto da internet e dos telefones celulares). Contudo, depois de vários capítulos sem nenhuma tentativa de ilustrar descobertas abstratas e técnicas com material extraído da vida cotidiana (para não falar da evolução histórico-geográfica do capitalismo), é muito provável que o leitor se canse.

Pior ainda é a falta de política. Engels, como Ernest Mandel observa em sua introdução à edição da Penguin, temia que "o segundo volume provocasse um grande desapontamento por ser puramente científico e não conter muito material para agitação"[2]. Temos aqui, de novo, um eufemismo. Falta ao Livro II a indignação moral que atravessa o Livro I e o anima a cada página. A luta de classes desaparece, assim como as relações ativas de classe. Não encontramos nele as passagens irônicas do Livro I. Não há nenhum chamado à revolução. Marx parece interessado apenas nos fundamentos da circulação do capital. Ele embainha sua acerba espada crítica (exceto quando se trata dos "erros" de Ricardo e Adam Smith) e, na maioria das vezes, faz descrições passivas.

Enquanto a potencialidade para disrupções e crises é perpetuamente testada, os catalisadores que transformam essas potencialidades em realidades estão largamente ausentes. Às vezes, temos a impressão de que um sistema capitalista que se autoperpetua é capaz de acumular para sempre, apenas com uns poucos espasmos e pequenas rupturas aqui e ali. Rosa Luxemburgo se queixava amargamente de que a reprodução abstrata de esquemas desenvolvida no fim do Livro II mostrava que, no papel, a "acumulação, produção, realização e troca operam suavemente, com precisão mecânica", e acrescentava ironicamente (dado o modo como Marx realizava, nem sempre de maneira correta, cálculos aritméticos tediosos da acumulação em expansão de um ano para outro) que "não há dúvida de que esse tipo particular de 'acumulação' pode continuar *ad infinitum*, quer dizer, enquanto houver tinta e papel".

Se menciono tudo isso, não é para desestimular o leitor antes de começarmos, mas para adverti-lo de algumas das dificuldades e desafios que o aguardam. Há boas razões para que o Livro II seja o menos lido dos três livros de *O capital*. Devo

---

[2] Ibidem, p. 11.

repetir a advertência de Marx numa de suas introduções ao Livro I, mas com força redobrada: "não existe uma estrada real para a ciência, e somente aqueles que não temem a fadiga de galgar suas trilhas escarpadas têm chance de atingir seus cumes luminosos" (C1, 93). Perseverar no Livro II, asseguro, não só é essencial, como vale a pena em longo prazo. A perspectiva que se tem a partir de seus cumes luminosos é tão inesperada quanto problemática e esclarecedora.

Devido a dificuldades evidentes, tomei certas liberdades ao apresentar o texto a leitores de primeira viagem. Acrescentei exemplos tangíveis (contemporâneos, quando possível) para ilustrar os princípios expostos por Marx, além de comentários sobre as implicações e possibilidades políticas das teses ali desenvolvidas. Também acrescentei à exposição material extraído de outros textos de Marx, em particular dos *Grundrisse*, para sustentar e elaborar algumas das ideias-chave apresentadas de forma incompleta no Livro II. De modo ainda mais dramático, como já mencionei, decidi estabelecer um contato entre o material do Livro III sobre o capital comercial e os capitais monetário, financeiro e bancário e a exposição puramente técnica sobre a circulação do dinheiro e dos capitais-mercadorias realizada no Livro II. Esse material do Livro III, muito mais vivaz (embora incompleto e frequentemente frustrante), trata do papel que os comerciantes e os financistas desempenham como agentes na ascensão de um modo de produção capitalista. Também ajudam a explicar por que é tão importante decompor a circulação do capital, como faz o Livro II, em seus componentes (dinheiro, mercadoria e atividade produtiva). Ao combinar a atividade e o comportamento dos agentes sociais – comerciantes, financistas e banqueiros – com os aspectos técnicos da acumulação do capital, ganhamos uma compreensão muito mais rica do funcionamento do capital.

É no Livro III também que Marx chega mais perto da análise das crises daquela época – as de 1848 e 1857. Observar como Marx procede nesse caso nos fornece elementos úteis para entender o que ocorreu nas crises que eclodiram no capitalismo global após 2007, e torna essa leitura bem mais relevante para as circunstâncias contemporâneas. Não estou dizendo que Marx dá respostas à difícil questão de como explicar nossas recentes dificuldades. Mas há alguns paralelos instrutivos entre a época de Marx e a nossa. Por exemplo, seu comentário sobre como o "equivocado" Bank Act de 1844 na Inglaterra intensificou e prolongou as crises comerciais e financeiras de 1848 e 1857 tem uma semelhança peculiar com o papel infausto do Banco Central Europeu no aprofundamento e prolongamento da crise na Europa após 2008.

A necessidade de ir além do texto do Livro II para entendê-lo é dada por sua forma incompleta. É simplesmente impossível extrair muita coisa do livro sem especular sobre suas possibilidades. Não afirmo que minhas especulações e interpretações estão corretas, ou que tenho *insights* privilegiados que faltam a outros.

Mas espero demonstrar que o livro se torna muito mais interessante e estimulante quando abordado desse modo. Se ficarmos presos à maneira árida e técnica como ele é apresentado, sairemos dessa experiência um tanto esgotados. Uma leitura mais ampla e especulativa nos permitirá trazer nosso próprio fogo político para um texto que, na superfície, parece fornecer muito pouco material para o ativismo político.

O Livro II trata do movimento do capital, das "metamorfoses" que ele sofre à medida que se se move, num fluxo contínuo, através dos diferentes estados de dinheiro, produção e mercadoria. Enquanto o processo de trabalho e a produção de mais-valor dominam a discussão no Livro I, no Livro II eles são vistos como meros momentos *en route*, não apenas para a realização do mais-valor como capital no mercado, mas também para a constante renovação – por meio da circulação do capital – dos poderes de dominação do capital sobre o trabalho social. A temporalidade (e, em menor grau, a espacialidade) da circulação é fortemente posta em foco. A continuidade da circulação do capital, pressuposta no Livro I, é a grande preocupação. Lidamos com questões de tempo e velocidade de rotação, com as complexidades que surgem do fato de que cada vez mais capital circula como capital fixo – não só as máquinas e as fábricas, mas o complexo inteiro das redes de transporte, dos ambientes construídos e das infraestruturas.

O processo de circulação do capital é apresentado aqui como o sangue vital que corre pelas veias do corpo político do capitalismo na busca desesperada pela reprodução da relação de classe capital-trabalho. Os potenciais bloqueios, barreiras e desequilíbrios no interior desses processos de circulação formam um campo de contradições que exige uma análise. Também fornecem focos potenciais para a agitação política. Políticas anticapitalistas, se pretendem triunfar, precisam lidar com os achados do Livro II (por mais experimentais que sejam). Embora nessas páginas seja possível desencavar um farto material para o ativista político, muito dos achados não se harmonizam facilmente com alguns dos pressupostos políticos tradicionalmente adotados pela esquerda marxista (fortemente influenciada pelo Livro I). Elas colocam problemas – como o do futuro do dinheiro e do crédito – que não são fáceis de resolver com as formas clássicas da luta de classes, focadas no local de trabalho. O Livro II define o que precisa ser reconstituído ou reposto na esfera da circulação, se não quisermos morrer todos de fome quando a revolução chegar.

Marx inicia o Livro II declarando que o objeto de sua análise tem raízes no capítulo sobre o dinheiro do Livro I. Uma declaração desencorajadora, pois é justamente no tedioso e difícil capítulo sobre o dinheiro que muitas pessoas abandonam a leitura do Livro I. Por isso, aconselhei os leitores iniciantes a ler esse capítulo o mais rápido possível e passar para o material mais interessante que se encontra além dele. Mas aqui, no Livro II, somos convidados a nos demorar e a nos aprofundar nesse capítulo. Isso é mais fácil de fazer quando nos lembramos da definição de capital, apresentada no capítulo 4 do Livro I, como um *processo*, e não como uma *coisa*. O processo básico é um fluxo contínuo de valor transitando por diferentes estados (mudanças sucessivas de forma, ou "metamorfoses", como Marx as denomina):

$$D\text{-}M <^T_{MP} \ldots P \ldots M'\text{-}D + \Delta D$$

Se o leitor está curioso para saber que tipo de processo é esse, o Livro II lhe fornecerá *insights* – como o impulso à aceleração e à tensão crescente entre o capital fixo e o capital circulante – tão reveladores quanto surpreendentes.

Em suas investigações, Marx jamais receou fazer suposições extremamente simplificadoras. Foram elas que lhe permitiram, como ele afirma com frequência, explorar a dinâmica da circulação e da acumulação do capital em seu "estado puro". Assim, na mesma página do Livro II, lemos:

> Para apreendermos as formas em seu estado puro, devemos começar por abstrair de todos os momentos que não guardam qualquer relação com a mudança e com a constituição da forma. Por isso, partimos aqui do pressuposto não apenas de que as mercadorias são vendidas por seus valores, mas também de que isso ocorre em circunstâncias invariáveis. Não levamos em conta, portanto, as alterações de valor que podem ocorrer durante o processo cíclico. (108)

O pressuposto de que as mercadorias são trocadas por seus valores (abstraímos aqui da volatilidade diária dos preços de mercado) nós já conhecemos do Livro I, e creio que podemos presumir que as "circunstâncias" a que Marx se refere são aquelas de um mercado competitivo, de funcionamento perfeito e legalmente definido, apresentado no capítulo 2 do Livro I. O "estado puro" também pressupõe um sistema fechado. Não há nenhum comércio com algo "exterior" – a não ser quando especificado – e o capital é completamente dominante dentro de um sistema fechado. O que é realmente decisivo está na última frase. As "alterações de valor" surgem da produtividade variável do trabalho. Isso é obtido por meio das mudanças tecnológicas e organizacionais descritas na teoria do mais-valor relativo que domina grande parte do Livro I. No Livro II, Marx exclui da análise a teoria do mais-valor relativo e constrói um modelo de economia estática do ponto de vista tecnológico e organizacional. No início do capítulo 20, por exemplo, ele reitera vigorosamente o pressuposto: "Mas as revoluções no valor, na medida em que são gerais e se distribuem de modo uniforme, não alteram em nada [...]" (497). Assim, na teoria que estamos prestes a estudar, o dinamismo tecnológico e organizacional que tanto domina a argumentação no Livro I (e confere tamanha força revolucionária ao *Manifesto Comunista**) é deixado de lado em proveito de alguns outros aspectos cruciais das leis de movimento do capital.

O que, então, Marx está buscando no Livro II? Uma vez que o mais-valor está produzido (um processo que conhecemos muito bem do Livro I), como ele é realizado e como continua a circular como capital acumulado? E, à medida que circula, que formas particulares de capital ela necessariamente engendra? Obviamente, Marx estava consciente de que havia alguma relação entre as classes dos comerciantes, banqueiros (e financistas) e proprietários fundiários e o capitalista industrial, que, no Livro I, foi descrito como o apropriador direto e único do mais-valor produzido pelo trabalho assalariado. Ele também sabia que essas outras formas de capital existiam antes do advento da produção capitalista e do sistema fabril e, portanto, desempenhavam papéis históricos fundamentais na construção de um modo de produção capitalista. Mas se recusa a concebê-las como "meros resíduos" da transição do feudalismo para o capitalismo. O que ele quer saber é como e por que essas outras formas de capital são socialmente necessárias para a sobrevivência do modo de produção capitalista em seu "estado puro", e como elas podem se tornar o *locus* de contradições e crises.

A ideia de "capital em seu estado puro" é importante para Marx. É sempre possível, diante de uma crise, dizer que ela se deve a alguma impureza ou disfunção de um modo de produção capitalista "puro" e, portanto, perfeito. Nos últimos anos, temos ouvido com muita frequência esse argumento da parte dos neoliberais; o problema, dizem eles, não está numa contradição profunda do modelo neoliberal de capitalismo de mercado, mas numa falha em seguir corretamente os ditames neoliberais. A solução que apresentam é conduzir o capital cada vez mais em direção ao seu estado puro, por meio de políticas de austeridade e de uma crescente emasculação dos poderes estatais. O que Marx procura mostrar é que as crises são inerentes ao modo de produção capitalista em toda a sua pureza, sendo necessárias e endêmicas à sua sobrevivência. Nenhum remendo regulatório é capaz de consertar esse estado de coisas e, quanto mais a economia convergir para sua pureza, maior será a probabilidade de um agravamento da crise (que é claramente o sentido para o qual a Europa, com sua política de austeridade, parecia orientada em 2012).

O que o Livro II também mostra, no entanto, é que sempre existem tendências independentes e autônomas de formação de crises no interior do sistema de circulação. Para os marxistas convencionais, isso nem sempre é uma boa notícia, porque coloca o problema de como travar a luta de classes contra, digamos, os comerciantes, os banqueiros, os negociantes de divisas etc., e como entender as

---

* São Paulo, Boitempo, 1998. (N. E.)

muitas atividades nas quais eles estão engajados (seguros, *hedging*, contratos derivativos, obrigações de dívida colateralizadas, *credit default swaps* etc.). É preciso estabelecer quais são as contradições e calcular quais seriam os impactos das crises comerciais e financeiras que se formam de modo independente e autônomo. Também é preciso compreender melhor o papel dos gigantes financeiros, como as "lulas-vampiras-do-inferno"*, também conhecidas como Goldman Sachs, Citibank, RBS, HSBC, Deutsche Bank etc., e desvendar o papel que capitalistas comerciais como Walmart, Ikea e Carrefour desempenham na economia política de nossos tempos.

Marx impõe restrições e exclusões draconianas sobre o que é e o que não é admissível no mundo teórico que ele constrói ao longo de todo *O capital*. Isso é particularmente evidente no Livro II[3]. De onde vêm essas restrições e como podem ser justificadas? O sistema de crédito e a circulação do capital portador de juros são frequentemente mencionados, por exemplo, para em seguida serem deixados de lado, em geral com um comentário de que a consideração dessa forma de circulação "não diz respeito a esse ponto". Mas por que não? À primeira vista, um exame da circulação do capital fixo ou dos diversos tempos de rotação na ausência de um sistema de crédito não parece fazer muito sentido. Então por que Marx deixa sistematicamente de considerar o crédito ao longo de todo o Livro II, ao mesmo tempo que admite que tudo muda quando o sistema de crédito intervém?

É difícil responder a essa questão sem tocar na relação extremamente frágil entre os escritos político-econômicos "científicos" de Marx (*O capital*, *Grundrisse* e *Teorias do mais-valor*) e seus escritos históricos (como *O 18 de brumário de Luís Bonaparte* e *A guerra civil na França*). Marx aponta essa tensão na primeira página de *O capital*. Depois de definir a mercadoria como uma unidade de valor de uso e valor de troca, ele deixa de lado a questão do valor de uso (para ressuscitá-la pouco depois, como vimos), dizendo que "as múltiplas formas de uso das coisas é um ato histórico" (C1, 113). Com base nessa e em muitas outras afirmações, podemos concluir razoavelmente que Marx concebia a economia política e a história como dois campos distintos de investigação. Isso leva à questão geral de como compreender o significado da economia política. Essa é uma questão pertinente acerca do

---

* No original: "*vampire squid*". Nome popular do cefalópode *Vampyroteuthis infernalis* (em português: "lula-vampira-do-inferno"), que habita as águas profundas do Atlântico e do Pacífico. O termo foi usado pelo jornalista Matt Taibi para caracterizar o banco Goldman Sachs em artigo na revista *Rolling Stone*, em 16 de julho de 2009. (N. T.)

[3] O único conjunto de estudos sobre esse livro é o de Christopher John Arthur e Geert A. Reuten (orgs.), *The Circulation of Capital: Essays on Volume Two of Marx's Capital* (Londres, Macmillan, 1998).

Livro II, e acredito que respondê-la nos ajudará a entender as exclusões que o caracterizam.

Obviamente, isso não quer dizer, de modo algum, que os escritos econômico-políticos sejam desprovidos de conteúdo histórico. O modo de produção capitalista, que é o objeto teórico de investigação desses escritos, é apresentado como um construto histórico que surgiu do feudalismo e tem o potencial, se não a necessidade, de se transformar em outra ordem social, chamada "socialismo" ou "comunismo". Os escritos históricos e os comentários jornalísticos, por outro lado, fazem muito pouca referência à teoria econômico-política e às leis do movimento do capital – embora, é claro, documentem a turbulência da luta de classes real. A única exceção é o *Manifesto Comunista*, escrito em 1848, no qual se encontram muitos dos temas posteriormente explorados em *O capital*. No entanto, ao leitor é deixada a tarefa de imputar conteúdo econômico-político a obras históricas iniciais, como *O 18 de brumário*, que analisa o período posterior às crises e aos movimentos revolucionários de 1847-1848 na França. É muito difícil exumar o conteúdo econômico de *A guerra civil na França*, que trata da Comuna de Paris de 1871[4]. O foco da análise é quase exclusivamente a dinâmica política fluida e, com frequência, aparentemente acidental. Os conceitos-chave da economia política de Marx – a produção de um exército industrial de reserva, a taxa decrescente de lucro, a teoria do mais-valor relativo etc. – não são jamais mencionados, nem mesmo nos textos históricos escritos após a publicação do Livro I de *O capital*.

A diferença entre essas duas literaturas não seria tão problemática se não houvesse uma divisão aparentemente insuperável entre o tom fluido, acidental e voluntarista dos escritos históricos e políticos e a economia política rigorosamente científica, com caráter de lei universal. Parece haver dois marxismos – o determinista e o voluntarista –, destinados a jamais se encontrar, exceto num debate extremamente árido, largamente influenciado por Engels e transformado em dogma por Stalin, sobre o fato de a transição para o comunismo ser uma questão científica e o materialismo dialético constituir uma teoria da história.

Na introdução à versão inglesa dos *Grundrisse*, Marx esboça os princípios que orientam suas investigações econômico-políticas. Esses princípios ajudam a explicar as regras metodológicas que Marx observou ao construir seu edifício teórico, ao mesmo tempo que esclarecem a origem do hiato entre história e teoria. Minha conclusão é que ele permaneceu rigorosamente (e, se quisermos ser críticos, como

---

[4] Karl Marx, *The Eighteenth Brumaire of Louis Bonaparte* (Nova York, International Publishers, 1963) [ed. bras.: *O 18 de brumário de Luís Bonaparte*, São Paulo, Boitempo, 2011]; Karl Marx e Vladimir I. Lenin, *The Civil War in France* (Nova York, International Publishers, 1989) [ed. bras.: *A guerra civil na França*, São Paulo, Boitempo, 2011].

sou até certo ponto, podemos dizer "rigidamente") fiel a esses princípios ao longo da elaboração de todo *O capital* – e não há melhor lugar para examinar essa prática do que o Livro II. Esse arcabouço permitiu que Marx transcendesse as particularidades de seu próprio tempo (como os detalhes das crises de 1857-1858, que inspiraram seus escritos preparatórios nos *Grundrisse*) e produzisse uma teoria alternativa – preliminar, embora incompleta – das leis de movimento do capital. Essas leis, diz ele, animam a dinâmica de todas as situações históricas e geográficas em que predomina o modo de produção capitalista. Mas a conquista dessa teoria geral teve um custo. O arcabouço geral delineado por Marx é uma camisa de força que limita a aplicabilidade dessas leis e exige um enorme esforço de nossa parte para entendermos determinadas conjunturas e movimentos históricos[5].

Marx buscava uma economia política que fosse verdadeiramente científica. Ele esperava que essa ciência tivesse um poder análogo ao das estruturas do conhecimento da física e da química. A lei do valor e do mais-valor funciona, sustentava Marx, como uma lei da natureza, ainda que da natureza histórica do capitalismo. Diversas vezes ele compara o valor à força da gravidade. Uma analogia melhor seria com as leis da dinâmica dos fluidos, que sustentam toda a teorização sobre a dinâmica das atmosferas e dos oceanos, e inúmeros outros fenômenos nos quais estão presentes fluidos de toda espécie. Essas leis não podem ser mecanicamente aplicadas a campos como a previsão do tempo ou às mudanças climáticas sem sofrer todo tipo de modificação, e, mesmo nesses casos, uma série de excessos permanece inexplicável. As leis marxianas do movimento do capital são, em grande medida, desse tipo. Elas não explicam, nem podem fazê-lo, todos os aspectos do clima econômico predominante, muito menos preveem o clima econômico para amanhã. Isso não significa que a economia política de Marx seja irrelevante. Ninguém nas ciências físicas desprezaria as leis da dinâmica dos fluidos apenas porque elas não fornecem previsões exatas do tempo para amanhã.

O método geral de Marx funciona um pouco desse modo. Ele admite que as legiões de economistas políticos e comentadores que escreveram sobre esse tema desde o século XVII fizeram tentativas honestas e de boa-fé de compreender o complicado mundo econômico que surgia em torno deles. Houve, é claro, economistas "vulgares", que tentaram justificar os privilégios de classe nos quais eles haviam nascido – mas isso não se aplica a William Petty, James Steuart, Adam Smith, David Ricardo, e assim por diante. Mas, com seus argumentos grosseiros, mesmo os economistas vulgares revelaram algo muito importante sobre a natureza

---

[5] Uma versão mais detalhada do argumento que se segue pode ser encontrada em David Harvey, "History *versus* Theory: A Commentary on Marx's Method in *Capital*", *Historical Materialism*, v. 20, n. 2, 2012, p. 3-38.

interna do capital (como Marx mostra em sua divertida dissecação da "última hora de Senior", no Livro I de *O capital**). Ao explorar criticamente (com a ajuda da dialética) as formulações e as contradições internas dos argumentos desses economistas, Marx visava, como declarou no prefácio de *O capital*, construir uma teoria alternativa das leis do movimento do capital.

Marx estabeleceu sua nova ciência econômico-política mais por uma crítica da economia política clássica do que por uma pesquisa e uma indução diretamente históricas, antropológicas e estatísticas. Essa crítica, mais explícita em *Teorias do mais-valor*, mas também permanentemente presente em *O capital* e nos *Grundrisse*, confere uma grande dose de autoridade (alguns diriam grande demais e, em alguns casos, concordo com essa crítica) aos entendimentos coletivos da economia política burguesa e às representações burguesas (como, por exemplo, os relatórios dos inspetores de fábrica na Inglaterra, país onde, segundo Marx, o capitalismo estava mais avançado). Como ele constrói, então, a abordagem geral dos economistas políticos burgueses? E como a economia política clássica tratou desse assunto[6]?

Diz ele nos *Grundrisse*:

> A produção aparece assim como o ponto de partida, o consumo, como o ponto final, e a distribuição e a troca como o meio-termo. [...]
> Produção, distribuição, troca e consumo constituem assim um autêntico silogismo; a produção é a generalidade, a distribuição e a troca, a particularidade, e o consumo, a singularidade na qual o todo se unifica. [...] A produção é determinada por leis naturais universais; a distribuição, pela casualidade social; a troca interpõe-se entre ambos como movimento social formal; e o ato conclusivo do consumo, concebido não apenas como fim, mas também como finalidade propriamente dita, situa-se propriamente fora da economia, exceto quando retroage sobre o ponto de partida e enceta de novo todo o processo. (*Grundrisse*, 44-5)

Essa afirmação é fundamental para entender a abordagem de Marx em *O capital*. Perceba as distinções que são invocadas aqui entre *generalidades* (produção), que são determinísticas e têm caráter de leis necessárias; *particularidades* (troca e

---

* Ver Livro I, p. 299-303. (N. T.)

[6] É muito fácil confundir a exposição de Marx sobre os argumentos dos economistas políticos clássicos com aquilo que ele mesmo defende. Por exemplo, a afirmação dos *Grundrisse* de que a taxa decrescente de lucro é "a lei mais importante da economia política moderna" (626) refere-se à economia política de Ricardo. O grau em que Marx aceitava essa lei é, portanto, uma questão em aberto, que precisa ser tematizada por um estudo mais aprofundado de seus escritos. Dito de maneira mais ampla, ele aceitou a importância geral da lei, porém reformulou radicalmente o mecanismo de seu funcionamento.

distribuição), que são acidentais e conjecturais (por exemplo, resultados de lutas sociais, que dependem do equilíbrio das forças em jogo); e *singularidades* (consumo), que considero imprevisíveis e potencialmente caóticas. Note também que as singularidades do consumo estão em grande parte "fora da economia" (e, presumivelmente, pertencem ao reino da história, como Marx sugere na primeira parte de *O capital*). Esse quadro geral aqui sugerido é apresentado na Figura 1.

Figura 1: O quadro de "silogística fraca" que Marx adota em *O capital*

Produção universal	Universalidade	Lei natural	Determinada	Relação metabólica com a natureza	Evolução (Darwin)
Produção social	**Generalidade (terra, trabalho, capital, dinheiro, valor)**	**Leis sociais**	**Determinada**	**Leis do movimento do capital**	**Economia política**
Distribuição	Particularidade (renda, salários, lucro, juro, lucro comercial, impostos)	Acidental e contingente	Indeterminada	Resultados das lutas de classes e facções; desenvolvimento geográfico irregular	História, geografia, geopolítica
Troca	Particularidade (direitos de propriedade, pessoas jurídicas, centralização, monopólio)	Acidental e contingente	Indeterminada	Instituições, concorrência *versus* monopólio; formas coletivas e associadas de capital e trabalho	Formas estatais, história, geografia, geopolítica
Consumo	Singularidade	Caótico	Imprevisível	Paixões humanas, crenças, desejos, motivações, subjetividades sociais e políticas (afetos)	Análise cultural e psicológica; produção de carências humanas, necessidades, desejos

Se é verdade que esse silogismo "é certamente uma conexão", esta é, diz Marx, "uma conexão superficial" (*Grundrisse*, 44). Assim, ele a rejeita em favor de uma concepção dialética de como produção, distribuição, troca e consumo poderiam ser combinados dentro da totalidade de relações que integram o modo de produção capitalista. Após muitas páginas discutindo as relações internas e dialéticas entre, por exemplo, a produção e o consumo, entre produção e distribuição e, finalmente, entre produção e distribuição, ele chega à conclusão. Produção, distribuição, troca e consumo "são membros de uma totalidade, diferenças dentro de uma unidade. [...] Há uma interação entre os diferentes momentos. Esse é o caso em qualquer todo orgânico" (*Grundrisse*, 53). O todo orgânico (totalidade) de um modo de produção capitalista que Marx tem em mente não é puramente hegeliano (embora possa muito bem ser o resultado de um revolucionamento nas concepções de Hegel, mais do que simplesmente de uma inversão, que consistiria em colocar essas concepções de pé). Sua estrutura é ecossistêmica, e compreende relações no interior daquilo que Gramsci e Lefebvre chamam de "*ensemble*" [conjunto], ou Deleuze chama de "*assemblage*" [junção] de momentos. "Nada mais simples para um hegeliano do que pôr a produção e o consumo como idênticos", queixa-se Marx. "E isso aconteceu não só com socialistas beletristas sociais, mas igualmente com economistas prosaicos como Say, por exemplo" (*Grundrisse*, 48).

Seria de esperar que Marx escolhesse essa formulação dialética e orgânica para construir sua teoria alternativa. Mas, de sua prática em *O capital*, fica claro que ele lança mão do arcabouço da baixa silogística fornecido pela economia política clássica, mesmo quando usa o pensamento orgânico e a análise dialético-relacional para construir sua crítica e explorar alternativas. Ele permanece o mais próximo possível da concepção burguesa de um nível de generalidade próprio de leis necessárias – da produção – e exclui de suas investigações econômico-políticas as particularidades "acidentais" e sociais da distribuição e da troca (ele só vai discuti-las na última seção do Livro III), e mais ainda as singularidades do consumo. Assim, tanto no Livro I como no Livro II ele presume que não importa que o mais-valor possa ser dividido entre juro, renda, lucro sobre o capital comercial, lucro da produção e impostos. Também supõe que todas as mercadorias, com exceção do trabalho, são negociadas por seus valores (os desejos dos consumidores se manifestam sempre de modo a permitir que o valor possa se realizar sem qualquer impedimento). Portanto, não há nenhuma teoria do consumismo em *O capital* (uma lacuna lamentável, já que hoje o consumo responde por 70% da atividade econômica nos Estados Unidos, em comparação com os cerca de 30% na China, que provavelmente está mais perto do nível geral na época de Marx).

O que é ainda mais interessante é que a discussão da particularidade da cota distributiva que cabe ao trabalho como salário é extremamente fraca no Livro I. A questão sobre o que determina o valor da força de trabalho é discutida em apenas duas páginas. Marx faz uma longa lista de todo tipo de fator (tudo, desde o clima até o estado da luta de classes e o grau de civilização de um país), antes de declarar que a força de trabalho não é uma mercadoria como outra qualquer, uma vez que ela incorpora um elemento moral, mas seu valor é conhecido numa dada sociedade e num dado momento. A análise prossegue, então, presumindo que o valor da força de trabalho é fixado (o que, como sabemos, jamais é). Os capítulos finais sobre o salário são pateticamente curtos. Não há nenhuma tentativa de construir uma teoria da determinação do salário. Tudo o que Marx faz é repetir a teoria do mais-valor pela enésima vez e acrescentar que a prática de pagar salário por hora ou por peça mascara ainda mais o real significado do mais-valor. Também observa que ocorre um problema no comércio entre nações quando o custo de reprodução e, portanto, o valor da força de trabalho é diferente em cada país.

No Livro II, Marx analisa os ciclos do capital percorridos pela mercadoria e pelo dinheiro sem fazer nenhuma menção à distribuição – juro sobre o capital monetário e lucro sobre o capital comercial – e exclui qualquer análise do sistema de crédito, embora admita livremente, inúmeras vezes, que o crédito é uma necessidade e tudo parece diferente quando ele é levado em consideração. Exclusões desse tipo ocorrem repetidas vezes ao longo da análise. As exclusões são quase sempre justificadas com base no fato de que não se encontram no campo de generalidade com o qual Marx está exclusivamente preocupado. Essa prática ocorre em todo *O capital*. "Está além de nosso presente escopo", escreve Marx na abertura daquele que seria um capítulo crucial sobre "Crédito e capital fictício" no Livro III, "fornecer uma análise detalhada do sistema de crédito e dos instrumentos que ele cria (moeda de crédito etc.). Aqui, apenas alguns pontos serão enfatizados, *os que são necessários para caracterizar o modo de produção capitalista em geral*" (grifos meus).

Cabe uma ressalva. As exclusões são ocasionalmente superadas – como no caso do valor da força de trabalho, sobre o qual Marx tem algo a dizer. Em geral, Marx trata essas situações com uma breve descrição do problema (por exemplo, da relação com a natureza ou com os desejos de consumo dos trabalhadores) e acrescenta umas poucas asserções sobre sua importância, antes de retornar à generalidade da produção. Ele raramente dedica mais do que alguns parágrafos (e, às vezes, apenas uma sentença ou duas) a essas questões.

Por que, então, ele se prende tanto à estrutura burguesa do conhecimento, se já desenvolveu um modo alternativo – dialético, relacional e orgânico – de entendimento do funcionamento do capital? Não tenho uma boa resposta a essa questão. O que sei com certeza é que é claramente isso que ele faz (a evidência textual é arrebatadora). Minha melhor hipótese é que, se o objetivo fundamental de Marx era submeter a economia política clássica à crítica em seus próprios termos, então ele tinha de aceitar a natureza geral desses termos a fim de identificar suas contradições internas e desconstruir suas lacunas. Assim, se os teóricos burgueses pressupunham um livre mercado não coercitivo, ele também tinha de pressupô-lo (como faz no segundo capítulo do Livro I). Se as distinções entre generalidades, particularidades e singularidades eram os fundamentos do modo burguês de pensar, então ele tinha de trabalhar com base nesses mesmos fundamentos. Essa é a única resposta que posso dar, mas ela não é plenamente satisfatória, porque Marx abandona alguns termos burgueses e outros não. No Livro I, por exemplo, ele não se ocupa com questões de oferta e demanda, ou de utilidade (e logo veremos por quê). Ele jamais se dá ao trabalho de explicar a razão de suas escolhas. Mas é absolutamente óbvio que essas são as escolhas que ele faz ao longo de todo o livro.

Mas os três níveis de generalidade, particularidade e singularidade não esgotam a questão. Há um quarto nível, o da universalidade, que diz respeito à relação metabólica com a natureza. Marx objetava fortemente ao hábito dos economistas políticos clássicos de apresentar a produção "como enquadrada em leis naturais eternas, independentes da história" (*Grundrisse*, 42). Marx rejeita essa "naturalização" da economia política do capitalismo. Ele aproveita todas as oportunidades que encontra para atacar essa visão naturalista das coisas (inclusive a visão ricardiana/malthusiana de que a taxa de lucro estava fadada a cair em decorrência da escassez natural e do aumento da renda). As generalidades do modo capitalista de produção não podem, insiste Marx, ser explicadas com recurso às universalidades da lei natural.

Embora Marx aceite que a "produção capitalista" seja a generalidade com validade de lei que ele quer compreender, recusa a ideia de que ela seja natural no sentido em que as ciências naturais entenderiam esse termo. O capitalismo tem leis, mas estas (inclusive as das relações de propriedade privada) são um produto da ação humana. Essas leis devem ser distinguidas daquelas que derivam da nossa imersão num mundo governado por leis naturais (como as da física, da química e da evolução darwiniana). Estas últimas são consideradas imutáveis: não podemos viver fora delas. No Livro I de *O capital*, Marx escreve: "Como criador de valores de uso, como trabalho útil, o trabalho é, assim, uma condição de existência do homem, independente de todas as formas sociais". Ele é uma "eterna necessidade natural de mediação do metabolismo entre homem e natureza e, portanto, da vida humana" (C1, 120). O processo de trabalho é a "condição universal do metabolismo entre homem e natureza, perpétua condição natural da vida humana e, por conseguinte, independente de qualquer forma particular dessa vida, ou melhor, comum a todas as suas formas sociais" (C1, 261). Só podemos fazê-lo na medida em que a natureza o permite.

O foco da investigação científica é mostrar como se formaram as leis gerais da economia política capitalista, como elas funcionam na realidade, e por que e como poderiam ser alteradas. E ele pretende fazer isso sem invocar a universalidade que descreve nossa relação metabólica – sempre em processo – com a natureza.

Marx toma da economia política burguesa essas distinções entre universalidade, generalidade, particularidade e singularidade, ainda que introduza nelas significados relacionais e dialéticos e estratégias críticas extraídas de Espinosa e Hegel. Nos *Grundrisse*, ele ameaça incorporar esses significados e estratégias ao seu pensamento, juntando-os ao conceito de totalidade orgânica. O problema seria, então, entender como se inter-relacionam esses diferentes "momentos": a relação metabólica universal com a natureza, a produção geral de mais-valor, as particularidades de sua distribuição e relações de troca e as singularidades do consumo. Em seguida, ele teria de mostrar como o caráter de lei necessária da produção pode ser isolado de todo o resto, e por que é tão importante fazer isso.

A economia política de Marx opera fundamentalmente no nível da generalidade – como leis necessárias – da produção. Mas por que priorizar a produção? Marx defende que a "produção estende-se tanto para além de si mesma na determinação antitética da produção, como sobrepõe-se sobre os outros momentos. É a partir dela que o processo sempre recomeça" (*Grundrisse*, 53). O que significa esse estranho palavreado? Seria errado interpretar a produção que "se estende" sobre si mesma como a produção material de bens e serviços, como o processo concreto de trabalho, ou mesmo como a produção de mercadorias. Infelizmente, esse é um equívoco muito comum, que leva à interpretação errônea de que Marx estaria dizendo que as relações sociais, as ideias, os desejos humanos etc. são todos determinados por práticas materiais e físicas. Essa é uma leitura errônea, produtivista e fisicalista de Marx, e não é nisso que consiste seu materialismo histórico.

A produção que "se estende" no modo de produção capitalista é *a produção de mais-valor*, e o mais-valor é uma relação material *social*, e não física. Acima de tudo, a produção de mais-valor é o foco fundamental do Livro I de *O capital*. A mobilização de processos de trabalho material pelo capital é realizada para a produção de mais-valor. O que Marx tem em mente quando diz que a produção se estende para além de si mesma na "determinação antitética da produção" é que o que importa são os processos de trabalho materiais concretos que produzem mais-valor. Os processos de produção material que não produzem mais-valor são sem valor. No esquema mais geral de Marx, é claro, isso significa que as possibilidades emancipatórias que se apresentam aos seres humanos por meio da fisicalidade do processo de trabalho são pervertidas e dominadas pela necessidade social de produzir mais-valor para outrem. O resultado é a alienação universal dos seres humanos de seus próprios poderes criativos e capacidades potenciais. Algumas das mais poderosas passagens dos *Grundrisse* e de *O capital* insistem nesse ponto.

A produção de mais-valor por meio da circulação do capital é, em suma, o pivô em torno do qual gira o caráter de lei necessária do modo de produção capitalista: sem mais-valor, não há capital. Essa foi a ruptura fundamental que Marx realizou com a economia política clássica. Marx continua:

> É autoevidente que a troca e o consumo não podem ser predominantes. Da mesma forma que a distribuição como distribuição dos produtos. No entanto, como distribuição dos agentes da produção, ela própria é um momento da produção. Uma produção determinada, portanto, determina um consumo, uma troca e uma distribuição determinados, bem como *relações determinadas desses diferentes momentos entre si*. A produção, por sua vez, certamente é também determinada, *em sua forma unilateral*, pelos outros momentos. (*Grundrisse*, 53)

"Unilateral" refere-se mais ao processo de trabalho material do que à produção social de mais-valor. Portanto, o que significa "determinar" nesse caso?

A "lei" de um modo de produção capitalista assume sempre a seguinte forma: todos os tipos de estruturas contingentes e acidentais de distribuição e troca e uma grande diversidade de regimes de consumo são possíveis em princípio, *desde que não restrinjam ou destruam indevidamente a capacidade de produzir mais-valor em escala sempre crescente*. Uma estrutura de distribuição social-democrata, relativamente igualitária, como, por exemplo, a da Escandinávia, pode coexistir com um regime brutal, desigual e autoritário de distribuição neoliberal como, por exemplo, o do Chile nos anos 1980, desde que esse mais-valor seja produzido em ambos os países. Não há um padrão único de distribuição, sistema de troca ou regime cultural específico de consumo que possa ser derivado das leis gerais para a produção de mais-valor. Porém – e esse é um grande "porém" –, *as possibilidades não são infinitas*. Se qualquer um dos momentos, inclusive a relação com a natureza, assumir uma configuração que restrinja ou solape a capacidade de produzir mais-valor, então ou o capital cessará de existir, ou serão necessárias amplas adaptações dentro da totalidade das relações. Esse é, aqui, o significado de "determinar".

Essas adaptações podem ocorrer como um incremento – na maior parte das vezes mediante concorrência, intervenções estatais ou desenvolvimentos geográficos irregulares, nos quais configurações conquistadas num espaço único da economia global superam outros competidores na produção de mais-valor (muito do que os chineses estão fazendo, e os japoneses e alemães fizeram nos anos 1980). Mudanças também podem ocorrer mediante abalos violentos: daí a importância tanto das crises localizadas como das crises globais, e mesmo das guerras (mas atenção: não estou dizendo que todas as guerras e lutas armadas ocorrem unicamente por essa razão).

Distribuição, troca e consumo afetam reciprocamente uns aos outros. Mas também afetam a produção de mais-valor. Isso acontece, diz Marx, por uma simples razão: "na distribuição figuram renda da terra, salário, juros e lucro, enquanto na produção terra, trabalho e capital figuram como agentes da produção". O próprio capital, afirma Marx:

é posto duplamente, 1) como agente da produção, 2) como fonte de renda; como determinadas formas de distribuição que são determinantes. [...]
Da mesma maneira, o salário é exatamente igual ao trabalho assalariado considerado sob uma outra rubrica; a determinabilidade que o trabalho possui aqui como agente da produção aparece como determinação da distribuição. (*Grundrisse*, 49)

Assim, se Marx deixa em segundo plano os aspectos distributivos (as particularidades do salário e das taxas de lucro reais, assim como das taxas de juros, rendas, impostos, lucros sobre o capital comercial) como contingentes e acidentais, e, portanto, desprovidos do caráter de leis necessárias (embora isso não exclua generalizações empíricas ou históricas), ele coloca em primeiro plano o papel crucial da terra, do trabalho assalariado, do capital, do dinheiro e da troca na produção – como leis necessárias – do mais-valor. Como resultado, os fatores de produção ganham importância, enquanto os agentes e os retornos obtidos por eles são excluídos (como é mais obviamente o caso no Livro II). Isso leva muitos estudantes a perguntar: onde entra a atividade [*agency*] em toda essa teoria econômico-política? A resposta é que Marx apenas segue a economia política clássica. Em seus escritos históricos, ele não precisa fazer isso.

Portanto, vejamos um pouco mais de perto como ele trata as particularidades e as singularidades tão rigorosamente (rigidamente?) excluídas de sua teoria geral.

AS PARTICULARIDADES DA TROCA

No segundo capítulo do Livro I de *O capital*, Marx pressupõe o "comportamento meramente atomístico dos homens em seu processo social de produção e, com isso, a figura reificada de suas relações de produção, independentes de seu controle e de sua ação individual consciente" (C1, 167). Marx aceita aqui a visão smithiana da "mão invisível" de um mercado de funcionamento perfeito. As leis do movimento do capital que Marx constrói também se baseiam nessa ficção. O resultado, como sabemos, é a eloquente crítica teórica de Marx ao utopismo do livre mercado. A consequência inevitável, diz ele, são capitalistas mais ricos num polo e trabalhadores mais pobres no outro. Um tal sistema não poderia, portanto, produzir um resultado que se revertesse em benefício para todos, como Smith presumia.

Essa visão utópica de um mercado de funcionamento perfeito jamais pôde e jamais poderia ser realizada. Mas o que acontece quando a troca não se ajusta a essa visão utópica? Duas áreas em particular demandam atenção.

Oferta e demanda

Quando leem Marx pela primeira vez, muitos estudantes perguntam: o que aconteceu com a oferta e a demanda? A resposta de Marx é: "Se oferta e demanda coincidem, cessa, mantendo-se iguais as demais circunstâncias, a oscilação de preço. Mas, então, oferta e demanda cessam também de explicar qualquer coisa". O preço do trabalho, por exemplo, "quando oferta e demanda coincidem, [...] é determinado independentemente da relação entre procura e oferta, quer dizer, é seu preço natural" (C1, 608). Na maior parte do tempo, Marx opera exclusivamente no interior do assim chamado equilíbrio "natural" de preços pressuposto na economia política clássica. A razão por que sapatos custam mais em média do que camisas não tem nenhuma relação com diferenças na demanda de sapatos em comparação com a de camisas. Isso é determinado pelo conteúdo do trabalho (tanto passado quanto presente). A oferta e a demanda e as flutuações dos preços são vitais para pôr a economia em equilíbrio, mas não têm nada a dizer sobre onde deve residir esse equilíbrio.

Mas sabemos, tanto na teoria como na prática, que a oferta e a demanda nem sempre chegam ao equilíbrio. Há muitas razões sistêmicas para isso, como assimetrias de informação e de poder, além de taxas de câmbio politicamente determinadas (como as praticadas pelos chineses), que distorcem os preços e conduzem a um caminho de desenvolvimento muito diferente daquele que Marx, partindo de Smith, teoricamente permitia. Na maioria dos casos, Marx elimina essas distorções por meio de pressupostos. Mas há casos em que ele é obrigado a incluí-las na argumentação, por causa de sua relevância sistêmica. No caso do preço do trabalho, por exemplo:

> O capital age sobre os dois lados ao mesmo tempo. Se, por um lado, sua acumulação aumenta a demanda de trabalho, por outro, sua "liberação" [por meio do desemprego que resulta da tecnologia] aumenta a oferta de trabalhadores, ao mesmo tempo que a pressão dos desocupados obriga os ocupados a pôr mais trabalho em movimento, fazendo com que, até certo ponto, a oferta de trabalho seja independente da oferta de trabalhadores. O movimento da lei da demanda e oferta de trabalho completa, sobre essa base, o despotismo do capital. (C1, 715)

Mas os trabalhadores, tão logo se dão conta disso, criam instituições e se organizam em sindicatos para proteger seus interesses, "o capital e seu sicofanta, o economista político, clamam contra a violação da 'eterna' e, por assim dizer, 'sagrada' lei da oferta e demanda" (C1, 716).

Tanto no Livro II como no Livro III, porém, encontramos uma razão ainda mais nociva pela qual essa suposição de equilíbrio não pode se manter. Para que o capital sobreviva, não só é inevitável como também necessário que a relação entre a oferta e a demanda *não* se encontre em equilíbrio. Isso acontece porque a demanda total posta em movimento pelo capital é $c + v$ (o que o capital desembolsa em salários e aquisição de meios de produção) e a oferta total é $c + v + m$ (o valor total produzido). O interesse do capital é maximizar o mais-valor, o que aumenta o hiato entre a oferta e a demanda. Então, de onde vem a demanda extra (efetiva) para comprar o mais-valor? Marx dá uma resposta muito interessante no capítulo 9, a seguir.

As leis coercitivas da concorrência

As "leis coercitivas da concorrência" desempenham um papel vital ao longo de todo *O capital*. "A concorrência", afirma Marx nos *Grundrisse* (610), "é a maneira por excelência com que o capital faz prevalecer o seu modo de produção." Ela "executa as leis internas do capital; faz delas leis compulsórias para o capital singular, *mas não as inventa. Ela as realiza*" (*Grundrisse*, 629; grifos meus). Do mesmo modo que a oferta e a demanda, a concorrência é tratada como mera executora e implementadora de leis internas do movimento do capital que são estabelecidas por outras forças.

No que diz respeito ao mais-valor absoluto e à extensão da jornada de trabalho, por exemplo, a propagação das práticas terríveis que ele descreve não depende de forma alguma da boa ou má vontade do capitalista individual. "A livre-concorrência impõe ao capitalista individual, como leis eternas inexoráveis, as leis imanentes da produção capitalista" (C1, 342). No que diz respeito ao mais-valor relativo, as inovações na produtividade são igualmente impulsionadas pela concorrência no mercado. Diz Marx:

> Não nos ocuparemos, por ora, do modo como as leis imanentes da produção capitalista se manifestam no movimento externo dos capitais, impondo-se como leis compulsórias da concorrência e apresentando-se à mente do capitalista individual como a força motriz de suas ações. Porém, esclareçamos de antemão: só é possível uma análise científica da concorrência depois que se apreende a natureza interna do capital, assim como o movimento aparente dos corpos celestes só pode ser compreendido por quem conhece seu movimento real, apesar de sensorialmente imperceptível. No entanto, para que se compreenda a produção do mais-valor relativo [...] existem, para cada capitalista individual, razões para baratear a mercadoria mediante o aumento da força produtiva do trabalho. (C1, 391-2)

Ao considerar os impulsos que forçam os capitalistas individuais a reinvestir parte de seu mais-valor em expansão, ele invoca processos similares:

Além disso, o desenvolvimento da produção capitalista converte em necessidade o aumento progressivo do capital investido numa empresa industrial, e a concorrência impõe a cada capitalista individual, como leis coercitivas externas, as leis imanentes do modo de produção capitalista. Obriga-o a ampliar continuamente seu capital a fim de conservá-lo, e ele não pode ampliá-lo senão por meio da acumulação progressiva. (C1, 667)

Pressões para equalizar a taxa de lucro, tão essencial ao argumento que resulta na teoria da taxa decrescente de lucro, também presumem a ação das leis coercitivas da concorrência.

Mas o que ocorre quando o poder coercitivo da concorrência é, por alguma razão sistêmica, inefetivo? Como Marx admite, há sempre uma tendência a que o monopólio se torne o resultado final da concorrência. Mas o monopólio, o oligopólio e a centralização do capital podem surgir também por outras razões. Quando as barreiras à entrada numa linha particular de produção são altas, em virtude do grande volume de capital necessário (como a construção de ferrovias, por exemplo), "as leis da centralização do capital", com a ajuda do sistema de crédito, têm de entrar em cena. De fato, pode surgir oligopólio em qualquer linha de produção em que haja grandes economias de escala. A tudo isso, acrescento minha própria ressalva particular: num mundo de altos custos de transporte, as indústrias locais – mesmo as de pequeno porte – estão protegidas da concorrência. A queda dos custos de transporte a partir dos anos 1960 (processo que teve como um de seus heróis ignotos o uso de contêineres) alterou notavelmente a geografia da concorrência.

Seguem-se daí dois pontos importantes. Quando a organização monopolista e oligopolista predomina, as leis de movimento do capital (e mesmo do próprio valor) parecem muito diferentes. Isso se refletiu nas teorias do capitalismo monopolista (estatal) formuladas nos anos 1960 por Baran, Sweezy e pelo Partido Comunista Francês. As dinâmicas expostas por Lenin quando associava o imperialismo e o capitalismo monopolista numa configuração específica também se distanciam bastante das leis que Marx estabelece em *O capital*[7]. Esse é um exemplo em que as próprias leis de movimento estão claramente em movimento.

No entanto, fases de monopolização são sempre seguidas por fases em que o restabelecimento do poder das leis coercitivas da concorrência ocupa o primeiro plano das preocupações políticas. Isso ocorreu por volta do fim dos anos 1970 em grande parte do mundo capitalista. Foi, acima de tudo, central na agenda neoliberal. A

---

[7] Paul Boccara, *Études sur le capitalisme monopoliste d'État, sa crise et son issue* (Paris, Éditions Sociales, 1974); Paul Baran e Paul Sweezy, *Monopoly Capital* (Nova York, Monthly Review Press, 1966); Vladimir I. Lenin, "Imperialism: The Highest Stage of Capitalism", em *Selected Works* (Moscou, Progress, 1963), v. 1.

concorrência pode ser "ruinosa", como se queixam com frequência os capitalistas, mas o monopólio pode muito facilmente gerar, como afirmaram Baran e Sweezy, uma "estagflação". As políticas estatais capitalistas tentam frequentemente regular o equilíbrio entre o monopólio e a concorrência de uma maneira (mediante a nacionalização dos "*commanding heights*"* da economia) ou de outra (introduzindo uma legislação antifusões e antimonopólios, ou se rendendo, voluntária ou involuntariamente, à privatização e à concorrência global).

Portanto, tanto nos casos de equilíbrio de oferta e demanda como nos de concorrência, surgem questões relativas ao poder efetivo de intervenção dos agentes estatais. Sem uma coerção efetiva, as leis não significam nada. Onde quer que surja essa questão em *O capital* – no Livro I, por exemplo, quando são abordadas as "leis de centralização do capital" –, Marx faz um desvio típico e diz que "essas leis não podem ser desenvolvidas aqui", mesmo quando argumenta que a centralização constitui, com a ajuda do sistema de crédito e das companhias por ações, "novas e poderosas alavancas da acumulação social" (C1, 703). Isso não diminui a relevância do foco de Marx nas leis ditadas pela concorrência descentralizada. Mas tem um papel importante quando mostra a que ponto essas leis estão sendo implementadas em situações reais e por que elas podem estar se modificando. A tensão nunca resolvida entre a concorrência descentralizada e o poder de monopólio centralizado pode até se tornar, em certas circunstâncias, um estopim para a formação de crises.

AS PARTICULARIDADES DA DISTRIBUIÇÃO

As coisas ficam ainda mais interessantes quando chegamos às relações entre as particularidades da distribuição e as leis gerais de movimento do capital. Embora Marx concorde que a distribuição tenha de ser integrada a essas leis onde quer que elas afetem diretamente a produção, isso ocorre apenas em circunstâncias especiais (mais particularmente, é claro, com relação às cotas relativas de salários e lucros no Livro I). No Livro I, ele exclui qualquer consideração sobre a distribuição do mais-valor entre renda, juro, lucro sobre capital comercial e tributos. No Livro II, ele evita falar de crédito e juros, ainda que se refira inúmeras vezes à sua importância (renda e lucro sobre o capital comercial também são excluídos). A circulação do capital-mercadoria também é destacada, mas o lucro sobre o capital comercial não

---

* *Commanding heights* era um termo usado na antiga União Soviética (a partir de um discurso de Lenin) para designar os setores principais da economia estatal: as indústrias do ferro e do aço, a engenharia, a indústria química e o setor de transportes. (N. T.)

recebe mais do que uma breve menção. Essa é a razão pela qual acho tão interessante, ao tratar do Livro II, importar todos os materiais sobre o capital comercial (que, em Marx, significa tanto o capital destinado ao intercâmbio de mercadorias como o capital destinado ao intercâmbio de dinheiro)* do Livro III para as exposições puramente técnicas sobre a circulação do dinheiro e dos capitais-mercadorias do Livro II (considerando-se que o ciclo do capital produtivo é exposto no Livro I). Isso não apenas agrega uma noção de ação de classe às relações técnicas, como abre a perspectiva revolucionária que Engels temia estar ausente nesse volume.

O Livro II demonstra, por exemplo, a existência de um potencial hiato entre a esfera em que o mais-valor é produzido (no processo de trabalho) e a esfera em que ele pode ser realizado na circulação. Se o capital comercial (mercadoria) é suficientemente poderoso – como no caso, digamos, do Walmart –, então grande parte do mais-valor produzido pode ser realizada pelos comerciantes. Os capitalistas monetários também podem ficar com uma fatia grande, assim como os proprietários fundiários e, é claro, os coletores de impostos, que muitas vezes parecem ter se especializado em tributar os pobres com a finalidade de retornar mais-valor às corporações e aos capitalistas na forma de lucrativos subsídios e isenções tributárias.

Ao longo de todo *O capital*, Marx sustenta que tanto o capital comercial como o capital portador de juros são formas "antediluvianas" de capital, que precedem o advento do modo de produção capitalista. Ele assume exatamente a mesma posição com relação à propriedade fundiária. O problema, então, é entender como esses meios anteriores de extrair mais-valor se tornaram subservientes às regras do modo de produção capitalista. A usura, que desempenhou um papel tão importante na superação do feudalismo, teve de ser revolucionada para se transformar em capital portador de juros em mercados monetários de livre funcionamento. Os comerciantes, que outrora ganhavam dinheiro comprando barato (ou então roubando e furtando) e vendendo caro, agora só podem se apropriar daquela parcela de mais-valor que lhes cabe em virtude dos serviços prestados por eles à produção e realização desse mais-valor. A renda sobre a terra e os recursos é fixada em relação a condições superiores de produção de mais-valor, e os níveis da renda podem guiar os usos dos recursos e da terra de uma maneira capaz de otimizar a produção de mais-valor. Em linhas gerais, essa é a forma como Marx trata desses aspectos da distribuição. As regras do modo de produção capitalista supostamente disciplinam os arranjos e

---

* Em Marx, essa distinção é explicitada no capítulo 16 do Livro III: "O capital mercantil ou comercial é dividido em duas formas ou subespécies: capital dedicado ao intercâmbio de mercadorias [*Warenhandlungskapital*] e capital dedicado ao intercâmbio de dinheiro [*Geldhandlungskapital*]" (C3, p. 379). Ver p.142. (N. T.)

as cotas de distribuição de dividendos (ou, como diz Marx nos *Grundrisse*, a produção de mais-valor "prevalece" sobre a distribuição).

Financistas, comerciantes e proprietários fundiários podem ou não ser mais poderosos que os capitalistas industriais em espaços e tempos determinados. No entanto, Marx trata de suas remunerações num modo puro de produção capitalista, como se fossem formadas exclusivamente de deduções sobre o mais-valor proveniente da exploração do trabalho vivo na produção. A taxa de retorno que eles obtêm é sensível à quantidade de valor produzida, o que depende, em parte, da contribuição indireta (ou da falta dessa contribuição) que eles têm na produção do mais-valor. Assim, os arranjos distribucionais se impõem sobre as generalidades da produção de uma maneira que Marx reluta em aceitar.

A SINGULARIDADE DO CONSUMO

A produção de mais-valor depende de sua realização por meio do consumo. O consumo não pode, portanto, ser mantido inteiramente fora da economia política como uma categoria geral, porque ele retroage "sobre o ponto de partida [da acumulação do capital] e enceta de novo todo o processo". Nos *Grundrisse*, Marx dedica diversas páginas aos modos como o consumo e a produção de mais-valor se relacionam entre si. É importante, diz Marx, distinguir entre (*a*) o consumo produtivo da parte do capitalista que necessita de matérias-primas, materiais auxiliares, maquinaria, energia etc. para pôr um processo de trabalho em movimento, e (*b*) o consumo "final" de trabalhadores, capitalistas e várias "classes improdutivas" (militares, funcionários públicos etc.) que sustentem qualquer ordem social. O consumo é necessário para completar a realização do mais-valor produzido na forma-mercadoria. Mas a demanda precisa ser acompanhada da solvência. Em suma, o capitalista só reconhece um tipo de demanda: a demanda *efetiva*.

Então o que é deixado de fora da ciência econômica e da economia política? Chamar o consumo de "singularidade" é caracterizá-lo como algo externo ao domínio do cálculo racional, algo potencialmente incontrolável, caótico e imprevisível. Portanto, o estado atual de demandas, necessidades e desejos (e, assim, as qualidades e políticas da vida cotidiana) fica em segundo plano na teoria geral. O capital é tratado como agnóstico em relação a que valores produzir para satisfazer o consumo final, e parece indiferente à questão de as pessoas quererem cavalos, fuscas ou BMWs. O capitalista parece dizer ao consumidor: o que quer que você sonhe, demande, necessite ou deseje nós produziremos, desde que você tenha dinheiro suficiente para comprá-lo. Com isso, evita-se a questão do desenvolvimento histórico e geográfico dos padrões reais de consumo e dos estilos de vida. No Livro I de *O capital*, Marx pressupõe a existência constante de uma demanda efetiva, e que as mercadorias (com exceção da força de trabalho) são negociadas por seu valor. Isso permite a Marx produzir uma teoria geral da acumulação capitalista dotada da mesma relevância para regimes de consumo final inteiramente distintos. Essa é a vantagem de se abstrair de todo o regime distintivo de valores de uso. Se Marx tivesse se prendido aos hábitos de consumo da Inglaterra de meados do século XIX, não poderíamos lê-lo do modo como fazemos hoje.

Mas há algumas forças gerais em ação que precisam ser elaboradas. Se a mercadoria não é mais demandada, requerida, almejada ou desejada como um valor de uso, então ela não tem valor algum. Portanto, tanto velhos como novos usos e carências têm de ser estimulados para manter a acumulação em marcha. O problema é que "a mercadoria ama o dinheiro, mas '*the course of true love never does run smooth*'"* (C1, 180). "Hoje o produto satisfaz uma necessidade social. Amanhã é possível que ele seja total ou parcialmente deslocado por outro tipo de produto semelhante" (C1, 180). Desde a época de Marx, criou-se uma vasta indústria para estimular a demanda por intermédio da moda, da publicidade, da ênfase em escolhas de estilos de vida etc. Mas a curiosidade e o desejo humanos não são uma *tabula rasa* na qual qualquer coisa pode ser escrita. Basta observar a vivacidade com que crianças pequenas manifestam o desejo de jogar quando ganham um iPad para reconhecer que o brilhantismo de Steve Jobs reside tanto em sua compreensão das demandas, necessidades, desejos e capacidades humanas quanto em sua sofisticação técnica.

A manipulação e a mobilização dos desejos humanos foram e continuam a ser fundamentais para a história do capitalismo; contudo, Marx as exclui da economia política precisamente porque considera que lidar com isso é tarefa da história. Mas elas não são algo inteiramente fora da elaboração teórica.

Os trabalhadores, por exemplo, fazem escolhas sobre como e com que gastam seu dinheiro, assim o estado de suas demandas, necessidades e desejos pode ser importante. A manutenção dos equilíbrios necessários entre os diferentes setores da economia pode exigir, como sugere Marx, a manipulação do consumo de massa para tornar o consumo dos trabalhadores "racional" em relação à acumulação. Por isso, a filantropia burguesa frequentemente busca canalizar os hábitos de consumo dos trabalhadores para modos favoráveis à acumulação. Isso seria claramente exemplificado mais tarde pelo uso que Henry Ford fazia dos assistentes sociais para monitorar e dirigir os hábitos de consumo dos trabalhadores quando introduziu

---

* "Em tempo algum teve um tranquilo curso o verdadeiro amor." Essa frase, reproduzida em inglês em *O capital*, é uma citação de William Shakespeare, "Sonho de uma noite de verão", ato I, cena 1, em *Comédias* (trad. Carlos Alberto Nunes, Rio de Janeiro, Agir, 2008). (N. T.)

em suas fábricas o salário de cinco dólares pela jornada de oito horas de trabalho. A distinção entre bens de luxo e bens de salário também se tornou importante, porque a dinâmica do consumo burguês e a do consumo dos trabalhadores são qualitativamente diferentes.

Ao longo de *O capital*, os diversos modos pelos quais o consumo pode afetar a produção são amplamente descritos em termos formais e técnicos, e não como relações sociais e modos de vida cotidiana dotados de uma dinâmica própria. Marx evita qualquer caracterização específica da natureza e da forma dos hábitos de consumo final, e certamente evita qualquer menção a preferências culturais, moda e valores estéticos, ou a compulsões e desejos humanos (o papel da sexualidade na formação do consumismo, por exemplo). Mas, na exposição de Marx, podemos claramente ver certos imperativos que explicam por que a China é hoje o maior mercado de BMWs, embora até alguns anos atrás suas ruas estivessem cheias de bicicletas.

Parte do trabalho que Marx deixou para nós consiste, portanto, em chegar a uma melhor compreensão do consumismo contemporâneo do que aquela que costumamos ter. As metodologias tradicionais da investigação econômico-política não funcionam muito bem nessa esfera (e essa é provavelmente a razão pela qual Marx evitava introduzir no campo da economia política uma quantidade demasiada de fatos do consumo). Isso se aplica na mesma medida ao consumo produtivo – a aplicação de trabalho no processo de trabalho para consumir materiais na produção de mercadorias. Reconhece-se, em particular nas obras de Mario Tronti e Antonio Negri, que a dificuldade de controlar o caráter singular dos trabalhadores empregados tem um enorme potencial revolucionário, precisamente por seu caráter singular[8].

Em tempos recentes, foi realizada uma enorme quantidade de estudos sobre o consumo e o consumismo, sobretudo no campo dos estudos culturais; infelizmente, muitos não conseguiram situar o tema em conexão com a totalidade de relações consideradas por Marx. Muitos desses estudos foram concebidos com uma postura antagônica ao caráter de lei necessária da acumulação do capital. Em certo sentido, evidentemente, esse antagonismo está correto, e constitui precisamente a razão por que Marx sustentava que no consumo há singularidades, e não generalidades. Mas na medida em que o fim último do ato histórico (oposto à economia política como lei necessária) é entender o modo de produção capitalista como uma totalidade orgânica em evolução, então toda tentativa de entender nossa conjuntura atual exige que se insira no campo da investigação o mundo do consumo, das subjetividades políticas e das preferências estéticas, culturais e políticas dos indivíduos, não

---

[8] Antonio Negri, *Marx Beyond Marx: Lessons on the Grundrisse* (Londres, Pluto, 1991); Harry Cleaver, *Reading Capital Politically* (Leeds/Edimburgo, Anti/Theses/AK Press, 2000) [ed. bras.: *Leitura política de* O capital, trad.. Waltensir Dutra, Rio de Janeiro, Zahar, 1981].

como um substituto para a economia política, mas como um campo fundacional e complementar de análise.

Evidentemente, o mundo do desejo humano não se encontra livre da influência marcante das leis de movimento do capital. O modo como o capital transformou nosso mundo material tem implicações no modo como também nossas concepções, nossa estrutura psicológica, nossas demandas, necessidades e desejos, e nossa autocompreensão foram transformados. Quando as leis de movimento do capital produziram a suburbanização como resposta ao persistente problema da superacumulação, esse processo foi acompanhado de uma transformação de gostos, preferências, demandas, desejos e subjetividades políticas. E como tudo isso se impregnou na cultura, a rigidez dessas preferências culturais acabou criando uma séria barreira à mudança revolucionária. Se, por exemplo, é necessário revolucionar e rejeitar os modos suburbanos de vida a fim de se abrir novos caminhos para a acumulação do capital ou, de forma ainda mais premente, para a transição ao socialismo por intermédio da reurbanização, então a feroz intervenção de poderosos instrumentos políticos nos estilos de vida e nos hábitos culturais suburbanos terá primeiro de ser confrontada e, em algum momento, superada.

É inegável que Marx, ao longo dos três livros de *O capital*, opera no âmbito da "silogística fraca" derivada da economia política clássica e que, em grande medida, confina suas investigações teóricas no nível da generalidade, no interior de um modo de produção capitalista de funcionamento perfeito. Nos textos que chegaram até nós, ele marginaliza e frequentemente exclui questões de universalidade (relação com a natureza), particularidade (relações de troca e distribuição) e singularidade (consumo e consumismo), ainda que em vários planos de estudo (como o dos *Grundrisse*) reconheça que, para completar seu projeto, precisaria escrever outros livros sobre, por exemplo, a concorrência (no Livro III há um capítulo não muito instrutivo sobre esse tópico), o Estado e o mercado mundial. Quando atinge um ponto em *O capital* em que o arcabouço não funciona, como veremos nos capítulos sobre a circulação do capital portador de juros, ele finalmente passa adiante. Contudo, não tenta reespecificar como seriam as leis de movimento sob essas novas condições, em que o arcabouço não funciona.

O Livro II de *O capital* é escrito quase inteiramente à sombra do modelo da "silogística fraca", que Marx tendia a impor a todas as suas investigações econômico-políticas. Ele raramente se aventura além desse modelo. Embora amplo e esclarecedor em algumas direções, o mundo teórico que ele descreve é, em outras, rigorosamente limitado. Confinando-se tão estreitamente no nível da generalidade, Marx pôde chegar a uma compreensão do capital que transcendia as particularidades históricas de sua época. Essa é a razão pela qual podemos lê-lo hoje – mesmo o Livro II – e compreender o que ele tem a dizer. Por outro lado, esse arcabouço torna difícil qualquer aplicação imediata às circunstâncias efetivamente existentes. Essa é a tarefa que nos foi legada. Podemos apreciar melhor a natureza dessa tarefa, no entanto, quando entendemos os limites autoimpostos da teoria geral de Marx e o que, dentro de suas limitações, essa teoria pode fazer por nós. É no espírito dessa questão que proponho abordar o conteúdo do Livro II. E é a essa empreitada estimulante, porém desafiadora, que darei início agora.

1. Os ciclos do capital

(CAPÍTULOS 1-3 DO LIVRO II)

Os capitalistas costumam começar o dia com uma dada quantia de dinheiro. Vão ao mercado e compram meios de produção e força de trabalho, que põem para trabalhar usando uma tecnologia e uma forma organizacional particulares, a fim de produzir uma nova mercadoria. Essa mercadoria é, então, levada ao mercado e vendida pela quantia inicial de dinheiro mais um lucro (ou, como Marx prefere chamá-lo, um mais-valor). Essa é a forma básica da circulação do capital que Marx estuda no Livro I de *O capital*. Esquematicamente, o capital é definido como valor em movimento: *Dinheiro-Mercadorias...Produção...Mercadoria'-Dinheiro'* (M' podendo ser representada também como M + ΔM ou, nos capítulos estudados aqui, como *m*, o mais-valor). A tese central com que Marx trabalha é a de que o trabalho é capaz de criar uma quantidade maior de valor (um *mais-valor*) do que o valor que ele pode conseguir como mercadoria no mercado. A mercadoria recém-produzida, "impregnada" de mais-valor, é vendida com lucro no mercado. A reprodução do capital depende, então, da reciclagem total ou parcial de M' na aquisição, mais uma vez, de força de trabalho e meios de produção que serão empenhados num novo ciclo de produção de mercadorias.

"No Livro I"*, escreve Marx:

> [o] primeiro e terceiro estágios [D-M e M'-D'] só foram mencionados [...] na medida em que isso era necessário para a compreensão do segundo estágio, o processo de produção do capital. Não foram consideradas, portanto, as diferentes roupagens sob as quais o capital se apresenta em suas diferentes fases, e que ele, em seus repetidos

---

* Karl Marx, *O capital*, Livro I, cit., seção II, p. 221-51. (N. T.)

ciclos, ora assume, ora abandona. Elas constituem, agora, o próximo objeto de nossa investigação. (107-8)

Nos três primeiros capítulos do Livro II, Marx decompõe o processo de circulação em três ciclos separados, porém inter-relacionados, de capital *monetário*, capital *produtivo* e capital-*mercadoria*. No capítulo 4, ele examina o ciclo daquilo que chama de "capital industrial", que é a unidade dos três diferentes processos de circulação tomados em conjunto. Na verdade, Marx olha para o processo de circulação a partir de três diferentes perspectivas: do dinheiro, da produção e da mercadoria. O arcabouço geral é apresentado na Figura 2.

Figura 2

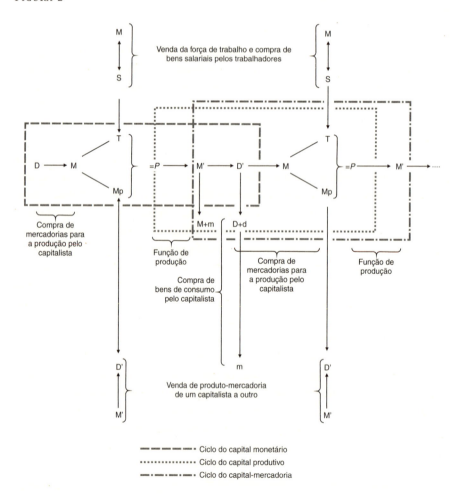

Na superfície, toda essa abordagem parece ser um tanto simplista, e até mesmo banal. Ela toma o fluxo contínuo da circulação e o decompõe em três diferentes processos de circulação. Não parece ser algo digno de nota. Com essa tática, porém, ele revela e disseca as dificuldades e contradições internas à lógica do processo de circulação. De cada janela, ou perspectiva, vemos uma realidade bastante diferente, e isso nos permite identificar pontos de potencial ruptura.

Nesses três capítulos, Marx está preocupado com três coisas: duas são muito explícitas, ao passo que a terceira é implícita. A primeira é a ideia de metamorfose. Essa linguagem deriva do Livro I, capítulo 3, no qual Marx dá grande importância às "metamorfoses" que ocorrem no interior daquilo que ele chama de "metabolismo social" do capital. As metamorfoses dizem respeito às mudanças na forma que o capital assume – desde dinheiro até atividade produtiva, e desta até mercadoria. Marx está interessado no caráter que o capital assume quando entra e permanece certo tempo em cada um desses diferentes estados, bem como na maneira como o capital se move de um estado a outro. A questão principal é: que diferentes possibilidades e capacidades estão ligadas a essas diferentes formas, e que dificuldades surgem no movimento de uma forma a outra? Uma analogia que poderia ser útil aqui é a do ciclo vital da borboleta: ela põe ovos, e estes se transformam em lagartas, que rastejam à procura de comida, e depois em crisálidas, que se abrigam num casulo protetor. De repente, uma bela borboleta sai do casulo e voa livremente, até pôr ovos e reiniciar o ciclo. Em cada estado, o organismo exibe capacidades e poderes distintos: como ovo ou crisálida, ele é imóvel, porém cresce; como lagarta, ele rasteja à procura de comida; e como borboleta, pode voar livremente. Assim também é o capital. Em seu estado de dinheiro, ele pode voar livremente como uma borboleta. Em sua forma-mercadoria, ele vaga à procura de alguém que o demande, necessite e deseje, que tenha dinheiro para pagar por ele e, por último, o consuma. Como processo de trabalho, a maior parte dele está enraizada no "terreno oculto da produção" (como diz Marx no Livro I), no solo da atividade material da transformação de elementos naturais através da produção de mercadorias. Normalmente, ele fica imobilizado durante o tempo necessário para a produção da mercadoria (o transporte, como veremos, é uma exceção importante).

Para mim, essas distinções são imediatamente significativas. As diferentes mobilidades espaciais e geográficas do capital nesses diferentes estados têm enormes implicações para o entendimento dos processos que reunimos hoje sob a rubrica "globalização". Cada "momento" no processo de circulação – dinheiro, atividade produtiva, mercadoria – expressa diferentes possibilidades. Em termos de mobilidade geográfica, o dinheiro é a forma mais móvel de capital, a mercadoria é um pouco menos móvel que o dinheiro, e os processos de produção são em geral os mais difíceis de se mover (embora isso não seja impossível). Nessa caracterização geral, há uma boa dose de variabilidade. Alguns tipos de mercadoria são mais fáceis de mover que outros, e a facilidade de movimento é relativa também à capacidade de transporte (o uso de contêineres tornou possível o transporte de água engarrafada da França ou das Ilhas Fiji para os Estados Unidos). O diferente fortalecimento das diferentes frações de capital tem enormes consequências para o modo como o capital opera no palco mundial. Fortalecer o capital financeiro em relação a outras formas de capital (como o capital de produção e o capital comercial) é facilitar a hipermobilidade e o "esvoaçar" do capital que caracterizou o capitalismo nas últimas décadas. Marx não trata desses tópicos, mas nada impede que o façamos. Marx se concentra em outros traços das metamorfoses e nas diferenças e contradições que potencialmente podem surgir.

Isso nos leva à segunda grande questão que interessa a Marx, e que diz respeito ao potencial de rupturas e crises no interior do próprio processo de circulação. No Livro I, ele deixou claro que as transições de um momento a outro jamais são livres de tensões. Em geral é mais fácil ir, por exemplo, da forma universal de valor (dinheiro) para a forma particular de valor (a mercadoria) do que o contrário – a mercadoria "ama o dinheiro, mas '*the course of true love never does run smooth*'", observa Marx. Também não há nenhuma necessidade imediata que obrigue alguém que vendeu a usar o dinheiro recebido para efetuar uma nova compra. Os indivíduos podem reter ou entesourar dinheiro. Isso explica o ataque mordaz de Marx à lei de Say no Livro I. Say defende que compras e vendas estão sempre em equilíbrio e, portanto, jamais podem ocorrer crises gerais de superprodução (uma proposição que Ricardo também aceitou). Mas a retenção de dinheiro (entesouramento), como mais tarde Keynes também observaria, é uma tentação permanente, dado que o dinheiro é uma forma universal de poder social apropriável por pessoas privadas. O entesouramento, como mostra Marx, é socialmente necessário (e ao longo do Livro II ele ilustra isso com exemplos frequentes). Mas se todos retêm dinheiro e ninguém compra, o processo de circulação trava, podendo entrar em colapso. "Por isso, tais formas implicam", diz Marx no Livro I, "a possibilidade de crises, mas não mais que sua possibilidade. O desenvolvimento dessa possibilidade em efetividade requer todo um conjunto de relações que ainda não existem no estágio da circulação simples de mercadorias" (C1, 187). O Livro II é, em parte, dedicado a mostrar como essas possibilidades poderiam ser realizadas, embora ele o faça de uma maneira frustrantemente árida e técnica.

No Livro I, Marx também observou que crises monetárias de formação espontânea são uma possibilidade muito real. Com a quantidade e os preços das mercadorias em constante variação, é preciso encontrar maneiras de ajustar a oferta de dinheiro à volatilidade na produção de mercadorias. Nesse caso, um entesouramento de dinheiro se torna absolutamente necessário, pois fornece uma reserva de dinheiro que será utilizada em tempos de hiperatividade. Quando o dinheiro se torna moeda de conta, a necessidade de mercadoria-dinheiro (ouro e prata) pode ser evitada. Os balanços podem ser feitos, digamos, no fim do ano, reduzindo assim a demanda de dinheiro vivo (espécie, moedas metálicas, papel-moeda). Mas usar moeda de conta cria uma nova relação: aquela entre devedor e credor. E isso produz, como Marx argumenta no Livro I, uma contradição, um antagonismo que:

> emerge no momento das crises de produção e de comércio, conhecidas como crises monetárias. Ela ocorre apenas onde a cadeia permanente de pagamentos e um sistema artificial de sua compensação encontram-se plenamente desenvolvidos. Ocorrendo perturbações gerais nesse mecanismo, venham elas de onde vierem, o dinheiro abandona repentina e imediatamente sua figura puramente ideal de moeda de conta e converte-se em dinheiro vivo. Ele não pode mais ser substituído por mercadorias profanas. (C1, 211)

Em outras palavras, não podemos pagar nossas dívidas com notas promissórias; para pagá-las, temos de encontrar dinheiro vivo, o equivalente e a representação universal do valor. Se dinheiro vivo não pode ser encontrado, então:

> O valor de uso da mercadoria se torna sem valor, e seu valor desaparece diante de sua forma de valor própria. Ainda há pouco, o burguês, com a típica arrogância pseudo-esclarecida de uma prosperidade inebrantável, declarava o dinheiro como uma loucura vã. Apenas a mercadoria é dinheiro. Mas agora se clama por toda parte no mercado mundial: apenas o dinheiro é mercadoria! Assim como o cervo brame por água fresca, também sua alma brame por dinheiro, a única riqueza. Na crise, a oposição entre a mercadoria e sua figura de valor, o dinheiro, é levada até a contradição absoluta. (C1, 211)

A análise desenvolvida no Livro II lança luz sobre essa questão? A resposta é sim e não. No Livro II, Marx lança as bases para a compreensão das condições que poderiam converter as possibilidades das crises de circulação em realidades. Mas não apresenta nenhum argumento convincente sobre como essas possibilidades não apenas *podem*, mas *têm necessariamente de* se tornar realidades, e em quais condições. Isso deriva, em parte, da relutância de Marx em integrar as particularidades da distribuição aos seus argumentos. No Livro II, Marx abdica de toda análise do papel do crédito, porque este é um fato da distribuição e uma particularidade. Mas ao longo do Livro II torna-se evidente que o crédito tem grandes efeitos no interior da generalidade da produção e, portanto, nas leis reais de movimento do capital. Na ausência de qualquer consideração a respeito do modo como funcionam as particularidades da distribuição e da troca, uma teoria geral da formação de crises parece vã.

A terceira questão, e a mais implícita, que surge nesses três capítulos diz respeito à definição da "essência" do próprio capital. Não estou certo de que o termo "essência" seja correto aqui, mas acredito que esses capítulos oferecem a possibilidade de refletir sobre as diferentes formas que o capital pode assumir, e nos perguntar se alguma dessas formas deve ser priorizada, em vez de dizer que o capital é simplesmente "valor em movimento" ou a circulação total exposta na Figura 2, e ponto final. Seria um dos ciclos do capital mais importante do que os outros, mesmo que nenhum possa existir sem os outros? Temos de prestar atenção nessas questões, porque elas têm profundas implicações políticas. Mas o próprio Marx não faz nenhuma tentativa de abordar esses significados políticos. Isso é o que devemos fazer.

Tendo delineado a fórmula geral para a circulação do capital na primeira página do Livro II, Marx expõe os pressupostos que servirão de base para a sua investigação. Ele parte do pressuposto "não apenas de que as mercadorias são vendidas por seus valores, mas também de que isso ocorre em circunstâncias invariáveis. Não levamos em conta, portanto, as alterações de valor que podem ocorrer durante o processo cíclico" (108). A ausência de qualquer interesse sistemático pela mudança tecnológica e organizacional no Livro II é, como já foi observado, um enorme distanciamento em relação ao foco do Livro I. A suposição de que a produtividade do trabalho é constante (o que significa abstrair da criação do mais-valor) torna irrealista o conjunto do Livro II. No entanto, Marx pensava nitidamente que esse era o único modo pelo qual ele poderia identificar relações fundamentais no mundo da circulação do capital, relações que posteriormente poderiam ser sintetizadas num modelo muito mais realista de circulação e acumulação do capital.

O primeiro elo (metamorfose) na cadeia de trocas que forma a circulação do capital é o uso de dinheiro para a compra de força de trabalho e meios de produção. O capital monetário "aparece [...] como a forma em que o capital é adiantado" (110). A palavra "aparece" sugere, como muitas vezes é o caso, que nem tudo é exatamente como parece.

> Como capital monetário, ele [o dinheiro] está numa condição em que pode cumprir funções próprias do dinheiro, como, no caso presente, as funções de meio universal de compra e meio universal de pagamento. [...] Essa propriedade não deriva do fato de o capital monetário ser capital, mas sim de ele ser dinheiro. (110)

Nem todo dinheiro é capital, nem toda compra e venda, mesmo de força de trabalho (como no caso de serviços pessoais ou trabalhos doméstico), faz parte da circulação e acumulação de capital. O que converte as funções do dinheiro em capital monetário é "seu papel determinado no movimento do capital", e isso depende do "nexo entre a fase em que elas aparecem e as outras fases de seu ciclo" (110). O dinheiro só funciona como capital quando é absorvido no processo total de circulação do capital. Então, e somente então, o dinheiro se torna uma "forma de manifestação do capital" (111). Portanto, existe dinheiro, e existe dinheiro que funciona como capital. Os dois não são a mesma coisa.

Quando o dinheiro é usado para comprar força de trabalho (D-T), ele sai da circulação do capital, mesmo que os trabalhadores usem seu salário em dinheiro para comprar mercadorias produzidas por eles sob o controle dos capitalistas. Os trabalhadores cedem sua mercadoria (força de trabalho) para obter o dinheiro com o qual compram as mercadorias de que necessitam para viver e, com isso, devolvem o dinheiro à circulação do capital. Eles vivem num ciclo do tipo M-D-M (ou, como Marx prefere dizer, um ciclo T-D-M), oposto ao ciclo D-M-D' do capital. Nesse movimento T-D-M, observa Marx, "seu caráter de capital desaparece e seu caráter de dinheiro permanece constante" (111). Mais tarde ele se estende sobre esse tema:

> O trabalhador assalariado vive apenas da venda da força de trabalho. Sua subsistência – sua autossubsistência – requer o consumo diário. Seu pagamento, portanto, tem de ser repetido constantemente em prazos relativamente curtos [...]. Diante do trabalhador, o capitalista tem de atuar constantemente como capitalista monetário, e seu capital tem de confrontá-lo como capital monetário. Por outro lado, porém, para que a massa dos produtores diretos, os trabalhadores assalariados, possam realizar a operação T-D-M [na qual T é a venda de sua força de trabalho], é preciso que eles encontrem constantemente os meios de subsistência em forma comprável, isto é, em forma de mercadorias. Essa situação requer já um alto grau de circulação dos produtos como mercadorias e, portanto, do desenvolvimento da produção mercantil. (118)

O movimento D-T é visto com frequência – e, segundo Marx, erroneamente – como "o momento característico da transformação de capital monetário em capital produtivo" e, portanto, como "característico do modo de produção capitalista" (111). Mas "o dinheiro já aparece desde muito cedo como comprador dos assim chamados serviços, sem que D tenha se convertido em capital monetário ou sem que o caráter geral da economia tenha sido revolucionado" (112). Para que a circulação de capital comece realmente é necessário primeiro que a força de trabalho apareça no mercado como mercadoria. "O característico não é que a mercadoria força de trabalho seja comprável, mas que a força de trabalho apareça como mercadoria" (112). O dinheiro só pode ser gasto como capital "porque a força de trabalho encontra-se separada de seus meios de produção" e porque:

> essa separação só é superada com a venda da força de trabalho ao detentor dos meios de produção; e que, portanto, ao comprador também pertence o emprego da força de trabalho, cujos limites não coincidem em absoluto com os limites da massa de trabalho necessária à reprodução de seu próprio preço. A relação de capital durante o processo de produção só surge porque ela já existe, em si mesma, no ato de circulação, nas diferentes condições econômicas fundamentais em que o comprador e o vendedor se defrontam um com o outro, em sua relação de classe. Não é o dinheiro que engendra, por sua própria natureza, essa relação, mas, antes, é a existência dessa relação que pode transformar uma simples função do dinheiro numa função do capital. (114)

Aqui se encontra, portanto, a primeira precondição fundamental para a circulação do capital: *"a relação de classe entre capitalista e assalariado já está dada"* (113; grifos meus). Esse foi um tema fundamental no Livro I, em particular nas seções sobre a acumulação primitiva. Aqui, Marx reitera que a existência da força de trabalho como uma mercadoria "pressupõe processos históricos que dissolvam a conexão originária entre os meios de produção e a força de trabalho" (114).

"A conversão de capital monetário em capital produtivo" ocorre quando "o capitalista opera a conexão dos fatores objetivos e pessoais da produção, na medida em que esses fatores consistem em mercadorias". Para pôr o trabalhador para trabalhar, o capitalista "tem primeiramente de comprar os meios de produção, as oficinas de trabalho, as máquinas etc., antes de comprar a força de trabalho" (112). Mas isso requer que tais mercadorias – os meios de produção – também já estejam disponíveis no mercado. "Para que o capital possa se formar e se apoderar da produção, pressupõe-se certo grau de desenvolvimento do comércio e, portanto, também da circulação e da produção de mercadorias" (115). Apenas dessa maneira os fatores objetivos (meios de produção) podem ser conjugados com o poder subjetivo do trabalho na produção.

A segunda precondição fundamental para a circulação do capital é esta: *é preciso que já exista a produção geral de mercadorias para o mercado.* Somente então o capitalista encontrará os meios de produção disponíveis no mercado, e os assalariados encontrarão os bens de consumo requeridos para sua autorreprodução. Se essas condições prévias não são satisfeitas, o dinheiro não pode funcionar como capital.

Aqui, Marx está nos advertindo do erro de considerar que o capital deva ser primariamente entendido em termos monetários, e estende-se consideravelmente ao explicar por que isso é assim (115). Mas uma vez que existe a classe dos assalariados e esta é capaz de reproduzir a si mesma, uma dinâmica transformativa é posta em movimento:

> as mesmas circunstâncias que produzem as condições fundamentais da produção capitalista – a existência de uma classe de trabalhadores assalariados – exigem que toda

produção de mercadorias se transforme em produção capitalista de mercadorias. À medida que esta última se desenvolve, ela exerce um efeito destrutivo e dissolvente sobre todas as formas anteriores de produção, que, voltadas preferencialmente à satisfação das necessidades imediatas do produtor, só convertem em mercadoria as sobras do que foi produzido. Ela faz da venda do produto o interesse primordial, sem que, de início, isso pareça afetar o próprio modo de produção, o que, por exemplo, constituiu o primeiro efeito do comércio capitalista mundial sobre povos como o chinês, o indiano, o árabe etc. Em segundo lugar, porém, onde lança raízes, ela destrói todas as formas da produção de mercadorias baseadas seja no trabalho dos próprios produtores, seja meramente na venda dos produtos excedentes como mercadorias. Primeiramente ela universaliza a produção de mercadorias e, então, transforma gradualmente toda a produção de mercadorias em produção capitalista. (118)

Depois de realizadas essas transformações históricas, o capital pode circular livremente de uma maneira "pura":

É evidente, pois, que a fórmula que expressa o ciclo do capital monetário: D-M...P... M'-D' só vale como forma do ciclo do capital quando se baseia na produção capitalista já desenvolvida, pois pressupõe a existência da classe assalariada em escala social. A produção capitalista, como vimos, produz não apenas mercadoria e mais-valor, mas reproduz, e num volume cada vez maior, a classe dos trabalhadores assalariados, transformando a enorme maioria dos produtores diretos em assalariados. (116)

Em outro lugar, afirmei, não apenas em relação às considerações de Marx no Livro I, mas também por minha própria conta, que Marx tem uma predisposição àquilo que chamo de uma "teoria dialética e coevolucionária da transformação social"[1]. Essa ideia é compatível com o modo como o argumento é estruturado no Livro II. Ela parece ser a única maneira de escapar de um eterno debate do tipo "o ovo ou a galinha" acerca das origens do capitalismo. Tanto a relação de classe quanto a produção generalizada de mercadorias (e, por conseguinte, a forma-mercadoria) têm necessariamente de preceder o advento do capital como o advento do capital generaliza essas precondições.

O segundo estágio na circulação do capital é o do capital de produção. Marx não dedica muito tempo a sua elaboração porque, afinal, ele é a forma fundacional da análise do Livro I. Esse estágio acarreta o consumo produtivo tanto da força de trabalho como dos meios de produção no processo de trabalho.

---

[1] David Harvey, *O enigma do capital: e as crises do capitalismo* (São Paulo, Boitempo, 2011), cap. 5.

O movimento se apresenta como D–M< $^T_{Mp}$...P, os pontos indicando que a circulação do capital está interrompida, mas que seu processo cíclico avança ao sair da esfera da circulação de mercadorias e entrar na esfera da produção. Assim, o primeiro estágio, a transformação do capital monetário em capital produtivo, aparece apenas como precursor e fase introdutória do segundo estágio, da função do capital produtivo. (117)

O modo particular pelo qual são combinados a força de trabalho e os meios de produção é o que "distingue as diferentes épocas econômicas da estrutura social". No caso capitalista:

> a separação entre o trabalhador livre e seus meios de produção constitui o ponto de partida dado [...]. O processo efetivo no qual entram, assim reunidos, os elementos pessoais e materiais criadores de mercadorias, o processo de produção, torna-se ele mesmo uma função do capital – do processo capitalista de produção, cuja natureza foi estudada em detalhes no Livro I desta obra. Toda empresa de produção de mercadorias torna-se, ao mesmo tempo, empresa de exploração da força de trabalho, mas apenas a produção capitalista de mercadorias é um divisor de águas, um modo de exploração que, em seu desenvolvimento histórico e por meio da organização do processo de trabalho e do enorme progresso da técnica, revoluciona a estrutura econômica inteira da sociedade e deixa para trás todas as épocas anteriores. (119)

Tanto os meios de produção como a força de trabalho são assim transformados em "formas de existência do valor de capital adiantado". Como tal, elas se distinguem em "capital constante e variável". Os "meios de produção não são capital por natureza, assim como tampouco o é a força de trabalho humana" (119). Então Marx resume, pela enésima vez, a teoria do mais valor: "Em seu funcionamento, o capital produtivo consome suas próprias partes constitutivas, a fim de convertê-las numa massa de produtos de valor maior", de modo que o "produto é [...] não apenas mercadoria, mas mercadoria fertilizada com mais-valor" (120). O capital produtivo, insiste ele ao longo de todo o texto, é a "única função na qual o valor de capital cria valor" (129).

No terceiro estágio do processo, temos de considerar o capital na forma de capital-mercadoria. Exatamente da mesma maneira que o capital na forma de dinheiro só pode desempenhar funções monetárias, e, como capital produtivo, só pode fazê-lo enquanto a produção o permite, também o capital em forma de mercadoria "tem de exercer uma função de mercadoria" (120). A função de C′ (a mercadoria impregnada de mais-valor):

> é, agora, a função de todo produto-mercadoria: converter-se em dinheiro, ser vendida, percorrer a fase de circulação M-D. Enquanto o capital já valorizado conserva-se em sua

forma do capital-mercadoria, permanecendo imóvel no mercado, o processo de produção fica paralisado. O capital não atua nem como criador de produtos nem como criador de valor. A depender da rapidez com que o capital abandone sua forma-mercadoria e assuma sua forma-dinheiro, ou seja, de acordo com a celeridade da venda, o mesmo valor de capital atuará, num grau muito desigual, como criador de produto e de valor e aumentará ou diminuirá a escala da reprodução. (122)

Aqui introduzimos no arcabouço teórico de Marx uma dimensão nova, muito importante. A velocidade de transição de um estado a outro é uma variável importantíssima. Ela é afetada por "novas potências de seu grau de eficiência, de sua expansão e contração, potências que são independentes da grandeza de valor do capital" (123). Aceleração, tempo de rotação etc., quando impulsionados pelas leis coercitivas da concorrência, alteram as referências temporais não apenas da circulação do capital, mas também da vida cotidiana. A natureza dessas "potências novas e independentes" que provocam a aceleração precisa ser investigada. Essa é uma das esferas fascinantes da análise no Livro II.

O ato de circulação M'-D' toma o "mais-valor também contido no capital monetário" (125) e o realiza em forma-dinheiro, concluindo assim a terceira fase das metamorfoses do capital. Contudo, o mais-valor "*m*", é importante recordar:

veio ao mundo no interior do processo de produção. Portanto, aparece pela primeira vez no mercado de mercadorias, e mais precisamente na forma-mercadoria; esta é sua primeira forma de circulação e, por conseguinte, também o ato *m-d* é seu primeiro ato de circulação ou sua primeira metamorfose, que ainda precisa ser completada pelo ato de circulação contrário ou pela metamorfose inversa *d-m*. [As letras minúsculas indicam que Marx considera aqui apenas o movimento do mais-valor, não o capital total M' e D', respectivamente.] (124)

A produção de mais-valor é, na verdade, a produção de capital, e o reinvestimento de todo ou de parte do mais-valor é fundamental para a reprodução do capital.

Em tudo isso, há dois aspectos que devemos ressaltar. "Primeiro: a reconversão conclusiva do valor de capital a sua forma-dinheiro original é uma função do capital-mercadoria. Segundo: essa função inclui a primeira transmutação da forma do mais-valor de sua forma-mercadoria original em forma-dinheiro". Como resultado, "o valor de capital e o mais-valor existem, agora, como dinheiro, portanto, na forma de equivalente universal" (125). Aqui temos uma indicação de algo que será cada vez mais importante ao longo do texto: o papel distintivo e vital do capital-mercadoria no processo total de circulação, como o responsável por converter em forma-dinheiro o mais-valor incorporado na mercadoria.

No fim do processo o valor de capital encontra-se novamente na mesma forma na qual entrou, e pode, portanto, voltar a atuar e a circular como capital monetário. Justamente porque a forma inicial e final do processo é a do capital monetário (D), chamamos de ciclo do capital monetário a essa forma do processo cíclico. O que se modifica, no fim, é não a forma, mas apenas a grandeza do valor adiantado. (125-6)

O ciclo do capital monetário mostra que "a forma inicial e final do processo é a do capital monetário" (125). Uma vez que o mais-valor está realizado como capital, como "valor que gerou outro valor", como "resultado" do processo de circulação, então "D não aparece mais como mero dinheiro, mas funciona expressamente como capital monetário, expresso como valor que se valorizou" (a galinha dos "ovos de ouro", como Marx o chamou no Livro I) (126). No entanto, assim que o mais-valor capitalizado volta a entrar no processo de circulação, ele o faz simplesmente como dinheiro, no qual é obliterada a distinção entre o capital monetário inicial recuperado e o mais-valor. Ele volta, mais uma vez, a fim de desempenhar funções puramente monetárias. Assim, apesar de nos preocuparmos em distinguir conceitualmente "capital *monetário*" (dinheiro que é usado como capital) de "*capital* monetário" (capital que voltou à forma-dinheiro), ambos, capital monetário e capital-mercadoria, são "modos de existência do capital. Um é capital em forma-dinheiro, o outro em forma-mercadoria. Portanto, as funções específicas que os distinguem não podem ser senão as diferenças entre a função do dinheiro e a função da mercadoria" (129).

[Contudo, o] capital-mercadoria, como produto direto do processo de produção capitalista, recorda sua origem e por isso, em sua forma, é mais racional e menos sem-conceito* que o capital monetário, no qual todo rastro desse processo está apagado, uma vez que toda forma particular de uso da mercadoria geralmente se apaga no dinheiro. (129)

Embora a diferença se esvaia, temos de insistir na "diferenciação conceitual", porque é isso que revela o segredo das leis de movimento do capital. O mais-valor (*m*) que é convertido em dinheiro pode ser gasto. Mas em quê? Uma parte vai para o consumo burguês (gasto em bens necessários e artigos de luxo, como Marx explica mais adiante). Mas uma parte também será gasta como capital monetário e, desse modo, promoverá a expansão da acumulação.

---

* Em Marx, "*begriffslos*" (literalmente "sem conceito"). O termo é empregado por Marx, sob influência da filosofia hegeliana, com o sentido de "abstrato", isto é, aquilo que ainda não alcançou a concreção dialética do "conceito". (N. T.)

Ao longo da exposição, Marx insiste em toda uma série de distinções aparentemente supérfluas. Por que ele faz isso? A resposta a essa questão fica mais clara na seção final, quando ele trata do ciclo como um todo. Escreve Marx:

> O capital aparece aqui como um valor que percorre uma sequência de transformações coerentes e condicionadas umas pelas outras, uma série de metamorfoses, que constituem tantas outras fases ou estágios de um processo total. Duas dessas fases pertencem à esfera da circulação e uma, à da produção. Em cada uma dessas fases encontra-se o valor de capital sob uma forma diferente, que corresponde a uma função distinta, especial. No interior desse movimento, o valor adiantado não apenas se conserva, mas cresce, aumenta sua grandeza. (131)

Nesse "processo total" que forma um "ciclo", funções e categorias determinadas podem ser definidas:

> As duas formas que o valor de capital assume no interior de seus estágios de circulação são a de *capital monetário* e *capital-mercadoria*; sua forma própria ao estágio da produção é a de *capital produtivo*. O capital, que no percurso de seu ciclo total assume e abandona de novo essas formas, cumprindo em cada uma delas sua função correspondente, é o *capital industrial* – industrial, aqui, no sentido de que ele abrange todo ramo de produção explorado de modo capitalista. (131)

Capital industrial é um termo infeliz, dadas as conotações correntes da palavra, mas o que Marx entende por isso é basicamente a circulação de capital que passa por um processo de trabalho que cria mais-valor e então é realizado e reproduzido, passando pelos outros momentos no processo total.

> Capital monetário, capital-mercadoria, capital produtivo não designam aqui, portanto, tipos autônomos de capital, cujas funções constituam o conteúdo de ramos de negócio igualmente autônomos e separados entre si. Eles designam, nesse caso, apenas formas funcionais específicas do capital industrial, formas que este assume uma após a outra. (131)

Restringindo-se a essa análise puramente formal, Marx evita a necessidade de tratar dos agentes particulares que se vinculam a essas funções como negócios particulares. Capitalistas financeiros e monetários vinculam-se à função monetária; capitalistas produtores, às funções de produção; e capitalistas mercantis (comerciais), ao capital-mercadoria. Historicamente, a totalidade do ciclo do capital industrial agregado tem de promover a interconexão não só dos diferentes ciclos, mas também de todas as atividades dos diversos agentes ativos – frações distintas do capital, que se apropriam de cotas distributivas do mais-valor total. Em nenhum ponto do Livro II, no entanto, Marx examina esses papéis fracionais. Ele prefere manter tudo num plano puramente lógico, formal. Acredito que o motivo disso é que, se ele introduzisse os papéis históricos dos diferentes agentes e as lutas travadas entre eles, a análise ficaria tão confusa que acabaria escondendo o que Marx considera as funções principais. De fato, em vários pontos no Livro II, ele submete Adam Smith à crítica (ver 460-90) por ter acreditado que essas frações do capital são formas de capital inteiramente independentes e autônomas. Marx as entende como distintas, porém inexoravelmente interligadas no interior da forma singular do capital industrial.

Marx faz então uma observação muito importante:

> O ciclo do capital só se desenrola normalmente enquanto suas distintas fases se sucedem sem interrupção. Se o capital estaciona na segunda fase D-M, o capital monetário se enrijece como tesouro; se estaciona na fase da produção, tem-se, de um lado, que os meios de produção restam desprovidos de qualquer função, e, de outro, que a força de trabalho permanece ociosa; se na última fase $M'\text{-}D'$, as mercadorias não vendidas e acumuladas bloqueiam o fluxo da circulação. (132)

A ideia de obstruções e bloqueios ao processo de circulação é levantada aqui, mas de maneira puramente formal:

> Por outro lado, é natural que o próprio ciclo se encarregue de imobilizar o capital, por um certo tempo, nas fases singulares do processo. Em cada uma de suas fases o capital industrial está vinculado a uma determinada forma, como capital monetário, capital produtivo, capital-mercadoria. É apenas depois de ter cumprido a função correspondente a cada uma dessas formas que ele assume aquela forma na qual pode iniciar uma nova fase de transformação. (132)

A implicação é que o capital não pode fluir de modo livre e contínuo através dos ciclos, mas necessariamente experimenta pausas em seu movimento. Nas páginas seguintes, esses bloqueios, obstruções e pausas potenciais são examinados frequentemente, embora sem nenhuma referência aos interesses e funcionamento das várias frações de capital envolvidas. Isso nos permite ver com clareza os obstáculos que poderiam impedir a circulação contínua do capital, e também indica as medidas que podem evitar que esses obstáculos se tornem bloqueios insuperáveis. A desvantagem é que, com isso, a análise do Livro II cai num estado árido e rígido de distinções formais e, quando lemos o Livro III, somos obrigados a recordar a base formal que poderia servir de fundamento para grande parte da teoria das crises históricas.

No curso do capítulo, Marx faz também algumas observações sobre o papel das indústrias de transporte e comunicações no processo de circulação (222). Como isso será retomado no fim do capítulo 5, postergarei até lá o tratamento da questão.

Que figura geral emerge, então? Temos um ciclo do capital industrial do seguinte tipo:

$$D-M<^T_{Mp} ...P... M + m - M + \Delta d$$

Vemos imediatamente (Figura 2) que isso pode ser decomposto em três ciclos distintos, mutuamente condicionados: o ciclo do capital monetário, o ciclo do capital produtivo e o ciclo do capital-mercadoria. Para que o mais-valor seja realizado, o ciclo do capital monetário precisa negociar com sucesso as condições que dizem respeito aos ciclos da produção e da mercadoria. A mesma condição se aplica aos ciclos do capital de produção e do capital-mercadoria. Existe, portanto, a possibilidade de diversos tipos de crises no processo de circulação como um todo. Quando introduzimos em nossa análise a desagregação da classe capitalista em várias frações de produtores, comerciantes e financistas, com interesses e perspectivas peculiares incorporados mais em um dos processos de circulação do que em outro, surgem razões ainda mais persuasivas para pôr em dúvida a estabilidade do processo completo de circulação daquilo que Marx chama de capital industrial.

Ainda resta avaliar a importância da forma do capital monetário para a circulação completa do capital industrial. O dinheiro é não só o ponto de partida do processo, mas também seu ponto de chegada. No entanto, devemos lembrar que a forma-dinheiro é a representação do valor, e que essa é a única maneira pela qual podemos ter uma medida palpável do mais-valor produzido:

> Justamente porque a forma-dinheiro do valor é sua forma de manifestação independente e palpável é que a forma de circulação D...D', cujo ponto de partida e de chegada é o dinheiro efetivo, o ato de fazer dinheiro, expressa do modo mais palpável o motivo propulsor da produção capitalista. O processo de produção aparece apenas como inevitável elo intermediário, um mal necessário ao ato de fazer dinheiro. (135)

O dinheiro pode ser o fetiche supremo, mas para o capitalista ele encarna o Santo Graal, porque "o objetivo último da produção é o enriquecimento" (136). Sem a "forma reluzente do dinheiro" não haveria nenhuma motivação para o capitalista, e sem a realização do capital em sua forma-dinheiro não haveria nenhuma medida tangível de recompensa.

Mas a realização depende do consumo, e não apenas do consumo produtivo de outros capitalistas, mas também do consumo final de outrem. Pela primeira vez no Livro II encontramos a ideia de que o consumo das classes trabalhadoras pode ter um papel (137). Marx, porém, acrescenta um comentário interessante sobre o comércio interestatal e o mercantilismo. Os mercantilistas, observa ele, fazem:

> prolixos sermões sobre a necessidade de o capitalista individual consumir como um trabalhador, do mesmo modo como as nações capitalistas devem deixar que outras nações ineptas consumam suas mercadorias e se entreguem exclusivamente ao processo de consumo, enquanto aquelas, ao contrário, devem fazer do consumo produtivo a missão de sua vida. Tais sermões lembram com frequência, por sua forma e conteúdo, as pregações ascéticas dos padres da Igreja. (137)

Há aqueles, como Kevin Phillips, que acreditam que atravessamos uma fase de mercantilismo nas últimas décadas, na qual os Estados Unidos desempenharam o papel de nação mais estúpida (praticando um consumismo movido a dívidas), enquanto os chineses e os alemães poupavam e acumulavam enormes superávits comerciais à custa dos consumidores norte-americanos. No outono de 2010, na reunião do G20 em Seul, quando o governo Obama propôs reduzir o desequilíbrio comercial no sistema global, os chineses e os alemães lideraram a rejeição da proposta. Parece que certa forma de mercantilismo continua viva e atuante – e os Estados Unidos ainda parecem felizes por desempenhar o papel de nação mais estúpida.

As observações resumidas com que Marx finaliza o capítulo são importantes:

> O ciclo do capital monetário é, assim, a forma de manifestação mais unilateral e, por isso, a mais palpável e mais característica do ciclo do capital industrial, cuja finalidade e motivo propulsor – a valorização do valor, o ato de fazer dinheiro e a acumulação – apresentam-se aqui numa forma evidente (comprar para vender mais caro). (138)

Como é comum no caso de Marx, temos de reconhecer que "saltam aos olhos" não significa "é": "O ciclo do capital monetário permanece sendo a expressão geral do capital industrial enquanto inclui a valorização do valor adiantado". Do ponto de vista da produção, no entanto, "a expressão monetária do capital aparece somente como preço dos elementos de produção". Embora haja fortes razões para considerar que o ciclo D-M' seja preeminente – porque aparece não apenas como um começo, mas também facilita o fluxo do poder de compra para os trabalhadores na forma de salários e o fluxo dos lucros para os capitalistas, propiciando assim o consumo –, há "em sua forma um engano", e mesmo "um caráter ilusório" (138-9). Esse "caráter ilusório" e "seu correspondente significado ilusório se apresentam tão logo essa forma é fixada como uma só operação, e não como uma operação fluída e que se renova constantemente; tão logo, portanto, ela é considerada, não como uma das formas do ciclo, mas como sua forma exclusiva" (140). O ponto fundamental de Marx é que o ciclo do dinheiro não pode existir "em si mesmo", mas necessariamente "aponta para outras formas" (140). Quando olhamos para a eterna repetição do ciclo do capital através de suas diferentes formas (dinheiro, produção, mercadorias), vemos que o dinheiro "constitui apenas um evanescente prelúdio do ciclo constantemente repetido do capital produtivo". Desse ponto de vista, "o processo capitalista de produção é [...] pressuposto como um *prius* [uma premissa]" (141).

SOBRE O CAPÍTULO 2: O CICLO DO CAPITAL PRODUTIVO

A importância do ciclo do capital produtivo é tão óbvia que Marx não se dá ao trabalho de declará-la: afinal, é no "terreno oculto" da produção, e somente nele, que o mais-valor é produzido. Do ponto de vista do capital produtivo, o percurso da circulação aparece como uma necessidade irritante antes de retornar ao jogo real, o da produção de mais-valor por meio do processo de trabalho: "o processo inteiro de circulação do capital industrial, seu movimento total no interior da fase da circulação, é somente uma interrupção e, portanto, uma mediação entre o capital produtivo que inicia o ciclo [...] e aquele que o encerra" (143). Mas, como já deveríamos esperar, no percurso através das formas da mercadoria e do dinheiro escondem-se inúmeros perigos e armadilhas. As exigências formais ditam que o valor e o mais-valor incorporados na mercadoria têm de ser realizados na forma--dinheiro, através de uma venda, e que o dinheiro original recuperado e uma parte do lucro devem ser utilizados para a compra dos meios de produção e da força de trabalho necessários para que o processo de produção se repita em escala crescente. Formalmente, os passos da circulação que deverão ser percorridos parecem ser os de M'-D', seguidos de D-M, e uma circulação adicional do mais valor em forma-dinheiro, *d-m*.

Dois casos são considerados. O primeiro é o da reprodução simples, no qual todo o mais-valor é consumido e não há nenhum reinvestimento do excedente (como no capítulo 23 do Livro I e no capítulo 20 do Livro II), e o segundo é o da reprodução ampliada (como no capítulo 24 do Livro I e no capítulo 21 do Livro II). Embora Marx sustente que a reprodução simples seja impossível no capitalismo, ele dedica muito mais tempo a ela porque, suspeito eu, achou que seria mais fácil estabelecer as relações e condições formais que precisam ser realizadas para que o capital industrial continue no bom caminho. Ele defende que essas condicionantes conduzem (embora de um modo mais complicado, conforme a escolha dos capitalistas em relação às alocações relativas do reinvestimento ou do consumo) a um modelo muito mais realista de reprodução ampliada.

No caso da reprodução simples, o mais-valor *m* tem de ser inteiramente gasto com o consumo pessoal. Se a classe capitalista simplesmente retém o dinheiro e deixa de consumir, então o capital-mercadoria não pode ser realizado na forma--dinheiro. Pela primeira vez, portanto, vemos a importância do consumo burguês para a estabilização do capitalismo:

> *d-m* é uma série de compras efetuadas por meio do dinheiro que o capitalista gasta, seja em mercadorias propriamente ditas, seja em serviços para sua respeitável pessoa ou para sua família. Essas compras são fragmentadas, ocorrem em datas diferentes. Portanto, esse dinheiro existe temporariamente na forma de determinada reserva monetária [*Geldvorrat*] ou tesouro destinado ao consumo corrente. (145)

Esse dinheiro "não é adiantado, mas gasto". De modo que o burguês já precisa ter o dinheiro em mãos.

Esse é um tema interessante, que encontraremos diversas vezes no Livro II. De onde vem o dinheiro extra para comprar o mais-valor? A burguesia compra o mais--valor incorporado nas mercadorias com seu próprio dinheiro para aumentar o consumo pessoal. Isso pressupõe, é claro, que o capital produtivo esteja produzindo as mercadorias que a burguesia quer consumir (embora Marx não insista nesse ponto). A circulação *d-m* (o uso de minúsculas denota que estamos lidando não com o capital total, mas apenas com a parte excedente) "pressupõe a existência do capitalista, que por sua vez é condicionada pelo seu consumo de mais-valor" (148).

De passagem, Marx observa que a maneira como o burguês paga pelas mercadorias depende em certa medida da natureza da mercadoria produzida. Marx menciona o caso interessante (para mim, pelo menos) do mercado londrino de construção civil, "que em sua maior parte vive de crédito, [e no qual] o empresário construtor recebe adiantamentos de acordo com o estágio em que se encontra a construção da casa" (147). Além disso, a entrada final da mercadoria na esfera do consumo pode estar "completamente apartada, tanto no espaço quanto no tempo, da metamorfose na qual essa massa de mercadorias funciona como seu capital--mercadoria" (149). Indica-se aqui como os pagamentos se movem pelo tempo e pelo espaço, mas isso não é desenvolvido como um campo de análise. Esse é o tipo de coisa que tentei desenvolver em algumas de minhas obras.

O capital monetário original recuperado tem de circular de volta para o campo do consumo produtivo por meio da compra da força de trabalho e dos meios de produção. Mas enquanto o D original foi adiantado, o dinheiro que voltou a circular teve de ser reconceitualizado como capital monetário que já foi produzido e valorizado através do movimento M'-D'. Essa mudança de significado é importante. Ela reflete a visão apresentada no Livro I de que, depois de um certo tempo, o trabalho reproduz o equivalente do valor total do capital originalmente adiantado. Na interpretação que Marx faz do argumento de Locke, segundo o qual a propriedade compete àqueles que adicionam seu trabalho à terra para criar valor, o valor em circulação deveria pertencer por direito ao trabalhador, e não ao capitalista (que consumiu o capital original). O D que entra de novo na produção é, observa Marx, uma "expressão monetária de trabalho pretérito" (150), e não de capital monetário puro e simples.

Mas há hiatos temporais inevitáveis no processo de circulação. "A diferença temporal entre a execução de M-D e a de D-M pode ser mais ou menos considerável." A temporalidade da circulação é importante. Nesse ponto, Marx menciona algumas curiosidades. Em alguns casos, "D [...] pode, para o ato D-M, representar a forma transformada de mercadorias que ainda não se encontram no mercado" (151). Pré-pagamentos de mercadorias ainda não produzidas são possíveis. Mesmo trabalhadores podem pagar adiantado por uma mercadoria ainda não produzida – pagando com os salários do trabalho futuro. A sincronização possível dos arranjos é infinitamente complicada e, como veremos posteriormente, o papel do sistema de crédito será crucial.

Mas há também razões estruturais pelas quais o movimento entre a mercadoria e a compra tanto da força de trabalho quanto dos meios de produção pode se tornar difícil.

> Se a segunda metamorfose D-M se choca com obstáculos (por exemplo, se faltam no mercado os meios de produção), o ciclo, o fluxo do processo de reprodução é interrompido, do mesmo modo como ocorreria se o capital fosse imobilizado na forma do capital-mercadoria. Mas a diferença, em primeiro lugar, é que na forma-dinheiro ele pode se fixar por mais tempo do que em sua perecível forma-mercadoria anterior. (153)

No Livro I, Marx considerou em geral que a passagem M-D era mais difícil que a D-M, porque o dinheiro é o equivalente universal e a mercadoria, um equivalente particular. Mas aqui encontramos outra história, porque o capital produtivo, para ser reproduzido, requer meios de produção altamente específicos. Se a oferta de ferro escasseia, a produção de aço não pode ser reproduzida. Uma grande dependência de capital fixo na produção de aço (por exemplo, de fornos de fundição) torna qualquer interrupção de fornecimento muito custosa para o produtor de aço. A reprodução também presume, embora Marx não desenvolva esse ponto, que os trabalhadores com as habilidades requeridas continuem prontamente disponíveis. Mas ao menos D não pode malograr, porque sofrer uma interrupção nesse ponto é menos problemático para a circulação do que para a maior parte do capital incorporado à forma-mercadoria (em especial se as mercadorias são perecíveis). A conversão temporal de dinheiro em elementos para o consumo produtivo é uma necessidade para a reprodução do capital produtivo. Marx desfere outro golpe nos economistas que aderiram à lei de Say:

> a substituição de uma mercadoria por outra, assim condicionada pela produção de mais-valor, é totalmente diferente da troca de produtos – intermediada apenas pelo dinheiro – em si mesma. Mas é desse modo que os economistas entendem a questão, a fim de provar que qualquer superprodução é impossível. (154)

Precisamos considerar então o consumo dos trabalhadores. Eles vivem da participação num ciclo T-D-M, cedendo sua força de trabalho a fim de conseguir dinheiro para comprar mercadorias que lhes permitam sobreviver dentro de certo padrão de vida. Isso retira valor monetário da circulação do capital e o coloca imediatamente de volta na circulação, numa relação do tipo "loja de fábrica", bastante tematizada no Livro I. "O segundo ato, D-M [as compras de bens salariais pelos trabalhadores], não entra na circulação do capital individual, embora seja dela derivado. Mas a classe capitalista necessita da existência constante da classe trabalhadora e também, portanto, do consumo do trabalhador, intermediado por D-M" (154). Mais adiante, nos capítulos 20 e 21, veremos como tudo isso parte do ponto de vista não dos capitalistas individuais, mas da circulação agregada do capital considerado como um todo.

Perceba como isso é conceitualizado aqui. O dinheiro, quando está nas mãos dos capitalistas e prestes a ser transformado em capital variável através da compra de força de trabalho, funciona como capital. Mas esse mesmo dinheiro não funciona mais como capital quando se encontra nas mãos dos trabalhadores. Ele também sofre uma metamorfose de forma, porque agora é simplesmente dinheiro nas mãos de um comprador no mercado e, como tal, pode ser usado de qualquer modo que o trabalhador demandar, necessitar ou desejar. Uma vez que os trabalhadores tenham gasto seu dinheiro em mercadorias e ele tenha retornado às mãos do capitalista, este pode retornar à forma de capital desde que o capitalista não o utilize para o consumo. Esse é, tomado em seu conjunto, o modo relacional como Marx opera. E é importante chamar a atenção para isso, porque se o trabalhador perde todos os seus ganhos no jogo (ou se os poupa), em vez de gastá-los em mercadorias, a continuidade do processo de circulação é interrompida. Daí a preocupação, no fim do Livro II, com o estabelecimento de um "consumo racional" da parte das classes trabalhadoras como uma condição para a acumulação estável. O problema não seria identificado se fosse conceitualizado como se a circulação do capital monetário estivesse sob controle em cada ponto do processo. Se em outros lugares Marx descreve a classe trabalhadora como estando presa a uma relação de "loja de fábrica" com o capital no que diz respeito ao consumo, aqui ele abre um caminho para problematizar esse pressuposto.

Nada disso, diz Marx, é afetado em princípio pelas intervenções dos capitalistas comerciais, que podem assumir a tarefa de mediar a conversão de M'-D', porque, em última análise, o "processo inteiro prossegue seu curso e, com ele, também o consumo individual do capitalista e do trabalhador, consumo que é condicionado por esse processo. Esse é um ponto importante no estudo das crises" (154). Portanto, se há uma crise, de qualquer tipo, não deveríamos atribuí-la fundamentalmente às operações do capitalista comercial (ou seja, não culpe o Walmart). Devemos considerar mais profundamente o papel do consumo da burguesia e da classe trabalhadora como ponto potencial de obstrução:

> Quando o produto é vendido, tudo corre dentro da normalidade [...] então essa reprodução do capital pode ser acompanhada da ampliação do consumo (portanto, da demanda) individual do trabalhador [...] a produção de mais-valor – e, com ela, o consumo individual do capitalista – [pode] crescer, o processo inteiro de reprodução [pode] encontrar-se em plena florescência e, no entanto, haver uma enorme massa de mercadorias que só aparentemente ingressam na esfera do consumo, mas, na realidade, permanecem não vendidas, estocadas nas mãos dos intermediários; ou seja, mercadorias que, de fato, ainda se encontram no mercado.
> Uma leva de mercadorias sucede a outra, até que, por fim, fica claro que a leva anterior só foi absorvida pelo consumo na aparência. [...] As levas anteriores ainda não foram liquidadas, quando vencem os prazos de pagamento das mercadorias. Seus possuidores têm de se declarar insolventes, ou vendê-las por qualquer preço para poder pagá-las. Essa venda não tem absolutamente nada a ver com a situação real da demanda. Ela só tem a ver com a *demanda por pagamento*, com a necessidade absoluta de transformar mercadoria em dinheiro. Deflagra-se, então, a crise. Ela se mostra não na diminuição imediata da demanda consumptiva, da demanda por consumo individual, mas na diminuição da troca de capital por capital, do processo de reprodução do capital. (155)

Marx distingue entre a demanda do consumidor final da parte dos trabalhadores e dos capitalistas, de um lado, e o comércio intercapitalista e a demanda por mercadorias envolvidas na manutenção do consumo produtivo, de outro. Aqui, ele expõe uma visão muito original: as crises podem surgir da relação capital-capital na organização de fluxos de mercadorias e pagamentos monetários com respeito ao consumo produtivo. O que aparece como um problema de falta de demanda efetiva da parte dos trabalhadores e dos capitalistas no campo do consumo individual pode derivar, na verdade, de problemas de circulação provenientes da compra e venda de meios de produção. Temos aqui uma teoria geral da crise ou uma possibilidade que surge da análise da circulação do capital produtivo? Minha tendência geral é sempre, num primeiro momento, tomar essas afirmações como contingentes, como possibilidades que, sob os pressupostos dados, podem ser vistas de certa perspectiva. Isso não quer dizer que tais afirmações não possam vir a revelar uma generalidade mais ampla, mas que temos de *mostrar* como a perspectiva particular ilumina as tendências de crise no interior do capitalismo.

No Livro II, por exemplo, Marx faz afirmações aparentemente contraditórias quanto ao papel da demanda e do consumo efetivos da classe trabalhadora:

> Contradição no modo de produção capitalista: os trabalhadores, como compradores de mercadorias, são importantes para o mercado. Mas como vendedores de sua mercadoria – a força de trabalho –, a sociedade capitalista tem a tendência de reduzi-los ao mínimo do preço.
> Contradição adicional: as épocas em que a produção capitalista desenvolve todas as suas potencialidades mostram-se regularmente como épocas de superprodução, porquanto as potências produtivas jamais podem ser empregadas a ponto que, com isso, um valor maior possa não só ser produzido, como realizado; mas a venda das mercadorias, a realização do capital-mercadoria e, assim, também a do mais-valor, está limitada não pelas necessidades de consumo da sociedade em geral, mas pelas necessidades de consumo de uma sociedade cuja grande maioria é sempre pobre e tem de permanecer pobre. (412, nota 1)

Em outro lugar, porém, ele diz:

> É pura tautologia dizer que as crises surgem da falta de um consumo solvente, ou da carência de consumidores solventes. O sistema capitalista desconhece outros tipos de consumo que não aquele capaz de pagar [...]. Que as mercadorias sejam invendáveis significa apenas que não foram encontrados compradores solventes para elas e, portanto, consumidores [...]. Mas caso se queira dar a essa tautologia a aparência de uma fundamentação profunda, dizendo que a classe trabalhadora recebe uma parte demasiadamente pequena de seu próprio produto, de modo que o mal seria remediado assim que ela recebesse uma fração maior de tal produto e, por conseguinte, seu salário aumentasse nessa proporção, bastará observar que as crises são sempre preparadas num período em que o salário sobe de maneira geral e a classe trabalhadora obtém *realiter* [realmente] uma participação maior na parcela do produto anual destinada ao consumo. Já do ponto de vista desses paladinos do entendimento humano saudável e "simples" (!), esses períodos teriam, ao contrário, de eliminar as

crises. Parece, pois, que a produção capitalista implica condições independentes da boa ou má vontade, condições que apenas momentaneamente permitem essa prosperidade relativa da classe trabalhadora e, mesmo assim, somente como prenúncio de uma crise. (514-5)

Essa segunda declaração está mais de acordo com o espírito do argumento do capítulo 2, o que mostra que Marx certamente sentia que os argumentos construídos do ponto de vista do capital produtivo tinham mais importância. Isso nos coloca diante da dificuldade de decidir quais dessas formulações devemos seguir. Minha visão pessoal (e você também terá de formar sua própria visão sobre esse tema) é que às vezes surgem circunstâncias como aquelas do fim dos anos 1960, quando a cota crescente de trabalho no produto nacional foi, de fato, um prenúncio – se não um foco central – da crise no capitalismo global, tal como este se constituía àquela época. É impossível sustentar esse argumento em relação ao *crash* de 2007-2009. A cota distributiva tomada pela classe trabalhadora – não importa se muito alta ou muito baixa, e por mais relevante que seja – não é capaz de explicar as tendências de crise do capital. Outras formulações se fazem necessárias. Para compreender o que poderiam ser essas formulações, temos de prestar muita atenção ao que é dito no Livro II (assim como, é claro, em outros lugares). Nesse ponto, da perspectiva do capital produtivo, ao menos uma parte da teoria da formação de crises está firmemente estabelecida.

Quando a circulação do capital encontra obstáculos "de modo que D é obrigado a suspender sua função D-M [...], tem-se novamente um estado de entesouramento do dinheiro". Esse dinheiro "tem, assim, a forma do capital monetário imóvel, latente" (156). Mais adiante, Marx também o chamará de "capital inativo" (202). Esses termos são importantes no argumento a seguir.

A seção sobre a reprodução ampliada não contém nada surpreendente. Sabemos do Livro I que, para o capitalista, o "aumento constante de seu capital passa a ser uma condição para a conservação desse mesmo capital" (158). A única questão que interessa é que proporção do mais-valor é capitalizada como capital novo, e para isso não há nenhuma regra de ouro. No ciclo P...P′, "P′ expressa não o mais-valor produzido, mas o fato de que o mais-valor produzido se capitaliza" (159). Mais uma vez, isso muda nossa concepção do significado do processo de circulação. O primeiro passo nessa capitalização é deixar de lado uma certa quantia de dinheiro realizada com a venda das mercadorias para utilizá-la como preparação da expansão. Esse estoque de dinheiro latente ou inativo é necessário porque, na maior parte dos ramos de negócios, uma certa quantia mínima de capital é requerida para efetuar a expansão (para construir uma fábrica maior, investir em maquinaria etc.). Para isso, "ciclo do capital tem de ser repetido" até que se adquira a soma de dinheiro necessária para satisfazer os requisitos mínimos para a realização da reprodução ampliada. Isso faz com que o entesouramento em forma-dinheiro seja inevitável:

> [como] um estágio preparatório – funcionalmente determinado e externo ao ciclo do capital – para a transformação do mais-valor em capital efetivamente operante. [...] Mas enquanto permanece em estado de tesouro, ele não funciona como capital monetário, mas é ainda capital monetário imóvel; não capital monetário interrompido em sua função [...], mas capital monetário ainda não apto ao exercício de sua função. (162-3)

Basicamente, essa é uma situação, como Marx logo admite, na qual o sistema de crédito tem um papel fundamental. Sem ele, mais e mais capital se tornaria "inativo" e os estoques se converteriam numa séria barreira à acumulação fluente. Mas isso não deve ser tratado aqui.

SOBRE O CAPÍTULO 3: O CICLO DO CAPITAL-MERCADORIA

Um dos aspectos mais surpreendentes do livro II é a atenção que Marx dedica ao ciclo do capital-mercadoria. A razão disso já foi prefigurada no estudo do ciclo do capital produtivo. À óbvia dificuldade de transformar na universalidade do dinheiro equivalente formas particulares do valor e do mais-valor incorporados na mercadoria, temos agora de acrescentar uma dificuldade adicional: encontrar no mercado as mercadorias necessárias para satisfazer as demandas do consumo produtivo em processos de trabalho específicos. Os capitalistas têm de depender de outros capitalistas para produzir seus meios de produção. É primeiramente nesse ciclo, portanto, que encontramos o problema das inter-relações e interdependências específicas entre capitalistas. E, à medida que o Livro II avança, é cada vez mais evidente que essas relações intercapitalistas estão sujeitas à possibilidade de crises de oferta adequada, assim como ao problema mais óbvio de crises derivadas da falta de demanda efetiva.

A análise de Marx nesse ponto, no entanto, está largamente confinada a funções e tecnicalidades formais. Há uma série de elementos peculiares a esse capital-mercadoria. Antes de mais nada, a mercadoria está impregnada de mais-valor que ainda tem de ser realizado. Enquanto nos casos do dinheiro e dos capitais produtivos o mais-valor "se esvanece" quando o processo de circulação recomeça, esse dinheiro só pode funcionar como funciona todo dinheiro, e a atividade produtiva opera também em seus próprios termos, no caso das mercadorias de que estamos tratando – tanto no começo como no fim do processo de circulação –, com uma mercadoria impregnada de mais-valor. Estamos, portanto, à procura de uma forma de circulação M'...M', o que, no caso da reprodução ampliada, significaria

M'...M''. O que isso evidencia é que é no ciclo da mercadoria que a realização do mais-valor em forma-dinheiro e a absorção do mais-produto e do mais-valor – não apenas no consumo individual, mas também no consumo produtivo – tornam-se imperativas para a continuidade da circulação do capital industrial como um todo.

A segunda peculiaridade é a do papel do consumo produtivo.

> M', em sua qualidade de M, aparece no ciclo de um capital industrial individual não como forma desse capital, mas como forma de um outro capital industrial, na medida em que os meios de produção constituem seus produtos. O ato D-M (isto é, D-Mp) do primeiro capital é, para esse segundo capital, M'-D'. (166)

O problema é que o mais-valor está oculto no interior da forma-mercadoria como um mais-produto (um valor de uso específico), e é impossível separar o valor e o mais-valor do mesmo modo como se faz quando o valor-mercadoria é realizado na forma-dinheiro. Embora seja possível tomar o D' realizado e decompô-lo em D + *d* e, então, decidir quanto de *m* deve ser capitalizado na produção ampliada, isso não pode ser feito com uma máquina empilhadeira. Isso seria possível com certos produtos, e Marx usa o exemplo do fio de algodão, no qual é possível em princípio estabelecer uma separação entre o valor original de M e M' – o que leva Marx a iniciar um de seus complicados e aparentemente intermináveis cálculos de como isso poderia ser feito.

Mas por trás disso tudo se encontra uma distinção que predomina nesse ciclo e esvanece nos outros: existe tanto um mais-produto (os valores de uso ampliados, incorporados na mercadoria) quanto um mais-valor, e uma condição para a realização deste último é a determinação de um lar para o primeiro. A especificidade dos valores de uso não pode ser ignorada. Em contrapartida, se se toma a decisão de expandir a produção por meio da capitalização de parte do mais-valor em forma-dinheiro, então é preciso que haja um excedente de valores de uso no mercado disponíveis para a aquisição como meios adicionais de produção para atividades particulares: "a reprodução só pode ocorrer em escala ampliada – pressupondo-se que a produtividade se mantenha inalterada – se na parte do mais-produto a ser capitalizada já estão contidos os elementos materiais do capital produtivo adicional" (177). Essa é uma condição muito importante e, certamente, qualquer fracasso em cumpri-la prejudicará seriamente o livre funcionamento da acumulação do capital.

O consumo produtivo não é, evidentemente, a única forma de consumo envolvida nesse ciclo:

> Na forma M'...M', o consumo do produto-mercadoria inteiro é pressuposto como condição do curso normal do próprio processo do capital. O consumo individual do

trabalhador e o consumo individual da parte não acumulada do mais-produto abarca todo o consumo individual. O consumo entra, portanto, em sua totalidade – como consumo individual e consumo produtivo – como condição, no ciclo M'. (171)

É desnecessário dizer que tudo isso é pressuposto como um ato mais social do que individual. Segue-se daí a conclusão mais importante:

> Mas, precisamente porque o ciclo M'...M' pressupõe, dentro de seu percurso, outro capital industrial em forma de M (= T + Mp) (e Mp abarca vários tipos de outros capitais como, por exemplo, em nosso caso, máquinas, carvão, óleo etc.), ele exige que o consideremos não apenas como forma geral do ciclo, isto é, como uma forma social sob a qual pode ser considerado todo capital industrial individual (fora de seu primeiro desembolso) – portanto, não apenas como uma forma de movimento comum a todos os capitais industriais individuais –, mas, ao mesmo tempo, como forma de movimento da soma dos capitais individuais e, portanto, do capital total da classe capitalista, um movimento no qual cada capital industrial individual aparece apenas como um movimento parcial, entrelaçado com os demais e por eles condicionado. Se tomarmos, por exemplo, o produto anual total de uma terra e analisarmos o movimento pelo qual uma parte dele repõe o capital produtivo em todos os negócios individuais, enquanto outra parte entra no consumo individual das diferentes classes, consideraremos M' ... M' como forma do movimento tanto do capital social como do mais-valor ou mais-produto por ele gerado. (174-5)

O ciclo do capital-mercadoria é especial. Ele nos permite olhar para o fluxo agregado do mais-valor e do mais-produto (valores e valores de uso) na economia como um todo. Faz isso precisamente porque tem de focar nas relações entre capitais individuais, na medida em que estes entrelaçam suas atividades e calculam seus *inputs* e *outputs* na economia como um todo. Esse ciclo nos introduz uma ideia muito importante de proporcionalidade naqueles *inputs* e *outputs* do ponto de vista não só do capital individual, mas também do capital como um todo. O tema da proporcionalidade – qual a quantidade de aço necessária para produzir os meios de produção para sustentar todo tipo de atividade dos outros setores, ou qual a quantidade de minério de ferro necessária para produzir o aço – é um dos temas principais do Livro II. E isso levanta a questão dos mecanismos que asseguram que essas proporcionalidades serão atingidas. O mercado é capaz de fazê-lo? A equalização na taxa de lucro garante isso? Se não, tudo isso resultará em crises de desproporcionalidade? Como Marx afirma no fim do capítulo, esse modo de pensar foi inaugurado por Quesnay. E será a base que Marx usará nos capítulos 20 e 21 para expandir e desenvolver de maneira inovadora as formulações de Quesnay.

Perceba que, nesse capítulo, valores de uso e valores, mais-valor e mais-produto aparecem frequentemente lado a lado, o que não ocorria no estudo dos outros ciclos. Quando o aço é vendido como meio de produção, ele introduz a questão não apenas dos fluxos físicos dos valores de uso, mas também do equilíbrio das transferências de valor, e não necessariamente os dois refletem nitidamente um ao outro. No caso dos outros ciclos, o mais-valor "se esvanece" (porque o dinheiro é apenas dinheiro e só pode funcionar como funciona todo dinheiro, e porque a produção não contém nenhum sinal da produção prévia de mais-valor em seu momento inicial, mesmo quando ela o produz). Com relação aos outros ciclos, podemos focar exclusivamente no capital industrial individual e deixar de lado as condições agregadas. Estas só importam no caso do capital-mercadoria, no qual o mais-valor é incorporado na mercadoria desde o início e os valores de uso específicos requeridos para continuar a produção (de aço, por exemplo) se tornam cruciais. É apenas nessa perspectiva que podemos estudar e desintricar as leis agregadas de movimento e as necessárias proporcionalidades físicas de valores de uso e valor que facilitam a reprodução do capital.

O modo como tudo isso é integrado no processo de circulação do capital como uma totalidade é abordado no próximo capítulo.

2. As três figuras do ciclo e a continuidade do fluxo do capital

(CAPÍTULOS 4-6 DO LIVRO II)

SOBRE O CAPÍTULO 4: OS DIFERENTES CICLOS DO CAPITAL COMO UM TODO

Em minha análise dos três primeiros capítulos do Livro II, olhei para o processo de circulação do capital através de janelas distintas: a do dinheiro, a da produção e a da mercadoria. No capítulo 4, Marx volta a reunir os ciclos para analisar sua unidade. A linguagem é um pouco confusa, mas penso que o argumento é claro: os diferentes ciclos são intricados, mutuamente entrelaçados e estão em constante movimento uns em relação aos outros. O movimento de cada um é uma condição para o movimento de todos. A "valorização do valor" (com o que Marx entende a produção e a realização de mais-valor) é o "escopo determinado", o "motivo propulsor". Considerado em seu conjunto:

> todos os pressupostos do processo aparecem como seu resultado, como um pressuposto produzido por ele mesmo. Cada momento aparece como ponto de partida, ponto de transição e ponto de retorno. O processo inteiro apresenta-se como unidade do processo de produção e do processo de circulação; o processo de produção torna-se mediador do processo de circulação e vice-versa. (179)

Marx compara esse todo a:

> [um] círculo em constante rotação, [no qual] cada ponto é simultaneamente ponto de partida e ponto de retorno. [...] A reprodução do capital em cada uma de suas formas e cada um de seus estágios é tão contínua quanto a metamorfose dessas formas e a passa-

gem sucessiva pelos três estágios. Aqui, portanto, o ciclo inteiro é a unidade efetiva de suas três formas. (180)

A linguagem dominante é de continuidade, sucessão, coexistência e fluidez do movimento do capital através dos três ciclos. Essa linguagem é contraposta a outra: a das interrupções e possíveis rupturas. "O processo cíclico do capital é de contínua interrupção, abandono de um estágio, entrada no próximo; descarte de uma forma, existência em outra; cada um desses estágios não apenas condiciona, mas, ao mesmo tempo, exclui o outro" (181). As interrupções, como aquelas no ciclo vital da borboleta, são onipresentes e inevitáveis. Elas ameaçam a continuidade do movimento do capital, mas não necessariamente geram crises. Estudando-as, podemos esperar entender por que as crises podem assumir formas particulares – por que, por exemplo, uma crise pode aparecer num momento como um excedente de capital-mercadoria que não pode ser descartado, em outro momento como um entesouramento excessivo de capital monetário desprovido de oportunidades de investimento ou, ainda, como uma escassez de meios de produção ou força de trabalho para a expansão ulterior da acumulação. O fluxo do capital pode ser bloqueado em qualquer um de diferentes pontos de transição.

Marx contrapõe essas interrupções à "continuidade", que é "o traço característico da produção capitalista, condicionado por sua base técnica, embora nem sempre incondicionalmente exequível" (181). A necessidade técnica e social para a continuidade do fluxo de capital é muito mais importante aqui do que o era no Livro I.

> [Que] cada uma das distintas partes do capital possa percorrer sucessivamente as distintas fases do ciclo, passando de uma fase, de uma forma funcional a outra, e que o capital industrial, como a totalidade dessas partes, encontre-se simultaneamente nas diferentes fases e funções, percorrendo, assim, todos os três ciclos ao mesmo tempo. (182)

Assim, temos de lidar com quatro termos: capital monetário, capital produtivo, capital-mercadoria e "capital industrial" – este último entendido como a unidade dos três ciclos. Todo capital industrial individual terá diferentes frações de seu capital em cada um dos diferentes ciclos em cada momento. Uma parte dele será absorvida na produção, outra parte estará em forma-dinheiro e outra, em forma-mercadoria. Mas essa "justaposição", diz Marx, "é, ela mesma, apenas o resultado da sucessão". A necessidade do movimento contínuo através dos diferentes ciclos supera todo o resto. A consequência imediata é:

> [se] não se consegue vender a mercadoria, o ciclo dessa parte é interrompido e a reposição pelo seu meio de produção não é realizada; as sucessivas partes que resultam do

processo de produção como M' têm sua mudança de função bloqueada pelas partes anteriores. [...] Cada estancamento da sucessão provoca uma desorganização da justaposição; cada estancamento num estágio causa um estancamento maior ou menor em todo o ciclo, não apenas da parte do capital paralisado, mas também do capital individual em sua totalidade. (182)

Embora Marx não explore essa questão aqui, potencialmente a situação fortalece os trabalhadores. Interrupções do trabalho e greves afetam não só o capital produtivo, mas todos os outros momentos da circulação e, no caso do capital-mercadoria, pode perturbar o fluxo dos meios de produção necessários aos outros capitais:

> Como totalidade, o capital se encontra, então, simultaneamente e em justaposição espacial em suas diferentes fases. Mas cada parte passa constantemente, por turnos, de uma forma funcional a outra, e assim funciona sucessivamente em todas as formas. As formas são, assim, formas fluídas, cuja simultaneidade é mediada por sua sucessão. Cada forma segue a outra e a antecede, de modo que o retorno de uma parte do capital a uma forma é condicionado pelo retorno de uma outra parte a outra forma. [...] Esses percursos especiais formam apenas momentos simultâneos e sucessivos do percurso total.
> É apenas na unidade dos três ciclos que se realiza a continuidade do processo total, e não na interrupção exposta anteriormente. O capital social total possui sempre essa continuidade e seu processo possui sempre a unidade dos três ciclos. (183)

Marx faz, então, um comentário crítico de extrema relevância. Mas o faz de um modo tão prosaico (como é tão típico no Livro II) que o leitor dificilmente percebe sua importância. A linha introdutória é absolutamente atordoante por suas implicações: "O capital, como valor que valoriza a si mesmo, *não encerra apenas relações de classes*, um caráter social determinado, que repousa sobre a existência do trabalho como trabalho assalariado" (grifos meus). Com essa afirmação, Marx abre o caminho para dizer que as contradições e as crises podem surgir no processo de circulação, fora da luta de classes entre capital e trabalho que constitui o centro do Livro I. A relação capital-trabalho não é o único *locus* de contradição no interior das leis de movimento do capital. Contradições podem surgir dentro do próprio processo de circulação e valorização. Há algo inerentemente frágil e vulnerável no interior da circulação do capital industrial. A tarefa é revelar em que consiste esse algo.

Marx examina, então, algumas das maneiras como as contradições no interior desse processo de circulação – "que aparece apenas como um movimento parcial" – se manifestam na prática. "Aqueles que consideram a autonomização do valor uma mera abstração esquecem que o movimento do capital industrial é essa mesma abstração *in actu* [em ato]." A palavra "autonomização" sinaliza um tipo particular de problema. O valor pode ser uma abstração, mas tem consequências reais (ou, na linguagem do Livro I, o valor é "imaterial, porém objetivo"). Contradições no interior do processo da circulação acontecem de maneira autônoma, e com isso Marx quer dizer de maneira autônoma em relação à contradição capital-trabalho. "O valor percorre aqui diferentes formas, diferentes movimentos, nos quais ele se conserva e, ao mesmo tempo, se valoriza, aumenta de tamanho" (184). O momento da valorização (realização de mais-valor) é tão importante quanto o da produção. Para fins de ilustração, Marx abandona seu pressuposto de nenhuma mudança tecnológica e organizacional e considera:

> as revoluções que o valor de capital pode experimentar em seu processo cíclico; mas é claro que, apesar de todas as revoluções do valor, a produção capitalista só pode existir e continuar a existir enquanto valor de capital se valoriza, isto é, enquanto percorre seu processo cíclico como valor autonomizado e, portanto, enquanto as revoluções do valor são de algum modo dominadas e niveladas. (184)

Da perspectiva do capital industrial individual, a esperança é que os impactos do impulso pelo mais-valor relativo através da mudança tecnológica e organizacional descrita no Livro I possam "de algum modo" ser absorvidos, "dominados e nivelados". Mas note a linguagem de autonomia e independência.

Vejamos o processo de circulação do ponto de vista do ciclo da mercadoria, que desempenha um papel tão importante ao longo do Livro II.

> Se o valor de capital experimenta uma revolução de valor, pode ocorrer que seu capital individual seja afetado por ela e pereça, por não poder satisfazer as condições desse movimento de valor. Quanto mais agudas e frequentes se tornam as revoluções do valor, mais se impõe o movimento automático do valor autonomizado, com a força de um processo natural elementar, diante das previsões e dos cálculos do capitalista individual, mais o curso da produção normal é submetida à especulação anormal, maior é o perigo para a existência dos capitais individuais. Essas revoluções periódicas do valor confirmam, portanto, o que supostamente deveriam contradizer: a autonomização que o valor experimenta como capital e que ele conserva e intensifica por meio de seu movimento. (184)

Isso não é nada menos do que uma evocação teórica dos perigos da desvalorização dos capitais por meio daquilo que hoje chamamos de desindustrialização. A partir dos anos 1980, uma onda de fechamentos de fábricas atingiu velhas cidades industriais, como Detroit, Pitsburgo, Baltimore, Sheffield, Manchester, Essen, Lille, Turim etc. E esse fenômeno não ficou confinado aos países capitalistas avançados, pois as perdas da indústria têxtil tradicional de Mumbai e a decadência de antigas áreas industriais no norte da China foram igualmente violentas. Comunidades inteiras, historicamente focadas no trabalho industrial, foram destruídas quase da noite para o dia. Por exemplo, na década de 1980, cerca de 60 mil postos de trabalho na indústria do aço foram perdidos em Sheffield num período de três anos. A desolação que isso provocou era visível por toda parte. Quando se buscava uma explicação, ouvia-se que aquilo tudo era resultado de uma misteriosa força chamada "globalização". Quando os sindicatos e os movimentos sociais protestaram e tentaram estancar a hemorragia no trabalho e na subsistência, foram informados de que tal força misteriosa era inevitável e irrefreável.

Olhando para trás, podemos ver que essa força misteriosa estava em ação havia muito tempo (embora até os anos 1980 ainda não fosse chamada de "globalização"). Desde a década de 1930 houve uma perda constante de postos de trabalho nas indústrias têxteis nos Estados Unidos, de centros operários tradicionais, como Nova York e Boston e outras cidades industriais menores, como Nova Inglaterra, até o sul, em cidades conhecidas como "Fall Line" (assim chamadas devido à força hidráulica que estimulou originalmente a instalação de fábricas nos locais onde os rios formados nos montes Apalaches cruzavam as várzeas da costa atlântica), que se estendiam de Lowell a Baltimore. Os empregos se transferiam para o sul dos Estados Unidos (Carolina do Norte e do Sul, em particular) e chegaram a atravessar a fronteira com o México. Na Inglaterra, durante os anos 1960, os empregos na indústria têxtil diminuíam à medida que se acirrava a concorrência com Hong Kong, na época uma colônia britânica. A transferência de postos de trabalho e a destruição de comunidades foi por muito tempo o modo de existência do mundo capitalista.

Marx nos oferece aqui uma maneira de lançar uma luz teórica particular sobre tudo isso. Quando elaborada, a teoria mostra como e por que no sistema capitalista são inevitáveis crises desse tipo, que não são crises sistêmicas totais, mas destruições localizadas. Capitais industriais em concorrência entre si promovem revoluções em tecnologias e formas organizacionais, que, por sua vez, produzem revoluções de valores. Essa é a força supostamente misteriosa (que se manifesta como uma força da natureza e, portanto, supostamente fora do controle humano) que desindustrializa regiões industriais inteiras.

Dito mais formalmente: os capitalistas individuais organizam sua produção de valor em busca de mais-valor relativo, mas, ao fazer isso, produzem novas relações de valor que podem destruí-los. O capital produz não só os meios de sua própria dominação, mas também os de sua destruição. Isso explica a fúria edípica com que os capitalistas frequentemente respondem às crises do capitalismo que os destroem. Não jogaram o jogo como se deve, calculando e planejando a produção de mais-valor? Não atuaram de acordo com o manual da virtude burguesa? Como se explica, então, que não tenham recebido sua justa recompensa e, pior, como podem ser jogados nas trevas da falência? Mas em vez de se revoltar contra o capitalismo – o sistema –, eles se revoltam contra os produtores estrangeiros, os imigrantes, os especuladores e todos aqueles que, na verdade, são apenas os agentes secretos e ocultos das leis internas de movimento do capital.

Muitas pessoas, quando leem Marx, têm dificuldade em entender o conceito de valor como uma abstração, uma relação social que é imaterial, porém objetiva em suas consequências. O "valor" não é mais abstrato e misterioso do que aquela força popularmente aceita, chamada "globalização". O que é estranho é que tantas pessoas aceitem facilmente esta última (porque nos habituamos a ela?) e frequentemente rejeitem a primeira, por considerá-la abstrata demais. Mas a virtude do conceito superior de Marx é que podemos ver claramente como essa abstração é criada, e como atuam as forças que ele mobiliza – como nos tornamos, como afirma Marx, vítimas das abstrações do capital. Desde o começo de *O capital*, aprendemos que o valor é constituído do trabalho socialmente necessário despendido no interior do "movimento do capital industrial" por intermédio da produção e da circulação. A abstração de valor (e sua representação em forma-dinheiro) torna-se uma força regulatória pela ação da mão invisível da concorrência do mercado.

Lembre-se, no entanto, de que, se o trabalho não produz um valor de uso que alguém demande, necessite ou deseje, ele não é trabalho socialmente necessário: a unidade de produção e circulação já está pressuposta na primeira seção do Livro I. O valor é, portanto, uma relação social abstrata, coletivamente produzida pelos capitais industriais individuais. Mas estes últimos têm de se submeter às leis que eles mesmos criaram coletivamente e, com isso, muitos acabam sucumbindo às mesmas revoluções de valor que eles não cessam de criar, ou são destruídos por elas. Com efeito, o que vemos são esses capitais industriais individuais cavando a própria cova. Em vez de uma força misteriosa chamada "globalização", que parece descer do éter com tamanha força destrutiva e irresistível, temos uma teoria que internaliza a dinâmica autodestrutiva pela qual os capitalistas produzem as condições de sua própria destruição. Para aceitar essa teoria, temos apenas de reconhecer "a autonomização que o valor experimenta como capital, e que ele conserva e intensifica por meio de seu movimento". Por que é mais difícil aceitar isso do que um termo vazio como "globalização"?

Mas o que está implicado nessas passagens é, obviamente, que nem todos os capitais industriais são destruídos. Assim, a questão de quais capitais sobrevivem, de que tipo são e onde se encontram tem de ser levantada, embora Marx não faça isso (trata-se, presumivelmente, de uma questão "particular" demais para ser de seu interesse imediato). Mas espero que você compreenda o prazer evidente que alguém como eu, que estuda o desenvolvimento geográfico desigual, a mudança regional e os caminhos mutáveis da urbanização, sente ao encontrar nessas curtas passagens seus interesses tão nitidamente ligados ao *corpus* geral da economia política de Marx.

Para seguir nessa direção, no entanto, Marx precisa abandonar a exclusão geral das variações na produtividade e das mudanças tecnológicas e organizacionais que ele faz no Livro II. Isso lhe permite refletir por que tal exclusão era tão necessária. Se mudanças de valor ocorrem continuamente no processo de circulação – e é este último seu foco de atenção no Livro II –, daí se segue todo tipo de consequência. Quando cai o valor dos meios de produção, o capital monetário é "liberado", mesmo que a reprodução simples do capital produtivo seja mantida. Se aumenta o valor dos meios de produção, mais capital monetário é necessário para manter em funcionamento o mesmo capital produtivo. "O processo só transcorre de modo inteiramente normal quando as relações de valor permanecem constantes." A suavidade, a continuidade e a fluidez, tão importantes para a circulação do capital industrial como um todo, só podem ser asseguradas em condições de mudança tecnológica zero. Tão logo são introduzidas, novas tecnologias provocam revoluções no valor e instabilidades no processo de circulação. Por exemplo, uma nova tecnologia é introduzida e altera-se a necessidade relativa de matérias-primas e força de trabalho. Isso certamente perturbará as relações de fluxo precedentes:

> ele transcorre, de fato, enquanto as perturbações se nivelam na repetição do ciclo; quanto maiores as perturbações, maior é a quantidade de capital monetário que o capitalista industrial tem de possuir para poder aguardar até que a nivelação se produza; e como na continuidade da produção capitalista se amplia a escala de todo processo individual de produção e, com ela, a grandeza mínima do capital a ser desembolsado, essa circunstância se acrescenta a outras, que, cada vez mais, transformam a função do capitalista industrial num monopólio de grandes capitalistas monetários, isolados ou associados. (186)

Esse é um argumento importante. Uma reserva de dinheiro é necessária para lidar com incertezas no processo de circulação derivadas de mudanças tecnológicas. Em épocas de mudança tecnológica, portanto, é melhor ser um capitalista monetário do que um capitalista de produção. Isso pode ter certa relação com a ascendência crescente do capital financeiro e monetário sobre o capital industrial nos últimos trinta anos. No entanto, ao introduzir a figura do capitalista monetário, Marx se distancia ainda mais de seus pressupostos (quaisquer agentes específicos) sobre os quais ele havia baseado até aqui uma argumentação puramente formal. A produção de uma tendência à monopolização, como um modo de controlar as incertezas, interrupções e rupturas que advêm inevitavelmente das revoluções no valor, também é uma ideia importante. Ela remete aos argumentos de Marx no Livro I sobre a centralização crescente (oposta à concentração) de capital. A história real do capitalismo foi marcada por tais tendências à centralização e à monopolização, e é fácil perceber como isso ajuda os capitalistas a lidar com as vicissitudes e incertezas que derivam do impulso ferozmente competitivo, porém desestabilizante, que os leva buscar o mais-valor relativo por meio de mudanças tecnológicas.

Marx deixa brevemente de lado outro de seus pressupostos tácitos: que o capital opera no interior de uma economia fechada e todos os meios de produção são produzidos por outros capitalistas industriais. O que acontece quando se buscam meios de produção em lugares em que as relações capitalistas ainda não foram estabelecidas? Assim que entram na órbita do capital, eles se tornam mercadorias como todas as outras, graças principalmente à ação de capitalistas comerciantes, que as demandam de outro lugar. Aqui, o ciclo do capital industrial:

> entrecruza-se com a circulação de mercadorias dos mais diferentes modos sociais de produção [...]. Pouco importa se as mercadorias são o produto de um sistema de produção baseado na escravidão, ou do trabalho de camponeses (chineses, *ryots** indianos), ou de comunidades (Índias Orientais holandesas), ou da produção estatal (como aquela que, baseada na servidão, ocorre em certas épocas primitivas da história russa), ou de povos caçadores semisselvagens etc.: seja qual for sua origem, elas se confrontam como mercadorias e dinheiro com o dinheiro e as mercadorias em que se representa o capital industrial [...]. (188-9)

O capital pode se integrar com modos de produção não capitalistas.

> O caráter do processo de produção de onde elas surgem é indiferente; funcionam como mercadorias no mercado e entram como mercadorias tanto no ciclo do capital industrial como na circulação do mais-valor nele contido. É, portanto, o caráter multifacetado de sua origem, a existência do mercado como mercado mundial, que caracteriza o processo de circulação do capital industrial. (189)

Desde o *Manifesto Comunista*, Marx e Engels estavam plenamente conscientes de que viviam numa época em que a criação do mercado mundial avançava a passos largos (a introdução das ferrovias, dos navios a vapor e do telégrafo – que logo se tornaria dominante – permitiam que os preços das mercadorias fossem conhecidos quase instantaneamente em todas as grandes cidades portuárias do mun-

---

* Termo que designa os camponeses das comunidades agrárias indianas. (N. T.)

do). Também tinham plena consciência dos modos como a circulação do capital industrial se entrelaçava com esse mundo, tanto o transformando (à medida que a produção capitalista se tornava mais hegemônica) como sendo transformada por ele (à medida que matérias-primas baratas e outras mercadorias podiam ser buscadas em formações sociais não capitalistas). Marx ressalta dois pontos a respeito desse processo. Primeiro, a reprodução do capital produtivo exige a reprodução dos meios de produção, e isso significa que "o modo de produção capitalista é condicionado por modos de produção situados fora de suas fases de desenvolvimento". Mas sua "tendência" é "converter toda a produção [...] em produção de mercadorias", e o "meio principal para isso é justamente essa incorporação da produção em seu processo de circulação [...]. A intervenção do capital industrial estimula por toda parte essa transformação, mas, com ela, também a transformação de todos os produtores diretos em trabalhadores assalariados" (189). Se isso aconteceu pacificamente ou não – e em que medida desencadeou práticas imperialistas e coloniais – não é dito. Segundo:

> As mercadorias que entram no processo de circulação do capital industrial [...], seja qual for sua origem, [...] confrontam-se já com o capital industrial na forma de capital-mercadoria, como capital comercial ou capital mercantil, que, no entanto, abrange, por sua natureza, mercadorias de todos os modos de produção. (189)

Isso conduz a algumas breves reflexões (que elaboraremos mais adiante) sobre o papel do capital comercial e dos comerciantes atacadistas e varejistas no modo de produção capitalista. De modo semelhante, o papel do capital destinado ao intercâmbio de dinheiro também é tratado normalmente no âmbito do sistema de crédito. Retornaremos posteriormente a essas questões a respeito do papel dos capitalistas comerciais e monetários.

Há um terceiro ponto, mencionado mais adiante por Marx (195). A continuidade do fluxo, que é tão essencial ao processo de circulação do capital, exige que a oferta de mercadorias de formações sociais e produtores não capitalistas seja assegurada numa base constante, e não episódica e insegura. Uma vez que as mercadorias do mundo não capitalista tenham sido lançadas no processo de circulação do capital industrial, algumas medidas têm de ser tomadas para garantir que o fluxo dessas mercadorias transcorra sem impedimento. Essa é seguramente uma das razões para o estabelecimento de certa relação de poder, mais especificamente a da dominação colonialista e imperialista, ou de acordos com potentados estrangeiros (como, por exemplo, os sauditas), por meio dos quais se assegura numa base contínua a cooperação de fornecedores não capitalistas de mercadorias essenciais para a reprodução da circulação do capital.

Problemas desse tipo são muito pouco explicitados nesse ponto. Mas, como eu dizia no início desta exposição, basta deixar a imaginação acompanhar os argumentos de Marx para que o Livro II pareça cada vez mais uma fonte fecunda para a construção teórica de temas de todos os tipos, como o desenvolvimento geográfico desigual, os sistemas de intercâmbio de mercadorias com formações sociais não capitalistas e, por fim, a transformação, seja mediante o comércio, seja mediante o colonialismo ou a dominação imperialista, de grande parte do mundo num vasto mercado em que a circulação do capital reina soberana. No entanto, o material apresentado no texto é árido e críptico. Em si mesmas, essas páginas parecem casuais e tangenciais. Mas quando refletimos para onde essas ideias poderiam nos conduzir, abre-se diante de nós um campo teórico surpreendente, que, acrescido de *insights* extraídos de outras obras de Marx, apresenta todo tipo de implicações para nossa compreensão a respeito de como o capital passa a dominar situações particulares, inclusive aquelas de um mundo não capitalista.

Nesse ponto, Marx apenas adiciona algumas generalizações históricas. "Com base nisso, distinguiram-se a economia natural, a economia monetária e a economia creditícia como as três formas econômicas características da produção social." A economia monetária e a economia creditícia "correspondem simplesmente a diferentes fases de desenvolvimento da produção capitalista, mas de modo algum são formas diferentes e independentes de intercâmbio, contrapostas à economia natural" (195). No capitalismo, a distinção entre economias monetária e creditícia refere-se basicamente ao "modo de comércio" entre produtores. Na economia natural, o modo de comércio é o escambo.

Devo dizer que essas categorias e essa periodização não me parecem particularmente esclarecedoras. As distinções são tomadas de Adam Smith sem nenhum comentário crítico, e a periodização não tem nenhuma base histórica. Essa é uma daquelas passagens em que Marx se limita a regurgitar acriticamente a mitologia burguesa. É significativo, no entanto, que Marx sublinhe o fato de que a "economia creditícia" requer um modo específico de análise. Mas não diz absolutamente nada sobre que modo específico de análise seria esse. A relação histórica entre modos de comércio, assim como a importância histórica da usura e do crédito, são muito mais bem discutidas por Marx em outro lugar (como veremos mais adiante).

A seção final do capítulo apresenta uma charada de grandes consequências para o conjunto do Livro II e, portanto, para o *corpus* da economia política de Marx. Por isso, ela merece uma leitura muito minuciosa.

Como afirmei no primeiro capítulo, Marx reluta muito em discutir questões de oferta e demanda, já que, quando em equilíbrio, "elas não explicam mais nada". Contudo, nesse ponto do Livro II, ele depara com uma situação em que não pode evitá-las. O problema surge de uma consideração sobre a origem da demanda final para realizar o mais-valor:

> O capitalista põe em circulação, na forma-dinheiro, menos valor do que dela retira, porque faz circular mais valor na forma de mercadoria do que retirou da circulação nessa mesma forma. Quando atua meramente como personificação do capital, como capitalista industrial, sua oferta de valor-mercadoria é sempre maior do que sua demanda. A coincidência de oferta e demanda significaria, nesse caso, a não valorização de seu capital; este não funcionaria como capital produtivo [...].
> A taxa na qual o capitalista valoriza seu capital é tanto maior quanto maior é a diferença entre sua oferta e sua demanda, isto é, quanto maior é o excedente do valor-mercadoria que ele põe à venda em relação ao valor-mercadoria que ele procura comprar. Seu objetivo é não a coincidência de oferta e demanda, mas o maior desnivelamento possível entre elas, a superioridade da oferta sobre a demanda.
> O que dissemos sobre o capitalista individual vale também para a classe capitalista. (196-7)

A classe capitalista demanda meios de produção (c); portanto, essa é uma das fontes de demanda. Mas isso é muito menos que o valor das mercadorias que serão produzidas ($c + v + m$). A classe capitalista dota os trabalhadores de meios de compra (v). O trabalhador "investe a maior parte de seu salário em meios de subsistência, e sua quase totalidade em meios de primeira necessidade", de modo que "a demanda do capitalista por força de trabalho é indireta e simultaneamente demanda pelos meios de consumo incluídos no consumo da classe trabalhadora" (197). Se ignoramos a poupança dos trabalhadores e "deixamos de fora, necessariamente, todas as relações de crédito [!]", o "limite máximo da demanda do capitalista é $= C = c + v$, mas sua oferta é $= c + v + m$". Isso significa que quanto maior é o mais-valor produzido (ou quanto mais alta é a taxa de lucro), "tanto menor é sua demanda em relação a sua oferta" (198). Portanto, o equilíbrio entre oferta e demanda não apenas parece impossível como é indesejável do ponto de vista do capital.

Isso aponta para o que chamo de "problema da eliminação ou absorção do excedente". O capitalista começa o dia com uma certa quantidade de dinheiro equivalente a $c + v$ vai dormir com um equivalente monetário de $c + v + m$. Sendo assim, de onde vem a demanda para comprar o mais-valor no fim do dia? Se fosse apenas uma questão de encontrar mais dinheiro, alguém em algum lugar (por exemplo, na época de Marx, os produtores de ouro – cujo papel potencial Marx considerará mais tarde – e, nos dias atuais, o Federal Reserve) poderia simplesmente fornecê-lo. Contudo, temos de resolver o problema em termos de valor, e não de dinheiro. Se o mais-valor deve ser realizado na troca, precisamos explicar de onde vem o valor equivalente do mais-valor, em última instância, para realizar a troca. Teoreticamente, temos de responder a essa questão sem sair do capitalismo (as fontes não capitalistas de demanda e oferta que Marx considerou anteriormente) ou pressupor a existência de uma classe de consumidores eminentes (senhores rurais ou outros remanescentes feudais, como a Coroa e a Igreja), cujo único papel não é produzir, mas consumir até não poder mais, a fim de manter a oferta e a demanda em equilíbrio. Aliás, essa última opção (ao lado do comércio exterior) foi como Malthus lidou com esse mesmo problema da demanda efetiva insuficiente para absorver os excedentes produzidos. Ele chegou a ponto de justificar a existência de classes parasitárias voltadas para o consumo de luxo, como o clero, o funcionalismo público (inclusive a monarquia) e certa aristocracia ociosa, por desempenharem um papel harmonizador crucial num capitalismo em que, de resto, imperava a discórdia. É óbvio que Marx jamais adotaria essa solução, mesmo que pudesse ser mantida no longo prazo (o que não é o caso).

Depois de introduzir (como de hábito) algumas complicações, como aquelas relativas ao tempo de rotação e do investimento do capital fixo (ambas serão tratadas mais adiante, em capítulos separados), Marx procura resolver o problema do ponto de vista da reprodução. Se a própria classe capitalista consome todo o mais-valor e devolve à produção o valor do capital constante e variável, a demanda e a oferta voltam ao equilíbrio. Mas isso significa que todo o mais-valor precisa ser comprado e consumido pela classe capitalista. Os capitalistas têm, em suma, de usar seus próprios estoques de valor (como estes foram obtidos é algo que não sabemos, embora a acumulação primitiva tenha presumivelmente algo a ver com isso) para comprar (realizar) o mais-valor produzido ao final do dia.

A lógica por trás disso é impecável, em certo sentido. Imagine uma sociedade de duas classes: capitalistas e trabalhadores. Obviamente, os trabalhadores não podem suprir a demanda extra necessária para absorver o excedente (o mais provável é que, com taxas crescentes de exploração, eles pratiquem uma demanda menor ao longo do tempo). Assim, a única classe que pode cobrir a demanda extra é a classe capitalista. Ela tem de possuir reservas monetárias (valor) num dado momento para realizar o mais-valor do qual tenta se apropriar num momento posterior. Isso soa como um sistema um tanto estranho, pois pressupõe, por exemplo, que existe da parte dos capitalistas um desejo infinito de volumes sempre crescentes de bens de consumo.

Há, no entanto, uma explicação possível para a posição de Marx. Ele iniciou o capítulo dizendo que "todos os pressupostos do processo aparecem como seu resultado, como um pressuposto produzido por ele mesmo. Cada momento aparece como ponto de partida, ponto de transição e ponto de retorno" (179). Poderíamos dizer que isso é válido para a classe capitalista em geral? No primeiro momento da circulação, o capital precisa, de fato, desembolsar um valor extra (dinheiro) para adquirir o mais-valor produzido pelo trabalhador. Mas, uma vez que isso é feito, o mais-valor produzido pelos trabalhadores pertence aos capitalistas, enquanto os capitalistas consumiram, de fato, seu capital original. No momento seguinte do processo de circulação, os capitalistas gastam não seu próprio dinheiro, mas o dinheiro equivalente ao mais-valor que eles apropriaram anteriormente dos trabalhadores. Assim, a classe capitalista é continuamente reproduzida com base na produção de mais-valor pelos trabalhadores. Os capitalistas cobrem a demanda extra com base no mais-valor já produzido pelos trabalhadores e então apropriado pelos capitalistas. Esse, é claro, foi exatamente o argumento apresentado no capítulo 23 do Livro I. O problema da origem da demanda extra parece desaparecer, porque os trabalhadores já produziram o mais-valor, e tudo o que os capitalistas têm de fazer é apropriar-se dele. Ou, como Marx dizia no início, o pressuposto (a demanda efetiva do capitalista) aparece agora como seu resultado (a apropriação do mais-valor). Isso pode funcionar para a simples reprodução, mas, dado o teor geral do argumento nesses capítulos, é improvável que esse processo possa avançar sem interrupções ou rupturas.

Mas se o capitalista age dessa maneira, então ele "consome como não capitalista, não em sua função como capitalista, mas para suas necessidades ou gozos privados" (199). E isso, diz Marx, "é igual ao pressuposto da inexistência da produção capitalista e, portanto, da inexistência do próprio capitalista industrial. Pois o capitalismo já está destruído em suas bases quando se aceita o pressuposto de que seu motivo propulsor é o gozo, e não o enriquecimento" (199). A distinção entre gozo e enriquecimento parece ser crucial para o argumento de Marx. Dizer que o capitalismo se funda no desejo pessoal de fruição vai de encontro ao argumento desenvolvido por Marx no Livro I, capítulo 24. O capitalismo, diz ele, está baseado na "acumulação pela acumulação, a produção pela produção", independentemente dos desejos pessoais dos capitalistas. Embora haja sempre um "conflito fáustico", no qual o desejo de consumo e do gozo conflita com a necessidade de reinvestimento, as leis coercitivas da concorrência forçam os capitalistas, quer queiram, quer não, a adotar a segunda opção. Assim, é insuficiente pressupor um personagem capitalista tomado pelo desejo de bens de consumo como a força motriz da acumulação do capital. É insuficiente até mesmo pressupor que essa força motriz se encontre no desejo capitalista de deter cada vez mais o poder social proporcionado pela apropriação privada do dinheiro (embora esse, como veremos, seja um dos fatores envolvidos). A missão história da burguesia é a acumulação constante.

Um sistema fundado na busca do puro prazer e do gozo é, diz Marx, "impossível também ou [...] tecnicamente. O capitalista tem não apenas de formar um capital de reserva que lhe permita defender-se de oscilações nos preços e aguardar conjunturas mais favoráveis para a compra e venda, mas tem de acumular capital a fim de ampliar a produção e incorporar os progressos técnicos a seu organismo produtivo" (199). Entesourar dinheiro para investir, por exemplo, em capital fixo de larga escala retira dinheiro de circulação e diminui a demanda disponível: "o dinheiro fica imobilizado: não retira do mercado de mercadorias nenhum equivalente em mercadoria pelo equivalente em dinheiro que subtrai desse mercado em troca da mercadoria adicionada" (200). Isso aumenta a distância entre o valor que o capitalista fornece ao mercado e a demanda disponível.

Quando parte do mais-valor é reinvestida na produção ampliada, a solução anteriormente proposta para o problema da demanda efetiva parece ser ainda mais duvidosa. Não apenas o capitalista terá de fornecer os recursos para comprar e realizar o primeiro curso da produção de mais-valor como também terá de encontrar ainda mais recursos para realizar o mais-valor produzido com o reinvestimento. E essa obrigação será perpétua.

Desse modo, o problema central continua a nos desafiar: se, como parece ser o caso, a demanda não pode derivar do consumo capitalista, de onde ela vem, afinal? Marx fornece algumas pistas, mas nenhuma resposta definitiva a essa pergunta. Penso, porém, que é significativo que o capítulo se encerre com este comentário: "Abstraímos, aqui, do crédito; e se trata de crédito quando, por exemplo, o capitalista deposita no banco, em conta-corrente a juros, o dinheiro, à medida que este se acumula" (200). O tesouro necessário para a formação de capital fixo poderia ser organizado por meio do sistema de crédito. Isso certamente permitiria que todo o valor entesourado fosse gasto. Esse, portanto, é um daqueles pontos em que o sistema de crédito parece desempenhar o papel crucial de liberar mais força monetária. Mas, aqui, não temos nenhuma ideia de que papel seria esse, e como ele poderia se relacionar com o claro desequilíbrio na oferta e na demanda que ocorre no interior do processo de acumulação.

A solução desse dilema é apresentada muito mais adiante, em diversos estágios sucessivos que culminam nos esquemas de reprodução no fim do livro. Em vez de manter o mistério (como Marx é inclinado a fazer), vou traçar as linhas gerais da minha interpretação do argumento de Marx. O consumo capitalista é de dois tipos: consumo pessoal (bens necessários e artigos de luxo) e consumo produtivo. Este último recicla o capital original para impulsionar um outro curso de produção de mais-valor e reinvestimento na expansão, o que significa uma demanda ampliada por mais meios de produção e mais bens de salário para os trabalhadores extras empregados (abstraindo de quaisquer mudanças tecnológicas que eliminem postos de trabalho). As leis coercitivas da concorrência provocam a expansão (o que explica a ênfase no enriquecimento, e não no gozo). A demanda derivada da expansão de amanhã (mais o consumo burguês) cria o mercado para as mercadorias excedentes produzidas ontem.

A sincronização de tudo isso é crucial. Quando há um desencontro, vemos num certo momento capitalistas gastando com reinvestimento, enquanto outros entesouram dinheiro em antecipação de investimentos ou reinvestimentos futuros (em capital fixo, por exemplo). Aqueles que reinvestem criam uma demanda extra, ao passo que aqueles que entesouram diminuem a demanda, mas incrementam a oferta. Há alguma possibilidade de oferta e demanda agregadas se equilibrarem dessa maneira? Ao que parece, apenas se houver intervenção do sistema de crédito, de modo que o dinheiro entesourado se torne livremente disponível para o uso de outrem (graças às operações dos bancos), para a realização de ainda mais reinvestimentos. E dinheiro derivado da venda do produto de amanhã é necessário para pagar o mais-valor produzido hoje. Esse hiato temporal entre a oferta e a demanda do capitalista só pode ser preenchido com a ajuda da moeda de crédito (que Marx evita intencionalmente abordar no Livro II). Para fazer isso, os capitalistas não precisam tomar emprestado de ninguém. Eles podem simplesmente emitir títulos de crédito e lançar mão da velha prática de comprar agora para pagar depois. Ocorre, assim, uma associação íntima entre a acumulação de capital e a acumulação de dívida. Uma é impossível sem a outra. Tentar restringir a criação de dívida (como o Partido Republicano parecia estar fazendo em 2011) é, na verdade, tentar acabar com o capitalismo. Essa é a razão por que uma política de austeridade, se levada às últimas consequências, não apenas entravará o crescimento como conduzirá ao colapso do capitalismo.

Nesse capítulo, não há mais que uma breve indicação da solução e dos problemas conexos. O que apresento aqui é um adiantamento por minha própria conta. A relutância de Marx em tratar das categorias do crédito e do juro, além da figura dos banqueiros e dos financistas, leva-o a renunciar a um tratamento completo, no Livro II, da questão de como os capitalistas podem equilibrar a oferta e a demanda num modo de produção puramente capitalista.

Reflexões sobre a definição de capital

Marx não desenvolve argumentos políticos no Livro II. Sendo assim, que tipo de *insight* político podemos inferir do texto até agora? Uma questão que surge nesses capítulos é a da definição de capital. Numa época em que se recoloca o debate sobre a luta anticapitalista, é importante definir exatamente que objeto é esse contra o qual estamos lutando.

No Livro I, o capital é definido como valor em movimento. "Capital é dinheiro, capital é mercadoria", diz Marx.

> Na verdade, porém, o valor se torna, aqui, o sujeito de um processo em que ele, por debaixo de sua constante variação de forma, aparecendo ora como dinheiro, ora como

mercadoria, altera sua própria grandeza e, como mais-valor, repele a si mesmo como valor originário [...]. [O dinheiro] constitui, por isso, o ponto de partida e de chegada de todo processo de valorização. [...]
O valor se torna, assim, valor em processo, dinheiro em processo e, como tal, capital. (C1, 230-1)

Porém, *nota bene*, Marx evoca como o capital *aparece*, e não o que ele realmente é. Nessas passagens, ele observa como o capital "adquiriu a qualidade oculta de adicionar valor. Ele pare filhotes, ou pelo menos põe ovos de ouro" (C1, 230). No Livro I, Marx mostra como esses ovos de ouro são postos pelo trabalho sob a direção e o controle do capital no terreno oculto da produção.

No Livro II, porém, o "valor em movimento" é decomposto nos ciclos do dinheiro, mercadoria e capital produtivo. Podemos dizer que um desses ciclos define mais o capital do que os outros? E, se isso for assim, existem pontos críticos transformadores nos ou entre os diferentes ciclos que forneçam focos evidentes para a luta política? O que fazer com as contradições no processo de circulação que não podem ser diretamente atribuídas à tensão no interior da relação capital-trabalho? O que fazer com o fato nítido de que se o valor não é realizado na circulação, esse valor (juntamente com todo mais-valor) se perde?

Nesses capítulos, Marx é muito enfático quanto à ideia de que dinheiro não é capital. O dinheiro, diz ele, só pode cumprir funções monetárias: a compra e a venda de mercadorias. Além disso, a forma-dinheiro surgiu muito antes de o capital se tornar uma força dominante sobre as relações humanas. Mas se o capital não pode ser reduzido ao dinheiro, há boas razões para que o capital possa não só *aparentar*, mas também *tornar-se* capital monetário. O dinheiro é uma forma de poder social apropriável por pessoas privadas. O desejo de mais poder anima muitos capitalistas, e isso certamente pode se converter numa das forças motrizes do desejo de acumulação privada. Além disso, é apenas na forma-dinheiro que o mais-valor se torna calculável. O capitalista sabe quanto dinheiro desembolsou no início do ciclo e pode prever sem dificuldade o dinheiro extra que obterá de volta. Assim, surpreende muito pouco que, quando pensamos no capital, tenhamos em mente, antes de mais nada, sua forma-dinheiro. A partir disso podemos ver como se enraíza a crença fetichista de que o dinheiro é capital. É importante reconhecer o poder dessa crença fetichista. É verdade que o poder monetário é um objeto de desejo e tem importância vital. Mas o fetichismo do dinheiro, assim como o fetichismo da mercadoria tão brilhantemente exposto no Livro I, esconde uma realidade social subjacente. Por si mesmo, o dinheiro não pode criar nada: ele só pode desempenhar funções de dinheiro. Portanto, como Marx demonstra, é uma ilusão pensar que o ciclo do dinheiro é o ciclo preeminente do capital. O que ocorre é que, num certo ponto de sua circulação, o capital industrial assume a forma-dinheiro e, fazendo isso, produz capital monetário.

Do mesmo modo, as mercadorias só podem cumprir funções de mercadoria. Elas podem existir sem ser produto de capital. Segundo Marx, um mundo inteiro de produção e troca de mercadorias, juntamente com as formas monetárias e mercantis, tinha necessariamente de existir antes que o próprio capital pudesse surgir. Se já não houvesse mercadorias no mercado, onde os capitalistas comprariam seus meios de produção e os trabalhadores, os bens de salário necessários para sobreviver? Portanto, a mercadorização em geral, e mesmo a produção direta de mercadorias, não define o capital. O que *é* específico é que, sob o capitalismo, as mercadorias são impregnadas de mais-valor, e as mercadorias não podem impregnar a si mesmas. Mas as mercadorias também não podem definir o capital. Por mais importante que seja ao longo de todo o Livro II, o ciclo da mercadoria não é o elemento que define o capital.

Ainda mais surpreendente é a asserção de Marx de que a compra e a venda de força de trabalho, frequentemente tomadas como básicas na definição de capital, podem existir sem o capital. Os serviços poderiam ser pagos fora de qualquer sistema de circulação do capital. Isso ocorreu, em grande medida, sob o feudalismo. Leia um romance de Dickens e você verá isso por toda parte em Londres, mesmo quando o capitalismo já estava bem estabelecido. Essa distinção continua a ser importante: se pago a um garoto do meu prédio para passear à tarde com o meu cachorro, ou se dou uma caixa de cerveja a um vizinho que gasta algumas horas me ajudando a reformar a minha varanda, isso não pressupõe a existência ou a circulação do capital. Trocas de serviços por dinheiro ou outras mercadorias, observa Marx, já tinham de existir antes que o capital pudesse comprar força de trabalho como uma mercadoria. Assim, embora a proletarização extensiva tenha sido uma precondição necessária ao advento do capital, não é ela que define sua essência.

Marx também afirma (160) que a produção capitalista de mercadorias só pode ser realizada da mesma maneira que a "produção em geral", portanto não pode em si mesma ser diferenciada do "processo de produção não capitalista" por quaisquer atributos físicos particulares. Cultivar cereais significa, afinal, cultivar cereais independentemente do modo de produção. Logo, as práticas físicas da produção de valor de uso não definem o capital. Em princípio, o mesmo processo de produção físico pode ter lugar sob relações sociais feudais, capitalistas ou socialistas.

A essência do capital, somos forçados a concluir, é a relação de classe entre capital e trabalho na produção, relação essa que facilita a produção e apropriação sistemática de valor e mais-valor. Essa definição de capital é coerente com o argumento de Marx, na introdução dos *Grundrisse*, de que é a produção, entendida como produção de mais-valor (não de produção física), que predomina sobre todos os outros momentos da distribuição, troca, consumo e, acima de tudo, o próprio processo físico de produção. A reprodução do capital deve ser entendida sempre como a reprodução da relação de classe entre capital e trabalho (como o capítulo 23 do Livro I deixa muito claro).

A narrativa que emerge da argumentação de Marx é a seguinte: todos esses elementos – dinheiro, mercadorias, compra e venda de serviços e uma dada capacidade física e técnica para a produção – preexistiam ao advento do capital. Juntos, eles constituíam as precondições necessárias para a emergência daquela relação de classe entre capital e trabalho que facilita a produção e a apropriação sistemática de mais-valor. No entanto, esse último traço é que constitui a especificidade definidora do capital. Se, portanto, queremos falar sobre "a hipótese comunista" ou uma política anticapitalista, o escopo central tem de ser a abolição dessa relação de classe na esfera da produção.

É tentador concluir que, em princípio, seria possível construir o socialismo, e mesmo o comunismo, num mundo de monetização, mercadorização, e até de comércio de serviços, desde que a relação de classe entre capital e trabalho fosse suprimida do mundo da produção (se fosse substituída, por exemplo, pelo "trabalhador associado", ao qual Marx costuma apelar sempre que discute alternativas). Afinal, se todos esses traços preexistiam ao surgimento do capital, por que não poderiam continuar a desempenhar um papel crucial sob o socialismo, ou mesmo sob o comunismo?

Mas há uma narrativa mais complicada nesses capítulos. Tão logo a relação de classe entre capital e trabalho se torna dominante na produção, ela provoca a transformação das precondições que lhe deram origem. A circulação de dinheiro e mercadorias e o funcionamento dos mercados de trabalho são transformados de modo a sustentar e até comandar e disciplinar a reprodução das relações de classe na produção. Nesses capítulos, vemos que os três ciclos do dinheiro, mercadoria e capital produtivo estão tão entrelaçados entre si que não se pode alterar um sem alterar todos os outros. Isso não significa que a mudança seja impossível. É precisamente porque uma ruptura num ponto de um ciclo tem impactos imediatos em todos os outros que a mudança *se torna* possível. E o que Marx mostra é que, de qualquer maneira, inevitavelmente ocorrerão rupturas, havendo assim muitas oportunidades para intervenções políticas. O sistema inteiro, uma vez que o tenhamos entendido corretamente, mostra-se frágil e vulnerável.

Se é verdade que dinheiro, mercadorias e intercâmbio de serviços precederam lógica e historicamente o advento do capital como uma relação de classes, também é verdade que essas trocas, naquela época, funcionavam sob condições sociais radicalmente distintas. Quando grande parte dos indivíduos tinha algum controle sobre seus próprios meios de produção, ou tinha assegurada (como na escravidão e na servidão) uma posição permanente (mesmo que fortemente circunscrita) na ordem social, os produtores diretos encontravam-se sempre numa posição de reproduzir a si mesmos total ou parcialmente fora do intercâmbio do mercado. Alguns podem ter sido obrigados, por fome extrema ou colheitas fracassadas, ao intercâmbio involuntário de mercadorias ou serviços, mas grande parte do intercâmbio era de excedentes superiores àqueles necessários para a reprodução social. As trocas ocorriam fora da disciplina exercida pelo valor de troca. Sob condições conhecidas como "proletarização parcial", alguns grandes segmentos da força total de trabalho que têm acesso à terra e a outros recursos por laços de família ou parentesco podem retornar a essas condições quando se veem desempregados, doentes ou incapacitados. É o que acontece, por exemplo, na China contemporânea, onde muitos dos custos da reprodução social têm origem nas áreas rurais. De modo ainda mais eloquente, é assim que a indústria agrícola norte-americana transfere os custos da reprodução social para o México, empregando imigrantes ilegais para trabalhar com pesticidas carcinógenos, até que eles ficam doentes demais para trabalhar e têm de retornar aos seus vilarejos de origem para se tratar ou morrer.

Nesses capítulos iniciais do Livro II, Marx dirige nossa atenção para um ponto geral: na medida em que a relação de classe entre capital e trabalho passou a dominar a produção (espalhando-se por toda parte, mesmo na época de Marx), isso teve um impacto transformador sobre a forma e o funcionamento do dinheiro, das mercadorias e dos mercados de trabalho. Quando o dinheiro se torna *capital* monetário, diz Marx, ele não se converte apenas no escopo e objeto do desejo fetichista do capitalista. Ele também assume funções muito diferentes e, em particular na forma do sistema de crédito, é organizado unicamente para sustentar a reprodução da relação de classes. Os diferentes ciclos do capital são mesclados e entrelaçados de uma maneira tal que cada um sustenta e, eventualmente, contradiz os outros, mesmo quando a relação de classes e a produção de mais-valor permanece no centro do modo de produção capitalista. O capital "é um movimento, um processo cíclico que percorre diferentes estágios e, por sua vez, encerra três formas distintas do processo cíclico. Por isso, ele só pode ser compreendido como movimento, e não como coisa imóvel" (184). Isso é coerente com a concepção marxiana da "totalidade" exposta na introdução dos *Grundrisse*. Se a especificidade do capital reside na relação de classes na produção – relação que facilita a criação de mais-valor –, sua generalidade reside no processo de circulação do capital industrial que é constituído como uma unidade dos ciclos do capital monetário, do capital de produção e do capital-mercadoria.

Seria ilusório, portanto, acreditar que mudanças na produção poderiam ter longo alcance sem a realização de mudanças radicais no funcionamento dos outros ciclos. A transição para o socialismo ou para o comunismo não acarreta apenas um combate feroz para erradicar a relação de classe entre capital e trabalho na esfera da produção. Ela também requer a redução – ou, talvez, a reconstrução – desses circuitos, para mostrar como a monetização, a mercadorização e o intercâmbio de serviços poderiam ser transformados de forma a amparar os trabalhadores associados na produção. Por exemplo, se algo semelhante ao dinheiro é necessário para facilitar as trocas, como podemos evitar que o dinheiro se torne capital monetário e o poder social inerente ao dinheiro venha a ser apropriado pela classe que o utilizará para produzir e apropriar mais-valor para si mesma? O intercâmbio de mercadorias é uma coisa, mas o valor de troca como regulador de todas as transações humanas é outra absolutamente distinta. Sem transformações ancilares como essas, a abolição das relações de classe na produção parece impossível.

Essa conclusão encontra suporte na longa e frequentemente jactanciosa história das tentativas de reorganizar a produção capitalista sobre bases não capitalistas, em particular sob a rubrica do trabalho associado. Tentativas de controle dos trabalhadores, autogerenciamento, *autogestión* [autogestão] e cooperativas fabris (como as que ocorreram na Europa nos anos 1970 ou na Argentina após a crise de 2001) sofreram invariavelmente, e em alguns casos acabaram, porque tinham de lidar com os poderes controladores hostis do capital comercial e financeiro. O sonho da *autogestión* e do controle dos trabalhadores chocou-se frequentemente contra a muralha dos poderes do capital monetário e do capital-mercadoria e das leis do valor de troca que os regem. A força motriz para valorizar o valor e, desse modo, extrair mais-valor é difícil de ser contra-arrestada. E talvez seja significativo que a cooperativa de trabalhadores que está há mais tempo na ativa – a Mondragon, fundada no País Basco em 1956, sob a Espanha fascista – só tenha obtido sucesso, em parte, porque criou suas próprias instituições de crédito e funções de mercado, traçando assim uma estratégia política que abarcava todos os três ciclos. A cooperativa sobreviveu e continua a crescer, e, na maior parte das duzentas empresas controladas por ela atualmente, a diferença de remuneração entre os cooperados não ultrapassa, em sua maioria, a razão de 3 para 1 (comparada aos 400 para 1, ou mais, das grandes empresas norte-americanas).

As dificuldades que as formas de trabalho associado têm de enfrentar derivam largamente da perpetuação das leis capitalistas do valor, que, como vimos, dominam e com frequência destroem os capitais individuais. Qualquer empresa que entre num mundo regido pelas leis do valor está sujeita ao poder disciplinar dessas leis. Manter-se fora do alcance desse poder disciplinador é difícil, se não impossível. Para sobreviver, a Mondragon e as fábricas recuperadas na Argentina tiveram de encontrar um compromisso com a lei do valor. Isso nos leva a uma conclusão geral que, pelo menos superficialmente, é desalentadora e para a qual Marx já havia nos preparado na análise da desvalorização e desindustrialização do capital: a relação de classe entre capital e trabalho na produção não pode ser abolida sem a abolição das leis de movimento do capital e a abolição daquela força imaterial e objetiva da lei do valor que ancora essas leis de movimento. Contudo, Marx pende frequentemente para uma teoria coevolucionária da transformação histórica. Se aplicamos a esse caso os lineamentos dessa teoria, começa a surgir uma estratégia para a luta anticapitalista. Se a relação de classe entre capital e trabalho está no centro da definição do capital, ela está tão profundamente impregnada em outras facetas do processo de circulação que se torna difícil suprimi-la sem demolir ou substituir os alicerces que a cercam. Se podemos permanecer fiéis ao princípio dos trabalhadores associados, da autonomia e da autogestão dos trabalhadores, e honrar a longa história de tentativas de implementar esses modos de produzir e viver, temos de encarar todas as outras facetas da mudança social requeridas para emancipar o mundo social da dominação do capital.

Se, ao final do processo, o comunismo precisa abolir a relação de classe entre capital e trabalho, ele não tem necessariamente de abolir o dinheiro (ou seu equivalente), ou o intercâmbio de bens e serviços. Assim como o capital antes dele, ele teria de encontrar modos de reestruturar todos esses outros processos cíclicos de forma a sustentar o trabalho associado, em vez de sustentar as relações de classe do capital. Isso levanta algumas questões muito gerais e difíceis sobre o futuro papel e a verdadeira natureza do dinheiro, da mercadorização e dos mercados. Por exemplo, como os serviços poderiam ser intercambiados? E como o trabalho poderia se mover com fluidez de uma linha ou lugar de produção para outro? E como as divisões do trabalho seriam coordenadas para uma finalidade social? Haveria intercâmbio de trabalho e mercadoria? A transição para o comunismo exigiria a transformação de todos esses processos cíclicos, de modo que eles deixassem de funcionar como suporte do capital. Mas a experiência de tentar criar o comunismo por meio da abolição total de todas essas formas suplementares, como ocorreu na Coreia do Norte, sugere que isso também não é possível.

Marx, embora não seja um utopista, parece favorecer a ideia de trabalhadores que se associam para controlar e decidir autonomamente quais valores de uso produzirão e por quais meios, como base para uma alternativa revolucionária a um capitalismo insensível, que se baseia na apropriação de valores de troca e de mais-valor. Mas isso, como veremos quando examinarmos as condições agregadas da reprodução nos dois últimos capítulos do Livro II, não pode ocorrer sem um mecanismo de direção e coordenação ou uma autoridade de governança, tampouco sem um planejamento consciente de como os valores de uso devem ser produzidos de maneira coordenada. É claro que tudo isso está a léguas de distância do texto de Marx. Mas penso que o Livro II convida para uma reflexão sobre esses processos e problemas. É isso que transforma um livro bastante tedioso num exercício muito mais interessante de pensamento político criativo.

Mas há outro ponto político crucial a ser destacado aqui. Em muitas partes do mundo – nos Estados Unidos, em particular – a ideia de socialismo ou comunismo é associada primordialmente a formas ditatoriais de poder estatal centralizado. Há por toda parte uma desconfiança perfeitamente válida em relação ao Estado e ao exercício do poder estatal. Mas, aqui, Marx sugere que o núcleo imaginário de uma sociedade comunista alternativa é o de trabalhadores livremente associados, que controlam o próprio processo de produção e têm autonomia no local de trabalho, no interior de uma economia descentralizada. E, como se pode constatar, há uma grande simpatia por essa ideia. Lembro-me de uma pesquisa de opinião que, alguns anos atrás, indicou que a maioria dos norte-americanos pensava que o controle das indústrias pelos trabalhadores era uma boa ideia. E quando os trabalhadores da Republic Windows and Doors ocuparam a fábrica, na crise de 2008, eles foram tratados pela imprensa *mainstream*, mesmo nos Estados Unidos, mais como heróis do que como vilões *commie-pinko**. Se você perguntar aos opositores mais vociferantes do socialismo, inclusive os do Tea Party, se eles concordam ou não que as fábricas sejam controladas pelos trabalhadores, e não pelo Estado ou pelo governo, a resposta será quase certamente afirmativa. Como podemos constatar, muitas pessoas são favoráveis ao menos a essa versão da hipótese comunista. O que emerge desses capítulos, portanto, é não só uma clara definição de capital, mas uma concepção de alternativa comunista com a qual mesmo os norte-americanos poderiam voluntariamente concordar.

CAPÍTULOS 5 E 6 DO LIVRO II

Os dois próximos capítulos tratam do tempo e dos custos vinculados aos processos de circulação descritos nos capítulos precedentes. Marx embarca aqui numa investigação sobre a temporalidade da acumulação contínua do capital. Embora ele se concentre exclusivamente nas leis de movimento do capital, não é difícil reconhecer como esses processos condicionam e moldam as temporalidades da vida cotidiana de qualquer pessoa que viva sob um modo de produção capitalista. Escondida entre os detalhes desses capítulos, há uma análise profunda da temporalidade determinante (e sempre em mutação) e da espacialidade perpetuamente emergente do modo de produção capitalista. Como se configura, então, a evolução espaçotemporal do capital? Que forças atuam por trás dela e por que ela percorre

---

* *Commie-pinko*: termo jocoso que designa aqueles que, embora simpatizem com o comunismo, não são propriamente comunistas. (N. T.)

aquela trajetória particular? Devemos ter sempre em mente essas questões ao tratar dos detalhes da exposição.

Há uma ideia básica que é fundamental para o entendimento do argumento de Marx nesses capítulos. Ela deriva de sua longa insistência no fato de que o valor e o mais-valor não podem ser produzidos por meio de atos de troca. O valor é criado na produção, e ponto. Segue-se disso que o tempo e o trabalho despendidos na circulação no mercado não produzem valor. Uma grande quantidade de tempo e de esforço de trabalho é absorvida pela produção no mercado. Marx considera que, em relação à produção de valor, esse tempo e esse esforço de trabalho são desperdiçados. Há, portanto, muitos incentivos para que se encontrem maneiras de reduzir esse desperdício. Uma consequência disso é a fascinação histórica e contínua do capital pela aceleração. O gasto de trabalho na transformação de uma mercadoria em dinheiro ou vice-versa é trabalho improdutivo (improdutivo não no sentido de que o trabalho é inútil ou desnecessário, ou realizado por trabalhadores ociosos, preguiçosos e improdutivos, mas improdutivo porque não produz valor). Grande parte do trabalho é empregada, obviamente, na circulação de mercadorias, e os capitalistas, assim como os comerciantes, os atacadistas e os varejistas, organizam esse trabalho e extraem lucro dele, em parte explorando os trabalhadores que eles empregam do mesmo modo como fazem os capitalistas da produção. Para Marx, porém, isso ainda deve ser categorizado como trabalho improdutivo. Essa é uma questão controversa, que foi objeto de um debate substancial e interminável, parcialmente descrito na introdução de Ernest Mandel ao Livro II (embora um grande número de estudiosos questione a interpretação de Mandel[1]).

Não pretendo entrar aqui nos detalhes dessa controvérsia. Mas há alguns pontos gerais que precisam ser mencionados, mesmo que não possamos resolvê-los. Por exemplo, há uma dificuldade potencial que surge em relação à formulação de Marx no Livro I. No capítulo 16, ele muda o foco do trabalhador individual para o "trabalhador coletivo". O que ele tem em mente, em linhas gerais, é uma fábrica em que os produtores diretos da linha de produção se misturam com os trabalhadores que efetuam a limpeza, a manutenção e outros serviços auxiliares, e faz bem em incluí-los todos como parte do processo coletivo de produção, ainda que alguns não apliquem individualmente sua força de trabalho na mercadoria que está sendo produzida. Como observei no Livro I de *Para entender o capital*, há um problema em definir exatamente onde começa e onde termina o trabalho coletivo.

---

[1] Para uma crítica dos argumentos de Mandel na introdução ao Livro II, ver Patrick Murray, "Beyond the 'Commerce and Industry' Picture of Capital," em Christopher John Arthur e Geert A. Reuten (orgs.), *The Circulation of Capital: Essays on Volume Two of Marx's Capital* (Londres, Macmillan, 1998), p. 57-61.

Este inclui designers, gerentes, engenheiros, trabalhadores de manutenção e limpeza e vendedores que trabalham de dentro da fábrica? Se o que importa realmente é a produtividade do coletivo, e não o trabalhador individual, precisamos saber com base em que grupo de trabalhadores a produtividade deve ser calculada e quem são os "trabalhadores associados" que produzem o valor. O que acontece quando várias funções que antes eram parte do trabalho coletivo no interior da fábrica (como a limpeza e o design gráfico de publicidade) são terceirizadas? Elas deixam de ser parte do trabalho produtivo coletivo e passam à categoria de trabalho improdutivo? Nos últimos quarenta anos, houve uma forte tendência sistêmica das empresas capitalistas de lançar mão da terceirização, presumivelmente para chegar a uma definição muito mais "eficiente" do trabalho coletivo empregado por elas, incrementando com isso sua taxa individual de lucro (embora os efeitos agregados sobre a produção de mais-valor sejam, no máximo, sombrios). Limpeza, manutenção, design, marketing etc. tornam-se cada vez mais "serviçoes empresariais [*business services*]", e é muito difícil distinguir (o próprio Marx confessa, como veremos) quando essas atividades devem ser classificadas como produtivas de valor e quando devem ser consideradas improdutivas, porém necessárias. Esses problemas existem no interior de formas supostamente socialistas (uma das críticas à cooperativa Mondragon é que ela depende cada vez mais de terceirizações e, portanto, sobrevive à custa da exploração em outra parte).

Não posso tratar dessa questão aqui, exceto para sinalizar que, neste ponto, estamos diante de um pesadelo contábil (que, a meu ver, é insolúvel) e de uma consequente massa de controvérsias (nas quais os marxistas se notabilizaram durante muito tempo). Deixo a você a decisão de estudar esses problemas na medida de seu interesse. Se você empreender esse estudo, verá que a distinção entre trabalho produtivo e improdutivo é muito importante nos escritos de Adam Smith, e Marx devota grande parte do primeiro volume das *Teorias do mais-valor* ao exame e à crítica das teses de Adam Smith para definir melhor sua própria teoria. Mas, pessoalmente, não estou persuadido de que Marx tenha encontrado uma resposta razoável para o problema. Penso também que nenhum outro autor a encontrou, e essa é a razão de um legado tão grande de controvérsia.

Na ausência de uma clara solução contábil para a divisão entre trabalho produtivo e improdutivo, ficamos com o problema de como preservar os *insights* intuitivos de Marx e, ao mesmo tempo, reconhecer a dificuldade (impossibilidade?) de operacionalizar as distinções. O *insight* intuitivo deriva da análise dos três ciclos do capital. O momento da produção (o processo de trabalho) funda o ciclo produtivo. Mas esse ciclo não pode ser completado sem que se negociem as condições de circulação definidas pelo dinheiro e pelas mercadorias. O trabalho está certamente envolvido em todos os três ciclos, e a continuidade do ciclo do capital industrial (o processo inteiro) depende das condições de continuidade definidas em todos os três ciclos. A ideia principal é a da necessidade da continuidade e velocidade (aceleração) do fluxo, e o que tem de ser feito para assegurar esse movimento contínuo.

Se essa fosse a única consideração, poderíamos defender a inclusão de todo trabalho envolvido na produção, circulação e realização como parte do trabalho coletivo de manutenção e reprodução do capital (isso poderia ser estendido para incluir o trabalho doméstico, voltado para a reprodução da força de trabalho). Em outras palavras, poderíamos dizer que todos os trabalhadores envolvidos no ciclo do capital industrial deveriam ser considerados trabalhadores produtivos. Na visão de Marx, porém, isso encobriria e mascararia algo muito importante. Se o valor e o mais-valor são produzidos apenas no ponto de produção no ciclo produtivo, os gastos realizados e o trabalho despendido no âmbito da circulação do capital industrial têm de ser pagos pelas deduções realizadas sobre o valor e o mais-valor produzidos na produção. Seguramente, a extensão dessas deduções é uma questão de profunda importância, tanto individual como socialmente, para a reprodução do capital. Se todo o valor e o mais-valor produzido fosse absorvido nos custos de circulação, quem se incomodaria em produzir? Por isso, estratégias para reduzir essas deduções, assim como para minimizar o tempo perdido na circulação, desempenharam um papel importante na história do capital, e podemos experienciar os resultados dessas estratégias em nossas vidas cotidianas.

Deriva daí o impulso para revolucionar constantemente as configurações espaçotemporais do capitalismo por meio da aceleração (até do nosso consumo, por exemplo) e da "anulação do espaço pelo tempo" (como Marx diz nos *Grundrisse*). Em contrapartida, o poder excessivo para impor essas deduções (ou a incapacidade de facilitar o rápido movimento do capital através dos ciclos) pode ser o gerador de crises. Se todo poder está nas mãos dos capitalistas monetários (os financistas) e os capitalistas de mercadorias (os comerciantes), qual é o impacto disso na produção de valor da qual essas frações do capital dependem em última instância? Podemos dizer, por exemplo, que as perturbações na economia global ocorridas em 2007 foram causadas pelos lucros excessivos (e, como veremos, largamente fictícios) que foram tirados do dinheiro improdutivo e dos ciclos da mercadoria (por exemplo, pelo Goldman Sachs e pelo Walmart) e sugaram a energia das atividades produtivas, ou então degradaram tanto as condições no ciclo produtivo que acabaram provocando uma fuga de capitais para os ciclos improdutivos do dinheiro e da mercadoria, nos quais a acumulação poderia ocorrer mais pela despossessão do que pela produção. Como poderíamos estabelecer a verdade de cada uma dessas proposições é uma questão intrigante. Mas o problema se apresenta prontamente: se o valor pode ser produzido na circulação, para que se incomodar em produzir? Marx não coloca a questão dessa forma, mas ela está implícita na análise. Eu preferiria mil vezes me ocupar com essa questão a me perder num pântano contábil. E essa é a questão que parece corresponder mais propriamente à compreensão intuitiva de Marx. Ela também tem grande relevância em nossa época. Tendo tudo isso em mente, vejamos como Marx trata dos detalhes.

CAPÍTULO 5 DO LIVRO II

O capítulo 5 começa com a distinção aparentemente simples entre tempo de curso (quanto tempo o capital leva, na esfera da circulação, para transitar da mercadoria ao dinheiro) e tempo de produção (quanto tempo o capital leva na esfera da produção ativa). A soma dos tempos de curso e produção é definida posteriormente como o tempo de rotação do capital (205). Mas há complicações. Os capitais fixos (máquinas etc.) podem permanecer um longo tempo na esfera da produção, independentemente de serem usados ou não. Há uma diferença crucial, que será explorada num capítulo posterior, entre o capital total *aplicado* na produção (que inclui a totalidade do capital fixo, como a maquinaria e os edifícios) e o capital atualmente consumido ou *utilizado* (que inclui apenas aquela parte do capital fixo utilizada no processo de produção ativa). Mas essa distinção só tem sentido quando aplicada a um dado período de tempo. Marx costuma supor que esse período é de um ano, a menos que forneça outra indicação. Além disso, "a interrupção periódica do processo de trabalho, por exemplo, durante a noite, ainda que interrompa a função desses meios de trabalho, não interrompe sua permanência nos locais de produção" (201). A produção também requer uma certa reserva (um estoque) de meios de produção à disposição para o caso de escassez súbita de insumos no mercado ou outras flutuações imprevistas.

Isso leva Marx a distinguir entre o tempo de funcionamento, ou aquilo que mais tarde ele chamará de "tempo de trabalho" (o tempo em que o mais-valor é ativamente produzido por meio do consumo produtivo), e o tempo de produção (que inclui o tempo em que o capital é mantido em reserva ou não é ativamente utilizado no processo de produção). Apenas para adicionar outro detalhe ao problema, é frequente que surjam situações em que o processo de produção continua, mesmo que nenhum trabalho esteja sendo despendido – como ocorre, por exemplo, "com o trigo que é semeado, com o vinho que fermenta no porão" (202). Por todas essas razões, o tempo de produção é quase sempre muito maior que o tempo de trabalho.

Quando o capital não é usado ativamente, ele se torna aquilo que Marx chama de *capital latente*, funcionando "na esfera da produção, sem atuar no próprio processo de produção":

sua inatividade [é] uma condição para o fluxo ininterrupto do processo de produção. As construções, os aparatos etc. necessários como receptáculos do estoque produtivo (do capital latente) são condições do processo de produção e constituem, desse modo, partes do capital produtivo desembolsado. (202)

Mas o capital ocioso não produz valor e mais-valor, embora seja uma "parte vital" necessária do capital produtivo:

> É evidente que quanto maior for a coincidência entre o tempo de produção e o tempo de trabalho, maiores serão a produtividade e a valorização de um determinado capital produtivo num dado intervalo de tempo. Daí a tendência da produção capitalista de encurtar o máximo possível o excedente do tempo de produção sobre o tempo de trabalho. No entanto, ainda que o tempo de produção do capital possa diferir de seu tempo de trabalho, este está sempre contido naquele, e o próprio excedente é condição do processo de produção. (203-4)

O tempo de curso é o tempo necessário para vender a mercadoria e, então, reconverter o capital monetário em meios de produção e força de trabalho. "Tempo de curso e tempo de produção excluem-se mutuamente. Durante seu tempo de curso, o capital não atua como capital produtivo e, por isso, não produz mercadoria nem mais-valor" (204). Isso significa que:

> a expansão e contração do tempo de curso age como limite negativo à contração e expansão do tempo de produção [...]. Quanto mais as metamorfoses da circulação do capital são apenas ideais, isto é, quanto mais o tempo de curso = 0 ou se aproxima de zero, tanto mais atua o capital, tanto maior se torna sua produtividade e autovalorização. Se, por exemplo, um capitalista trabalha por encomenda, recebendo o pagamento na entrega do produto, e o pagamento se efetua com seus próprios meios de produção, então seu tempo de circulação se aproxima de zero. (204-5)

A economia política clássica, observa Marx, ignorou a importância da análise dos tempos de produção e circulação. Como consequência, surgiu, entre muitos de seus representantes, assim como entre os próprios capitalistas, a ilusão fetichista de que o mais-valor poderia derivar "da esfera da circulação", porque "a maior duração do tempo de curso age como uma razão da alta do preço". Isso produz a ilusão de que "o capital contém em si uma fonte mística de autovalorização, que flui na esfera da circulação, independentemente de seu processo de produção e, portanto, da exploração do trabalho" (205). Fascinado pela crença fetichista (que ainda persiste) de que o valor pode ter origem na circulação, é impossível entender por que o capital se movimenta no sentido da aceleração e da eficiência crescentes em seu curso. Afinal, se o valor pode ser produzido mediante a circulação, o que explica a luta para reduzir os tempos de curso? Tempos mais lentos produziriam um valor maior.

É lamentável que Marx se limite a expor isso de uma maneira puramente formal, sem qualquer tentativa de indicar sua relevância histórica. Mas não é difícil conectar os pontos e estender a exposição ao plano histórico. Por exemplo, Marx remete à descrição do Livro I (capítulo 8, item 4) de como se desenvolve no capital a "tendência a introduzir o trabalho noturno" como uma maneira de "encurtar o máximo possível o excedente do tempo de produção sobre o tempo de trabalho" (202 e 204). Ele poderia, no entanto, ter ido muito além. Se tivesse introduzido aqui "as leis coercitivas da concorrência", como fez ao desenvolver a teoria do mais-valor relativo no Livro I, Marx teria um poderoso argumento lógico para explicar como os capitalistas buscam constantemente vantagens competitivas por meio da redução da diferença (e do custo) entre os tempos de produção e de trabalho. Do mesmo modo, teria indicado a necessidade de o capital encurtar os tempos de curso e buscar uma maior eficiência na distribuição (o que poderíamos chamar de síndrome de Walmart). Penso muitas vezes que o Livro II seria muito mais rico e atraente se Marx tivesse inserido nele um breve capítulo como aquele sobre a jornada de trabalho no Livro I, que descreve a história das mudanças tecnológicas e organizacionais destinadas a reduzir a diferença entre os tempos de produção e de trabalho, assim como entre os tempos de curso. Teríamos entendido, então, a razão por que o capital buscou tão avidamente a aceleração da temporalidade de tudo. Quanto menor o tempo transcorrido em cada uma dessas fases, mais rápido o capital recupera mais-valor.

O primeiro ciclo reprodutivo "natural" de suínos, por exemplo, foi acelerado de uma para três ninhadas por ano; o abate e o desmembramento eficiente dos suínos são realizados numa linha de produção, e o empacotamento e o transporte da mercadoria são orquestrados num sistema de entregas *just-in-time* a supermercados com controles de estoques totalmente computadorizados. O único momento instável no processo diz respeito à singularidade das escolhas dos consumidores. Quantas costeletas de porco os consumidores comprarão hoje em Nova York? Esse é o mundo que o capital produziu. O que encontramos no capítulo 5 é uma explanação dos imperativos no interior do capital que fazem necessariamente com que as coisas sejam assim.

A forma básica da circulação de mercadoria é definida no Livro I como M-D--M. O tempo de curso é decomposto "em duas partes: o tempo que ele precisa para se transformar de mercadoria em dinheiro, e o tempo necessário para efetuar a transformação contrária" (205). No Livro I, Marx afirmou que há uma assimetria, porque o movimento que leva da representação universal do valor – dinheiro – para a particularidade do valor tal como incorporada na mercadoria é mais fácil que o movimento contrário. Mas aqui Marx apresenta essas relações sob uma luz bem diferente. Para o capitalista que busca comprar meios de produção, a conversão de dinheiro em mercadorias envolve uma transformação "em mercadorias que constituam determinados elementos do capital produtivo num dado investimento" (206). Isso é muito diferente da situação de consumidores finais que têm dinheiro para gastar e podem muito bem comprar camisas, se não encontrarem sapatos. O produtor capitalista, em contrapartida, depara com exigências específicas de compra:

> É possível que os meios de produção não estejam disponíveis no mercado, mas tenham de ser produzidos, ou trazidos de mercados longínquos, ou que se apresentem falhas em sua oferta normal, mudanças de preços etc.; em suma, uma grande variedade de circunstâncias que não se podem reconhecer na simples operação D-M, mas que consomem, nessa parte da fase da circulação, ora mais, ora menos tempo. É igualmente possível que as operações M-D e D-M, que são separadas no tempo, possam também estar separadas no espaço, que o mercado de compra e o mercado de venda sejam espacialmente distintos. (206)

As condições geográficas e espaciais da oferta de meios de produção impõem, portanto, obstáculos à produção capitalista, em razão do tempo exigido para transportar esses meios de produção ao local em que se realiza o trabalho.

Mas não apenas o tempo transcorrido é importante: "nas fábricas, por exemplo, os compradores e os vendedores são frequentemente pessoas distintas", e como esses agentes da circulação (como os comerciantes) são tão necessários à produção de mercadorias quanto os agentes da produção (206), ambos requerem pagamento. Em suma, os capitalistas deparam com todo tipo de obstáculos e custos potenciais relativos à oferta quando partem em busca dos valores de uso requeridos como uma precondição da produção. Eles também precisam enfrentar obstáculos criados por outras frações do capital, ou por diferentes poderes estatais com ambições geopolíticas. Para produzir turbinas eólicas, é preciso metais raros. Mas 95% da produção e do mercado mundial de metais raros são controlados pela China. Quando o Japão se envolveu num conflito com a China sobre a jurisdição em águas territoriais, os funcionários da alfândega chinesa retiveram os carregamentos de metais raros para o Japão, deixando os produtores japoneses na mão. Inúmeras barreiras desse tipo podem afetar a transformação de dinheiro em mercadorias como meio de produção.

O ponto geral de Marx é apropriado: as metamorfoses do dinheiro em meios de produção são potencialmente problemáticas. Quanto maior é o tempo transcorrido para assegurar esses meios de produção, mais capital é imobilizado num estado improdutivo. De modo semelhante, melhorias no acesso à oferta aumentam a produtividade total do capital desembolsado e, com isso, expandem a base para a produção de mais-

-valor. Mas isso não contradiz a importância maior da venda que realiza o mais-valor. "Sob condições normais, D-M é um ato mais importante para a valorização do valor expresso em D, mas não é realização de mais-valor; ele é a introdução, não o apêndice de sua produção" (206-7). A realização do mais-valor tem uma enorme importância.

As especificidades dos valores de uso das mercadorias desempenham um papel muito mais importante no Livro II do que no Livro I. E isso é verdade tanto para a transição D-M quanto para o movimento até o consumo final, M'-D'. "A própria forma de existência das mercadorias, sua existência como valor de uso impõe determinados limites à circulação do capital-mercadoria M'-D'" (207).

> [Se] dentro de um certo prazo elas não entram no consumo produtivo ou individual, de acordo com sua destinação, ou, dito de outro modo, se não são vendidas em tempo determinado, elas perecem e perdem, com o valor de uso, sua propriedade de serem portadoras do valor de troca. Perde-se o valor de capital nelas contido, ou o mais-valor a ele adicionado. (207)

O problema é que:

> os valores de uso de mercadorias distintas perecem com maior ou menor rapidez [...]. O limite que é imposto ao tempo de curso do capital-mercadoria pela deterioração do próprio corpo-mercadoria é o limite absoluto dessa parte do tempo de curso [...]. Quanto mais transitória seja uma mercadoria e, por conseguinte, quanto mais imediatamente após sua produção ela tenha de ser consumida e, portanto, também vendida, tanto menos ela pode se distanciar de seu local de produção, mais estreita é sua esfera espacial de circulação, mais local é a natureza de seu mercado de escoamento. Assim, quanto mais transitória seja uma mercadoria [...] tanto menos ela é apta a ser objeto da produção capitalista. Esta só pode se instalar em locais de grande densidade populacional, ou na medida em que as distâncias se encurtem graças ao desenvolvimento dos meios de transporte. Mas a concentração da produção de um artigo em poucas mãos e num local populoso pode criar um mercado relativamente grande também para esse tipo de artigos, como, por exemplo, nas grandes cervejarias, leiterias etc. (207)

Aqui, inovações tecnológicas na esfera da circulação, das quais as mais importantes foram, sem dúvida, o enlatamento e a refrigeração (além das cervejas em barril!), também desempenharam um papel crucial na história capitalista, por razões óbvias. Essas breves passagens também jogam muita água no moinho do geógrafo econômico que procura saber como a acumulação do capital poderia atuar cruzando o espaço para produzir estruturas locacionais e conexões geográficas específicas. Cadeias de suprimentos de meios de produção, juntamente com cadeias de mercadorias destinadas ao consumo final em mercados espacialmente distintos e frequentemente distantes, são constantemente reconfiguradas e reformadas em configurações mais eficientes pelas pressões coercitivas da concorrência. No fim deste capítulo, abordaremos as visões de Marx sobre os transportes e as comunicações em geral, além da compreensão dos requisitos locacionais.

Um último ponto deve ser mencionado. Marx chegou tardiamente a essas questões sobre o trabalho, a produção, a circulação e os tempos de rotação. No Livro III (cuja maior parte foi escrita antes dos manuscritos que compõem o Livro II), por exemplo, ele não incluiu nenhuma análise do tempo de rotação. Engels reconheceu que a variação nos tempos de rotação tinha impacto sobre a taxa de lucro e por isso inseriu um capítulo sobre esse tópico no Livro III. A meu ver, ele estava certo. Creio, portanto, que é muito importante, em toda leitura do Livro III, ter em mente todas essas questões, inclusive as dos custos, analisadas no próximo capítulo.

CAPÍTULO 6 DO LIVRO II

A força de trabalho é necessária para fazer circular as mercadorias, e a atividade da circulação impõe custos. A esfera da circulação surge como um campo específico do empreendimento capitalista, que é terreno particular de uma fração de classe específica – os comerciantes. A transição D-M-D consome tempo e energia, absorve trabalho e oferece a oportunidade de ganho financeiro aos capitalistas comerciais. Aqueles que trabalham nessa esfera da circulação podem usá-la como "tentativa mútua de apropriação de uma quantidade adicional de valor", mas esse trabalho, insiste Marx, "aumentado pelas intenções malignas de ambas as partes, cria tão pouco valor quanto o trabalho despendido num processo judicial aumenta o valor do objeto em litígio" (210). Isso se aplica a todos aqueles que trabalham na compra e venda de mercadorias, e não importa se se trata do próprio capitalista ou de trabalhadores empregados pelo capitalista. Aqui, temos:

> uma função, que em si mesma é improdutiva, porém constitui um momento necessário da reprodução [...]. *Um* comerciante [...] pode, mediante suas operações, abreviar o tempo de compra e de venda de *muitos* produtores. Ele deve ser visto, então, como uma máquina que ajuda a reduzir o dispêndio inútil de força ou a liberar tempo para a produção. (211)

Esse comerciante é útil porque agora "uma parte menor da força de trabalho e do tempo de trabalho da sociedade é reservada a essa função improdutiva" (212). Os custos necessários restantes (*faux frais*) têm de ser descontados do valor e do mais-valor criados na produção.

Encontramos de imediato uma extravagância análoga, como observa Marx, à aplicação da maquinaria. Embora as máquinas não possam produzir valor, como ele argumenta no Livro I, elas podem ser uma fonte de mais-valor relativo tanto individual (capitalistas com maquinaria superior obtêm lucros superiores) quanto socialmente (a redução no custo dos bens de salário devida à produtividade aumentada reduz o valor da força de trabalho). Assim, algo que não é uma fonte de valor pode ser uma fonte de mais-valor. Essa proposição parece conduzir a atividades exercidas na esfera da circulação. Embora o valor não seja criado nessa esfera, o mais-valor pode ser realizado nela. Ele é realizado individualmente quando um capitalista (por exemplo, um comerciante) emprega força de trabalho em seu valor e a explora para ganhar mais-valor para si mesmo. A forma social é realizada quando os capitalistas comerciais reduzem os custos médios necessários da circulação, explorando excessivamente a força de trabalho empregada por eles (o que explica as condições muitas vezes lúgubres e altamente exploradoras do trabalho nesse setor). Nesse caso, menos precisa ser deduzido da produção de valor para cobrir os *faux frais* da circulação. Do mesmo modo que os ganhos obtidos com a produtividade crescente estão sujeitos à divisão entre trabalhadores e capitalistas, os ganhos da produtividade crescente e as taxas decrescentes de exploração na circulação podem ser divididos entre os capitalistas comerciais e os capitalistas da produção. Nesse caso, porém, estamos diante de relações entre capitalistas, e não entre capitalistas e trabalhadores. E, de fato, o Livro II fala muito mais das relações entre capitalistas do que das relações entre capitalistas e trabalhadores. Trata-se "de um confronto entre homens de negócios, como diz o provérbio: '*when Greek meets Greek then comes the tug of war*'"* (209-10). Preste atenção a esse "cabo de guerra" à medida que avançamos.

Marx considera, então, os custos da contabilidade. Embora constituam claramente custos de circulação, eles são absolutamente distintos dos custos normais de compra e venda.

> A contabilidade, como controle e resumo ideal do processo, torna-se tão mais necessária quanto mais o processo se realiza em escala social, perdendo seu caráter puramente individual; portanto, mais necessária na produção capitalista do que na produção dispersa das empresas artesanal e camponesa, e mais necessária na produção comunal do que na capitalista. (215)

---

* Citado em inglês em *O capital*: "Quanto dois gregos se encontram, começa o cabo de guerra". Citação modificada de Nathaniel Lee, *The Rival Queens; or The death of Alexander the Great. A Tragedy in Five Acts* (Londres, Longman, 1808), ato 4. (N. T.)

(Essa última observação implica que os contabilistas devem desempenhar um papel-chave sob o socialismo?) De modo semelhante, os custos necessários se incorporam à provisão e renovação da oferta de dinheiro:

> Essas mercadorias que funcionam como dinheiro não entram no consumo individual, nem no consumo produtivo. Elas são trabalho social fixado numa forma [dinheiro] em que servem como simples máquinas de circulação. Porém, o fato de que uma parte da riqueza social esteja condenada a essa forma improdutiva faz com que a depreciação do dinheiro exija a constante reposição deste último, ou a transformação de mais trabalho social – em forma-produto – em mais ouro e prata. Esses custos de reposição são consideráveis nas nações capitalistas avançadas. (216)

Os custos necessários associados à oferta de dinheiro tendem a crescer ao longo do tempo (Marx não considera a hipótese de dinheiro eletrônico): "São [o ouro e a prata] uma parte da riqueza social, que tem de ser sacrificada ao processo de circulação" (216).

Já "os custos de armazenamento" são tratados como uma questão fundamental. Para o capitalista individual, esses custos podem "atuar como criador de valor" e "constituir um acréscimo ao preço de venda de sua mercadoria" (217). "Assim, custos que encarecem a mercadoria sem nada adicionar a seu valor de uso e que, do ponto de vista da sociedade, pertencem, portanto, aos *faux frais* da produção, podem constituir uma fonte de enriquecimento para o capitalista individual" (217). Isso acontece porque esses custos são, na verdade, continuação dos custos de produção, ainda que ocorram no próprio processo de circulação. O que Marx tem em mente seria, por exemplo, o custo de refrigeração, que não agrega nada útil, mas evita a queda do valor de uso, preservando assim um valor que, de outra maneira, seria perdido. Mais uma vez, penso que os detalhes são historicamente importantes, e devemos tratá-los como cruciais na luta pela vantagem na concorrência, tal como o uso que o Walmart faz do planejamento otimizado, dos sistemas de entrega *just-in-time* etc. O que está sendo gerenciado aqui é o estoque, e duas questões são cruciais: quanto será estocado e quem estocará? O estoque na minha geladeira é próximo de zero, porque posso sair pelas ruas de Nova York a qualquer hora do dia ou da noite e comprar alguma coisa para comer. Os varejistas carregam o fardo do estoque (apesar de que, diante da ameaça de um furacão, houve uma onda de consumo provocada pelo pânico e as prateleiras dos supermercados se esvaziaram). Pessoas que vivem em áreas mais remotas mantêm estoques maiores em casa. Para Marx, tudo isso é capital ocioso, e reduzi-lo significa liberar esse capital ocioso para uso produtivo. Por isso, há toda uma história do gerenciamento de estoques ligada à história do capitalismo (e um ótimo livro ou tese de doutorado poderia ser escrito sobre esse tema).

Marx examina, então, os custos relacionados à formação do estoque, mas não pretendo analisar todos os detalhes dessa exposição. O que importa já foi dito: estoques e reservas são necessários à acumulação do capital por várias razões, mas retiram capital da produção ativa e o mantêm em estado latente ou ocioso. "O fluxo do processo de produção e reprodução requer, no entanto, que uma massa de mercadorias (meios de produção) encontre-se constantemente no mercado, ou seja, que constitua um estoque" (217-8). Nesse estado, o capital é claramente improdutivo. O aperfeiçoamento do gerenciamento de estoques ou reservas liberará capital dessa atividade não produtiva. Por essa razão, o gerenciamento de estoques e reservas teve um papel importantíssimo na história do capital. Firmas como Walmart e Ikea são extremamente eficientes nisso – e, portanto, ganham em relação aos competidores. Nos anos 1980, as companhias automobilísticas do Japão superaram as concorrentes de Detroit introduzindo um sistema de planejamento *just-in-time*, que reduziu drasticamente a necessidade de estoques em diferentes pontos da cadeia de produção.

Tudo isso confirma a insistência de Marx na necessidade de manter o fluxo contínuo da produção capitalista. Mas isso requer que uma massa de mercadorias esteja constantemente disponível no mercado. Esse "estoque de mercadorias aparece para D-M como condição do fluxo do processo de reprodução, assim como do investimento de capital novo ou adicional" (218).

> [Mas] a permanência do capital-mercadoria no mercado como estoque de mercadorias requer edifícios, depósitos de mercadorias, reservatórios, armazéns, ou seja, um investimento de capital constante; requer também o pagamento de forças de trabalho para o armazenamento das mercadorias nos depósitos. Além disso, as mercadorias perecem e estão expostas a influências que lhes são nocivas. Para protegê-las, um capital adicional tem de ser investido, parte em meios de trabalho, em forma objetiva, parte em força de trabalho. (218)

Esses "custos de circulação, diferentemente daqueles expostos no item I, entram, em certa medida, na composição do valor das mercadorias, ou seja, encarecem-nas" (218). Eles são, em suma, gastos que podem ser atribuídos à produção, porque a mercadoria não está plenamente acabada até que esteja à venda no mercado. Por isso, pode ser criado um valor naquilo que parece ser circulação. Essa porosidade torna o pesadelo contábil ainda pior: colocar uma mercadoria num contêiner agrega valor a ela, mas o tempo que a mercadoria permanece no depósito acarreta deduções de valor (por exemplo, o aluguel do depósito).

É impossível imaginar um processo de circulação de capital que funcione de modo puro, sem estoques e reservas adequados. Esses estoques podem assumir três formas: estoque de insumos para o capital produtivo, estoque doméstico e na despensa dos consumidores finais e, por fim, estoque de capital-mercadoria no mercado (em lojas de atacado e varejo), à espera de comprador. Em certa medida, essas formas são mutuamente intercambiáveis. Um estoque grande e facilmente acessível de capital-mercadoria no mercado tornaria mais viável para os produtores um estoque pequeno de insumos do capital produtivo. Lojas abastecidas de mercadorias reduzem a necessidade de estoques nos lares.

Há, no entanto, uma tendência geral de que a massa desse estoque de capital cresça à medida que esse capital se desenvolve. Esse crescimento "é tanto pressuposto quanto efeito do desenvolvimento da força produtiva social do trabalho" (221). Mas a quantidade de estoque que um capitalista precisa manter "depende de diversas condições":

> que se reduzem todas, essencialmente, à maior rapidez, regularidade e segurança com que a massa necessária de matérias-primas pode ser regularmente fornecida para que jamais ocorram interrupções. Quanto menos essas condições estão satisfeitas [...], maior tem de ser a parte latente do capital produtivo [...]. (221-2)

Assim, "faz uma grande diferença, por exemplo, se o fiandeiro tem de armazenar algodão ou carvão para três meses ou apenas para um" (221). O desenvolvimento dos meios de transporte têm um papel crucial a desempenhar.

> [A] velocidade com que o produto de um processo pode passar a outro processo como meio de produção depende do desenvolvimento dos meios de transporte e de comunicação. O barateamento do transporte desempenha nisso um grande papel. Por exemplo, o transporte contínuo de carvão da mina até a fábrica de fiação resultaria mais barato [o texto diz "mais caro", mas trata-se de um erro!] do que o fornecimento de uma grande massa de carvão para um tempo maior, considerando-se um transporte relativamente mais barato. (222)

Mas há outros meios de facilitar o fluxo:

> Quanto menos o fiador depende da venda imediata de seu fio para a renovação de seus estoques de algodão, carvão etc. – e quanto mais desenvolvido é o sistema de crédito, menor é essa dependência imediata –, menor pode ser a grandeza relativa desses estoques capaz de assegurar a produção de fio numa dada escala sem depender das contingências da venda do fio. (222)

Observo uma associação tácita no pensamento de Marx entre as condições de transporte e de crédito para garantir a continuidade e o fluxo da acumulação contínua do capital. Esses dois elementos desempenharam conjuntamente um papel crucial na reconfiguração das relações espaçotemporais do capitalismo.

Mais uma vez, porém, estamos diante do problema de que "muitas matérias-primas, artigos semifabricados etc. [...] necessitam de períodos maiores para serem produzidos". Prossegue Marx:

> Para evitar qualquer interrupção do processo de produção, portanto, é necessária a existência de um determinado estoque dessas matérias-primas para todo o período no qual ainda não se dispõe do novo produto destinado a substituir o antigo. Se esse estoque diminui nas mãos do capitalista industrial, isso prova apenas que ele aumenta, como estoque de mercadorias, nas mãos do comerciante. O desenvolvimento dos meios de transporte permite, por exemplo, levar rapidamente de Liverpool a Manchester o algodão descarregado no porto, de modo que o fabricante, à medida que o necessite, pode renovar seu estoque de algodão em porções relativamente pequenas. Porém, esse mesmo algodão se acumula em quantidades cada vez maiores, como estoque de mercadorias, nas mãos dos comerciantes de Liverpool. (222-3)

Isso leva a uma conclusão geral. Em primeiro lugar, a quantidade de estoque que os produtores precisam ter depende da facilidade e do custo do transporte. Em segundo lugar, "também contribuem para isso o desenvolvimento do mercado mundial e, por conseguinte, a multiplicação das fontes de fornecimento do mesmo artigo. O artigo passa a ser fornecido parcialmente por diferentes países e em diferentes períodos de tempo" (223). Por exemplo, é muito útil que a colheita de algodão no Egito ou na Índia ocorra numa época do ano diferente daquela da colheita nos Estados Unidos.

Marx conclui com uma última consideração sobre "em que medida esses custos entram no valor das mercadorias". Os custos de armazenamento são uma perda positiva para o capitalista individual. O comprador não pagará por eles, já que não são parte do tempo de trabalho socialmente necessário. Mesmo quando o capitalista especula e retém, prevendo uma alta de preços, a aposta especulativa é do capitalista unicamente. Mas há aqui uma distinção entre a formação voluntária e involuntária de estoque. Esta última surge simplesmente do fato de que um certo estoque é socialmente necessário; por isso, diz Marx, ela pode ser considerada um componente do valor das mercadorias, uma parte dos gastos socialmente necessários envolvidos em todas as formas de produção capitalista. "Por mais que os elementos individuais desse estoque possam circular, uma parte deles tem de ficar constantemente imobilizada a fim de que o estoque possa permanecer sempre em fluxo" (224). Aqui, Marx enuncia explicitamente um outro tópico geral de fundamental importância: a relação entre a fixidez e o movimento na dinâmica total do capitalismo.

A distinção entre atividade produtiva e improdutiva – e, portanto, entre trabalho produtivo e improdutivo – é ainda mais difícil de distinguir na prática. Como observei diversas vezes, isso dá origem a um pesadelo contábil em que um vigia noturno numa loja é improdutivo, mas um trabalhador que carrega um contêiner é considerado produtivo. Alguém que esteja à procura de uma solução contábil simples entra em desespero nesse ponto. Minha conclusão é que devemos desistir desse cálculo e nos concentrar nas consequências materiais da aceleração, da gestão dos custos de armazenamento etc., que Marx identificou como elementos absolutamente necessários ao desenvolvimento do capitalismo. Essas questões são ainda mais evidentes quando incluímos na exposição teórica de Marx a questão do transporte, das comunicações e, consequentemente, da produção do espaço.

A QUESTÃO DO TRANSPORTE E DAS COMUNICAÇÕES

Os custos de circulação, a imobilização do capital em estoques e reservas, são crucialmente afetados pelas relações de transporte. Esse é um tópico que foi tematizado diversas vezes nesses primeiros capítulos do Livro II. O transporte, observa Marx, é um ramo inusual da indústria. Ele não produz uma coisa objetiva, como trigo ou barras de ferro, e é consumido à medida que é produzido (seu tempo de circulação é zero), mas produz valor. O produto do transporte é a mudança na configuração espacial, por exemplo, o fato de que "o fio [de algodão] se encontre agora na Índia, e não na Inglaterra". Assim, "o que a indústria dos transportes vende é o próprio deslocamento de lugar" (133). O "valor de troca desse efeito útil é determinado, como o de toda e qualquer mercadoria, pelo valor dos elementos de produção nele consumidos (força de trabalho e meios de produção) acrescido do mais-valor criado pelo mais-trabalho dos trabalhadores ocupados na indústria dos transportes" (134).

Essas observações estão no capítulo 1, mas no fim do capítulo 6 Marx as elabora melhor:

> A circulação, isto é, o curso efetivo das mercadorias no espaço, dilui-se no transporte da mercadoria. A indústria do transporte constitui, por um lado, um ramo independente de produção e, por conseguinte, uma esfera especial de investimento do capital produtivo. Por outro lado, ela se distingue pelo fato de aparecer como continuação de um processo de produção *dentro* do processo de circulação e *para* o processo de circulação. (231)

Isso acontece porque:

> o valor de uso das coisas só se realiza em seu consumo, o qual pode exigir seu deslocamento espacial e, portanto, o processo adicional de produção da indústria do trans-

porte. Assim, o capital produtivo investido nessa indústria adiciona valor aos produtos transportados, em parte por meio da transferência de valor dos meios de transporte, em parte por meio do acréscimo de valor gerado pelo trabalho de transporte. Esta última adição de valor se decompõe, como em toda produção capitalista, em reposição de salário e mais-valor. (229)

Mudanças na localização podem ser de pequena escala, como o movimento "da oficina de cardagem para a de fiação" (229), ou percorrer longas distâncias, até mercados distantes. Em todos esses casos, "a grandeza absoluta de valor que o transporte adiciona às mercadorias se encontra, mantendo-se inalteradas as demais circunstâncias, em razão inversa à força produtiva da indústria do transporte e em razão direta às distâncias a serem percorridas". Essa regra é modificada pelo caráter e natureza das mercadorias transportadas – tamanho e peso, mas também "fragilidade, perecibilidade e inflamabilidade do artigo". Classificar as encomendas pode ser muito complicado: "os magnatas das ferrovias mostram ter desenvolvido uma aptidão para a criação fantasiosa de espécies maior do que a de botânicos ou zoólogos" (230) quando precisam decidir quanto devem cobrar por milha para transportar esta ou aquela mercadoria.

A importância das dinâmicas envolvidas é apenas indicada por Marx, mas merece ser elaborada. Desde a época de Marx, as melhorias no sistema de transporte e de comunicações reduziram tanto o custo quanto o tempo de movimento das mercadorias, e isso mudou radicalmente as possibilidades e as exigências locacionais. Isso aconteceu porque as relações espaçotemporais estão implicadas na determinação do tempo de rotação do capital em geral, assim como em indústrias específicas. Marx não elabora essa questão, mas ressalta nos *Grundrisse* a importância da necessidade de diminuir o atrito com a distância para reduzir o tempo de rotação agregado. A meu ver, o fato de Marx não tratar de conceitos como a constante tendência do capital à "anulação do espaço pelo tempo", que pode ser encontrada nos *Grundrisse*, é um testemunho do caráter incompleto do Livro II. Uma análise geral do papel que as inovações nos transportes e nas comunicações desempenham na formação do mercado mundial está muito mais presente no *Manifesto Comunista*.

Quantas inovações nos últimos duzentos anos visavam a aceleração do tempo de rotação? Quantas tiveram como objetivo reduzir o atrito com a distância como obstáculo ao movimento de mercadorias e informação? Quantas tiveram como objetivo produzir ambos os efeitos? Em vez de ver toda essa história como um acidente, ou um anseio humano de transcender o tempo e o espaço, encontramos no Livro II os lineamentos de uma explanação do modo como o capital internaliza a necessidade de constantes transformações espaçotemporais em suas próprias leis de movimento.

Infelizmente, Marx não tentou conectar as brilhantes intuições do *Manifesto Comunista* e dos *Grundrisse* à tecnicidade da produção, da circulação e dos tempos de rotação destacados no Livro II.

Mas aqui há um ponto de grande importância:

> a circulação de mercadorias pode se dar sem seu movimento físico [...]. Uma casa que *A* vende a *B* circula como mercadoria, mas não sai para passear. Valores-mercadorias móveis, como algodão ou ferro-gusa, jazem no mesmo depósito de mercadorias, ao mesmo tempo que percorrem dezenas de processos de circulação, sendo comprados e vendidos pelos especuladores. O que realmente se move é o título de propriedade sobre a coisa, não a coisa em si. (229)

Se tivesse se debruçado sobre esse ponto, Marx poderia ter observado que as condições e possibilidades de mobilidade espacial são muito diferentes nos ciclos do capital monetário, do capital-mercadoria e do capital produtivo, e que a circulação de títulos de propriedade tanto presentes quanto futuros (e reivindicações de trabalho futuro) no mercado mundial estava fadada a se tornar um aspecto cada vez mais importante para as leis do movimento do desenvolvimento capitalista.

Como em qualquer outra indústria, a concorrência no interior da indústria dos transportes e das comunicações pode ser intensa e levar a uma rápida proliferação de inovações que afetam a produtividade, a eficiência e o alcance espacial da indústria. Essa história é complicada, de certo modo, pelo fato de que a concorrência na indústria é restrita frequentemente àquilo que se costuma chamar de "concorrência monopolística" – porque quando uma ferrovia é construída, por exemplo, entre Washington e Nova York, é difícil ver outras ferrovias sendo construídas para concorrer com ela. Porém, há inovações que permitem à concorrência espacial modificar as condições geográficas em que o capital opera (inclusive, é claro, as chamadas "mudanças modais", em que o transporte rodoviário, por exemplo, mostra-se mais flexível, eficiente e barato do que, digamos, o transporte ferroviário).

3. A QUESTÃO DO CAPITAL FIXO

(CAPÍTULOS 7-11 DO LIVRO II)

OBSERVAÇÕES INTRODUTÓRIAS GERAIS

Para Marx, o capital fixo é uma categoria vital, ainda que problemática. Alguns comentadores chegaram a sugerir que o capital fixo provoca um furo fatal na teoria do valor-trabalho de Marx. Mais tarde, explicarei por que não concordo com esse juízo. Não é de surpreender que o capital fixo, que surgiu diversas vezes nos capítulos precedentes, receba atenção especial aqui. Mas a exposição do Livro II é bem menos estimulante do que em outras partes. Quando procurei reconstruir os pontos de vista de Marx sobre a formação e a circulação de capital fixo em *Os limites do capital* (281-320), por exemplo, acabei fazendo muito mais referências aos *Grundrisse* do que ao Livro II. A exposição é brilhante:

> A natureza não constrói máquinas nem locomotivas, ferrovias, telégrafos elétricos, máquinas de fiar automáticas etc. Elas são produtos da indústria humana; material natural transformado em órgãos da vontade humana sobre a natureza ou de sua atividade na natureza. Elas são *órgãos do cérebro humano criados pela mão humana*; força do saber objetivada. O desenvolvimento do capital fixo indica até que ponto o saber social geral, conhecimento, deveio *força produtiva imediata* e, em consequência, até que ponto as próprias condições do processo vital da sociedade ficaram sob o controle do intelecto geral e foram reorganizadas em conformidade com ele. Até que ponto as forças produtivas da sociedade são produzidas, não só na forma do saber, mas como órgãos imediatos da práxis social; do processo de vida real. (*Grundrisse*, 589)

Penso nessa citação toda vez que olho para o horizonte de Nova York ou voo para Londres, São Paulo, Buenos Aires ou outra cidade qualquer, e me pego pensando nesses lugares, para o bem e para o mal, como "órgãos do cérebro humano criados pela mão humana; força do saber objetivada". Vejo escritórios, fábricas, oficinas, casas e casebres, escolas e hospitais, suntuosos palácios de todos os tipos, ruas e alamedas, rodovias, ferrovias, aeroportos e portos, parques e memoriais não só como meros objetos físicos, mas como um mundo material humanamente construído, um lugar constitutivo da vida cotidiana para milhões de seres humanos, produzido pelo trabalho humano, dotado de significado social, um mundo através do qual enormes quantidades de capital circulam diariamente, amortizando empréstimos e criando grandes fluxos de pagamento de renda e juros, ao mesmo tempo que estimula fantasias especulativas, sonhos e expectativas friamente calculadas de grandes e pequenos proprietários. A cidade capitalista é certamente o exemplo mais eloquente do poder de um certo tipo de desejo, conhecimento e prática objetivados.

Nos *Grundrisse*, porém, Marx também identifica, no cerne dessa conquista indubitavelmente grandiosa, uma contradição profunda, que encontra eco no Livro II.

"O desenvolvimento do meio de trabalho em maquinaria não é casual para o capital, mas é a reconfiguração do meio de trabalho tradicionalmente herdado em uma forma adequada ao capital" (*Grundrisse*, 582). (Essa ideia é repetida no capítulo 13 do Livro I sobre a maquinaria e a grande indústria, que Marx aplaude como a única base tecnológica apropriada ao modo de produção capitalista).

> A acumulação do saber e da habilidade, das forças produtivas gerais do cérebro social, é desse modo absorvida no capital em oposição ao trabalho, e aparece consequentemente como qualidade do capital, mais especificamente do *capital fixo*, na medida em que ele ingressa como meio de produção propriamente dito no processo de produção. A *maquinaria* aparece, portanto, como a forma mais adequada do *capital fixo*, e o capital fixo, na medida em que o capital é considerado na relação do capital consigo mesmo, como a *forma mais adequada do capital de modo geral*. Por outro lado, na medida em que o capital fixo está preso à sua existência como valor de uso determinado, ele não corresponde ao conceito do capital, que, como valor, é indiferente a qualquer forma determinado do valor de uso e pode assumir ou se desfazer de qualquer uma delas como encarnação indiferente. Sob esse aspecto, sob o aspecto da relação do capital para o exterior, o capital circulante aparece como a forma adequada do capital diante do capital fixo. (*Grundrisse*, 582)

Vimos repetidamente como a continuidade, a fluidez e a velocidade são qualidades essenciais do fluxo de capital, mas agora encontramos uma categoria que facilita essa fluidez, embora ela mesma não seja fluida e sim fixa. Uma parte do capital tem de estar fixa para que o restante se mantenha em movimento. Quando vamos além da imagem do capital fixo como mera máquina, deparamos com um quadro do capital construindo paisagens de campos cultivados e fábricas, rodovias e ferrovias, portos e aeroportos, represas, usinas e redes elétricas, cidades reluzentes e grande capacidade industrial. Essa paisagem que o capital constrói para facilitar suas operações aprisiona a acumulação capitalista num modo de fixidez que se esclerosa cada vez mais em relação à fluidez do capital circulante. Esse mundo, assim como o capital incorporado nele, é sempre vulnerável às "qualidades borboleteantes" do capital monetário, e mesmo às mais corriqueiras – mas igualmente imprevisíveis – transformações do capital em mercadoria e forma produtiva. Isso pressagia a formação de um tipo distinto de crise. O capital monetário voa para outro lugar, deixando o capital fixo sozinho, sujeito a uma selvagem desvalorização. Coloco a contradição da seguinte forma: o capital constrói uma paisagem adequada a suas necessidades num determinado momento, apenas para revolucionar essa paisagem, destruí-la e construir outra paisagem num momento posterior, a fim de acomodar as forças sempre expansivas da acumulação do capital. O que fica para trás são paisagens desoladas, desvalorizadas, de desindustrialização e abandono, enquanto o capital constrói outra paisagem de capital fixo, seja em outro lugar, seja em cima das ruínas da anterior. Schumpeter chamava isso de "destruição criativa". Esse processo desvalorizou e revolucionou periodicamente as paisagens geográficas da circulação e da acumulação do capital de maneira literalmente demolidora [*earth-moving*], se não arrasadora [*earth-shaking*].

A contradição profunda e sujeita a crises entre fixidez e movimento é palpável, e o capital fixo está no centro disso tudo. O problema do capital fixo está, em suma, no fato de que ele é fixo, enquanto o capital se caracteriza justamente por ser valor em movimento. Essa oposição constitui um problema fascinante. E foi e continua a ser uma fonte frequente de crises que, em princípio, surgem da relação eternamente contestada entre capital e trabalho. Essas crises ocorrem quando a fixidez não consegue mais acomodar o movimento de expansão. Este último tem de romper as cadeias impostas pela parte do capital que é fixa. O resultado é a desvalorização de enormes quantidades de capital fixo, à medida que o capital monetário circulante e altamente móvel se transfere para outro lugar (a desindustrialização que ocorreu a partir de meados dos anos 1970 deixou para trás fábricas e depósitos abandonados, infraestruturas decadentes, e fez até cidades definhar, como Detroit).

Embora essas contradições sejam contempladas no Livro II, elas são muito mais bem retratadas nos *Grundrisse*. Recomendo, portanto, que você leia a apresentação do Livro II com essas passagens dos *Grundrisse* em mente. Isso não só tornará o percurso mais interessante, como também servirá para destacar concepções vitais que, do contrário, poderiam passar despercebidas. A razão por que Marx não incorporou essas passagens brilhantes – embora de certo modo rebuscadas – no Livro II, escrito quase vinte anos depois, é um mistério. É possível que isso se deva ao seu desejo de ser visto como rigorosamente científico e fiel aos fatos. Aqui ele parece estar muito mais interessado em minúcias como, por exemplo, à distinção entre reparo e reposição de capital fixo feita nos manuais de engenharia ferroviária da época. Mas suspeito que Marx tenha deixado de lado questões mais amplas porque tinha um objetivo muito específico e limitado no Livro II. Como indica no breve material introdutório do capítulo 7, o verdadeiro objeto da análise é o tempo de rotação do capital. Ele sabe que não pode investigá-lo plenamente sem tratar das complicações ligadas ao tempo de rotação dos investimentos de capital fixo de longo prazo. Essa preocupação restringe o foco e o leva, suspeito eu, a deixar de lado a importância mais geral do capital fixo na geografia histórica do modo de produção capitalista. No entanto, a exposição ajuda a esclarecer como o mundo em que vivemos tornou-se o que é e como os processos de acumulação pela formação de capital fixo realmente funcionam. Mas o Livro II também desaponta no campo técnico: diversas questões sistêmicas vitais levantadas nos *Grundrisse* e em outros lugares estão ausentes em *O capital*. Isso se deve certamente ao caráter incompleto do Livro II. Nas páginas seguintes, indicarei algumas das maiores lacunas da análise de Marx, e como poderiam ser preenchidas com material de obras subsidiárias.

O arcabouço geral do pensamento de Marx sobre o capital fixo aparece apenas em trechos e fragmentos nesses cinco capítulos. Não posso dizer se isso se deve ao modo como Engels reconstruiu esse material, mas o resultado é que, a meu ver, é necessário dar grandes saltos no texto – e peço desculpas antecipadamente por isso –, em vez de tentar realizar a exposição como se fosse um argumento claramente desenvolvido.

A posição fundamental de Marx sobre o capital fixo está mais bem articulada, por exemplo, nos capítulos posteriores, que submetem as teorias de Adam Smith e Ricardo a uma crítica extremamente detalhada (capítulos que, na maior parte, podem ser lidos superficialmente, a menos que você se interesse pela história da economia política e pelas opiniões de Marx sobre a escola fisiocrata). Diz Marx:

> Compreende-se, pois, que a economia política burguesa tenha se aferrado instintivamente à confusão de A. Smith entre as categorias de "capital constante e variável" e as de "capital fixo e circulante" e a tenha repetido durante todo um século, de geração a geração, sem o menor senso crítico. Esses economistas já não distinguem a parte do capital investida em salários da investida em matérias-primas e só estabelecem uma diferença formal – segundo ele circule fragmentaria ou integralmente através do produto – entre ela e o capital constante. A base de que se deve partir para compreender o movimento real da produção capitalista foi, assim, derrubada de um só golpe. Segundo essa visão, a questão inteira dizia respeito apenas à reaparição de valores previamente adiantados. (309)

Mesmo Ricardo, que tinha uma concepção primária da teoria do mais-valor, "comete os maiores equívocos em decorrência da confusão de capital fixo e circulante com capital constante e variável", e jamais conseguiu superar o fato de que "assenta sua investigação sobre uma base absolutamente falsa" (314).

Embora Marx invoque esse "erro fundamental" em seu argumento inicial sobre o capital fixo (243), ele não elabora seu significado. O que está em jogo aqui? No Livro I, Marx distingue claramente entre capital variável – a compra de força de trabalho que tem a capacidade de criar valor e mais-valor – e capital constante (meios de produção), cujo valor não se altera quantitativamente, mesmo que sofra uma mudança de forma material. A partir disso, fica muito claro que o mais-valor surge da exploração do trabalho vivo na produção.

Mas o estudo do capital fixo requer uma categorização diferente dos elementos que entram na produção. Estes são todos aqueles elementos que transferem integralmente seu valor à mercadoria acabada num dado tempo de rotação. Esses elementos incluem *inputs* de trabalho (o sujeito do trabalho), matérias-primas (os objetos do trabalho) e materiais auxiliares, como energia (os meios de trabalho). Todos esses elementos são reunidos sob a rubrica "capital circulante". Seus valores entram e saem completamente do processo de produção num dado período de rotação. Então máquinas, edifícios e outros elementos são deixados para trás após a rotação se completar, e podem ser usados repetidas vezes em vários períodos de rotação. Num dado tempo de rotação, apenas uma porção do valor desses meios de trabalho é transferida para o produto final. Esses elementos são chamados de "capital fixo". A Figura 3 mostra como essas categorias se relacionam com as categorias de capital variável e constante.

Figura 3

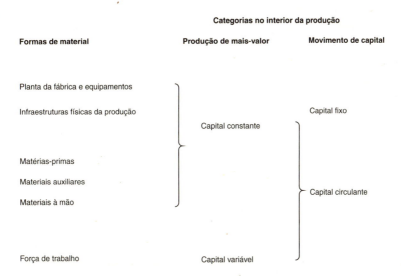

Nenhuma teoria do mais-valor pode ser derivada das categorias do capital fixo e circulante. A fixação dos economistas burgueses por essas categorias, portanto, teve o efeito (consciente ou não) de dissimular o papel do trabalho na produção de mais-valor (lucro). Mas isso não significa que a distinção entre capital fixo e capital circulante não seja importante para Marx. Ela afeta o tempo agregado de rotação do capital em geral e, com isso, a dinâmica total da acumulação. Mas no livro de Marx tal distinção não pode fazer isso, sob pena de "derrubar" a teoria da produção de mais-valor.

Marx atribui a Adam Smith outra fonte potencial de confusão linguística, porém ele mesmo a repete em certa medida. Nesses capítulos, o "capital circulante" significa todo o capital que é utilizado num dado tempo de rotação em relação ao capital fixo que será utilizado novamente mais tarde. Nos capítulos sobre os ciclos do capital, o "capital circulante" refere-se àquele capital que está lá fora, circulando no mercado, antes de retornar à produção. Essas duas definições são completamente distintas do termo. Marx destaca essa potencial confusão relativamente tarde e, mais uma vez, apenas no contexto da crítica a Adam Smith (301). Por isso, num determinado ponto, ele propõe distinguir entre "capital de circulação" no mercado e "capital fixo e circulante na produção". Na prática, no capítulo 8, Marx substitui frequentemente o termo "capital líquido" por "capital circulante" e usa o contraste entre capital "fixo" e "líquido" para desenvolver a análise. Esses termos parecem bem mais apropriados, mas ele não os emprega em todo o texto. Continuarei a usar o termo "capital circulante" no sentido em que Marx o entende nesse capítulo (com uma concessão ocasional à fluidez). Mas lembre-se, por favor, de que aqui capital circulante significa algo diferente do que significava nos capítulos sobre a produção, a circulação e a realização do capital. As categorias capital circulante e fixo aparecem unicamente em relação à produção e não entram nos ciclos do capital monetário e do capital-mercadoria (como Adam Smith erroneamente supôs).

Recapitulando as definições: capital circulante é todo o capital – tanto constante quanto variável – usado num único período de rotação; capital fixo é aquela parte do capital constante que passa de um período de rotação para outro. Com todas essas questões e definições em mente, passemos a uma leitura mais detalhada do material.

A "PECULIARIDADE" DO CAPITAL FIXO

Diz Marx no início do capítulo 8:

> uma parte do capital constante conserva a forma de uso determinada em que entra no processo de produção, diante dos produtos para cuja criação ele contribui. Ele executa,

portanto, as mesmas funções, durante um período mais curto ou mais longo, em processos de trabalho que se repetem constantemente. Assim ocorre, por exemplo, com os edifícios de trabalho, as máquinas etc. (239)

A palavra que Marx usa repetidas vezes para descrer a circulação do capital fixo é *peculiar*. "A peculiaridade dessa parte do capital constante – dos meios de trabalho propriamente ditos – é, portanto, a seguinte [...]", diz ele no início do segundo parágrafo e, na sequência, lemos: "a circulação da parte do capital aqui considerada é uma circulação peculiar" (240). Mas o que há exatamente de peculiar nisso e por que essa peculiaridade é importante?

"Antes de tudo, ela não circula em sua forma de uso, mas é apenas seu valor que circula e, mesmo assim, gradualmente, de modo fragmentado, à medida que vai sendo transferido ao produto, que circula como mercadoria" (240-1). Uma parte do valor permanece fixada à máquina ou à fábrica enquanto ela continua a funcionar, e o capital fixo permanece distinto e separado das mercadorias que ajuda a produzir. "Por meio dessa peculiaridade, essa parte do capital constante assume a forma de *capital fixo*. Ao contrário, todas as outras partes que integram o capital desembolsado no processo de produção constituem *capital circulante* ou *líquido*" (241).

A materialidade do capital fixo não é incorporada na mercadoria, mas seu valor sim. Desse modo, o capital fixo não circula em sua forma de valor material, mas ideal (socialmente determinada). O capital fixo (maquinaria, por exemplo) funciona materialmente como um *meio de trabalho*, em oposição aos *objetos do trabalho* (as matérias-primas e outros meios de produção), que são transformados em mercadorias para serem vendidos no mercado. O capital fixo compartilha esse caráter de ser *meios de trabalho* com outros *inputs* auxiliares de capital constante na produção. A energia – carvão para as máquinas a vapor ou gás para a iluminação – também não entra no valor de uso material da mercadoria produzida. Seu valor é adicionado à mercadoria à medida que seu ser físico é consumido na produção. No caso do capital fixo, no entanto, esse consumo dura muitos ciclos de rotação e, no caso de *inputs* de energia, eles são "integralmente consumidos no produto para cuja criação contribuem" (301). É por essa razão que o capítulo sobre o tempo de rotação do capital é tão crucial. O capital fixo é "fixo" em relação ao tempo de rotação, e o tempo de rotação varia bastante de um setor industrial para outro.

O TEMPO DE VIDA FÍSICO DO CAPITAL FIXO

"Essa parte do capital constante confere valor ao produto na mesma proporção do valor de troca que ela perde com seu próprio valor de uso" (239). Isso implica uma relação – que se mostra bastante problemática – entre o valor transferido para o produto e a utilidade variável de uma máquina, por exemplo. Como e por que poderia variar a utilidade da máquina? O texto mostra que há tanto razões físicas quanto sociais para que ocorram essas mudanças.

> Essa cessão de valor ou essa transferência do valor de um tal meio de produção ao produto, para cuja criação ele colabora, é determinada por um cálculo médio: pela duração média de sua função desde o momento em que o meio de produção entra no processo de produção até o momento em que ele está completamente desgastado, morto, e tem de ser substituído ou reproduzido por um novo exemplar do mesmo tipo. (239-40)

O que Marx parece ter em mente é uma máquina com uma duração média de vida de, digamos, dez anos. Alguns capitalistas podem ter sorte e conseguir usar uma máquina por onze anos, ao passo que outros precisarão substituí-la antes. O que importa na transferência de valor para a mercadoria é mais o tempo social médio de vida da máquina do que o tempo de vida individual. Nenhum consumidor estará disposto a pagar mais pela mercadoria que eu produzo apenas porque o tempo de vida da minha máquina é mais curto do que a média social.

No decorrer de seu tempo de vida útil, o valor do capital fixo:

> decresce continuamente, até que o meio de trabalho deixa de servir e, assim, seu valor se distribui, durante um período mais ou menos longo, a uma massa de produtos que resultam de uma série de processos de trabalho constantemente repetidos. Mas enquanto *ainda funciona* como meio de trabalho, ou seja, enquanto ainda não tem de ser substituído por um novo exemplar do mesmo tipo, nele continua fixado um valor de capital constante, ao passo que uma outra parte do valor nele originalmente fixado é transferida ao produto e, por conseguinte, circula como parte integrante do estoque de mercadorias. Quanto maior a duração do meio de trabalho e mais lento o seu desgaste, mais tempo o valor de capital constante permanece fixado nessa forma de uso. Mas qualquer que seja o grau de sua duração, a proporção em que ele transfere valor permanece sempre inversa a seu tempo total de funcionamento. Se, de duas máquinas de mesmo valor, uma se desgasta em cinco anos e a outra em dez, isso significa que a primeira transfere, no mesmo espaço de tempo, o dobro de valor que a segunda. (240; grifos meus)

Marx, porém, não explica o que entende por "ainda funciona", ou o que acontece quando as máquinas, por uma razão ou outra, deixam de funcionar mesmo antes que seu valor esteja inteiramente gasto. No início do capítulo, parece que "funcionar" é entendido em termos puramente físicos (o que importa é a taxa de decadência física e depreciação); mais tarde, porém, ele é entendido em termos mais sociais. Curiosamente, Marx não menciona diretamente o problema da chamada "depreciação moral", indicado no Livro I. A depreciação moral ocorre quando aqueles que empregam uma máquina mais antiga têm de competir com quem possui uma máquina mais nova, mais barata e "funcionando" melhor. É somente na página 171, e no capítulo seguinte, na página 185, que o termo "depreciação moral" entra em discussão – e, ainda assim, brevemente. Essa é uma questão crucial, e voltaremos a ela mais tarde.

Por trás disso, no entanto, está a questão espinhosa: quando e por que uma máquina tem de ser substituída? Quando uma máquina está fisicamente desgastada? Ou há situações em que a máquina tem de ser substituída antes, porque máquinas mais baratas e de melhor funcionamento estão disponíveis no mercado? Isso é algo com que deparamos o tempo todo. Com que frequência temos de trocar nossos computadores? A cada dois anos? Nós os trocamos porque eles se desgastam fisicamente ou porque saíram de moda? A maioria dos exemplos que Marx fornece nesse capítulo é de depreciação física, embora ele mencione outras questões. Suspeito que a ânsia de Marx de não ultrapassar as relações formais que ele pode estabelecer tem um papel importante aqui. Certamente, falta à análise grande parte do conteúdo social e histórico.

À medida que se aprofunda nos aspectos formais do uso e da circulação do capital fixo, Marx depara com circunstâncias excepcionais e com um esfumaçamento das distinções entre capital fixo e líquido. Os meios de trabalho que são o suporte material do capital fixo, por exemplo:

> só se consumem produtivamente e não podem entrar no consumo individual, porquanto não entram no produto ou no valor de uso que ajudam a criar, mas, antes, conservam diante desse produto sua forma independente até seu desgaste completo. Uma exceção constituem os meios de transporte. O efeito útil que eles criam durante sua função produtiva, quer dizer, durante sua permanência na esfera da produção, o deslocamento de lugar, entra simultaneamente no consumo individual, por exemplo, do viajante. Ele paga, então, pelo uso, do mesmo modo como paga pelo uso de outros meios de consumo. (241-2)

Essa exceção tem um interesse particular para mim, porque implica que o efeito útil do "deslocamento de lugar" (e, por conseguinte, da produção de relações espaciais) diz respeito não só à produção (ao movimento de matérias-primas), mas também ao consumo (o movimento de pessoas). Em outras palavras, a própria produção do "deslocamento de lugar" é uma mercadoria, não importando quem a usa e para que propósito (para a continuidade da produção ou consumo final). E, é claro, o transporte é um setor que absorve uma enorme quantidade de capital fixo, grande parte do qual (como ferrovias e túneis de metrô) dura por um longuíssimo tempo (desde que sejam mantidos e consertados, é claro). Uma vez que, como vimos, as comunicações e os transportes são consumidos à medida que são produzidos, grande parte de seu valor existe idealmente na forma de circulação de capital fixo. Tanto a locomotiva quanto os trilhos sobre os quais ela se move são formas de capital fixo (embora com qualidades diferentes, como veremos).

A distinção entre capital fixo e o uso de materiais auxiliares (como a energia) também é "esfumaçada" quando os materiais auxiliares são consumidos por partes, ao invés de por inteiro e de uma vez só:

> na fabricação química, por exemplo, a matéria-prima e os materiais auxiliares se interpenetram. O mesmo ocorre com os meios de trabalho, os materiais auxiliares e a matéria-prima. Na agricultura, por exemplo, uma parte dos materiais empregados no melhoramento da terra incorpora-se às plantas como elemento formador do produto. Por outro lado, seu efeito se distribui por um período mais longo, por exemplo, de quatro ou cinco anos. (242)

Já os canais de irrigação, por exemplo, são claramente uma forma de capital fixo na agricultura, e uma dose de guano pode ter um efeito que se estende por diversos ciclos de produção, ainda que pareça ser aplicação de capital líquido.

USOS E RELAÇÕES DUAIS ENTRE CAPITAL FIXO E FUNDO DE CONSUMO

Em seguida, há o difícil e intrigante problema do uso duplo (denominado "*joint products*" na ciência econômica contemporânea). "Um boi, considerado como boi de carga, é capital fixo. Se for comido, ele não funciona como meio de trabalho e, portanto, tampouco como capital fixo" (242). Quando criamos bois, produzimos ambas as formas de mercadoria ao mesmo tempo. A decisão social de usá-los para um fim ou outro é que define se eles são capital fixo ou não:

> Com isso, a distinção, fundada na natureza do processo de trabalho, entre meio e objeto de trabalho, reflete-se na nova forma da distinção entre capital fixo e capital circulante. Apenas assim converte-se em capital fixo uma coisa que funciona como meio de trabalho. Se esta coisa, por suas qualidades materiais, pode atuar também em outras funções que não as de meio de trabalho, ela será capital fixo ou não segundo a diversidade de sua função. O gado, como gado de trabalho, é capital fixo; como gado de corte, é matéria-prima, que entra na circulação como produto, ou seja, como capital circulante, não fixo. (243-4)

Marx retorna a esse tema mais tarde, situando-o num contexto ainda mais amplo:

> Por outro lado, a mesma coisa pode ora funcionar como componente do capital produtivo, ora pertencer ao fundo imediato de consumo. Uma casa, por exemplo, quando funciona como local de trabalho, é componente fixo do capital produtivo; quando, ao contrário, é empregada como moradia, não constitui forma alguma do capital *qua* moradia. Em muitos casos, os mesmos meios de trabalho podem funcionar ora como meios de produção, ora como meios de consumo. (291)

Isso é particularmente enganoso quando pensamos numa rua, que pode ser usada para produção ou apenas para caminhar.

Marx levanta, aqui, a questão de um fundo de consumo. Ele o faz, no entanto, sem qualquer elaboração ulterior. Seguramente, tanto o consumo quanto a produção requerem materiais auxiliares de longo prazo: casas, louças, facas, garfos e todos os itens que costumam ocupar uma casa e permitir que as pessoas consumam – além dos carros, trens e aviões, que também facilitam nosso consumo. Assim como o capital fixo na produção, os valores de uso dos itens do fundo de consumo são consumidos aos poucos, às vezes ao longo de anos. O valor residual desses itens é enorme nas sociedades contemporâneas, e muitos (como carros, casas, garfos e facas) podem ser comprados e vendidos em mercados de artigos usados, muito tempo depois de terem sido originalmente produzidos.

Esses itens, como indica Marx, têm uma relação complicada com o capital fixo, na qual a qualquer momento cada um pode ser, em princípio, convertido ou deslocado do consumo para a produção. Marx lamenta que "Ricardo se esquece da casa em que vive o trabalhador, seus móveis, seus utensílios de consumo, como facas, garfos, vasilhas etc., cujo caráter de durabilidade é o mesmo que o dos meios de trabalho. As mesmas coisas, as mesmas classes de coisas aparecem aqui como meios de consumo, lá como meios de trabalho" (313).

Marx vê o capital fixo como uma categoria altamente flexível, que depende mais do modo como as coisas são usadas do que de suas características físicas inerentes. Ele reclama vigorosamente do "fetichismo peculiar da economia burguesa, que transforma o caráter econômico, social que se imprime nas coisas no processo social de produção, num caráter natural, que provém da natureza material dessas coisas" (315).

O CAPITAL FIXO NA TERRA

Esse "fisicalismo" ou "naturalismo" injustificado tem ainda outra dimensão importante, que precisa ser considerada e que também contribui para a "peculiaridade" do capital fixo como categoria. Existe uma distinção importante no interior da categoria do próprio capital.

> Convertem-se determinadas qualidades materiais dos meios de trabalho em qualidades imediatas do capital fixo, como, por exemplo, a imobilidade física de uma casa. A partir de então, é fácil demonstrar que outros meios de trabalho, que, como tais, são também capital fixo, apresentam a qualidade contrária, como, por exemplo, a mobilidade física de um navio. (243)

Essa distinção entre formas móveis e imóveis de capital fixo não é absoluta. Máquinas de costura podem ser deslocadas sem dificuldade, mas raramente se mudam altos-fornos de lugar, e isso apenas em razão do dispêndio elevado de dinheiro (a desmontagem e o transporte subsequente de todo um maquinário de ferro e aço da Alemanha para a China é um exemplo recente desse esforço).

> Uma parte dos meios de trabalho [...] é ou imobilizada num determinado local, tão logo entra no processo de produção – [...], tal como ocorre, por exemplo, com a maquinaria –, ou é produzida desde o início em sua forma imóvel, espacialmente fixa, tal como melhorias do solo, edifícios fabris, altos-fornos, canais, ferrovias etc. [...] Por outro lado, um meio de trabalho pode mudar constantemente de lugar, mover-se e, no entanto, encontrar-se no processo de produção, tal como uma locomotiva, um navio, um boi de carga etc. Nem a imobilidade lhe confere, num caso, o caráter de capital fixo, nem a mobilidade o priva desse caráter, no outro. No entanto, a circunstância de que os meios de trabalho sejam espacialmente fixos, enraizados na terra, confere a essa parte do capital fixo um papel especial na economia das nações. Eles não podem ser mandados ao exterior, circular como mercadorias no mercado mundial. Os títulos de propriedade sobre esse capital fixo podem ser trocados, permitindo a esse capital ser comprado e vendido e, nessa medida, circular idealmente. Tais títulos de propriedades podem até mesmo circular em mercados estrangeiros, por exemplo, na forma de ações. Mas com a mudança das pessoas que detêm a propriedade desse tipo de capital fixo não se altera a relação entre a parte permanente, materialmente fixa da riqueza num país, e a parte móvel dessa mesma riqueza. (244-5)

Mais adiante, no capítulo 10, esse esquema é elaborado com mais detalhes. Um elemento de capital fixo futuro, por exemplo uma máquina de fiar, "pode ser exportada do país no qual foi produzida e ser direta ou indiretamente vendida no estrangeiro, seja em troca de matérias-primas etc. ou de champanhe. No país em que foi produzida, portanto, ela funcionou apenas como capital-mercadoria, mas nunca, nem mesmo depois de sua venda, como capital fixo". O mesmo pode ser dito de máquinas-ferramentas, vigas de aço e materiais de construções pré-fabricadas. Eles são capital-mercadoria até que estejam realmente fixados em um processo de produção.

> Ao contrário, os produtos vinculados ao solo e que, portanto, só podem ser utilizados numa determinada localidade, por exemplo, edifícios fabris, ferrovias, pontes, túneis, docas etc., melhoramentos do solo etc. – não podem ser exportados corporalmente, em carne e osso. Não são móveis. Ou são inúteis, ou, tão logo sejam vendidos, têm de funcionar como capital fixo no país em que são produzidos. Para o seu produtor capitalista, que especula com a construção de fábricas ou melhorias do solo para depois vendê-los, essas coisas são a forma de seu capital-mercadoria [...]. Porém, consideradas socialmente, essas coisas – se não são inúteis – têm de acabar funcionando no próprio país, como capital fixo, num processo de produção fixado por sua própria localidade; do que não se segue, de modo algum, que coisas imóveis sejam, como tais, capital fixo, pois elas podem, como ocorre com as moradias etc., fazer parte do fundo de consumo e, portanto, não pertencer em absoluto ao capital social, ainda que sejam um elemento da riqueza social, de que o capital é apenas uma parte. (299)

Essa fixidez locacional tem implicações para o padrão geográfico da atividade capitalista. Se não podem ser úteis no lugar em que se encontram, essas mercadorias são inúteis e, portanto, não têm valor algum. Perceba como o critério da utilidade (serventia) insinua-se na discussão. É uma dessas categorias importantes da ciência econômica convencional que, como a oferta e a demanda, Marx tende a manter a certa distância. A aplicação do princípio da utilidade não está confinada ao mundo da produção: "não se segue, de modo algum, que coisas imóveis sejam, como tais, capital fixo, pois elas podem, como ocorre com as moradias etc., fazer parte do fundo de consumo e, portanto, não pertencer em absoluto ao capital social, ainda que sejam um elemento da riqueza social, de que o capital é apenas uma parte" (299). As casas estão, em sua maioria, fixadas no espaço, mas, como vimos em anos recentes, a securitização de hipotecas e sua distribuição em obrigações de dívida colateralizadas lhes conferem um título (e vemos hoje que o verdadeiro significado e estatuto legal desse título é mais do que obscuro) e lhes permitem, de certo modo, circular pelo mundo, com todo o tipo de consequência devastadora. No caso dos transportes, a locomotiva pode ser móvel, mas os trilhos sobre os quais ela circula não o são. "Títulos de propriedade, por exemplo, de uma ferrovia, podem mudar diariamente de mãos, e seus donos podem obter um lucro com a venda desses títulos mesmo no exterior – de modo que o título de propriedade é exportável, mas não a ferrovia" (299).

Ao longo dessas passagens, encontramos várias vezes a tensão entre a fixidez e o movimento na paisagem geográfica da atividade capitalista. Aviões, navios e locomotivas, que cruzam o espaço, dependem crucialmente de aeroportos, portos e estações ferroviárias, que não se movem. O valor do capital imóvel fixo depende crucialmente desse uso: um aeroporto para o qual nenhum avião voa não tem valor algum. Também não têm valor aviões sem nenhum aeroporto de onde decolar. Note que, nesse exemplo, fica muito claro que o padrão geográfico do movimento das formas móveis de capital fixo (assim como as mercadorias que elas põem em circulação no mercado como capital-mercadoria) é restringido pela necessidade de valorizar as quantidades muitas vezes enormes de valor de capital fixo imóvel absorvidos localmente. A recuperação do valor do capital fixo imóvel depende de forçar o capital em movimento a usar o capital imóvel em seu local particular. Isso gera fenômenos como a concorrência entre cidades, por exemplo, pela atração ou conservação de capital altamente móvel na cidade (que frequentemente geram enormes subsídios públicos a empresas privadas).

Aumentos na valoração de formas imóveis de capital fixo em locais específicos não são infrequentes e podem tornar-se particularmente violentos quando ocorrem mudanças radicais no movimento geográfico de mercadorias e pessoas de modo geral. Embora Marx apenas aponte a natureza desse problema, é possível derivar dessas passagens a questão geral das crises de desindustrialização regionais e localizadas e da desvalorização, em particular de formas imóveis de capital fixo. Há também uma relação, que Marx não menciona, com a renda fundiária e os preços de propriedade, que variam enormemente de um lugar para outro conforme a qualidade dos volumes de capital fixo absorvidos no local. Isso leva a história da urbanização capitalista para a órbita de certo nível de conformidade com as leis de movimento do capital. Do mesmo modo, abre um caminho muito real no qual a urbanização passa a desempenhar um papel crucial no modo de funcionamento dessas leis de movimento. Esse foi um dos meus principais interesses ao longo dos anos, e é por meio de passagens desse tipo, sobre o papel do capital fixo imóvel, que descobri que era possível estender a teoria geral de Marx para a arena da construção das cidades e do processo de urbanização. Marx, porém, raramente indica a existência dessas relações.

A PRODUÇÃO DO ESPAÇO

Há um detalhe particular na argumentação de Marx ao qual dou grande importância (embora talvez imerecida), em razão do meu interesse pela urbanização. Quando Marx considera de que forma a reposição do capital fixo incorporado na terra poderia se converter em expansão, ele faz a seguinte observação:

> [Tudo] depende, em grande parte, do espaço disponível. Em alguns edifícios, é possível erguer andares adicionais; em outros, faz-se necessária a expansão da superfície, isto é,

a ampliação do terreno. Na produção capitalista ocorrem, por um lado, muito desperdício de recursos e, por outro, uma grande quantidade de expansões contraproducentes desse tipo (prejudicando, em parte, a força de trabalho) na ampliação gradual das indústrias, porque nada se realiza de acordo com um planejamento social, mas conforme as circunstâncias, meios etc. infinitamente distintos com os quais opera o capitalista individual. Isso provoca um grande desperdício de forças produtivas.

Esse reinvestimento fragmentado do fundo monetário de reserva (isto é, da parte do capital fixo reconvertida em dinheiro) é mais fácil na agricultura. Um campo de produção de uma dada área é, aqui, capaz da maior absorção gradual de capital. O mesmo se aplica a áreas onde há reprodução natural, como na criação de gado. (254-5)

Em minha obra, apelo com frequência para a necessidade da absorção de capital por meio da produção do espaço (com ênfase considerável no fato de que essa produção pode ter um caráter especulador e desperdiçador, como, por exemplo, no caso da suburbanização capitalista). E eis que Marx fala dos aspectos espaciais da absorção do capital – que com frequência são desperdiçadores, devido à concorrência capitalista e ao fracasso do planejamento social. Não cito essa passagem para sugerir que Marx era um brilhante precursor de tudo que foi escrito desde então sobre questões espaciais, nem para sugerir que essa passagem legitima a tradição marxista da teorização da produção do espaço nas obras de Henri Lefebvre e de geógrafos radicais em tempos mais recentes[1]. Ao contrário, o que pretendo demonstrar é que se estamos – e creio que seja este o caso – interessados em integrar as teorias da produção do espaço na teoria geral de Marx sobre a acumulação do capital, isso deve ser feito essencialmente por meio da extensão sistemática do material, reunido tanto aqui quanto nos *Grundrisse*, sobre a formação e a circulação do capital fixo, em particular daquela parte do capital fixo incorporada na terra. Os processos que Marx descreve aqui, por exemplo, não se restringem à agricultura. Eles são tão relevantes para explicar a construção de condomínios residenciais com a finalidade de absorver capital excedente quanto para explicar a produção de repolhos. As crises na produção do espaço, cujas consequências podemos ver ao nosso redor, derivam, em última instância, das contradições entre a fixidez e o movimento tão claramente identificadas por Marx.

---

[1] Henri Lefebvre, *The Production of Space* (Oxford, Basil Blackwell, 1991); Neil Smith, *Uneven Development* (Oxford, Basil Blackwell, 1984); David Harvey, *Spaces of Capital: Towards a Critical Geography* (Edimburgo, Edinburgh University, 2001) [ed. bras.: *A produção capitalista do espaço*, trad. Carlos Szlak, 2. ed, São Paulo, Annablume, 2006].

CAPITAL CONSUMIDO *VERSUS* CAPITAL EMPREGADO

As ideias esboçadas nesses capítulos têm outras implicações potencialmente fecundas. Por exemplo, a distinção entre "o capital aplicado no processo de produção" e "o capital nele consumido" (242-3). Marx aponta a existência dessa distinção, mas não chega a desenvolvê-la profundamente, limitando-se a constatar que a primeira forma supera a última à medida que o capital se desenvolve. Em particular, ele não explora as implicações dessa distinção para a medição da composição de valor do capital, que desempenha um papel tão crucial em sua teoria da taxa tendencial da queda do lucro. Obviamente, a composição de valor do capital é muito mais alta (e, mantendo-se constantes as demais circunstâncias, a taxa de lucro é muito mais baixa) se o capital empregado é considerado a grandeza relevante. A maioria dos analistas preferiria o capital consumido, mas a enorme e crescente quantidade de capital empregado dá um peso intuitivo à teoria da queda tendencial da taxa de lucro (o argumento é "basta olhar para enorme quantidade de capital fixo físico em nossa sociedade em comparação com épocas mais simples" e "é óbvio que a composição de valor do capital está aumentando rapidamente"). Uma forte onda de investimento de capital fixo pode aumentar o capital empregado, mas não tem nenhum impacto sobre o capital consumido num dado tempo de rotação. De fato, se esse investimento ajuda a economizar no uso de capital constante líquido, então poderia ser associado a uma composição de valor decrescente do capital consumido e a uma taxa crescente de lucro. Mas a distinção entre capital empregado e capital consumido também é sensível a mudanças nos tempos de rotação. Engels reconheceu a importância de tudo isso para a medição da taxa de lucro e, por essa razão, inseriu na análise do Livro III um capítulo dedicado ao efeito dos tempos variáveis de rotação sobre a taxa de lucro.

A categoria do capital fixo depende, como vimos, do uso dado pelo usuário: "Por exemplo, uma máquina, como produto ou mercadoria do fabricante de máquinas, faz parte de um capital-mercadoria. Ela só se torna capital fixo nas mãos de seu comprador, o capitalista, que a utiliza produtivamente" (242). Além disso, tão logo uma nova mercadoria é produzida, desaparece a distinção entre o valor dos componentes fixos e o dos componentes circulantes que entram em sua produção. Se mudam os usos, o capital fixo ou é dissolvido ou é instantaneamente criado. Por exemplo, como já observamos, uma casa habitada não é capital fixo, mas uma fábrica é. Porém, se começo a fabricar coisas na minha casa – instalar máquinas de costura e contratar imigrantes para fazer camisas –, ela se converte subitamente em capital fixo. Quando uma casa que antes abrigava uma confecção é convertida em residência, ela passa da categoria de capital fixo para a de fundo de consumo. Além disso, o capital é fixo apenas em relação ao tempo de rotação daquela parte do capital definida como líquida. Uma máquina produzindo sorvete numa base diária é capital fixo, mas um tipo similar de máquina usado na produção de um navio petroleiro que leva dois anos para ser construído não será capital fixo se for inteiramente consumida no período de produção.

A RELEVÂNCIA HISTÓRICA DAS DEFINIÇÕES RELACIONAIS DE MARX

Todas essas possibilidades derivam do modo relacional como Marx define categorias fundamentais, como capital fixo. Dito de modo mais simples, a categoria do capital fixo não é fixa. Marx não tenta investigar a importância histórica de significados relacionais mutáveis. Em meu próprio pensamento, cheguei à conclusão de que eles têm uma enorme importância. Por exemplo, na teoria de Walt Rostow sobre os "estágios do crescimento econômico", escrita em 1950 como um "manifesto não comunista" – um texto extremamente influente à época, que todos os estudantes tinham de ler –, uma fase de forte formação de capital fixo (principalmente de infraestruturas básicas, como rodovias, diques e portos) é retratada como algo que tem um papel crucial na criação de "precondições" para o crescimento econômico de um país. A criação dessas infraestruturas físicas fornece a base para a "decolagem" do crescimento econômico, à qual se segue "um impulso para o consumo de massa". A criação do consumo de massa constrói um alicerce popular para formas capitalistas de desenvolvimento em todo o mundo e reduz a ameaça do comunismo. Esse era o caminho, argumentava Rostow, para competir com as promessas comunistas de riqueza para todos no chamado mundo subdesenvolvido. No entanto, a fase precondicional de forte investimento em infraestruturas de capital fixo exige sacrifícios. É necessário restringir o consumo habitual e apertar o cinto para permitir a formação do capital fixo. A ajuda do exterior também é importante (e a principal missão do Banco Mundial era, e em grande medida continua sendo, precisamente financiar e facilitar esses investimentos em infraestrutura).

Rostow apresenta dados históricos para amparar sua teoria desenvolvimentista. Cada país é tratado como um espaço de desenvolvimento, e os dados históricos reunidos por ele mostram como foi importante, em cada um desses países, a fase de forte formação de capital fixo como precursora de um forte desenvolvimento econômico. Deixando de lado a estranha ideia de que os países são unidades de desenvolvimento capitalista "naturais" e independentes, o problema que Rostow ignora é o capital internacional, que impulsionava as formas imperialistas de expansão, como Lenin havia descrito muito tempo antes. Além disso, a Inglaterra, onde a "decolagem" capitalista ocorreu pela primeira vez, não se encaixa no modelo de

Rostow. Não houve nenhuma fase identificável de forte formação de capital fixo. Nesse caso, a despossessão colonial e imperial e a pilhagem de capital-mercadoria foram precursores importantes. De fato, como demonstraram diversos historiadores econômicos, entre eles Postan, o problema na Inglaterra é que, a partir do século XVII, o país tinha um enorme excedente de capital (muito semelhante ao caso da China atual)[2]. O ponto era encontrar usos lucrativos para os excedentes disponíveis. A formação de capital fixo em infraestruturas (dentro e fora do país) foram um canal conveniente para a absorção dos excedentes. Além disso, era muito fácil converter grande parte da infraestrutura física construída para o consumo na Inglaterra em capital fixo para a produção. O sistema de *putting-out*, pelo qual os comerciantes forneciam material para a produção nos *cottages* dos camponeses, na verdade transformava esses *cottages* em equivalentes de fábricas (de modo muito semelhante como atualmente a microcrédito transforma essas casas em capital fixo de produção). Assim, havia algo profundamente errado na teoria "anticomunista" de desenvolvimento de Rostow, em particular em sua ênfase no sacrifício e na austeridade aqui e agora para o bem do desenvolvimento capitalista futuro. O que o programa de Rostow realmente significava era a abertura do mundo para os fluxos de capital excedente gerados pelas potências imperialistas e a legitimação das condições de "austeridade" que permitiam uma alta taxa de exploração da força de trabalho como necessária à prosperidade futura. As exportações de capital e os fluxos internacionais de capital não aparecem, portanto, nos dados de Rostow.

A explicação alternativa de Marx, apresentada nos *Grundrisse* (e, infelizmente, ausente no Livro II de *O capital*), é muito mais convincente:

> *Há ainda outro aspecto em que o desenvolvimento do capital fixo indica o grau de desenvolvimento da riqueza em geral, ou do capital.* [...] A parte da produção orientada imediatamente para a produção do capital fixo não produz objetos da fruição imediata nem valores de troca imediatos; pelo menos não produz valores de troca imediatamente realizáveis. Por conseguinte, o fato de que *uma parte cada vez maior seja empregada na produção dos meios de produção depende do grau de produtividade já alcançado – de que uma parte do tempo de produção seja suficiente para a produção imediata.* Para tanto, é preciso que a sociedade possa esperar; que uma grande parte da riqueza já criada possa ser retirada tanto da fruição imediata quanto da produção destinada à fruição imediata, para empregar essa parte no trabalho *não imediatamente produtivo* (no interior do pró-

---

[2] W. W. Rostow, *The Stages of Economic Growth: A Non-Communist Manifesto* (Londres, Cambridge University Press, 1960) [ed. bras.: *Etapas do desenvolvimento econômico: um manifesto não comunista*, trad. Octavio Alves Velho, 6. ed., Rio de Janeiro, Zahar, 1978]; M. M. Postan, *Medieval Trade and Finance* (Cambridge, Cambridge University Press, 1973).

prio processo de produção material). Isso exige que já se tenha alcançado um alto nível da produtividade e do *excedente relativo* [grifos meus], nível elevado que, na verdade, é diretamente proporcional à transformação de capital circulante em capital fixo. Assim como a *magnitude do trabalho excedente relativo depende da produtividade do trabalho necessário, a magnitude do tempo de trabalho* – vivo e objetivado – *empregado na produção do capital fixo depende da produtividade do tempo de trabalho destinado à produção direta de produtos.* A condição para isso é *população excedente* (desse ponto de vista), bem como *produção de excedente* [...]. *Quanto menos o capital fixo* produz frutos imediatamente, quanto menos interfere no *processo de produção imediato*, tanto maior têm de ser essa *população e essa produção excedentes relativas*; ou seja, mais para construir ferrovias, canais, aquedutos, telégrafos etc. que para produzir maquinaria diretamente ativa no processo de produção imediato. Daí – ao que retornaremos mais tarde – na constante super e subprodução da indústria moderna – as constantes oscilações e convulsões causadas pela desproporção com que o capital circulante é transformado em capital fixo, que ora é muito pouco, ora é excessivo. (*Grundrisse*, 589-90)

Isso não apenas é uma teorização brilhante de como ocorreu o desenvolvimento capitalista na Inglaterra, mas também não é nada menos que uma evocação igualmente brilhante do processo de desenvolvimento ocorrido na China nos últimos trinta anos. E ainda aponta para os perigos potenciais de fases cíclicas de superinvestimento em infraestruturas físicas e, por conseguinte, para outro modo de formação de crises nas economias capitalistas. No entanto, as crises provocadas pela formação de capital fixo recebem apenas uma breve menção no Livro II, sobretudo no contexto da análise marxiana da "depreciação moral", que abordaremos em breve. Mas há muito mais a ser dito sobre esse tópico.

Há algumas aplicações mais mundanas dessas ideias. Milton Friedman, em seu panegírico das formas capitalistas de desenvolvimento, inicia sua argumentação com uma celebração das *sweatshops** como sendo os primórdios do desenvolvimento capitalista. Lares e domicílios são convertidos, por uma simples mudança de uso, numa forma de capital fixo. Isso gera um contraste muito interessante com as condições da nossa época: o capital fixo de alto custo das fábricas em Boston e Manchester foi convertido ao longo dos últimos anos em bens imóveis para o uso de consumidores, ao mesmo tempo que edículas e porões foram convertidos em capital fixo para a instalação de *sweatshops*, desde Los Angeles até Manila. Quando a microfinança é estendida às camponesas no México e na Índia para que possam

---

* *Sweatshop*: estabelecimento onde se trabalha em condições desumanas, em alguns casos análogas à escravidão. (N. T.)

comprar uma máquina de costura, simultaneamente o casebre é convertido em capital fixo para a produção. Essa é uma maneira clara de se contrapor a qualquer tendência de queda da taxa de lucro, porque reduz drasticamente o valor dos *inputs* de capital constante fixo em relação ao trabalho.

Penso que a maneira relacional de Marx de tratar a formação do capital fixo é extremamente útil para a interpretação da história do capital. Sua exposição abre todo tipo de possibilidades teóricas. Muita coisa pode ser deduzida da observação aparentemente casual de Marx de que um boi pode tanto ser usado para o consumo quanto funcionar como capital fixo na produção, porque em torno de nós existem muitas coisas com esse duplo caráter – desde lápis até casas, ruas e mesmo cidades inteiras. A fluidez da definição é tão importante quanto funcionalmente criativa. Esse é o tipo de coisa difícil, se não impossível, de incorporar na teoria econômica burguesa convencional – que é incapaz de lidar com definições e categorias flexíveis. É óbvio que o capital fixo, na visão dos economistas convencionais, precisa ter uma definição fixa. Infelizmente, os economistas marxistas, como veremos, também não entendem como funciona o caráter relacional da definição de Marx. E por isso repetem os erros da teoria burguesa.

MANUTENÇÃO, REPOSIÇÕES E REPAROS

Marx dedica uma atenção considerável a problemas aparentemente mundanos, colocados pelos diferentes tempos de vida útil dos diversos componentes do capital fixo (como, por exemplo, uma ferrovia), e a questões de reposição, reparo e custo de manutenção. Sem entrar nos detalhes da exposição, há aqui alguns pontos mais gerais que devemos destacar.

O tempo de vida útil do capital fixo depende do desgaste, que, por sua vez, depende do uso (ferrovias, rodovias, automóveis etc. muito usados se desgastam mais rápido), das condições ambientais e da exposição aos elementos da natureza. Mais importante ainda, numa "ferrovia, por exemplo, os trilhos, os dormentes, as trincheiras, os prédios das estações, as pontes, os túneis, as locomotivas e os vagões têm tempos distintos de funcionamento e de reprodução e, portanto, também o capital neles investido tem tempos distintos de rotação" (251). Todos temos experiência com casas, carros e todo tipo de elemento do fundo de consumo, em que as partes precisam ser renovadas em prazos absolutamente distintos entre si. Como afirma Marx, a distinção entre a reposição, de um lado, e o reinvestimento e a expansão, de outro, é muitas vezes obscura. Trocar o telhado de uma casa por outro melhor é uma reposição ou um reinvestimento naquilo que, na verdade, será uma nova casa? Mas o capital fixo também requer manutenção. Esta, em parte, é fornecida de graça pelos trabalhadores que mantêm as máquinas em bom estado simplesmente utilizando-as de modo apropriado. Mas esse "trabalho adicional" é constantemente necessário para manter uma máquina em uso, por isso Marx a considera capital líquido (255-6). Por outro lado, reparos são considerados "um elemento adicional de valor", que deve ser adicionado ao capital fixo original "de acordo com a necessidade [...]. E todo capital fixo requer tais investimentos tardios, que se realizam dosadamente, em meios de trabalho e em força de trabalho" (256-7). As implicações para o entendimento do tempo de rotação (que é, como já dissemos, a principal preocupação de Marx nesse ponto) são apresentadas:

> Por outro lado, no cálculo do tempo médio de vida do capital fixo está pressuposto que este é sempre mantido em condições de funcionar, em parte, mediante sua limpeza (que também inclui a limpeza dos locais) e, em parte, mediante os reparos [...]. A transferência de valor pela depreciação do capital fixo calcula-se com base no período médio de vida deste último, mas este período médio de vida é, por sua vez, calculado pressupondo-se o desembolso constante do capital adicional necessário para manter esse capital fixo em condições de funcionamento. (257)

Isso, é claro, leva à seguinte questão: o que acontece quando o capital, tentando desesperadamente fazer economia em seus custos de capital constante, deixa de fazer os reparos e a manutenção de seu capital fixo? Isso acontece com frequência, em particular em relação ao ambiente construído, o que tem todo tipo de implicações para a qualidade da vida cotidiana, assim como para a *efetividade* geral do capital fixo desenvolvido. Vinte anos de postergação na manutenção do sistema metroviário de Nova York, pontes, túneis e prédios de escolas públicas contribuem para uma infraestrutura muito inefetiva para a acumulação ulterior de capital. Igualmente crucial é a questão da responsabilidade pelos custos de manutenção e reparo. Marx usa o exemplo da habitação:

> No âmbito dos contratos de aluguéis de casas e outros objetos que constituem capital fixo para seu proprietário, a legislação sempre reconheceu a distinção entre a depreciação normal ocasionada pelo tempo, pela influência dos elementos e pelo uso normal desses objetos, e os reparos eventuais que precisam ser realizados de vez em quando para mantê-los em condições de uso durante seu tempo normal de vida. Em regra, os primeiros ficam a cargo do proprietário, e os segundos a cargo do inquilino. Os reparos se distinguem, além disso, em ordinários e substanciais. Estes últimos são, em parte, a renovação do capital fixo em sua forma natural e ficam igualmente a cargo do proprietário, quando o contrato não diz expressamente o contrário. (259)

E Marx cita os detalhes da lei inglesa sobre o assunto.

Ao contrário de Marx, que tende a se perder em detalhes técnicos, penso que é importante destacar o ponto geral: à medida que a sociedade se desenvolve, a questão da manutenção, reparo e reposição do capital fixo existente (juntamente com o fundo de consumo) não só absorve quantidades crescentes de capital, mas também requer quantidades crescentes de trabalho. Em grandes áreas metropolitanas, como Nova York, poderia acontecer de a quantidade de capital e trabalho despendida em manutenção, reposição e reparo ser igual à quantidade de capital e trabalho aplicada na criação de novos produtos (mesmo se levarmos em conta a ambiguidade de quando a reposição das partes se torna renovação do todo). Como tudo isso deve ser contabilizado na produção e circulação de valores é uma questão em aberto (e, como é frequente em Marx, acaba se tornando um pesadelo contábil). Mas ter de investir grandes volumes de capital fixo novo em reposições e reparos, além dos custos crescentes de manutenção (pense no sistema metroviário de Nova York, ou em todas aquelas pessoas montando e desmontando andaimes), pode significar um fardo enorme para a sociedade. Para os capitalistas individuais, isso altera o cálculo sobre o tempo de rotação. Num certo ponto, devido aos custos cada vez maiores com reparos e manutenção, pode parecer mais econômico abandonar um investimento de capital fixo (móvel ou imóvel) e começar de novo com equipamentos diferentes, talvez em outro lugar.

ASPECTOS MONETÁRIOS DA CIRCULAÇÃO DE CAPITAL FIXO

Marx aborda os aspectos monetários da circulação do capital fixo da seguinte maneira:

> A circulação peculiar do capital fixo resulta numa rotação peculiar. A parte do valor que perde sua forma natural por meio do desgaste circula como parte do valor do produto. Mediante sua circulação, o produto transforma-se de mercadoria em dinheiro, o mesmo ocorrendo com a parte do valor do meio de trabalho que o produto fez circular; além disso, seu valor destila do processo de circulação como dinheiro na mesma proporção em que esse meio de trabalho deixa de ser suporte de valor no processo de produção. Seu valor assume agora, portanto, uma dupla existência. Uma parte dele permanece vinculada à sua forma de uso [...], enquanto outra parte se desgarra dessa forma como dinheiro. (245)

Nos parágrafos a seguir, darei uma importância considerável a essa ideia de "existência dual" do valor do capital fixo – em parte, cada vez mais em forma-dinheiro, como valor recuperado da produção no decorrer de sucessivos períodos de rotação, e, em parte, como um valor residual decrescente do capital fixo (tal como uma máquina) que ainda não foi totalmente usado.

O dinheiro adquirido é gradualmente acumulado como um fundo de reserva no decorrer do tempo de vida do capital fixo. Na ausência de um sistema bancário e de crédito, o capitalista precisa entesourar o capital-monetário até o momento de substituir a máquina. O dinheiro retorna à circulação apenas com a aquisição dessa máquina substituta (245-6). Se todos os capitalistas trabalhassem com o mesmo planejamento, o efeito seriam períodos de abundância e escassez na circulação monetária. Felizmente, eles não fazem isso, mas também não há nada que indique que todos trabalhem de modo a igualar a circulação monetária, e períodos de intensa inovação tecnológica podem, de fato, induzir a ocorrência de abundância e escassez monetária na ausência de um sistema de crédito.

O tempo de rotação monetária do capital fixo tem, portanto, qualidades muito específicas, muito distintas daquelas do capital líquido (circulante). Materiais auxiliares, como energia, são consumidos inteiramente durante o tempo de rotação despendido para produzir e comercializar a mercadoria, e o dinheiro equivalente a esses materiais volta a circular regularmente. O mesmo vale para os elementos de capital constante que constituem o objeto do trabalho e reaparecem na mercadoria. No caso do trabalho, o capital variável é adiantado num ritmo regular (por exemplo, semanalmente) ao trabalhador, e este gasta o dinheiro em mercadorias, de acordo com suas necessidades. Essa última transação, como Marx enfatizará com frequência nas páginas seguintes, "não ocorre mais entre o trabalhador e o capitalista, mas entre o trabalhador como comprador de mercadoria e o capitalista como vendedor de mercadoria" (248). Pois é "o próprio trabalhador que converte o dinheiro recebido por sua força de trabalho em meios de subsistência" (247). Essa questão retornará mais adiante, porque o trabalhador, em sua função de comprador, tem a autonomia relativa da escolha do consumidor, mesmo que essas escolhas sejam, em certa medida, coercivas pelo fato de que o trabalhador tem de comprar para viver.

Lembre-se de que a distinção entre capital fixo e líquido só tem relevância para o capital produtivo: "Ela existe somente *para o capital produtivo e no interior deste*"* (249). No entanto, durante o tempo de rotação do capital fixo, diversas rotações de capital líquido são completadas. O valor do capital fixo é investido "inteiramente e de uma só vez [...]. Portanto, esse valor é posto em circulação pelo capitalista de uma só vez, mas só é retirado novamente da circulação de modo fragmentado e gradual, por meio da realização das partes de valor que o capital

---

* Essa citação é de um dos trechos do Livro II de *O capital* que não provêm diretamente de nenhum manuscrito de Marx, mas foram acrescentados por Engels. Em nossa tradução do Livro II, todos esses trechos se encontram destacados em negrito. (N. T.)

fixo adiciona fragmentariamente às mercadorias" (250). Mas ao longo da vida do capital fixo, o capitalista não costuma necessitar desse dinheiro para a substituição: "Essa reconversão do dinheiro em forma natural do meio de produção só ocorre ao fim de seu período de funcionamento, quando o meio de produção já está inteiramente consumido" (250).

Mas o prazo de reposição do capital fixo afetado por leis naturais:

> Para os meios vivos de trabalho, como, por exemplo, cavalos, o [...] tempo médio de vida como meio de trabalho é determinado pelas leis da natureza. Vencido esse prazo, os exemplares desgastados têm de ser substituídos por outros novos. Um cavalo não pode ser reposto de modo fragmentado, mas somente por outro cavalo inteiro. (253)

O caráter fragmentado do investimento de capital fixo, com relação tanto à compra original quanto à reposição, é um traço digno de nota, portanto. Isso tem implicações monetárias para a quantidade de capital que deve ser retirada de circulação em momentos particulares:

> Além disso, onde a reprodução se dá gradualmente, de modo que as partes desvalorizadas são substituídas por outras novas, faz-se necessária, de acordo com o caráter específico de cada ramo de produção, uma prévia acumulação monetária de maior ou menor volume, antes que essa reposição possa ser realizada. Para isso, não basta qualquer soma de dinheiro, mas exige-se uma soma de dinheiro de determinado volume. (264)

Todos os tipos de combinações são possíveis aqui. Uma ferrovia não pode funcionar até que a linha inteira esteja completa e, para isso, é preciso que uma determinada soma de dinheiro seja investida – mas a renovação de trechos da ferrovia, ao contrário da substituição de um cavalo, pode ser realizada de modo fragmentado.

As consequências monetárias de tudo isso são brevemente aludidas no fim do capítulo 8 e, como de hábito, Marx termina com a observação de que tudo parece diferente quando o sistema de crédito entra em cena. Na ausência do sistema de crédito, "uma parte do dinheiro existente numa sociedade é sempre imobilizada na forma de tesouro, enquanto outra parte funciona como meio de circulação ou fundo imediato de reserva do dinheiro diretamente circulante" (264). Como resultado, temos:

> uma variação constante da proporção em que a massa total do dinheiro se distribui como tesouro e como meio de circulação. Em nosso caso, o dinheiro que precisa ser acumulado em grande volume como tesouro nas mãos de um grande capitalista é lançado de uma só vez na circulação mediante a compra do capital fixo. [...] Por

meio do fundo de amortização, no qual, em proporção à depreciação do capital fixo, o valor deste último reflui para seu ponto de partida, uma parte do dinheiro circulante volta a se constituir em tesouro [...]. Trata-se de uma distribuição constantemente variável do tesouro existente na sociedade, que ora funciona como meio de circulação, ora aparta-se novamente, como tesouro, da massa de dinheiro circulante. Com o desenvolvimento do sistema de crédito, *que segue necessariamente um curso paralelo* ao desenvolvimento da grande indústria e da produção capitalista, esse dinheiro atua não como tesouro, mas como capital, porém não nas mãos de seu proprietário, e sim de outros capitalistas, a cuja disposição ele é colocado. (264-5; grifos meus)

Desse modo, o "caráter dual" do dinheiro e dos aspectos materiais da circulação do capital fixo é fundamentalmente modificado. Os aspectos monetários são desagrilhoados de seu vínculo com o processo de depreciação material e liberados como capital monetário potencial.

"DEPRECIAÇÃO MORAL"

O importante problema do "desgaste moral" – ou "depreciação moral", como Marx o chamou no Livro I – é submetido a uma análise superficial no Livro II. As revoluções na produção ou barateiam o capital fixo no decorrer do tempo ou levam à produção de máquinas melhores para substituir as máquinas existentes, antes que estas últimas se desgastem completamente. O resultado é acelerar a depreciação, ou, o que dá no mesmo, reduzir a efetividade – a utilidade – das máquinas antigas. É aqui, portanto, que poderíamos esperar uma explicação daquela angustiante advertência sobre o capital fixo que "ainda funciona", observada no início deste capítulo. Infelizmente, Marx não nos esclarece muito, exceto quando observa que "a massa do capital fixo, que é investido [...] e tem de perdurar no seu interior durante um determinado tempo médio de vida" age como "um obstáculo à rápida introdução geral de meios de trabalho melhorados". Disso deriva uma compreensível relutância em acolher as mudanças tecnológicas e novas formas de capital fixo até que o velho capital fixo tenha sido plenamente amortizado. Sob condições de controle monopolista, essa relutância pode levar à estagnação (embora Marx não explore esse ponto). Contra isso, "a luta concorrencial, especialmente quando se trata de revolucionamentos decisivos, força a substituição dos antigos meios de trabalho por outros novos antes que os primeiros tenham chegado ao término natural de suas vidas. São principalmente as catástrofes, as crises que forçam uma tal renovação prematura dos equipamentos industriais em grande escala social" (253). Esse tema é novamente abordado no capítulo 9. O tempo de vida do capital fixo é abreviado:

> pelo revolucionamento constante dos meios de produção, que também aumenta constantemente à medida que se desenvolve o modo de produção capitalista. Com esse desenvolvimento, portanto, também aumentam a mudança dos meios de produção e a necessidade de sua constante reposição em consequência de seu desgaste moral, muito antes que estejam esgotados fisicamente. [...] O resultado é que esse ciclo de rotações encadeadas, que se estende por uma série de anos e que o capital percorre por meio de seus componentes fixos, fornece uma base material das crises periódicas nas quais a atividade econômica percorre as fases sucessivas de depressão, animação moderada, hiperatividade e crise. Os períodos em que se investe o capital são, na realidade, muito distintos e discrepantes. Porém, a crise constitui sempre o ponto de partida de um novo grande investimento. E, portanto, do ponto de vista da sociedade em seu conjunto, também fornece, em maior ou menor grau, uma nova base material para o próximo ciclo de rotação. (269-70)

A depreciação acelerada acarreta a desvalorização do capital fixo existente, cujo valor ainda não foi inteiramente reposto pela produção e venda de mercadorias. Se ocorre numa escala suficientemente ampla, pode resultar em crises. Como Marx observou no Livro I, a implicação para o trabalho é a forma do sistema de revezamento em turnos diurno e noturno, como uma maneira de recuperar o valor do capital fixo o mais rápido possível, antes que haja risco de depreciação moral. Mas a importância geral da desvalorização de grandes quantidades de capital fixo devida à "depreciação moral" ou a outras forças sociais (mudanças locacionais que deixam o capital fixo encalhado) não é enfatizada no Livro II. Ela é abordada nos *Grundrisse*, tanto teorética quanto historicamente. Desse modo, fica por nossa própria conta a tarefa de explorar algumas de suas implicações.

Crises generalizadas (que obviamente geram perdas de valor ao capital), sugere Marx, podem ser bons momentos para renovar ou repor o capital fixo existente. Essa é uma ideia que precisa ser seguida. Numa crise, muito do capital fixo existente permanece ocioso e, de uma maneira ou de outra, desvalorizado (a utilização do capital é muito baixa), de modo que os capitalistas que detêm reservas monetárias também poderiam muito bem jogá-lo fora e ir em frente (considerando em particular que os custos do novo capital fixo são provavelmente baixos). Um exemplo recente no reino das políticas públicas é o programa "*clash for clunkers*" ["dinheiro por sucata"], lançado pelo governo federal [dos Estados Unidos] em 2008. Ofereceu-se dinheiro vivo aos consumidores para que aposentassem seus carros velhos antes do fim da vida útil destes e comprassem carros novos. O objetivo era impulsionar o mercado automobilístico e preservar a lucratividade da indústria. Freios tributários para promover a depreciação acelerada são outra forma de incentivo de política pública que afeta a renovação do capital fixo e o reinvestimento neste último. Isso ocorreu no governo de Ronald Reagan, no início dos anos 1980, por meio de um subsídio público que permitia a depreciação acelerada de grande parte do novo capital fixo. Essa política, na verdade, subsidiou o movimento de capital para o Sul e para o Oeste, e a desindustrialização do Nordeste e do Centro-Leste dos Estados Unidos. Se isso é, em geral, mais ou menos "efetivo", depende, é claro, da existência de novas possibilidades tecnológicas ou locacionais. A grande depressão dos anos 1930 foi um período notável de renovação tecnológica e institucional em plena época de crise nos Estados Unidos. O resultado foi um modelo completamente diferente de aplicação de capital fixo (baseado no automóvel, na eletrificação e no desbravamento da Califórnia), que deu seus frutos após a Segunda Guerra Mundial. Esse modelo lançou "uma nova base material para o próximo ciclo de rotação" (270). Está ocorrendo um processo similar de reorganização do ambiente do capital fixo nas presentes condições recessivas? Se está, onde? Na China? A questão teórica colocada por Marx é certamente digna de investigação.

O significado geral desses aspectos da teoria marxiana da formação e resolução de crises não costuma ser ressaltado na literatura marxista, embora haja uma considerável evidência histórica de ciclos de negócios associados a ondas de novas tecnologias, e a ondas colaterais de grande "depreciação moral", da maneira como Marx as expõe. Medidas de utilização da capacidade (isto é, de capital amplamente fixo) são consideradas indicadores vitais da saúde econômica. Basta olhar para a onda de investimentos em capital fixo na China em resposta às condições de crise de 2008-2009 para reconhecer quão importante essas relações podem ser. Por um lado, podemos ver quão necessária é "uma constante superprodução, isto é, uma produção em escala maior do que a necessária para a simples reposição e reprodução da riqueza existente – independentemente do aumento da população – a fim de que se disponha dos meios de produção necessários para compensar a destruição extraordinária provocada pelos acidentes e pelas forças naturais" (259). Embora Marx tenha em mente o impacto de terremotos e tsunamis, não há nenhuma razão para não estendermos esse *insight* ao colapso dos mercados de exportação do tipo que a China viveu em 2009. A China tem grandes excedentes de capital (como o tinha a Inglaterra do século XVII até o fim do século XIX). Ela não precisa apelar para políticas de austeridade (como fizeram Rostow e o Partido Republicano nos Estados Unidos) para financiar ondas de investimento em capital fixo. No entanto, como Marx sinaliza com tanta presciência, há aqui também uma "base material" para as "crises periódicas nas quais a atividade econômica percorre as fases sucessivas de depressão, animação moderada, hiperatividade e crise" (269-70). Há, com efeito, inúmeras maneiras pelas quais as "depreciações morais" que ocorrem com os capitais fixos de todos os tipos (inclusive aqueles imobilizados na terra, como grandes infraestruturas físicas) podem se transformar – e frequentemente se transformam – em grandes rupturas e crises (em particular com relação aos valores dos ativos) no modo de produção capitalista. Embora assinale essa possibilidade, Marx não elabora profundamente a questão. Isso é, a meu ver, uma lástima. Ele deixa ao nosso encargo uma boa parte do trabalho, apesar de fornecer algumas ideias muito sugestivas para a tarefa.

CAPITAL FIXO E TEORIA DO VALOR

Existe um longo debate, tanto na economia marxista como na teoria burguesa, acerca de como valorizar o capital fixo. Trata-se de um problema muito difícil e espinhoso. Marx apresenta três maneiras de enfrentá-lo. Ele introduz o problema lançando mão da depreciação em linha direta. Uma máquina que dura dez anos recupera $1/10$ de seu valor por ano, até que seu valor tenha sido plenamente realizado e seu valor de uso inteiramente consumido, no momento em que o capitalista compra uma nova máquina com o dinheiro que foi entesourado. O segundo modo de valorizar o capital fixo é pelo custo de reposição. O valor residual da máquina é determinado a cada momento de sua vida útil por aquilo que custaria substituí-la por uma máquina equivalente. Em terceiro lugar, o valor da máquina depende do tempo de vida social médio e do nível geral de efetividade do capital fixo desembolsado por capitalistas concorrentes numa dada linha de produção. É nesse ponto que predominam o argumento da "depreciação moral" e a questão da "efetividade" ou "utilidade" (embora Marx não use esse termo) do capital fixo. As revoluções tecnológicas tornam as novas máquinas mais baratas e/ou mais eficientes e efetivas. Isso afeta o valor dos bens produzidos. Uma produtividade crescente significa valores-mercadorias mais baixos, de modo que o valor social médio do capital fixo existente (por exemplo, uma máquina) diminui. Quando o valor-mercadoria sofre uma queda em razão da produtividade crescente (pela disponibilidade de equipamento de capital fixo mais barato e mais efetivo), os capitalistas individuais, quando vão ao mercado, não podem exigir de volta o valor integral de seu capital fixo. Se eu disser a qualquer comprador: "Por favor, pague mais por essa mercadoria, porque ainda não amortizei minhas velhas e desengonçadas formas de capital fixo", ele certamente não me levará a sério.

Em grande parte, porém, Marx deixa esse elemento determinante sem uma análise aprofundada. A questão da redução dos valores-capitais e da valorização do capital fixo físico no decorrer do tempo é deixada em suspenso. A valorização do capital fixo é uma história de horror na economia burguesa, e muitos a veem como profundamente problemática em Marx. Em particular, ela é apresentada às vezes como o calcanhar de aquiles da concepção marxiana da teoria do valor-trabalho. Não há dúvida de que suas "peculiaridades" desafiam certas concepções dessa teoria. Se o valor é interpretado como aquele *input* de trabalho socialmente necessário e incorporado que fixa o "verdadeiro" valor de uma mercadoria para todos o tempos e sustenta o preços "naturais" ou de equilíbrio observados no mercado, então a abordagem relacional de Marx para decidir quando algo é ou não capital fixo (diante de itens do fundo de consumo ou em situação de *joint product*) basicamente subverte esse arcabouço. De fato, foi demonstrado de maneira conclusiva que a circulação de capital fixo não pode ser conciliada com uma teoria do valor que repouse unicamente nos tempos de trabalho passado e presente incorporados como grandeza fixa. Mas isso, como afirmei em *Os limites do capital*, é a teoria do valor-trabalho de Ricardo, não de Marx:

> Embora Marx frequentemente equipare o trabalho socialmente necessário com o trabalho incorporado por conveniência, este último não abrange todos os aspectos do valor como uma relação social. O valor, lembre-se, "existe apenas em artigos de utilidade", de forma que se "um artigo perde a sua utilidade, ele também perde o seu valor". Esta é uma simples extensão da regra marxiana segundo a qual as mercadorias "devem mostrar que são valores de uso antes de serem negociadas como valores", e que "se a coisa é inútil, também o é o trabalho nela contido; o trabalho não conta como trabalho, e por isso não cria valor".[3]

Ora, pelas razões expostas já no início, Marx reluta em lidar com especificidades como oferta e demanda, e certamente não quer entrar em nenhuma versão de teoria utilitarista. Assim, supõe-se em geral que ou o artigo é um valor de uso ou não é. Mas não é difícil ver como o valor de uso do capital fixo se altera no decorrer de seu tempo de vida, dependendo de sua "efetividade" (que é a razão pela qual destaquei essa palavra no início). Na maioria das vezes, afirmo, "o valor [...] não é uma métrica fixa a ser usada para descrever um mundo em mutação, mas é tratado por Marx como uma relação social que incorpora a contradição e a incerteza em seu próprio centro. Então, não há nenhuma contradição entre a concepção de valor de Marx e a circulação do capital fixo. A contradição é internalizada dentro da própria noção do valor"[4].

Há uma maneira interessante de tornar esse argumento mais tangível, e, de fato, Marx alude a isso, embora não faça uma aplicação mais completa da teoria dos *joint products*. No fim de um período de rotação de, digamos, um ano, duas merca-

---

[3] David Harvey, *Os limites do capital* (São Paulo, Boitempo, 2013), p. 294; John E. Roemer, "Continuing Controversy on the Falling Rate of Profit: Fixed Capital and Other Issues", *Cambridge Journal of Economics*, n. 3, 1979, p. 379-98; Ian Steedman, *Marx After Sraffa* (Londres, Verso, 1977).

[4] David Harvey, *Os limites do capital*, cit., p. 294.

dorias foram produzidas conjuntamente – a mercadoria e o capital fixo residual (na forma, por exemplo, de máquinas de costura). No fim do tempo de rotação, tenho a opção de tratar tanto as camisas como as máquinas de costura como capital-mercadoria e realizar o valor de ambas. As máquinas de costura parcialmente usadas têm um valor no mercado, mas há um problema com o ambiente construído. O valor de mercado dos artigos usados de uma paisagem industrial inteira não é fácil de determinar. Embora se saiba de relatos impressionantes sobre fábricas que são desmontadas na Alemanha e remontadas na China, é provável que o custo dessa mudança diminua seriamente o custo de aquisição do capital fixo desvalorizado. Nesse caso, porém, o valor futuro antecipado pode entrar em cena (uma forma de capital fictício que encontraremos posteriormente). No entanto, isso envolve um risco considerável para o capitalista que compra o velho capital fixo parcialmente desvalorizado na terra e, em seguida, espera ou usá-lo diretamente ou convertê-lo em outros usos (por exemplo, converter em condomínio residencial uma fábrica de algodão abandonada).

Obviamente, existem todos os tipos de problema no campo da valoração de investimentos de capital fixo, velho e novo. Algumas estratégias são apresentadas para lidar com essas dificuldades, como a obsolescência planejada ou o arrendamento de capital fixo numa base anual, de modo que o risco seja transferido do produtor que o utiliza para o proprietário que o arrenda (em geral em troca de juros, simplesmente). E, na prática, o Estado e os governos locais costumam intervir para fornecer certos elementos de capital fixo na terra por baixo custo e socializar tanto o ônus quanto o risco de certos tipos de investimento de capital fixo.

Se menciono todos esses problemas e possibilidades, é para ilustrar a complexidade vinculada ao que a princípio parece ser a categoria muito simples do capital fixo. Marx aborda muitas dessas complexidades, mas não todas, e faz isso de uma maneira relacional, enfatizando a fluidez e a instabilidade da categoria na e por meio da circulação e acumulação do capital em geral. O caráter inacabado do Livro II implica que ainda há muito a ser dito sobre esse tópico, mas ao mesmo tempo é difícil de compreender a relutância de Marx em usar todas as descobertas anteriores dos *Grundrisse* e de outros textos. Apesar de todas essas deficiências particulares, porém, a questão da circulação do capital fixo em todas as suas formas (móvel e imóvel, em particular), e com todas as suas relacionalidades (especialmente com o fundo de consumo), constitui uma característica fundamental da busca crítica de Marx por um entendimento das leis de movimento do capital em seu "estado puro". O fato de essa busca levar Marx cada vez mais perto da questão de como o sistema de crédito opera em relação à formação, circulação e uso do capital fixo é motivo suficiente para que interroguemos em detalhes como o próprio sistema de crédito funciona sob as regras de um modo puro de produção capitalista.

4. O CAPITAL COMERCIAL

(CAPÍTULOS 16-20 DO LIVRO III)

Passaremos agora ao "grande experimento" de ver como a teoria de Marx se apresenta quando tentamos integrar a análise técnica do processo de circulação, exposta no Livro II, a suas formas distribucionais correspondentes, tal como apresentadas no Livro III. Ao nos aventurar no Livro III, temos de enfrentar algumas dificuldades imediatas, causadas pela natureza do texto.

Engels teve muita dificuldade para reconstruir a maior parte desse livro a partir dos manuscritos deixados por Marx. A seção IV, sobre o capital comercial, encontrava-se num estado razoável, mas a seção V, que trata de capital monetário, finanças e crédito, era "a principal dificuldade, e continha o tema principal de todo o livro". Acredito que o fato de Engels ver as coisas desse modo tenha uma relevância mais do que superficial. Também penso que esse tema é da máxima importância e lamento que não tenha sido o centro de uma análise e de um debate bem mais amplos no interior da tradição marxista da economia política.

O problema era que não existia nenhum "manuscrito acabado, ou mesmo o esboço de um plano que devesse ser completado, mas simplesmente o início de uma elaboração que se dispersou mais de uma vez num amontoado desordenado de notas, comentários e excertos". Após três tentativas de reescrevê-lo, Engels desistiu e apenas organizou o material da melhor forma que podia, fazendo "somente as alterações mais necessárias". As verdadeiras dificuldades começaram, relata Engels, após o capítulo 30 ("Capital monetário e capital real").

> A partir desse ponto era não só o material ilustrativo que precisava ser corrigido, mas também a linha de pensamento continuamente interrompida por digressões, desvios etc., e depois retomada em outros lugares, muitas vezes de passagem. A isso seguia-se, no manuscrito, uma longa seção intitulada "A confusão". (C3, 94-5)

Esse material está, em suma, num estado bastante ruim.

É difícil, se não impossível, reconstruir o fluxo geral da maior parte da argumentação de Marx. Há passagens em que isso pode ser feito, mas em outras penso que o melhor é extrair o que parecem ser *insights* e ideias fundamentais de um longo trecho e ver se surge deles um arcabouço mais geral para análise – não há outra opção, por exemplo, exceto ler especulativamente o material sobre especulação.

Marx começa a seção IV do Livro III com a seguinte observação: "O capital mercantil ou comercial é dividido em duas formas ou subespécies: capital dedicado ao intercâmbio de mercadorias e capital dedicado ao intercâmbio de dinheiro" (C3, 379). Embora haja uma óbvia sobreposição entre o comércio de mercadorias e o intercâmbio de dinheiro (por exemplo, o comércio implica frequentemente oferta de crédito), Marx separa um do outro exatamente da mesma maneira em que, no Livro II, distingue o ciclo do capital monetário do ciclo do capital-mercadoria. Mas observe que, quando Marx usa o termo "capital mercantil", ele inclui neste último tanto o capital comercial (que normalmente chamaríamos de atividade do comerciante) quanto o capital dos banqueiros e dos financistas.

Marx também deixa clara a determinação de não se desviar de sua missão, tal como a descreve na introdução dos *Grundrisse*, e se concentrar nas leis gerais de movimento do capital, mesmo quando trata das particularidades da distribuição. Como declara com frequência, ele "entrará em tais detalhes à medida que for necessário para analisar o capital em sua estrutura interna básica". O objetivo é situar as atividades dos comerciantes e dos financistas em relação a essas leis gerais. O problema é que Marx nem sempre está certo sobre o que é relevante ou não para essas leis gerais. Isso é algo que devemos manter sob um olhar crítico no decorrer da investigação.

Esse último problema está relacionado a outro, ao qual também precisamos prestar atenção:

> Se, como o leitor teve o desprazer de descobrir, a análise das conexões internas efetivas do processo capitalista de produção é uma coisa muita intricada e um trabalho muito minucioso; se é uma tarefa da ciência reduzir o movimento visível e meramente aparente ao movimento interno efetivo, é inteiramente evidente que nas mentes dos agentes da produção e da circulação capitalistas surgirão ideias acerca das leis da produção em completa divergência com estas últimas, e que serão apenas a expressão consciente do movimento aparente. As ideias de um comerciante, de um especulador da bolsa, de um banqueiro são necessária e absolutamente falsas. As dos fabricantes são falseadas pelos atos da circulação aos quais o capital é submetido e pela nivelação da taxa geral de lucro. Nessas mentes, a concorrência também assume necessariamente um papel inteiramente falso. (C3, 428)

Perceba o que isso implica. A autoconsciência, a autopercepção e as ideias dos agentes financeiros (assim como as dos capitalistas em geral) são enganosas, não no sentido de que eles sejam loucos (embora, como veremos, esse seja o caso muitas vezes), mas *necessariamente* iludidos no sentido descrito por Marx em sua teoria do fetichismo. Nessa teoria, a aparência superficial dos signos do mercado (como os preços e os lucros), aos quais temos inevitavelmente de reagir, esconde o conteúdo real de nossas relações sociais. Agimos necessariamente com base nesses signos, não importando se reconhecemos ou não o fato de que eles mascaram outra coisa. Não é surpresa, portanto, encontrar ideias e teorias burguesas que reproduzam os signos enganadores no mundo da consciência e do pensamento. A intenção geral de Marx em *O capital* é revelar o que se esconde por trás e além dos fetichismos da troca de mercadorias e ver o mundo "de pé". Era essa, como revela Engels no prefácio, sua intenção ao analisar "a confusão". Isso também explica por que o material reunido por Marx na seção V, após o capítulo 30, consistia:

> simplesmente de excertos dos relatórios parlamentares sobre as crises de 1848 e 1857, nos quais se reuniam, com a adição ocasional de breves comentários humorísticos, as declarações de 23 negociantes e escritores econômicos, em particular sobre os temas do dinheiro e do capital, da evasão de ouro, da especulação excessiva etc. (C3, 95)

Essas declarações constituíam a matéria-prima básica que necessitava ser posta "de pé". Não é nenhuma surpresa, portanto, que a teoria do fetichismo da mercadoria reapareça explicitamente na seção V, quando é derivada dela a importantíssima categoria do "capital fictício".

A visão de Marx sobre tudo isso tem uma imensa importância em nossa época. Hoje, não só temos de lidar com inúmeras explicações que acreditamos serem confiáveis sobre o que acontece em Wall Street (inclusive as investigações do Congresso), como também somos esmagados por uma retórica que diz que o sistema bancário é tão complicado que apenas os banqueiros especialistas compreendem o que fazem. Por isso, dizem que devemos confiar na expertise deles para lidar com os problemas que eles criaram. Mas, se Marx está certo, não devemos acreditar nas explicações dos banqueiros (ainda que sejam "confiáveis", no sentido fetichista do termo), e certamente não delegar a eles a tarefa de conceber arranjos institucionais para controlar as contradições inerentes (a maioria das quais é desconhecida) às leis de movimento do capital. Banqueiros e financistas são de certo modo as últimas pessoas em quem se pode confiar, não porque sejam todos fraudadores e mentirosos (embora notoriamente um certo número deles o seja), mas porque muito provavelmente são prisioneiros de suas próprias mistificações e ideias fetichistas. Não é difícil imaginar o que Marx teria dito de Lloyd Blankfein, que, pressionado por uma comissão do Congresso, declarou que seu banco, o Goldman Sachs, estava apenas realizando a obra de Deus.

Os sistemas bancário e financeiro são, segundo Marx, um mundo muito complicado. A insistência de Marx para que se preste atenção apenas àqueles aspectos vinculados às leis gerais de movimento do capital é proveitosa e ao mesmo tempo frustrante. A ciência de Marx procura o movimento interno efetivo em meio ao caos aparente e a inúmeras complicações. Nosso esforço deveria ser procurar não menos do que isso. Desse modo, evitamos nos enredar em cada detalhe da operação deste ou daquele novo instrumento financeiro. Mas isso é frustrante, porque Marx jamais completou a análise do que era relevante ou não e, como veremos, quando tentou, deparou com problemas muito profundos. E ele nunca realizou a ambição de pôr "de pé" a visão dos banqueiros.

Assim, recordemos primeiro onde o argumento se encontra. Sabemos, pela análise exposta no começo do Livro II, que o ciclo do capital industrial compreende três processos de circulação interligados, porém distintos: o ciclo do capital monetário, o do capital-mercadoria e o do capital de produção. Os ciclos do dinheiro e da mercadoria (a monetização e mercadorização das relações de troca) tinham de preexistir ao advento de um modo de produção propriamente capitalista, movido pela lógica da produção e da apropriação de mais-valor, tal como exposta no Livro I.

A importância vital e as qualidades especiais do capital-mercadoria no interior da circulação total do capital industrial foram examinadas separadamente no capítulo 3 do Livro II. Nesse capítulo, porém, Marx evitou avançar além do necessário para compreender a posição formal do capital-mercadoria na dinâmica global do processo de circulação. No Livro III, ele está preparado para ir mais longe e mais fundo – ainda que, como veremos, ainda relute em tratar das relações de poder entre comerciantes e produtores em toda sociedade capitalista efetivamente existente.

Em *O capital*, Marx se refere a essas formas preexistentes de capital como "antediluvianas" (veja o Livro I, página 239, e capítulos 20 e 36 do Livro III). Como essas formas antediluvianas – e em particular o capital comercial e usurário – que funcionam de modo independente e autônomo, com (ou sem) suas próprias regras de conduta e troca, devem ser disciplinadas para servir às necessidades de um modo de produção capitalista sujeito a regras? Teoricamente, a resposta a essa pergunta implica especificar os papéis distintivos e necessários do capital envolvido no intercâmbio de mercadorias e de dinheiro dentro de um modo de produção puramente capitalista, e mostrar como suas formas de operação (marcadas, como sempre, por sérias contradições) poderiam afetar as leis de movimento do capital. Isso conduz a outra questão óbvia, abordada primeiro no capítulo sobre o dinheiro do Livro I, a respeito do papel das crises comerciais e financeiras, como aquelas que Marx viveu em 1848 e 1857 (e que temos vivido desde 2007), em relação à teoria do valor e à dinâmica global da acumulação do capital. Essas são as questões de que tratarei agora.

SOBRE O CAPÍTULO 20 DO LIVRO III: MATERIAIS HISTÓRICOS SOBRE O CAPITAL COMERCIAL

Penso que é útil começar com uma leitura do capítulo 20, no qual é apresentado um panorama do papel histórico das formas "antediluvianas" do capital comercial no surgimento do modo de produção capitalista. Como vimos, as reconstruções históricas de Marx são suspeitas em geral, mas nesse caso seu relato é sugestivo, se não informativo.

Marx inicia o capítulo com uma crítica a todos os economistas que veem o capital comercial simplesmente como um dos muitos ramos da divisão social do trabalho:

> Ao contrário, no capital dedicado ao intercâmbio de mercadorias e no capital dedicado ao intercâmbio de dinheiro, as diferenças entre o capital industrial como capital produtivo e o mesmo capital na esfera da circulação se autonomizam pelo fato de que as formas e funções determinadas que o capital assume aqui temporariamente apresentam-se como formas e funções autônomas de uma parte separada do capital e permanecem inteiramente confinadas nessa esfera.

Preste atenção à linguagem utilizada: o capital dedicado ao intercâmbio de mercadorias "se autonomiza" pelo fato de "se apresentar" como uma forma de capital "separada" e "autônoma". Mesmo considerando que se trata da independência e da autonomia em relação às formas sociais feudais, isso ainda deixa em aberto a questão da autonomia e da independência em relação às leis de movimento do capital, tal como definidas anteriormente.

Contudo, certamente é errado considerar que as atividades bancárias, ou de venda no atacado e no varejo, em princípio, não tenham nenhuma diferença em relação a atividades produtoras de valor, como a mineração, a metalurgia e a agricultura, no interior da divisão global do trabalho. Mas esse é o modo como tais setores eram vistos na economia política clássica, e continuam a ser representados até hoje no cálculo das contas nacionais. Marx insiste que se trata de atividades fundamentalmente distintas, que derivam de sua relação com o fluxo de capital na esfera da circulação, e não da produção. As "confusões" da economia política clássica foram expressas, em primeiro lugar, por uma "incapacidade de explicar o lucro comercial e suas peculiaridades" e, em segundo, por sua "tentativa apologética de derivar as formas de capital-mercadoria e capital monetário [...] do processo de produção como tal". A ideia de que "a produção predomina" é corretamente atribuída a Marx, mas aqui ele está dizendo que isso não ocorre no estreito sentido determinista tipicamente proposto pelos economistas políticos clássicos. "Smith, Ricardo etc. [...] trataram [...] do capital industrial [...] e ficaram perplexos diante do capital comercial", porque "as teses sobre a criação de valor, lucro etc. deduzidas da consideração do capital industrial não se aplicam diretamente ao capital comercial. Por isso, eles ignoraram este último completamente" (C3, 440-1). A questão de como lidar com o papel do capital comercial é tão confusa hoje quanto o era na época de Marx. Portanto, essa é uma grande oportunidade de enfrentar a confusão e levantar algumas questões fundamentais. De onde vem o lucro sobre o capital (dedicado ao intercâmbio de mercadorias e de dinheiro) do comerciante – e como pode ser justificado em relação às leis de movimento do capital –, quando não é em si mesmo um ramo de produção que produz valor? Esse é o problema que os capítulos mais importantes tentarão responder apenas "do ponto de vista do modo de produção capitalista e dentro de seus limites".

Mas "o capital comercial é mais antigo do que o modo de produção capitalista, e é, de fato, o modo histórico mais antigo em que o capital tem uma existência independente". O que se requer para sua existência é apenas:

> a circulação simples de mercadorias e dinheiro. [...] Seja qual o for o modo de produção que constitui a base na qual os produtos em circulação são produzidos – se a comunidade primitiva, a produção escravagista, o pequeno campesinato e a produção pequeno-burguesa ou a produção capitalista –, isso não altera em nada seu caráter de mercadorias [e] o capital comercial serve apenas de mediação do movimento dessas mercadorias. (C3, 442)

A extensão do comércio depende, é claro, do modo de produção. Numa sociedade camponesa com alto nível de autossuficiência, só serão comercializados os produtos que excederem a satisfação das necessidades básicas, e os comerciantes se verão restringidos a negociar apenas esses excedentes. Seu papel se expande e atinge "um ponto máximo com o desenvolvimento pleno da produção capitalista, em que o produto é produzido simplesmente como uma mercadoria, e não como um meio direto de subsistência". O capital comercial "apenas medeia o intercâmbio de mercadorias", mas "compra e vende para muitas pessoas. Vendas e compras são concentradas em suas mãos e, desse modo, a compra e a venda deixam de estar ligadas às necessidades diretas do comprador (como comerciante)". Embora Marx não diga, o comerciante obviamente procura obter ganho com economias de escala em sua operação.

A riqueza do comerciante "existe sempre como riqueza monetária, e seu dinheiro funciona sempre como capital", apesar de sua forma ser sempre D-M-D'. Isso significa que a finalidade e o objeto das operações do comerciante tem de ser a busca de ΔM (C3, 443). A questão é: de onde vem esse ΔM, e quais são as implicações de sua apropriação pelo comerciante?

Como afirma Marx:

> [não há] absolutamente nenhum problema em compreender por que o capital comercial aparece como a forma história do capital muito tempo antes de o capital ter submetido ao seu jugo a própria produção. Sua existência e seu desenvolvimento a um certo nível são uma precondição histórica para o desenvolvimento do modo de produção capitalista (1) como precondição para a concentração da riqueza monetária, e (2) porque o modo de produção capitalista pressupõe a produção para o comércio [...]. Por outro lado, cada desenvolvimento do capital comercial confere à produção um caráter progressivamente orientado para o valor de troca, transformando cada vez mais os produtos em mercadorias.

A existência do capital comercial pode ser uma condição necessária para a transição para o modo de produção capitalista, mas, "tomada em si mesmo, é insuficiente para explicar a transição" (C3, 444).

No contexto da produção capitalista, "o capital comercial é rebaixado de sua existência separada anterior para se tornar um momento particular do investimento do capital em geral, e a equalização dos lucros reduz sua taxa de lucro à média geral. Agora ele funciona simplesmente como o agente do capital produtivo".

Como veremos em breve, temos de ser muito cuidadosos quanto ao modo como entendemos essa afirmação. O comentário subsequente de Marx pode ser enganoso. Ele diz, por exemplo, que "onde o capital comercial predomina, obtém condições obsoletas" e que "cidades comerciais", mesmo no interior de um mesmo país, "exibem uma analogia muito maior com as condições do passado do que as cidades manufatureiras". Essa é uma observação histórica muito perspicaz. Na Inglaterra, por exemplo, a produção capitalista não surgiu nas grandes cidades comerciais e mercantis como Bristol e Norwich (que eram dominadas por formas conservadoras de organização como corporações e guildas), mas nos "descampados" de vilarejos como Manchester e Birmingham, onde não havia essas formas de organização. Isso levou Marx a concluir que "o desenvolvimento independente e preponderante do capital na forma de capital comercial é sinônimo da não sujeição da produção ao capital" e, portanto, "encontra-se em razão inversa ao desenvolvimento econômico geral da sociedade". Em outras palavras, uma classe hegemônica de comerciantes tentaria impedir o advento da forma industrial de capital, porque sua capacidade de extrair lucros excessivos pela exploração de produtores fracos e vulneráveis seria reprimida.

A história da transição que Marx nos conta é a seguinte:

> [o capital] aparece primeiramente no processo de circulação. Nesse processo de circulação, o dinheiro se desenvolve em capital. É na circulação que o produto se desenvolve primeiro como valor de troca, mercadoria e dinheiro. O capital pode ser formado no processo de circulação, e tem de ser formado lá, antes de aprender a dominar seus extremos, as várias esferas da produção mediadas pela circulação.

Uma vez que o capital domina os extremos, "o processo de produção é completamente baseado na circulação, e esta última é um mero momento e uma fase de transição da produção" (como é descrito nos primeiros capítulos do Livro II). Isso conduz à "lei de que o desenvolvimento independente do capital-mercadoria encontra-se em proporção inversa ao nível de desenvolvimento da produção capitalista". Há "um declínio na supremacia dos povos que vivem exclusivamente do comércio e em sua riqueza comercial", e isso reflete "a subordinação do capital comercial ao capital industrial" provocada pelo "desenvolvimento progressivo da produção capitalista" (C3, 446).

Marx ilustra o poder dessa lei com algumas observações sobre a natureza do transporte comercial marítimo organizado pelos venezianos, genoveses e holandeses. Eles dependiam fortemente do "capital comercial em sua forma pura" e enriqueceram colocando-se como mediadores no intercâmbio e acumuladores do capital monetário, comprando barato e vendendo caro. Embora as mercadorias trocadas sejam uma expressão de trabalho humano e tenham um valor, "elas não são valores iguais". Mas, à medida que os comerciantes transformam o mundo do intercâmbio de mercadorias num mundo em que, como ele disse antes, o intercâmbio se torna "um ato social normal", a métrica do valor se torna cada vez mais hegemônica. Esse é um ponto importante. A importância do conceito de valor e da teoria que Marx constrói sobre ele depende historicamente da atividade dos capitalistas comerciais na criação de redes de intercâmbio no mercado mundial.

Embora isso seja historicamente correto, a suposta existência dessa "lei" coloca um sério problema para nós. O surgimento de formas poderosas de capital comercial (como Walmart, Ikea, Nike, Benetton, Gap etc.) nos últimos trinta anos sugere que ou a "lei" perdeu a validade ou requer uma interpretação nuançada. Ou estamos simplesmente sendo iludidos pelas aparências? Retornaremos a essa questão em breve.

Marx continua:

> Nos estágios anteriores à sociedade capitalista o comércio prevalecia sobre a indústria; na sociedade moderna, ocorre o inverso. Naturalmente, o comércio retroage em maior ou menor extensão sobre as comunidades entre as quais ele é realizado; ele submete

cada vez mais a produção ao valor de troca [...]. Desse modo, ele dissolve as velhas relações. Ele aumenta a circulação monetária. Ele não se limita mais a se apropriar da produção excedente, mas, na verdade, consome a própria produção e faz com que ramos inteiros da produção passem a depender dela. (C3, 448)

Em seus estágios iniciais, o capital comercial obtém grande parte de sua riqueza por "fraude e logro". Onde quer que tenha atingido "uma posição dominante", o capital comercial constituiu "um sistema de pilhagem" que, devemos notar, contraria inteiramente as regras das trocas livres e justas no mercado, em geral pressupostas em *O capital*, e nos leva de volta ao mundo da acumulação primitiva do Livro I. Mas, à medida que se torna mais regulado, o capital comercial se torna também mais vinculado a regras. E as regras são impostas, ao menos em teoria, por aquilo que o modo de produção capitalista demanda, mesmo quando o desenvolvimento do comércio promove essas demandas.

O desenvolvimento do comércio e do capital comercial faz a produção orientar-se progressivamente para o valor de troca, expande seu volume, diversifica-a e torna-a cosmopolita, transformando o dinheiro em dinheiro mundial. O comércio tem sempre, em maior ou menor grau, um efeito dissolutivo sobre as organizações anteriores de produção, que, em todas as suas variadas formas, orientam-se fundamentalmente para o valor de uso. Mas em que medida ele conduz à dissolução do modo de produção anterior depende primordialmente da solidez e da articulação interna desse modo de produção. E o que advém desse processo de dissolução, isto é, que novo modo de produção surge no lugar do anterior, não depende do comércio, mas antes do caráter do próprio modo de produção anterior. (C3, 449)

Não há, portanto, nenhum movimento necessário que conduza ao modo de produção capitalista. De que maneira o dinheiro "dissolve" a comunidade antiga para se tornar a comunidade é um tema elaborado com certo detalhamento e grande paixão nos *Grundrisse* (veja, por exemplo, 165-9).

[No entanto,] não resta dúvida [...] de que as grandes revoluções que ocorreram no comércio nos séculos XVI e XVII, juntamente com as descobertas geográficas da época, e provocaram um rápido avanço no desenvolvimento do capital comercial, foram um elemento fundamental na promoção das transições do modo de produção feudal para o modo de produção capitalista. A súbita expansão do mercado mundial, a multiplicação das mercadorias em circulação, a concorrência entre as nações europeias pelo açambarcamento dos produtos asiáticos e dos tesouros da América, o sistema colonial, tudo isso deu uma contribuição fundamental para a superação das barreiras feudais à produção.

Mas, ao mesmo tempo que "a expansão súbita do comércio e a criação de um novo mercado mundial tiveram uma enorme influência na derrota do velho modo de produção e no advento do modo de produção capitalista", houve em dado momento uma reversão histórica, na qual não era mais a expansão do comércio e do mercado mundial que dava impulso à produção capitalista, mas, ao contrário, esta última que se tornava a força motriz, de modo que uma nação em processo de industrialização (Inglaterra) assumiu um papel hegemônico no desenvolvimento capitalista que suplantava o poder comercial (o da Holanda). Quem tem alguma familiaridade com a obra de Giovanni Arrighi, *O longo século XX*, em que ele apresenta a história das mudanças de hegemonia no interior do capitalismo global, verá imediatamente a validade histórica desse argumento[1]. Foi isso que também levou os comerciantes a se transformarem em agentes das práticas coloniais e imperialistas, destruindo a indústria indiana a fim de criar um mercado para os artigos produzidos na Inglaterra.

"A transição do modo de produção feudal ocorre por duas vias distintas. O produtor pode se tornar comerciante e capitalista", que é "a via realmente revolucionária. A outra possibilidade é o comerciante tomar o controle da própria produção". Mais tarde, Marx acrescenta uma terceira via, em que "o comerciante converte os pequenos mestres em intermediários seus, ou até compra diretamente do produtor independente; ele o deixa nominalmente independente e não muda em nada seu modo de produção" (C3, 454).

Há aqui dois argumentos perspicazes. Primeiro, o poder arrebatador do capital do comerciante e suas formas de organização inibiram o desenvolvimento do capitalismo industrial pleno, na mesma medida em que o promoveram. Essa visão é sustentada por uma evidência histórica considerável. Mas há uma questão mais atual. Quando têm o controle, os comerciantes frequentemente conservam e retêm as velhas e atrasadas formas de produção organizadas em linhas tradicionais.

> [Isso] cria um obstáculo ao desenvolvimento do modo genuíno de produção capitalista e desaparece à medida que este se desenvolve. Sem revolucionar o modo de produção, ele simplesmente piora as condições dos produtores diretos, transforma-os em meros trabalhadores assalariados e proletários sob condições piores do que as daqueles diretamente submetidos ao capital, apropriando seu mais-trabalho sobre a base do velho modo de produção. Um pouco modificadas, as mesmas relações podem ser encontradas na manufatura de móveis em Londres, que funcionam em parte artesanalmente. Esse é o caso, em particular, em Tower Hamlets. (C3, 453)

---

[1] Giovanni Arrighi, *The Long Twentieth Century: Money, Power and the Origins of Our Times* (Londres, Verso, 1994) [ed. bras: *O longo século XX*, Rio de Janeiro/São Paulo, Contraponto/Unesp, 1996].

O caso de Tower Hamlets fornece alguns *insights* muito importantes:

> A produção inteira de móveis é dividida em muitos ramos separados. Uma firma produz apenas cadeiras, uma outra mesas, uma terceira sofás etc. Mas essas mesmas firmas são conduzidas mais ou menos numa base artesanal, por um mestre com alguns trabalhadores jornaleiros. Apesar disso, a produção se dá numa escala grande demais para operar diretamente para clientes privados. Os compradores são proprietários de lojas de móveis. No sábado, o mestre vai a essas lojas e vende seus produtos [...]. Esses mestres necessitam da venda semanal simplesmente para comprar mais matérias-primas para a semana seguinte e pagar salários. Nessas condições, eles são apenas intermediários entre o comerciante e seus próprios trabalhadores. *O comerciante é o verdadeiro capitalista e embolsa a maior parte do mais-valor.* (C3, 453; grifos meus)

Sistemas de produção desse tipo existiram por muito tempo na história do capitalismo, e essa forma se proliferou (embora com uma roupagem moderna) nos últimos quarenta anos, quando organizações capitalistas comerciais como Benetton, Walmart, Ikea, Nike etc. certamente "embolsaram a maior parte do mais-valor" dos produtores subcontratados por elas. Em que sentido, então, ainda podemos dizer que a "produção predomina"?

No Livro I, Marx admite que o capital, na época, era constituído de todo tipo de sistemas de trabalho diferentes ou "híbridos" (desde trabalhadores fabris até trabalhadores domésticos). Mas havia uma orientação teleológica bem definida, na qual Marx parecia supor que sistemas de trabalho mistos e híbridos do tipo dos de Tower Hamlets serviam de transição para um sistema fabril que dominaria todo o resto. Num modo de produção puramente capitalista, a fábrica seria tudo. Questionei esse pressuposto teleológico no volume I de *Para entender O Capital*. Em meus estudos sobre a organização industrial em Paris sob o Segundo Império, descobri que o tipo de organização que vigorava em Tower Hamlets estava se proliferando, e não diminuindo. Contudo, Marx estava certo ao ressaltar a exploração viciosa presente nessas formas de organização do trabalho. Zola, em seu romance *A taberna*, faz uma descrição devastadora das condições opressivas em que vive um casal de trabalhadores que fabricam correntes de ouro em seu apartamento, sob o comando de comerciantes que lhes fornecem o ouro e recolhem o produto uma vez por mês. No mundo atual, há evidências suficientes de que a hiperexploração caracteriza muitas das redes de terceirização mobilizadas e organizadas pelo capital comercial (como mostram os escândalos que estouraram na imprensa sobre as roupas de Liz Claiborne, os calçados da Nike e o trabalho infantil na produção de tapetes e bolas de futebol – chutadas por jogadores que ganham milhões – e na colheita de cacau).

Mas a hiperexploração que encontramos nesse ponto é importante por outra razão. À medida que o sistema de fábrica proliferava e crescia, às vezes impondo uma enorme pressão competitiva sobre esses outros sistemas de produção, os trabalhadores começavam a se organizar a partir do trabalho fabril, como previu Marx. Eles formaram sindicatos e fizeram aquele tipo de pressão política que se generalizou no final dos anos 1960 em muitas regiões do mundo capitalista avançado. Foi nessas condições políticas que a mudança para formas comerciais anteriores de hiperexploração se tornou muito mais atrativa. Isso explica o renascimento dos capitalistas comerciais (e mesmo a renovação das práticas e das teorias mercantilistas) e a proliferação das redes hiperexploradoras e das cadeias de produção dispersas e terceirizadas. No entanto, em certas arenas e áreas de produção, essas práticas nunca desapareceram; elas conservaram sempre sua supremacia competitiva sobre a produção fabril. Hong Kong, por exemplo, é louvada por essas formas de produção em pequenas oficinas e baseada no trabalho familiar – em contraste com Singapura, por exemplo, que tem uma organização mais corporativa, e a Coreia do Sul, que seguiu a via clássica da produção fabril em grande escala e terminou com um forte movimento operário, algo que seria impensável em Hong Kong. A meu ver, o pressuposto teleológico não se sustenta. A concorrência entre diferentes sistemas de trabalho continua a ser um aspecto vital do capitalismo global contemporâneo, aspecto que, por sua vez, implica diferentes papéis a serem desempenhados pelos produtores em relação aos comerciantes. Há certos setores, assim como certos espaços na economia global, em que parece que os produtores dominam os comerciantes, mas em outros lugares e setores parece ocorrer o contrário. Na indústria automobilística, por exemplo, os produtores tendem a dominar os distribuidores, mas na indústria têxtil ocorre quase sempre o contrário atualmente. No caso da General Motors, no entanto, a General Motors Acceptance Corporation surgiu como uma forma híbrida e tornou-se um ramo independente e autônomo do fundo de crédito da General Motors (chegando a converter-se em banco na crise de 2008-2009).

A proposição de Marx de que a "produção predomina" e as atividades dos comerciantes se tornam "subservientes" às exigências do modo de produção capitalista também permanece verdadeira num outro sentido muito claro. Enquanto os capitalistas comerciais de outrora viviam de práticas fraudulentas e predatórias de comprar (ou tentar comprar) barato e vender caro, agora têm de organizar os produtores diretos sob sua influência para maximizar a produção de mais-valor, ainda que eles, os comerciantes, apropriem-se da maior parte desse valor. Por isso, a proposição de Marx em relação à subserviência do capital do comerciante às exigências da produção de mais-valor continua a valer. Isso não significa que os capitalistas comerciais tenham de ser ou sejam subservientes ao poder dos produtores. Tampouco que os comerciantes deixem de se envolver em práticas fraudulentas de acumulação por despossessão (das quais têm uma grande experiência histórica). Na recente crise hipotecária nos Estados Unidos, por exemplo, soube-se que uma instituição como a Countrywide fraudou milhões de pessoas em bilhões de dólares durante o *boom* imobiliário de 2000 a 2007.

Marx admite prontamente a perpetuação e o retorno periódico dessas práticas, mas sua intenção é situar as origens dos lucros do capital comercial nas regras de um modo de produção puramente capitalista. Para isso, ele precisa definir a lógica da posição do capital dos comerciantes e as contribuições que eles e o trabalho que empregam dão à produção e à realização do mais-valor no interior de um modo de produção capitalista de funcionamento puro. Esse é o foco dos importantes capítulos analíticos sobre o capital comercial, aos quais agora nos voltamos.

SOBRE O CAPÍTULO 16 DO LIVRO III: O CAPITAL COMERCIAL

Marx inicia seu capítulo sobre o capital comercial (definido como aquela parte do capital do comerciante dedicada fundamentalmente ao intercâmbio de mercadorias) lembrando sua conexão com a circulação do capital-mercadoria tal como foi apresentada no Livro II. Uma parte do capital social total "está sempre no mercado como uma mercadoria, esperando para ser convertida em dinheiro":

> O capital está sempre envolvido nesse movimento de transição, nessa metamorfose. Na medida em que essa função adquire vida independente como uma função especial de um capital especial e é fixada pela divisão do trabalho como uma função que recai sobre uma espécie particular de capitalista, o capital-mercadoria converte-se em capital dedicado ao intercâmbio de mercadorias, ou, em outras palavras, capital comercial. (C3, 379)

Nossa tarefa é entender o papel que essa "espécie particular" de capitalista desempenha na acumulação do capital.

Para obter o capital comercial em sua forma pura, Marx lembra que há certas atividades – em especial os transportes – que fazem parte da produção de valor, ainda que sejam exercidas frequentemente pelo capital comercial. Marx propõe ignorar essas funções (C3, 380). Isso o deixa com a distinção pura e simples entre o capital circulante (ou fluido) e o capital envolvido na produção dentro da circulação global do capital industrial.

> O capital comercial [não é] nada mais que a forma transformada de uma porção do capital de circulação que pode ser sempre encontrada no mercado. [...] Referimo-nos aqui a uma porção apenas, porquanto uma outra parte da compra e da venda de mercadorias

ocorre sempre diretamente entre os próprios capitalistas industriais. Na presente investigação, devemos ignorar completamente essa outra porção do capital de circulação, uma vez que ela não contribui em nada para a definição teórica, para nossa compreensão da natureza específica do capital comercial e, além disso, foi exaustivamente tratada, para nossos propósitos, no Livro II. (C3, 380)

O capitalista comercial "aparece no mercado como o representante de uma certa soma de dinheiro que ele avança como capitalista", com a intenção de obter um lucro (Δm). Para negociar mercadorias, "ele precisa primeiro comprá-las e, portanto, possuir capital monetário. [...] Qual é então a relação entre esse capital dedicado ao intercâmbio de mercadorias e o capital-mercadoria como mera forma de existência do capital industrial?" (C3, 381). Essa é a questão.

O fabricante de linho realiza "o valor de seu linho com o dinheiro do comerciante". No que diz respeito ao fabricante, isso completa o ciclo do capital e o livra de usar o dinheiro assim obtido para continuar e, se necessário, expandir a atividade de produção. Mas o linho continua no mercado como mercadoria. O que aconteceu é que sua posse foi transferida, e agora ele está nas mãos do comerciante, cuja atividade econômica peculiar é realizar o valor do linho no mercado. Essa atividade especial é:

> separada das outras funções do capital industrial e, por isso, é autônoma. É uma forma particular da divisão social do trabalho, tal que uma parte da função que tem de ser desempenhada numa fase particular do processo de reprodução do capital – aqui, a fase de circulação – aparece como a *função exclusiva de um agente específico, distinto do produtor*. (C3, 384; grifos meus)

Isso implica que a "autonomia" do capital comercial – ou dedicado ao intercâmbio de mercadorias –, que historicamente foi tão importante, é preservada no arcabouço do modo de produção capitalista. Mas o que essa "autonomia" permite precisamente?

Primeiro note que o que aparece para o produtor como um simples intercâmbio de M-D assume agora a forma de uma operação de D-M-D' realizada pelo comerciante (C3, 385).

> Assim, o capital comercial assume no capital dedicado ao intercâmbio de mercadorias a forma de uma variedade autônoma de capital pelo fato de o comerciante adiantar capital monetário, o qual só se valoriza como capital, só funciona como capital por se dedicar exclusivamente a mediar a metamorfose do capital-mercadoria, a fazê-lo cumprir sua função como capital-mercadoria.

O capital-mercadoria adiantado pelo comerciante é utilizado exclusivamente na compra e venda, e "permanece eternamente preso à esfera da circulação" (C3, 386).

O benefício para o capitalista industrial é que o tempo de rotação de seu capital é abreviado. Seu processo de produção "avança sem pausa", porque, "no que diz respeito a ele, a transformação de sua mercadoria em dinheiro já ocorreu". Isso não significa que o problema do tempo de circulação esteja abolido. Porém, sem a intervenção do comerciante, "a parte do capital de circulação que existe na forma de uma reserva monetária teria de ser sempre proporcionalmente maior que a parte empregada na forma de capital produtivo, e a escala da reprodução seria restringida na mesma proporção". O produtor "pode agora aplicar regularmente uma parte maior de capital no processo efetivo de produção, mantendo uma reserva monetária menor" (C3, 387). Além disso, "se o comerciante continua a ser um comerciante [...], o tempo que o produtor poupa na compra pode ser empregado por ele na supervisão do processo de produção, ao passo que o comerciante tem de gastar todo seu tempo vendendo". É isso que torna as atividades do capital comercial logicamente coerentes com as regras de um modo de produção puramente capitalista. Ou, mais precisamente, é isso que torna o surgimento de uma classe autônoma de capitalistas comerciais no interior de um modo de produção capitalista vantajosa e logicamente necessária.

Marx lista, então, algumas das importantes funções do surgimento de uma forma de capital exclusivamente dedicada à compra e à venda. Ao vender os produtos de diversos produtores ou de diversas linhas de produção no interior da divisão do trabalho, eles podem compensar e nivelar os diferentes tempos de rotação, obtendo simultaneamente certas economias de escala. Quanto mais eficientes forem e quanto mais rápidos seus próprios tempos de rotação, menos capital será necessário. Eles têm um papel importante no aumento da velocidade de circulação de seu próprio capital monetário, assim como na velocidade do consumo. Esse último ponto, creio, é de grande importância no nosso mundo consumista e poderia ser elaborado em mais detalhes.

> [Mas] o capital comercial não é nada mais que o capital funcionando dentro da esfera da circulação. O processo de circulação é uma fase da circulação, nenhum valor é produzido e, portanto, nenhum mais-valor. O mesmo valor apenas sofre mudanças de forma. Não ocorre absolutamente nada, exceto a metamorfose das mercadorias, que por sua própria natureza não guarda nenhuma relação com a criação ou a alteração do valor. Se um mais-valor é realizado na venda da mercadoria produzida, isso ocorre porque ele já existia na mercadoria [...]. *Portanto, o capital comercial não cria valor nem mais-valor.* (C3, 392; grifos meus)

Mas os efeitos indiretos descritos nesses capítulos têm uma importância considerável:

> Na medida em que [o capital comercial] contribui para a redução do tempo de circulação, ele pode auxiliar indiretamente o capitalista industrial a aumentar o mais-valor que ele produz. Na medida em que ajuda a ampliar o mercado e facilita a divisão do trabalho entre os capitais, possibilitando assim ao capital operar em escalas maiores, seu funcionamento promove a produtividade do capital industrial e sua acumulação. Na medida em que reduz o tempo de rotação, ele aumenta a razão entre o mais-valor e o capital adiantado, isto é, [aumenta] a taxa de lucro. E na medida em que uma parte menor de capital é confinada à esfera da circulação como capital monetário, ele aumenta a porção de capital diretamente aplicada na produção. (C3, 392-3)

O capital, como vimos, depende em grande medida da manutenção da continuidade, da regularidade e da fluidez do movimento, e o capital comercial desempenha um papel crucial para que isso seja garantido.

O CAPÍTULO 17 DO LIVRO III: O LUCRO COMERCIAL

Como foi mostrado no Livro II, e firmemente retomado no capítulo 16, "as funções puras do capital na esfera da circulação não criam valor nem mais-valor". Mas o capitalista industrial tem sempre algum capital monetário em circulação. "O tempo requerido por essas operações impõe limites à formação de valor e mais-valor: objetivamente, no que diz respeito às mercadorias, e subjetivamente, no que diz respeito ao capitalista" (C3, 394). A implicação, evidentemente, é que qualquer relaxamento desses limites pode contribuir para a capacidade de produzir ainda mais mais-valor, como foi mostrado no capítulo precedente. Agora temos uma situação em que um capital especial desempenha essas funções:

> O capital comercial [...], despido de todas as funções heterogêneas que a ele podem estar ligadas, tais como armazenamento, triagem, transporte, distribuição e venda no varejo, e confinado a sua verdadeira função de comprar para vender, não cria nem valor nem mais-valor, mas apenas facilita sua realização e, com isso, o intercâmbio real de mercadorias, sua transferência de uma mão para outra, o processo metabólico da sociedade. (C3, 395)

Mas esse capital comercial é ainda capital e, como qualquer outro, tem de "gerar um lucro médio". Se gerasse uma taxa maior que o capital industrial, uma porção deste último se converteria nele (e vice-versa, se sua taxa fosse menor). "Nenhum outro tipo de capital tem mais facilidade de mudar sua função e designação do que o capital comercial."

Marx invoca o princípio da equalização da taxa de lucro examinado em detalhes na segunda seção do Livro III. Como não consideramos esse princípio, farei um breve comentário sobre seu significado. O capital tende a fluir, diz Marx, para onde a taxa de lucro é mais alta (em particular em condições competitivas). Intuitivamente, isso faz sentido. O resultado é uma tendência de equalização da taxa de lucro em todos os setores da economia, dos produtos têxteis e da agricultura à produção de petróleo. O problema é que essa tendência não leva o capital a fluir para as áreas que mais produzem mais-valor. Os setores com alta concentração de capital (setores com alto valor ou composição orgânica de capital) capturam mais-valor dos setores com alta concentração de trabalho (setores de baixo valor ou composição orgânica). Esse deslocamento de investimento em relação à produção de valor e mais-valor gera uma série de consequências complicadas (inclusive uma tendência de queda da taxa de lucro, porque a taxa de lucro, e não a produção de mais-valor, é que incentiva necessariamente o capitalista, dadas as forças do mercado). Os efeitos dessa tendência são ocasionalmente citados nos capítulos seguintes. Aqui, no entanto, Marx simplesmente afirma que a taxa de lucro sobre o capital comercial tenderá a se igualar à taxa de lucro sobre o capital industrial. Mais tarde, ele dirá que, se a taxa de lucro em geral tende a cair, o mesmo precisa ocorrer com a taxa de retorno sobre o capital comercial. A questão da equalização da taxa de juro sobre o capital monetário e da taxa de lucro sobre o capital industrial será abordada nos capítulos seguintes.

Retornando ao texto, é claro, diz Marx, que se a taxa de lucro sobre o capital comercial é igualada ao capital industrial, e se o investimento em operações comerciais não gera nenhum valor ou mais-valor em si mesmo, então "o mais-valor que se acrescenta a ele na forma de lucro médio gera uma porção do mais-valor produzido pelo capital produtivo como um todo". A questão é: "Como o capital comercial atrai a parte que lhe cabe do mais-valor ou lucro produzido pelo capital produtivo?" (C3, 395).

Depois dos habituais cálculos detalhados e tediosos, Marx apresenta como uma "ilusão" a ideia, defendida do ponto de vista do capital comercial, de que este agrega valor porque compra barato dos capitalistas industriais e vende mais caro aos consumidores. A diferença entre o valor que ele paga e o valor por que ele vende é construída e aparece como uma medida do valor que ele produz.

"Pressupondo-se o predomínio do modo de produção capitalista, esse não é o modo como o lucro comercial é realizado." Apesar de parecer que "o comerciante vende todas as suas mercadorias acima de seu valor" (C3, 397), o capital comercial "contribui para a formação da taxa geral de lucro de acordo com a proporção que ele constitui no capital total" (C3, 398). Se "consideramos todas as mercadorias em conjunto, o preço pelo qual a classe dos capitalistas industriais as vende é menor do que seu valor" (C3, 399). Portanto, "o preço de venda do comerciante é mais alto do que seu preço de compra, não por ser mais alto do que o valor total, mas porque seu preço de compra é mais baixo do que o valor total". Em outras palavras, "a taxa média de lucro já leva em conta a parte do lucro total que se acrescenta ao capital comercial".

"O capital comercial está envolvido na equalização da taxa de lucro, ainda que não esteja envolvido na produção de mais-valor. A taxa geral de lucro leva em conta, portanto, o desconto do mais-valor que recai sobre o capital comercial, isto é, um desconto do lucro do capital industrial" (C3, 400). Segue-se que "quanto maior é o capital comercial em comparação com o capital industrial, menor é a taxa de lucro industrial, e vice-versa". Embora Marx não explore essa questão, ela é vital para a compreensão da importância e do poder crescentes do capital comercial nos tempos recentes. Admitindo-se que a relação entre os lucros do capital industrial e comercial é, em certo sentido, contingente, existe a possibilidade de que relações assimétricas de poder distorçam ou disturbem o equilíbrio que, segundo o pressuposto de Marx, seria alcançado mediante a equalização da taxa de lucro. Isso também significa que o investimento de capital industrial, acrescido do capital comercial, tem uma taxa agregada de lucro mais baixa que aquela sobre o capital industrial apenas (a última medida foi utilizada nos cálculos anteriores, no Livro III).

Marx prossegue com a observação de que, quando "as demais circunstâncias se mantêm constantes, o tamanho relativo do capital comercial (embora os varejistas, uma espécie híbrida, sejam uma exceção) será inversamente proporcional à velocidade de sua rotação, isto é, inversamente proporcional ao vigor global do processo de reprodução" (C3, 400). Historicamente, as coisas não aconteceram desse modo, porque foi o capital comercial (como vimos no capítulo 20) que primeiro fixou os preços das mercadorias, "mais ou menos de acordo com seus valores, e é a esfera da circulação que faz a mediação do processo de reprodução, em que uma taxa geral de lucro é formada". Historicamente, "o lucro comercial é que deu origem ao lucro industrial". No entanto, à medida que o modo de produção amadureceu, essa relação se inverteu, como foi descrito no capítulo 20. O que vemos aqui é a externalização de toda uma série de custos e encargos internos que já existiam para o capitalista industrial pelo fato de uma porção de seu capital total estar aplicada em tempos e custos de circulação. Com efeito, o capital industrial transfere todos esses custos e problemas temporais para um capital diferente, que os gerencia da melhor maneira que pode, recebendo em troca uma porção do mais-valor produzido na forma da taxa média de lucro.

Adiante, Marx retoma essa ideia de modo mais explícito:

> Uma vez que o capital não é mais do que a forma em que uma parte do capital industrial que funciona no processo de circulação tornou-se autônomo [...] o problema tem de ser colocado, desde o início, na forma em que os fenômenos peculiares ao capital comercial ainda não aparecem independentes, mas guardam uma conexão direta com o capital industrial, do qual o capital comercial é um ramo. (C3, 412)

O capital comercial acarreta custos, é claro. Muitos desses custos são similares aos *faux frais* da circulação abordados no Livro II, e o capital fixo (o espaço do escritório) também está envolvido. "O cálculo do preço, as despesas com contabilidade, administração e correspondência, tudo isso faz parte desses custos." No começo, "o escritório é sempre infinitamente pequeno quando comparado à fábrica. [...] Quanto maior se torna a escala da produção [...], maiores são o trabalho e os outros custos de circulação envolvidos na realização do valor e do mais-valor" (C3, 413).

A questão mais importante, no entanto, é "a posição dos trabalhadores assalariados empregados pelo capitalista comercial, nesse caso, o capitalista dedicado ao intercâmbio de mercadorias" (C3, 406). O capitalista comercial poderia trabalhar inteiramente por sua própria conta, é claro, mas com o desenvolvimento da acumulação isso não é mais exequível, portanto o trabalho assalariado tem de ser empregado. "De certo ponto de vista, um empregado comercial desse tipo é um trabalhador assalariado como qualquer outro." Ele é comprado com capital variável (não com o dinheiro desembolsado como renda). Seu valor é determinado pelo modo normal, isto é, pelo valor da força de trabalho. Mas há uma diferença: "Os trabalhadores comerciais [...] não podem criar mais-valor [para o capitalista comercial] diretamente" (C3, 406). Se o capitalista comercial pode obter um ganho extra pagando aos trabalhadores menos do que seu valor (e, na prática, é claro que isso ocorre com frequência), num modo de produção capitalista de funcionamento puro essa trapaça está excluída por princípio. Obviamente, o capital comercial não paga pelo trabalho não pago empregado pelo capitalista industrial, e, nesse sentido, é cúmplice na exploração do trabalho. Assim, ele "se apropria de uma porção de seu mais-valor, transferindo-o do capital industrial para si mesmo".

> [Mas] para o comerciante individual, a quantidade de lucro depende da quantidade de capital que ele pode empregar nesse processo, e ele pode empregar todo o capital restante na compra e venda, quanto maior for a quantidade de trabalho não pago de seus empregados. [...] O trabalho não pago, apesar de não criar mais-valor, cria sua habilidade de apropriar mais-valor, que, em se tratando desse capital, dá exatamente o

mesmo resultado; isto é, ele é sua fonte de lucro. De outro modo, a atividade do comércio jamais poderia ser conduzida de modo capitalista, ou em larga escala. Assim como o trabalho não pago do trabalhador cria mais-valor para o capital produtivo diretamente, assim também o trabalho não pago do empregado comercial cria uma cota nesse mais-valor para o capital comercial. (C3, 407-8)

Quanto maior a taxa de exploração do capital comercial, maior a cota de mais-valor que ele pode apropriar do capital industrial.

Mas há uma dificuldade residual: como classificar o capital variável desembolsado pelo capitalista comercial para a compra de força de trabalho? Mesmo sem produzir mais-valor, ele deveria ser incluído no capital variável total empregado pelo capital total? Ele é trabalho produtivo ou improdutivo? Marx concede que há ainda muito a fazer para investigar esse tópico, e tenta fazê-lo com suas meticulosas investigações usuais, que não tenho a intenção de repetir aqui. Sua conclusão provisória é:

> o que o comerciante compra [com seu capital variável] é meramente o trabalho comercial, isto é, o trabalho necessário para as funções da circulação do capital, M-C e C-M. Mas o trabalho comercial é o trabalho que é sempre necessário para que um capital funcione como capital comercial, para que ele medeie a transformação das mercadorias em dinheiro e do dinheiro em mercadorias. É o trabalho que realiza o valor, mas não cria nenhum valor novo. E apenas na medida em que um capital desempenha essas funções [é que esse capital] toma parte na formação da taxa geral de lucro, ao extrair seus dividendos do lucro total. (C3, 411-2)

O corolário é que os salários do trabalhador comercial não "se encontram em nenhuma relação necessária com o montante de lucro que ele ajuda o capitalista a realizar".

> O que ele custa ao capitalista e o que lhe fornece são quantidades diferentes. O que lhe fornece não é uma função de qualquer criação direta de mais-valor, mas a assistência para reduzir o custo de realização do mais-valor, na medida em que ele realiza trabalho (parte dele não remunerado). (C3, 414)

A ênfase no imperativo de reduzir custos impõe uma enorme pressão sobre a eficiência, as formas de organização, as taxas salariais e as taxas de exploração associadas ao capital comercial.

De modo geral, diz Marx:

o trabalhador comercial propriamente dito pertence à classe mais bem paga de trabalhadores assalariados; ele é um daqueles cujo trabalho é trabalho qualificado, acima do trabalho médio. Seu salário, no entanto, tem uma tendência de queda [...]. Em primeiro lugar, porque a divisão do trabalho no interior do escritório comercial significa que apenas um desenvolvimento unilateral da habilidade precisa ser produzido [...]. Em segundo lugar, porque as habilidades básicas, o conhecimento do comércio e de línguas etc., são produzidas de modo cada vez mais rápido, fácil, geral e econômico, à medida que o modo de produção capitalista adapta métodos de ensino etc. a finalidades práticas. A extensão geral da educação popular permite que essa variedade de trabalho seja recrutada de classes que antes não tinham acesso a ela e estavam acostumadas a um padrão inferior de vida. [...] Com poucas exceções, portanto, a força de trabalho dessas pessoas é desvalorizada com o avanço da produção capitalista. (C3, 415)

O que ocorreu subsequentemente com essa classe de trabalhadores – e qual seu estado atual – claramente exige uma investigação detalhada. É evidente que a condição desses trabalhadores mudou muito desde a época de Marx.

No entanto, é sempre crucial atentar para o fato – e este é o ponto importante – de que "o aumento desse trabalho é sempre um efeito, e nunca uma causa do aumento de mais-valor" (C3, 415).

SOBRE O CAPÍTULO 18 DO LIVRO III: A ROTAÇÃO DO CAPITAL COMERCIAL

"O comerciante compra, transformando seu dinheiro em mercadorias, e então vende, transformando as mesmas mercadorias de novo em dinheiro, e assim por diante, em repetição constante." Em resumo, o comerciante realiza duas metamorfoses, D-M e M-D, mas conduz essas operações unicamente na esfera da circulação. Segue-se então que a velocidade da rotação é, para o capitalista comercial, da essência: "Assim como o mesmo xelim que circula dez vezes compra dez vezes seu valor em mercadorias, o mesmo capital monetário pertencente ao comerciante [...] realiza um capital-mercadoria total de dez vezes o seu valor". A única diferença é que "o mesmo capital monetário, independentemente das peças monetárias que o compõem, compra e vende repetidamente capital na quantidade de seu valor e, por conseguinte, retorna repetidamente ao mesmo possuidor como $D + \Delta D$" (C3, 418).

Há, no entanto, limites e barreiras a esse processo de rotação:

Agora o capital comercial certamente facilita a rotação do capital produtivo; mas ele só o faz na medida em que abrevia o tempo de circulação deste último. Ele não tem nenhum efeito direto sobre o tempo de produção, que também forma uma barreira ao tempo de rotação do capital industrial. Esse é o primeiro limite à rotação do capital comercial. Em segundo lugar, no entanto [...] essa rotação é decisivamente restrita pela velocidade e pelo volume do consumo individual total. (C3, 418)

As implicações desse último ponto são ignoradas no que se segue, presumivelmente porque o consumo, para Marx, é uma "singularidade" e, como ele afirma nos *Grundrisse*, encontra-se fora do âmbito da economia política (não consigo pensar em nenhuma outra razão). Historicamente, porém, o papel do capitalista comercial tem sido, em grande medida, estimular os desejos do consumidor, atrair o público para as mercadorias que o capitalista industrial tem a oferecer e, tanto quanto possível, assegurar que consumidores potenciais tenham o dinheiro (usualmente o crédito) necessário para absorver rapidamente o produto e manter a dinâmica do consumo em expansão, num ritmo consistente com a infinita acumulação buscada pelo capital industrial. Contudo, Marx caracteriza essa barreira do tempo de rotação do consumidor como "decisiva". Fico surpreso que ele não tenha explorado mais esse ponto.

Parte disso é mencionada nas passagens seguintes. Mas as questões são técnicas, em grande medida, e provêm da autonomia do capital comercial no interior da esfera da circulação. "Dada a tremenda elasticidade do processo de reprodução, que pode ser sempre estendido além de qualquer barreira dada, [o capitalista comercial] não encontra nenhuma barreira na própria produção, ou encontra apenas uma barreira elástica." Além disso, "dado o moderno sistema de crédito, [o capital comercial] tem à sua disposição uma grande parte do capital monetário total da sociedade, de modo que pode repetir suas compras antes de ter vendido definitivamente o que já comprou". Assim, em virtude de sua autonomia, ele se estende constantemente para além daquilo que o mercado suportará, de modo a conduzir "esse processo para além de suas próprias barreiras" (isto é, para além da "restrição decisiva" imposta pela capacidade dos consumidores de utilizar o produto):

> Apesar da autonomia por ele adquirida, o movimento do capital comercial nunca é mais do que o movimento do capital industrial no interior da esfera da circulação. Mas em virtude dessa autonomia, seu movimento é, dentro de certos limites, independente do processo de reprodução e de suas barreiras. [...] Essa dependência interna, juntamente com a autonomia externa, leva o capital comercial a um ponto em que sua conexão interna é restabelecida à força por meio de uma crise. (C3, 419)

A linguagem aqui é muito importante. O capital comercial é autônomo e pode levar o sistema inteiro muito além de seus limites (especialmente com a ajuda do crédito). Mas há uma conexão interna com as leis de valor e a produção e realização de mais-valor, e é essa conexão que é reafirmada em crises comerciais (e financeiras). Essa é a tese geral com a qual Marx trabalha. Veremos que ela estará muito presente nos capítulos subsequentes, que tratam da circulação do capital portador de juros. Aqui já podemos ver por que crises no interior do capitalismo aparecem tão frequentemente como crises comerciais e financeiras.

Nos parágrafos seguintes, Marx apresenta alguns fatos para sustentar essa ideia. Afirma, por exemplo, que as crises comerciais costumam ter origem no comércio atacadista e no setor bancário, e não no comércio varejista (não estou certo de que isso seja uma verdade empírica). O pleno emprego tanto do capital quanto do trabalho leva a uma hiperexpansão, que pode:

> seguir tranquilamente seu curso durante um tempo, estimulada pela demanda prospectiva, de maneira que nesses ramos os negócios dos comerciantes e dos industriais avançam a todo vapor. A crise se apresenta tão logo os refluxos dos comerciantes que vendem para o exterior (ou cujos estoques também se acumularam no interior) se tornam tão lentos e escassos que os bancos exigem o pagamento, ou as letras emitidas contra as mercadorias vencem antes que ocorra a revenda. E assim temos a catástrofe, que põe um fim súbito à aparente prosperidade. (C3, 420)

Isso leva ao problema de por que os banqueiros de repente demandam pagamentos (o que examinaremos posteriormente).

Mas creio que está claro o que acontece no texto: estamos naquele terreno em que a formação e o papel das crises comerciais e financeiras são provisoriamente abordados num contexto em que há uma relação complicada entre a autonomia do capital do comerciante (capital comercial e monetário) e certa conexão interna com a produção e a realização de valor e mais-valor.

Uma das maneiras pelas quais a conexão interna é afirmada é a equalização da taxa de lucro, que, no entanto, é sensível aos diferentes tempos de rotação do capital industrial e comercial. A rotação do capital comercial "pode mediar as rotações de diversos capitais industriais" simultânea ou sucessivamente (C3, 420). A rotação do capital industrial, por outro lado, é estabelecida pela periodicidade da produção e reprodução, na qual o tempo de circulação também "cria um limite [...] que pode ter um efeito mais ou menos constringente sobre a formação de valor e mais-valor mediante seu efeito sobre a escala do processo de produção [...] e, portanto, sobre a formação da taxa geral de lucro" (C3, 424). Reduzir o tempo de rotação do capital industrial pela redução do tempo de circulação pode aumentar a taxa de lucro. O capital comercial recebe (em teoria) a taxa geral de lucro, não importando seu tempo de rotação. Assim, se o capital comercial não pode aumentar sua própria taxa de lucro pela aceleração de seu tempo de rotação, ele pode afetar a taxa geral de lucro porque menos capital comercial é requerido para que a realização se complete. "A grandeza absoluta do capital comercial requerido é inversamente proporcional à velocidade de sua rotação." Além disso, "circunstâncias que abreviam a rotação média do capital comercial, como, por exemplo, o desenvolvimento dos meios de transporte, reduzem na mesma proporção a grandeza absoluta desse capital comercial e, com isso, aumentam a taxa geral de lucro" (C3, 425).

Há, diz Marx, um "duplo efeito" em ação. A rotação mais rápida reduz a quantidade de capital comercial requerida, ao passo que a expansão geral da escala e a diversidade da mercadorização aumenta a demanda por capital comercial para lidar com a massa crescente de mercadorias que é produzida. O resultado é "que não apenas cresce a massa do capital comercial, mas o mesmo ocorre com aquela do capital investido na circulação, por exemplo, em remessa, ferrovias, telégrafos etc." (C3, 426). Marx também concede que grande parte do "capital em semifuncionamento também cresce [...] com a maior facilidade de entrada no comércio varejista, com a especulação e com um excedente de capital inativo" (C3, 426). O papel do capital excedente em *O capital* sempre me intrigou. Ele está presente como uma questão, mas raramente é destacado como um problema fundamental (registre-se que eu disse isso anteriormente).

Marx conclui o capítulo com algumas observações acerbas sobre como concepções e crenças fetichistas podem muito facilmente ser construídas com base no complexo entrelaçamento das atividades comerciais e produtivas: "Todas as visões superficiais e distorcidas do processo de reprodução são derivadas da consideração do capital comercial e das noções que seus movimentos específicos suscitam na cabeça dos agentes da circulação". Ele chega até mesmo a sugerir que "na cabeça dos agentes da produção e da circulação capitalista surgem necessariamente ideias sobre as leis de produção completamente distintas da realidade, de modo que as ideias de um comerciante, de um corretor da Bolsa ou de um banqueiro são necessariamente invertidas". Mesmo a concorrência, diz ele, "tem necessariamente na mente deles um papel completamente invertido".

> Do ponto de vista do capital comercial, portanto, a própria rotação parece determinar o preço. Por outro lado, se a velocidade da rotação do capital industrial, na medida em que capacita um dado capital a explorar mais ou menos trabalho, tem um efeito determinante e delimitador sobre a massa do lucro e, por conseguinte, sobre a taxa geral de lucro, o capital comercial defronta-se com a taxa de lucro como algo externo a ele, e essa conexão interna da taxa com a formação de mais-valor é inteiramente obliterada.

Isso se revela um problema genérico quando entramos no reino da distribuição, e voltaremos a encontrar esse fenômeno quando tratarmos da circulação do capital portador de juros. Todo traço de conexão com a produção de mais-valor é obliterado na superfície da sociedade, e essa é a fonte de todo tipo de crença fetichista.

O poder desse mundo de aparência é redobrado pelo fato de que os capitalistas comerciais podem certamente ganhar um lucro extra na concorrência, acelerando a rotação em relação à média social. "Nesse caso, ele pode obter um lucro extra, do mesmo modo como os capitalistas industriais obtêm lucros extras se produzem em condições mais favoráveis do que a média" (é isso que a teoria do mais-valor relativo no Livro I apresenta). Além disso, "se as próprias condições que lhe possibilitam uma rotação mais rápida podem ser compradas – por exemplo, o local onde ele realiza suas vendas –, ele pode pagar uma renda extra por isso, isto é, uma parte de seu lucro excedente converte-se em renda fundiária" (C3, 430). Isso nos conduz às relações entre o capital comercial e a renda da terra, e ao modo como essa relação se estrutura em ambientes urbanos (basta olhar para as lojas da Madison Avenue ou da Oxford Street para entender o que Marx está dizendo).

O capítulo 19 é um capítulo de transição para a seção V, que trata do capital monetário e financeiro e do sistema de crédito. Ele analisa em grande parte os "movimentos puramente técnicos que o dinheiro efetua no processo de circulação do capital industrial", mas vai além, esclarecendo que "esses movimentos, tendo adquirido autonomia como função de um capital particular que os executa, e somente a eles, como suas operações específicas, transformam esse capital em capital dedicado ao intercâmbio de dinheiro". Como resultado:

> uma parte determinada do capital global se separa deste último e se autonomiza na forma de capital monetário, cuja função capitalista consiste exclusivamente em efetuar esse tipo de operação para toda a classe de capitalistas industriais e comerciais. [...] Uma vez mais, portanto, os movimentos desse capital monetário são simples movimentos de uma parte agora independente do capital industrial no curso de seu processo de reprodução. (C3, 431)

A linguagem da "autonomia" e "independência" dessa forma de capital é extremamente importante e tem todo tipo de implicação para a análise a seguir. Contudo, como as teses mais importantes desse capítulo são elaboradas posteriormente no contexto dos estudos de Marx sobre o capital monetário e as finanças, não vou considerá-las em detalhes neste ponto da exposição.

5. Juro, crédito e finanças

(CAPÍTULOS 21-26 DO LIVRO III)

OBSERVAÇÕES GERAIS

Começo com uma visão geral da argumentação de Marx nesses primeiros capítulos sobre o capital monetário porque, como acontece com frequência em Marx, é difícil vislumbrar o bosque olhando apenas para as árvores. O fluxo inteiro da argumentação é, de fato, muito interessante, e os laços que amarram esses capítulos e lhes dão unidade são muito fortes.

Em primeiro lugar, tenho de recordar ao leitor que o texto de que dispomos foi penosamente reconstituído por Engels a partir dos manuscritos de Marx. Se, por um lado, a maioria de nós reconheceria seu enorme esforço para se manter fiel à intenção de Marx, estudos subsequentes dos manuscritos originais indicam que nem todas as escolhas de Engels foram acertadas. Foi ele, por exemplo, quem criou as divisões e subdivisões dos capítulos a partir de um manuscrito contínuo. Assim, não surpreende que a ligação entre os capítulos seja tão estreita. Você também perceberá que longas passagens foram inseridas pelo próprio Engels, num esforço para completar, corrigir ou atualizar a obra de Marx. Não tratarei desses problemas aqui. Devo proceder como se o texto que temos diante de nós fosse um esboço acurado, mesmo que incompleto, das ideias de Marx.

Marx começa observando que há mais sobre o papel do dinheiro como capital do que aquilo que ele considerou até o momento. A posse de dinheiro abre o caminho (e isso é uma precondição necessária) para a produção do mais-valor e, consequentemente, para a produção de capital. O capital monetário (definido como dinheiro usado para produzir mais-valor) pode, portanto, assumir uma forma-mercadoria. Ele tem tanto um valor de troca (um preço) como um valor de uso. Seu valor de uso está no fato de ele facilitar a produção de mais-valor. Seu valor de troca (preço) é o juro. Essa é uma leitura muito diferente daquela do Livro II, em que Marx sustenta que o dinheiro, como capital, só pode atuar como dinheiro, isto é, ser usado para comprar e vender. Essa mudança conceitual é importante. Não penso que Marx tenha apenas mudado de opinião ou esteja sendo incoerente. Também não se trata de um daqueles exemplos de mudança dos significados relacionais à medida que o contexto do estudo se desdobra. Como então explicar essa mudança?

Quando nos confrontamos com questões desse tipo, penso que é sempre recomendável examinar o movimento global da argumentação de Marx. O ponto importante nesses capítulos é a ressurreição explícita do conceito de fetichismo, que ocupa um lugar vital no primeiro capítulo do Livro I. As verdadeiras bases do capital (isto é, da produção de mais-valor), ele afirma ali, encontram-se sob aparências superficiais que, embora reais, são enganosas. É verdade que vamos ao mercado e usamos dinheiro para comprar mercadorias (inclusive força de trabalho). O problema é que essas relações de mercado mascaram o caráter social e sensível do trabalho incorporado na produção de mercadorias e o processo que levou as mercadorias ao mercado. O projeto de Marx é ir além dessas aparências superficiais.

Então por que Marx retorna à natureza fetichista das aparências superficiais nesse ponto do Livro III de *O capital*[1]? Em nenhum outro lugar do livro ele faz isso tão explicitamente. Aqui, proclama que "o caráter fetichista do capital e a representação do fetiche do capital agora estão completos" (C3, 516). Ele parece quase contente e triunfal. O capital portador de juros é, diz ele, "a mistificação do capital em sua forma mais flagrante".

Considero que essas observações são de grande importância. A impressão que tenho é que Marx, tendo definido o fetiche desde o início como uma barreira externa, objetiva e real à verdadeira compreensão, pode agora retornar ao seu cerne com uma profunda compreensão interna e subjetiva de seu poder destrutivo e potencialmente violento. Em suma, agora podemos esperar penetrar na mente do especulador de Wall Street. Mas quem pode dizer realmente que está imune à sereia fetichista da pura vontade do dinheiro e a seu poder aparentemente ilimitado de acumulação infinita a uma taxa composta? Podemos esperar compreender o que penetrou também em nossas mentes?

Dito de maneira mais técnica, o dinheiro é retratado no Livro I como o fetiche consumado (que ao mesmo tempo representa e esconde o caráter social do trabalho). De que maneira o dinheiro circula como capital é o tema da investigação do Livro II. Aqui, no Livro III, a circulação do capital portador de juros reaparece co-

---

[1] Essa questão ocupa o lugar central em Enrique Dussel, *Towards an Unknown Marx: A Commentary on the Manuscripts of 1861-3* (Nova York, Routledge, 2001). Esse texto merece um estudo minucioso.

mo a forma fetichista consumada da circulação do capital. Mas devemos entender por que o capital monetário parece ter o poder mágico e oculto de criar cada vez mais dinheiro em si e por si. Esse poder tem efeitos reais. Ele "distorce" e "mistifica" (essas são as palavras empregadas por Marx) as leis de movimento do capital com efeitos terríveis e vertiginosos. Assim, o capital corre continuamente o risco de ser vítima de suas próprias formas fetichistas e das compreensões falsas e fictícias que decorrem delas.

O que Marx faz, então, para dar corpo a esse argumento?

O preço (valor de troca) do capital monetário é chamado de juro, e o ciclo do capital monetário aparece agora como a circulação do capital portador de juros. Não há, no entanto, nenhuma "taxa natural de juro" do tipo proposto pela teoria burguesa. Devemos lembrar que Marx considerava o preço "natural" (o preço das mercadorias quando a oferta e a demanda estão em equilíbrio no mercado) uma aproximação do valor. Nesse caso, porém, o "preço natural" não pode existir.

Então, o que determina a taxa de juro, considerando-se que não existe um valor inerente ao capital monetário como mercadoria, ou uma taxa "natural" de juro? Ela é estabelecida em primeiro lugar, afirma Marx, pela oferta e demanda de capital monetário. Ao longo de *O capital*, no entanto, Marx sustentou que a oferta e a demanda, sendo "particularidades", não explicam nada quando estão em equilíbrio. Não há nenhum ponto "natural" de equilíbrio. Acreditar nisso seria aceitar a verdade de uma proposição tautológica: valor pode gerar valor. A taxa de juro, diz ele, também é estabelecida pela concorrência. Mas as leis coercitivas da concorrência também são vistas como particularidades, como executoras das leis internas do movimento do capital que não são ditadas pela concorrência. Até agora, tanto a oferta e a demanda quanto a concorrência foram desconsideradas como "particularidades" (segundo a formulação dada nos *Grundrisse*). Nesse ponto, no entanto, elas ocupam o centro do palco e explicam tudo. Trata-se de uma enorme mudança conceitual.

Temos aqui, como eu gostaria de sugerir, um ponto de profunda tensão na análise de Marx. Sua relutância (às vezes recusa obsessiva) em lidar com as particularidades no Livro II contrasta com a necessidade de lidar com elas aqui para entender a circulação do capital portador de juros.

Isso conduz à questão da relação entre essas particularidades e as leis gerais de movimento do capital. É nesse contexto que ganha sentido o movimento que vai da realidade subjacente examinada no Livro II ao fetiche das aparências superficiais no Livro III. Vemos por que o capital não pode sobreviver sem suas formas fetichistas, e como estas últimas distorcem e mistificam as leis gerais do movimento. No entanto, como perceberam alguns críticos burgueses, se o capitalismo funciona realmente com base em suas formas de manifestação, por que não descrever simplesmente tais formas e esquecer toda essa complicação sobre realidades subjacentes, teoria do valor e coisas do gênero? A resposta de Marx seria provavelmente que as violentas contradições exibidas no movimento superficial só podem ser antecipadas e entendidas por meio de um estudo das dinâmicas subjacentes que produzem as formas do fetiche e sustentam as intervenções fetichistas nas leis de movimento do capital. Nosso objetivo ao ler esses capítulos, portanto, é descobrir como funcionam realmente essas relações entre leis subjacentes e formas de manifestação.

Marx trata o juro como "autônomo e independente" (palavras dele), porém subsumido ao mundo da produção de valor e mais-valor. O que ele entende por "subsumido a" é o que precisa ser estabelecido. Dito de outro modo, a taxa de juro e a circulação do capital portador de juros podem trilhar caminhos autônomos e independentes porque são particularidades determinadas pelas oscilações da oferta e demanda e da concorrência. Existem – para empregar a linguagem da introdução dos *Grundrisse* – caminhos pelos quais essas particularidades retornam para afetar a generalidade da produção de uma maneira determinada, e não apenas contingente. Se é assim, como funcionam as leis gerais do movimento do capital quando essas particularidades operam livremente? Ou as particularidades estão de algum modo submetidas às leis gerais de movimento do capital?

Essa questão se torna fundamental porque Marx reconhece claramente que a massa de capital monetário que chega ao mercado monetário pode agir e age como "o capital comum da classe" (C3, 490). Foi assim que ele ocasionou as grandes rupturas financeiras e comerciais de 1847-1848 e 1857, de modo muito semelhante como a crise de 2007-2009 balançou os alicerces do capital na nossa época. Se a circulação do capital portador de juros funciona como o "capital comum da classe", como podemos excluí-lo de qualquer especificação das leis gerais do movimento do capital? Faço essa pergunta com a máxima ênfase, porque a resposta terá enormes consequências para o modo como teorizamos a formação da crise sob o capitalismo em geral, e como poderíamos utilizar os *insights* de Marx numa análise dos eventos recentes em particular.

O primeiro passo é examinar como a circulação do capital portador de juros adquire autonomia e independência diante do mais-valor (lucro) gerado por meio da circulação do capital industrial. Marx começa distinguindo os capitalistas monetários (aqueles que têm o poder do dinheiro) dos capitalistas industriais (aqueles que organizam a produção de mais-valor). A taxa de juro é fixada pela concorrência entre essas duas frações de classe. Isso coloca a relação de poder entre capitalistas monetários e capitalistas industriais numa posição central do ponto de vista histórico, se não teórico.

A história dessa relação é às vezes interpretada teleologicamente – o capital financeiro assumiu inevitavelmente uma posição cada vez mais dominante em relação ao capital industrial a partir de 1980, e isso produziu um tipo diferente de capitalismo – capital financeiro –, com leis de movimento diversas daquelas que foram definidas quando o capital industrial era dominante (como, supõe-se, era o caso na época de Marx). Em geral, Marx não desenvolve esse argumento (embora em certas passagens pareça fazê-lo), eu tampouco. Mas não há dúvida de que o equilíbrio de forças entre essas duas frações de classe (assim como entre elas e outras grandes frações, como os proprietários fundiários e os comerciantes) jamais foi estável, e certamente houve mudanças de hegemonia. Giovanni Arrighi, por exemplo, desenvolve em sua obra um argumento muito plausível de que as mudanças hegemônicas na economia global (por exemplo, da Inglaterra para os Estados Unidos na primeira metade do século XX) foram precedidas por fases de financeirização (do tipo que Hilferding, Hobson e Lenin descreveram no início dos anos 1900)[2]. A indubitável onda de financeirização que ocorreu a partir dos anos 1970 parecia pressagiar outra mudança de hegemonia (dos Estados Unidos para o Leste Asiático?). Para compreendermos a história do capitalismo, portanto, devemos levar em conta o equilíbrio de forças atualmente existente entre essas diferentes frações de classe em diferentes épocas e lugares, e as consequências oriundas da concorrência entre elas.

Marx vai além, porém. O que de início aparece como uma relação entre frações de classe é, na realidade, internalizado na pessoa do capitalista individual. Todos os capitalistas encarnam dois papéis muito distintos. Os capitalistas industriais têm sempre de conservar uma parte de seu capital na forma de dinheiro. Eles têm sempre a opção, portanto, de usar seu dinheiro para produzir mais mais-valor (e lucro) por meio da expansão da produção, ou simplesmente emprestar a outrem em troca de juros. A lógica dessa decisão oferece possibilidades atraentes para o capitalista individual. O que você faria no lugar dele? Assumiria todo o incômodo da produção real de mais-valor (tendo de lidar com trabalhadores insolentes, maquinaria pouco confiável e mercados inconstantes) ou apenas emprestaria o dinheiro para ganhar juros e com a renda iria viver nas Bahamas? Segundo Marx, a ambição de muitos capitalistas industriais na Inglaterra frequentemente era trabalhar na produção até poderem se tornar rentistas ou financistas, e então se mudar para uma propriedade rural e viver confortavelmente de renda. Mas se todos procurassem viver do juro ou da renda e ninguém produzisse mais-valor, observa Marx, a taxa de juro cairia

---

[2] Rudolf Hilferding, *Finance Capital: A Study of the Most Recent Phase of Capitalist Development* (Nova York, Routledge, 2006) [ed. bras.: *O capital financeiro*, trad. Reinaldo Mestrinel, São Paulo, Nova Cultural, 1985]; John Atkinson Hobson, *Imperialism* (Ann Arbor, University of Michigan Press, 1965).

a zero, e o lucro potencial sobre o reinvestimento na produção atingiria altitudes inéditas (C3, 501). Encontramos aqui ao menos um ponto em que a circulação do capital portador de juros tem de se submeter à produção de mais-valor.

Isso nos leva a outra questão: existe algum tipo de equilíbrio entre a taxa de lucro sobre o capital industrial e a taxa de juro sobre o capital monetário? O juro junta-se ao lucro sobre o capital comercial na equalização da taxa de lucro? No caso do capital comercial, há uma metamorfose (uma transação efetiva) em que o capital em forma-mercadoria é realizado como dinheiro. Mas o juro é muito diferente, porque é uma relação entre dinheiro e dinheiro. Nesse caso, não há nenhuma metamorfose envolvida. O problema, portanto, é que o dinheiro, como insiste Marx no Livro I (C1, 228), pode ser acumulado sem limite. Em suma, o capital portador de juros parece ter o poder mágico (fetiche) de crescer a uma taxa de composição composta (ele é a galinha que parece ter o poder de botar ovos de ouro, como diz Marx no Livro I). Deposito dinheiro numa caderneta de poupança e ele cresce como por mágica. Se o dinheiro pode ser acumulado ilimitadamente, o capital monetário também pode. Essa é a suprema fantasia fetichista capitalista.

A fantasia do crescimento composto eterno é persistente – uma fantasia que Marx destaca quando cita esta maravilhosa imagem de um tratado publicado em 1772: "um xelim investido a 6% de juro composto na época do nascimento do nosso Salvador teria aumentado para uma soma tão grande em ouro que não caberia nem mesmo no sistema solar inteiro" (C3, 520). Isso poderia explicar, aliás, por que tivemos de abandonar o padrão-ouro e renunciar às mercadorias como lastro para o papel-moeda. A oferta global de dinheiro é ilimitada, porque é feita apenas de números. O Federal Reserve adiciona cerca de 1 trilhão à oferta de dinheiro num piscar de olhos (seria completamente diferente se adicionasse barras de ouro). A ideia da acumulação ilimitada, embora extrapole os limites do acreditável, realmente impulsionou a explosão monetária e comercial de 1847-1848 e 1857-1858, como mostra Marx. Relações de concessão e empréstimos podem fugir do controle e produzir cada vez mais dinheiro em forma de crédito (a proliferação de títulos de crédito). Isso confere necessariamente um caráter fictício a todos os mercados de crédito.

É aqui, então, que Marx invoca o conceito – muito importante, mas não desenvolvido – de capital fictício. Isso dá uma feição mais tangível ao fetiche do capital monetário. Seu papel é abordado numa análise incompleta e, de certa maneira, confusa da crise de 1847-1848, tudo isso misturado com uma crítica das ideias de alguém chamado Overstone. Volto a enfatizar que o fetichismo, como definido no Livro I, é real e objetivo, mesmo quando esconde relações de valor subjacentes. A mercadoria é realmente trocada por dinheiro no supermercado, mas a maneira como ela faz isso esconde informação sobre o trabalho (valor) que entrou em sua criação. O capital fictício tem de ser entendido do mesmo modo. Ele não é produto da mente delirante de um banqueiro cocainômano de Wall Street, mas uma forma real de capital – dinheiro que se tornou mercadoria, dotada de um preço. Embora o preço seja fictício, somos todos forçados a responder por ele (seja pagando uma hipoteca, procurando juros para a nossa poupança ou contraindo empréstimos para alavancar um negócio).

Trataremos dos detalhes dessa questão mais adiante. Mas há uma clara ilustração de sua importância na discussão de Marx sobre a distinção entre o capital mutuado (o dinheiro emprestado para a expansão da produção) e o dinheiro empregado para descontar letras de câmbio (que facilita a realização do valor no mercado). O capital monetário intervém na circulação do capital industrial em dois pontos distintos: no início e na conclusão do ciclo. O mesmo financista pode emprestar dinheiro aos empreiteiros para a construção de imóveis e, em seguida, garantir mercado para esses imóveis concedendo empréstimos aos futuros compradores. Desse modo, o capital monetário facilita tanto a oferta como a demanda de mercadorias. É fácil ver que isso pode se tornar um circuito fechado (uma bolha de ativos, digamos, na produção e realização de imóveis). Esse é o ponto em que a taxa de juro e a taxa de lucro se interseccionam e interagem de maneira extremamente significativa e, muito frequentemente, especulativa.

O fluxo da argumentação nesses capítulos vai dos aspectos técnicos da circulação para o território bem mais profundo em que todas as vulnerabilidades, fragilidades e pontos potenciais de disrupção identificados no Livro II se tornam cada vez mais tangíveis. O capital monetário e, sobretudo, os capitalistas monetários tornam-se autônomos e independentes, mas, de certa maneira, subordinados à produção de mais-valor. O caráter fetichista da forma-dinheiro permite a criação de fantasias e ficções que explodem periodicamente como crises financeiras e comerciais violentas e incontroláveis.

Mas ambos os papéis, o do dinheiro e o do capitalista produtivo, são internalizados na mesma pessoa. O modo como as pessoas percebem sua situação e se comportam é muito importante para a compreensão das dinâmicas da acumulação do capital. Marx não se sentia nem um pouco à vontade para explorar essas "singularidades" (o funcionamento interno do espírito de empreendedorismo, a psicologia das expectativas e o papel da confiança nas transações financeiras), mas há elementos suficientes nesses capítulos que sugerem que ele estava ciente de quão importantes essas questões poderiam ser numa análise completa (os aspectos psicológicos dessa questão seriam explorados de modo muito mais explícito, é claro, por Keynes, e as "expectativas" se tornaram hoje um campo autônomo de investigação em economia burguesa).

A análise apresentada aqui ajuda a entender a crise financeira e econômica de 2007-2009 e toda a sequência de crises financeiras que a precederam. Mas temos de ter cuidado para não distorcer o significado do texto de Marx ou exagerar o que poderíamos aprender de sua teorização incompleta e frequentemente nebulosa acerca das crises de 1847-1848 e 1857-1858.

O eixo filosófico em que gira a argumentação mais técnica de Marx se encontra, penso eu, no seguinte comentário:

> Se o juro é o preço do capital monetário, trata-se de uma forma irracional de preço, em completa contradição com o conceito do preço como mercadoria. O preço é aqui reduzido a sua forma puramente abstrata, completamente desprovida de conteúdo, como uma simples soma particular de dinheiro paga por algo que, de uma maneira ou de outra, figura como um valor de uso; ao passo que, em seu conceito, o preço é o valor desse valor de uso expresso em dinheiro. O juro, como o preço do capital, é desde o início uma expressão completamente irracional. Aqui, uma mercadoria tem um duplo valor: primeiro um valor e em seguida um preço que é diferente desse valor, embora o preço seja a expressão monetária do valor. (C3, 475)

O que vemos aqui é nada menos que a tautologia do valor do valor. Já encontramos antes algo semelhante a esse argumento. No Livro I, Marx observa:

> coisas que em si mesmas não são mercadorias, como a consciência, a honra etc., podem ser compradas de seus possuidores com dinheiro e, mediante seu preço, assumir a forma-mercadoria, de modo que uma coisa pode formalmente ter um preço mesmo sem ter valor. A expressão do preço se torna aqui imaginária, tal como certas grandezas da matemática. Por outro lado, também a forma-preço imaginária – como o preço do solo não cultivado, que não tem valor porque nele nenhum trabalho humano está objetivado – abriga uma relação efetiva de valor ou uma relação dela derivada. (C1, 177)

O exemplo principal que Marx cita é o da renda e do preço da terra não cultivada. Ele poderia ter observado que o mesmo é válido para o dinheiro. Mas no Livro I, no capítulo sobre o dinheiro, esse exemplo teria confundido imensamente as coisas, já que o capítulo é, em si mesmo, suficientemente confuso. Agora vemos que a forma-preço imaginária se aplica ao próprio dinheiro. Isso põe alguns problemas muito profundos e particulares: o que tal "forma-preço imaginária" fetichista tem de diferente dessas "relações reais de valor"? E como deveríamos pensar sobre seu papel?

E o que exatamente Marx entende por "irracional e contraditório"? Ele não quer dizer que o juro é irracional e contraditório como um discurso de Sarah Palin ou um monólogo de Groucho Marx. Se fosse assim, teríamos de rejeitar a categoria de juro como arbitrária, lavar as mãos e apenas rir ou chorar, conforme as implicações. Creio que Marx faz uma analogia com a teoria dos números (daí a alusão a "certas grandezas da matemática"), na qual a distinção entre números racionais e irracionais é crucial. Os números irracionais são aqueles que não podem ser reduzidos a uma fração, e incluem exemplos conhecidos, como Ö2 e π (que, longe de ser arbitrário, é uma das constantes mais importantes da teoria matemática e estabelece a razão entre a circunferência e o diâmetro de um círculo).

Marx está dizendo, na verdade, que ocorre algo incomensurável e, portanto, irracional e contraditório na determinação da taxa de juro. Quando consultei a Wikipédia para saber mais sobre os números irracionais (estou longe de ser um especialista nesses assuntos), encontrei algo interessante. Os números irracionais foram descobertos por Hipaso, um pitagórico grego que mostrou que eles eram (assim como a taxa de juro) "incomensuráveis, irracionais e contraditórios". Como a posição pitagórica era, de modo geral, que todas as relações podem ser reduzidas a números inteiros e suas razões, a descoberta de Hipaso foi um choque para seus colegas pitagóricos. Diz a lenda que Hipaso descobriu os números irracionais a bordo de um barco, e foi prontamente jogado ao mar. Essa é, sem dúvida, a reação típica dos acadêmicos quando alguém refuta sua teoria favorita. Marx foi lançado ao mar há muito tempo pelos economistas, que hoje ficam horrorizados ao ouvir que uma de suas categorias mais fundamentais – a taxa de juro – é incomensurável, irracional e contraditória. Marx, porém, é um nadador forte nas vagas da história. Ele continua a voltar a bordo para lembrar a todos que esse é o caso, de fato, como deveria ser evidente para todos aqueles que, mesmo da maneira mais superficial, testemunharam os eventos de 2007-2009. Se ele será novamente jogado ao mar depende de as coisas se arranjarem num nível satisfatório para a acumulação composta e ilimitada do capital e da riqueza.

A irracionalidade e o caráter contraditório do juro sobre o capital têm de ser considerados no sentido dessa teoria do número. Só assim podemos então ver como formas fictícias são produzidas e com que efeito, de modo muito semelhante a como π pode ser usado na engenharia. Pensar dessa maneira nos coloca em posição muito melhor para entender tanto as consequências práticas quanto as teóricas que decorrem delas.

Há, no entanto, dois problemas grandes e inter-relacionados que devemos abordar. Primeiro: em que medida a insistência de Marx no caráter fetichista do juro que sustenta a categoria do capital fictício altera nossa compreensão do funcionamento das leis gerais de movimento do capital? Se aparentemente a categoria distributiva do capital comercial pode ser absorvida pelo arcabouço teórico que Marx construiu até aqui, o mesmo não pode ser dito dos efeitos da circulação do capital portador de juros em relação à circulação do capital industrial. A meu ver, e apesar dos protestos de Marx, isso vale também para o outro "número irracional" tão crucial na teoria de Marx: a renda fundiária. Assim como o juro, a renda fundiária é uma forma real de capital fictício, que tem consequências reais. Se você mora em Manhattan, você não dirá que a renda fundiária e os preços dos imóveis são fictícios e que não paga nada por essa ficção. Muitas pessoas que compram fazem isso pagando juros sobre uma hipoteca – que é uma forma de capital fictício.

O que isso nos diz a respeito das forças que fazem a taxa de juro se submeter e se subordinar à produção de valor e mais-valor? Embora esteja claro que não podemos todos viver de juros ou rendas se ninguém produz valor, e embora haja uma percepção dominante de que em crises comerciais e monetárias como aquelas de 1847-1848 e 1857-1858 – e, no nosso caso, 2007-2009 – entra em ação uma espécie de poder disciplinador que reconduz todas as fantasias e ficções da atividade financeira à terrenalidade da produção real, na análise de Marx há indicações perturbadoras de que a relação de poder entre as finanças e a produção poderia ocorrer também de maneira inversa.

Uma dessas indicações se encontra numa questão aparentemente interessante para a análise de Marx. Quando um capitalista industrial acumula capital em forma-dinheiro e o coloca num banco para render juros (o que ocorre, como vimos, em relação à circulação de capital fixo porque o capitalista tem de entesourar capital monetário para repô-lo), esses juros aparecem como uma taxa pura de retorno sobre o direito de propriedade. Esse retorno passivo sobre o puro direito de propriedade contrasta com a criação ativa de mais-valor mediante a organização e a superintendência da produção. Então por que o capitalista não paga salários de superintendência a alguém para cuidar da produção, enquanto ele vive do retorno do puro direito de propriedade? Disso surge uma distinção interessante e fundamental na história do capitalismo entre a posse, de um lado, e a superintendência e a gestão, de outro. Com esses pontos gerais em mente, vejamos agora os detalhes do texto.

SOBRE O CAPÍTULO 21 DO LIVRO III: O CAPITAL PORTADOR DE JUROS

Marx começa lembrando que a taxa geral de lucro é criada a partir da atividade do capital industrial e do capital mercantil (isto é, comercial), e que a taxa de lucro é equalizada entre eles. "Seja investido industrialmente na esfera da produção, seja comercialmente na da produção, o capital gera o mesmo lucro médio anual em proporção ao seu tamanho" (C3, 458). O dinheiro, no entanto, é diferente. Ele adquire:

> um valor de uso adicional, especialmente a habilidade de funcionar como capital. Seu valor de uso, aqui, consiste precisamente no lucro que ele produz quando transformado

em capital. Nessa capacidade de capital potencial, como meios para a produção de lucro, ele se torna uma mercadoria, mas uma mercadoria de um tipo especial. Ou, o que resulta no mesmo, o capital se torna uma mercadoria. (C3, 459-60)

O possuidor de dinheiro detém os meios de gerar mais-valor, e pode emprestar esse dinheiro a um outro em troca de juros. O capitalista monetário e o produtor compartilham o mais-valor para cuja produção o capital monetário pode ser utilizado. O juro é "um nome particular, um título especial para uma parte do lucro que o capitalista efetivo tem de pagar ao proprietário do capital, em vez de embolsá-lo". Marx reconhece, assim, o poder da pura posse do capital como um direito de exigir uma taxa de retorno.

Os movimentos e intercâmbios de mercadoria e dinheiro ocorrem todo o tempo no interior do ciclo industrial do capital, e a cada momento há potencial para que um ou outro se desenvolvam para criar mais mais-valor. Contudo, nessas transações o dinheiro só pode operar como dinheiro (isto é, facilitar a compra e a venda) e a mercadoria só pode operar como mercadoria (ser vendida para o consumo final ou para o consumo produtivo). Mas "com o capital portador de juros", diz Marx, "a situação é diferente":

> e é precisamente isso que constitui seu caráter específico. O proprietário de dinheiro que quer valorizá-lo como capital portador de juros aliena-o a um terceiro, lança-o na circulação, transforma-o em mercadoria *como capital*; não só como capital para ele mesmo, mas também para outrem; ele não é meramente capital para quem o aliena, mas é transferido a outrem como capital – para ser usado como tal desde o início, como valor que possui o valor de uso de ser capaz de criar mais-valor ou lucro.
> Ele não é comprado nem vendido, mas apenas emprestado; alienado apenas com a condição de que, primeiro, será devolvido a seu ponto de partida após um dado período de tempo e, segundo, será devolvido como capital realizado, de modo que ele tenha realizado seu valor de uso de produzir mais-valor. (C3, 464-5)

Uma possível fonte de confusão pode surgir aqui porque o capital pode ser emprestado em forma de dinheiro ou mercadoria. Fábricas e máquinas podem ser emprestadas a juros, assim como o dinheiro. Certas mercadorias, "pela natureza de seu valor de uso, podem ser emprestadas apenas como capital fixo, tais como casas, barcos, máquinas etc. Mas todo capital mutuado, independentemente da forma que ele tem e de como seu repagamento pode ser modificado por seu valor de uso, é sempre uma forma especial de capital monetário" (C3, 465). A partir desse ponto, Marx subsume os empréstimos em forma-mercadoria à forma geral da circulação do capital portador de juros. Segue-se, no entanto, uma implicação muito importante. Se a propriedade (casas, por exemplo) e a terra podem ser emprestadas, então há uma relação interna entre a renda e a circulação de capital portador de juros. Marx não cita essa relação interna aqui, mas eu a procurei em outros lugares e, quanto mais a procurava, mais me parecia ser um nexo vital, porém ausente, na economia política de Marx.

Marx conclui essa parte da argumentação algumas páginas depois (após uma digressão em que critica as opiniões de Proudhon):

> O capitalista prestamista aliena seu capital, transfere-o ao capitalista industrial, sem receber um equivalente. Mas esse não é de modo algum um ato do processo cíclico atual do capital; ele simplesmente introduz esse ciclo, que deve ser efetuado pelo capitalista industrial. Essa primeira mudança de lugar da parte do dinheiro não expressa nenhum ato de metamorfose, seja de compra, seja de venda. A propriedade não é cedida, porquanto não ocorre troca alguma e nenhum equivalente é recebido. (C3, 468-9)

Depois que o capitalista industrial o utiliza para produzir mais-valor, o dinheiro tem de retornar ao credor. Tudo isso é uma questão de transação legal.

> O ato inicial que transfere o capital do prestamista ao tomador é uma transação legal que não tem relação nenhuma com o processo efetivo de reprodução do capital [isto é, o processo de trabalho], mas apenas o introduz. O repagamento que transfere o capital de volta do devedor a seu credor é uma segunda transação legal, o complemento da primeira; uma introduz o processo real, a outra é um ato subsequente, que ocorre depois que a primeira é consumada. O ponto de partida e o ponto de retorno, o empréstimo do capital e sua recuperação, aparecem, assim, como movimentos arbitrários, mediados por transações legais. (C3, 469)

Qual é, então, a relação entre essas transações legais e as realidades subjacentes da produção de mais-valor?

> O capital, como um tipo especial de mercadoria, tem também um tipo de alienação que lhe é peculiar. Aqui, portanto, o retorno não aparece como uma consequência e um resultado de uma série definida de processos econômicos, mas como uma consequência de um contrato especial entre o comprador e o vendedor. O período do refluxo depende do curso do processo de reprodução; no caso do capital portador de juros, seu retorno como capital *parece* depender simplesmente do contrato entre o prestamista e o tomador. E assim o refluxo de capital, em conexão com sua transação, não aparece mais como um resultado determinado pelo processo de produção, mas, antes, como se o capital emprestado jamais tivesse perdido a forma de dinheiro. Evidentemente, essas

transações são, na verdade, determinadas pelos refluxos reais. Mas isso não se mostra na transação ela mesma. (C3, 470)

Em outras palavras, as relações e os contratos legais ocultam uma relação entre a circulação do capital portador de juros e a produção de mais-valor. Mas a palavra "aparece" é repetida com frequência nessas sentenças e, como observei em outras ocasiões, isso costuma indicar que ocorre outra coisa qualquer que não pode ser vista facilmente:

> No movimento real do capital, o retorno é um momento no processo de circulação. Primeiro, o dinheiro é transformado em meios de produção; o processo de produção o transforma numa mercadoria; mediante a venda da mercadoria, ele volta a ser transformado em dinheiro e, sob essa forma, retorna às mãos do capitalista que primeiro adiantou o capital em sua forma-dinheiro. (C3, 470)

Mas todos esses passos intermediários são eliminados do contrato legal que especifica D-D′ e nada mais. "O movimento cíclico real do dinheiro como capital é a suposição por trás da transação legal pela qual o devedor do dinheiro tem de retorná-lo a seu credor." Assim, conclui Marx, "emprestar é a forma apropriada para essa alienação *como capital*, e não como dinheiro ou mercadoria" (C3, 471).

O próximo passo é abordar especificamente a questão do juro. O processo de circulação considerado aqui tem a forma de D-D + ΔD, sendo ΔD o juro "ou aquela parte do lucro que não permanece nas mãos do capitalista em atividade, mas calha ao capitalista monetário" (C3, 472).

> Com outras mercadorias, o valor de uso acaba sendo consumido e, desse modo, a substância da mercadoria desaparece, e com ela seu valor. A mercadoria do capital, por outro lado, tem a propriedade peculiar de que o consumo de seu valor de uso não só mantém seu valor e valor de uso, mas, de fato, o incrementa.

Assim, o "valor de uso do capital monetário emprestado [...] aparece como uma capacidade de representar e incrementar valor". Mais uma vez, "porém, esse valor de uso, como distinto de uma mercadoria ordinária, é um valor, isto é, o excesso de valor que resulta do uso de dinheiro como capital acima de sua grandeza original. O lucro é esse mais-valor" (C3, 473).

Essa é uma afirmação muito importante. Do mesmo modo que Marx afirma no Livro I que o dinheiro, ao contrário de outras mercadorias, jamais abandona a circulação depois que entra nela ("a circulação transpira dinheiro por todos os poros" (C1, 186), esse foi o modo encantador como ele expressou a ideia), também o capital portador de juros pode continuar circulando indefinidamente. Mas aqui também vemos que ele pode crescer sem parar.

Mais especificamente, "o valor de uso do dinheiro emprestado é sua capacidade de funcionar como capital e, como tal, produzir a taxa média de lucro em condições médias. [...] A soma de valor, o dinheiro, é fornecida sem um equivalente" – mais uma vez, uma condição que distingue essa transação de outras formas de intercâmbio de mercadorias – "e retornada após certo período de tempo. O prestamista permanece todo o tempo como o proprietário desse valor, mesmo depois que este é transferido dele para o tomador". Isso significa que o juro é uma taxa de retorno que deve ser atribuída à pura posse, em oposição ao uso efetivo. No entanto, é "apenas mediante seu uso que o juro é valorizado e realizado como capital. Mas é como capital *realizado* – isto é, como valor acrescido de mais-valor – que o tomador tem de pagar sua dívida; e o mais-valor pode apenas ser uma parte do lucro que ele realizou. Apenas uma parte, e não o todo" (C3, 474). Se ele fosse o todo, o capitalista industrial não teria nenhum incentivo para produzir.

Isso acarreta uma relação "entre dois tipos de capitalistas: o capitalista monetário e o capitalista industrial ou comercial". Temos aqui, portanto, a introdução da ideia de diferentes frações do capital em relação recíproca, mas cada uma com preocupações, necessidades e interesses distintos. O que se segue, então, é uma digressão sobre a irracionalidade e as qualidades contraditórias do preço do dinheiro, já destacadas antes, e a conclusão de que, apesar de tudo, "um preço que é qualitativamente distinto do valor é uma contradição absurda" (C3, 476).

Quais são as conexões internas em ação aqui que vinculam a taxa de juro à produção de valor? Marx retorna ao início de sua análise:

> O dinheiro, ou uma mercadoria, é em si mesmo capital potencial, do mesmo modo como a força de trabalho é capital potencial. Pois (1) o dinheiro pode ser transformado em elementos de produção, sendo já, em si mesmo, uma mera expressão abstrata desses elementos, sua existência como valor; (2) os elementos materiais da riqueza possuem a propriedade de já serem capital potencial, porque a antítese que os complementa, aquilo que os torna capital – o trabalho assalariado – está presente na base da produção capitalista.

Por essas razões, "o dinheiro, assim como a mercadoria, é em si mesmo capital latente, potencial, isto é, pode ser vendido como capital e, sob essa forma, é poder de comando sobre o trabalho de outrem, confere a seu possuidor a vindícia à apropriação do trabalho alheio, e é ele mesmo valor que se autovaloriza" (C3, 477). Segue-se, então, o mais importante:

O capital, além disso, aparece como uma mercadoria na medida em que a divisão do lucro em juro e lucro propriamente dito é determinada pela oferta e demanda, isto é, pela concorrência, do mesmo modo como os preços de mercado das mercadorias. Mas aqui a distinção é tão notável quanto a analogia. Se a oferta e a demanda coincidem, o preço de mercado da mercadoria *corresponde a seu preço de produção* [grifos meus; ver abaixo], isto é, seu preço é então determinado pelas leis internas da produção capitalista, independentemente da concorrência, já que as flutuações na oferta e demanda não explicam senão as divergências entre os preços de mercado e os preços de produção.

Esse é um argumento conhecido do Livro I – a oferta e a demanda deixam de explicar qualquer coisa quando estão em equilíbrio. Isso vale até mesmo para os salários:

> Se a oferta e a demanda coincidem, seu efeito cessa, e os salários são iguais ao valor da força de trabalho. Diferente, no entanto, é o que ocorre com o juro sobre o capital monetário. Aqui a concorrência não determina as divergências da lei, pois *não há* nenhuma lei de distribuição além daquela ditada pela concorrência; como veremos mais adiante, não há nenhuma taxa "natural" de juro. O que é chamado de taxa natural de juro significa apenas a taxa estabelecida pela concorrência livre. Não há nenhum limite "natural" para a taxa de juro. Onde a concorrência não se limita a determinar as divergências e flutuações; onde, portanto, numa situação de equilíbrio entre suas forças reciprocamente atuantes, cessa toda a determinação, o que resta a ser determinado é algo sem lei e arbitrário. (C3, 478)

Essa é uma afirmação importante: a dinâmica da acumulação do capital torna-se sem lei e arbitrária. Todo o edifício das regras de investimento que Marx constrói nos *Grundrisse*, e que em *O capital* foi desenvolvido até aqui para explorar a generalidade das leis de movimento do capital, parece retesado ao máximo. Se o edifício desaba ou não, é algo que depende dos capítulos subsequentes. Como diz Marx: "mais sobre isso no capítulo seguinte"!

O que está claro é que a atitude de evitar particularidades, que restringe a análise no Livro II, é abandonada. Se o resultado é "sem lei e arbitrário", o que ocorre então com as leis gerais do movimento que foram até agora o foco das preocupações de Marx? Temos uma situação paradoxal. A concorrência é encarada por toda parte como a responsável pela imposição das leis internas de movimento do capital; o mecanismo de imposição é entendido como determinante na circulação do capital portador de juros em seu papel de capital comum da classe – mas o executor é sem lei e arbitrário.

Isso constitui uma clara ruptura com o arcabouço apresentado nos *Grundrisse*. Marx reconhece que não pode acomodar a circulação do capital portador de juros dentro da estrutura dos pressupostos que guiaram seus estudos até aqui. Embora possa haver modos de entender como e por que essa divergência ocorre no caso do capital portador de juros (em oposição aos outros aspectos da distribuição, como a renda e o lucro sobre o capital comercial, que Marx acreditava ter conseguido incorporar à estrutura), não posso deixar de pensar que deve ter sido difícil e irritante para ele encarar o possível resultado dessa ruptura. Por um lado, a vigorosa energia que se observa nesses capítulos sugere certa alegria em deixar para trás as amarras da estrutura, embora a perda de controle (a indeterminação e a autonomização) ameace o edifício teórico que ele construiu. Não é de admirar que, como Engels relata em sua introdução, a saúde de Marx tenha se deteriorado muito na época em que ele escrevia esses capítulos. Posso imaginar a dificuldade: levei mais de dois anos para escrever os dois capítulos de *Os limites do capital* que falam da visão de Marx sobre o capital monetário e as finanças, e quase enlouqueci no processo.

Há outro ponto de estresse escondido nesses parágrafos. Marx usa o termo "preços de produção", em vez de "valores". Essa mudança de linguagem é importante, mas não estamos em condições de entendê-la aqui, porque ela aparece no Livro III (capítulos 9 e 10) a partir de uma análise do que acontece quando a taxa de lucro é equalizada pela concorrência entre indústrias que operam com diferentes composições de valor. Em resumo, o efeito da equalização da taxa de lucro é que as mercadorias são comercializadas a preços de produção formados pelo valor do capital constante e variável, acrescido do valor da taxa média de lucro ($c + v + l$), e não de acordo com a fórmula anteriormente adotada, pela qual os valores-mercadorias eram formados por $c + v + m$. O resultado é que setores com baixa composição de valor (alta quantidade de trabalho) acabam subsidiando setores com alta composição de valor (alta quantidade de capital constante). Não podemos nos prolongar sobre isso aqui. Embora não me pareça que tenha um grande impacto sobre o que acontece com a circulação do capital portador de juros, acredito que isso aponte outra mudança fundamental na análise de Marx.

Assim, o que acontece quando a concorrência deixa de ser mera executora das leis internas de movimento do capital para se converter numa determinante ativa da ausência de lei da acumulação do capital? Nos vários esboços de Marx para publicar *O capital* como uma série de livros, ele reconheceu que seria logicamente necessário um livro sobre a concorrência para completar a análise. Esse livro jamais foi escrito (embora no final do Livro III haja um rascunho de capítulo sobre "as ilusões criadas pela concorrência"). Aqui vemos exatamente por que esse livro seria e ainda é necessário.

Há ainda alguns aspectos nesse capítulo que merecem ser comentados. Em primeiro lugar, Marx havia criticado a visão de Gilbart sobre a "justiça das transações entre os agentes da produção" (C3, 460). Essa questão surgiu porque a taxa de juro é um contrato legal, e não um intercâmbio de mercadorias. Na visão de Marx, a justiça é uma "consequência natural" das "relações de produção". Embora as "formas legais" apareçam como "ações voluntárias dos participantes, expressões de sua vontade comum e contratos garantidos pelo poder estatal", o conteúdo dessa justiça "corresponde ao modo de produção e é adequado a ele". Assim, a escravidão e o logro em relação à qualidade das mercadorias podem ser considerados injustos do ponto de vista do modo de produção capitalista, já o trabalho assalariado não.

Marx ataca diversas vezes em *O capital* a ideia de que exista uma noção ideal, abstrata de justiça fora das relações sociais existentes. Ele não aceita inteiramente a ideia, atribuída por Platão a Trasímaco, nos *Diálogos*, de que justiça é aquela que ditam os agentes mais poderosos da sociedade (uma visão da qual Platão discorda em favor de um ideal perfeito de justiça); no entanto, Marx recusa-se categoricamente a aceitar o ideal platônico universal. A justiça está inserida nas relações sociais de um dado modo de produção (a teoria liberal da justiça, portanto, deriva da ascensão do capital ao predomínio nas relações sociais). A taxa "justa" de juros é aquela adequada à reprodução contínua do capital. Ela pode ser claramente distinguida da usura. Isso não quer dizer que nas concepções burguesas de justiça não haja elementos contraditórios que possam ser explorados nas lutas de classe. Marx, porém, rejeita a ideia de um ponto arquimediano a partir do qual uma versão perfeita de ética e justiça possa ser aplicada para julgar o mundo. Esse, segundo ele, é o maior defeito do raciocínio de Proudhon.

O segundo aspecto é a crítica direta das visões de Proudhon sobre o juro e o crédito. Como observei em outro lugar, Marx nem sempre é justo com Proudhon, mas penso que aqui ele está absolutamente certo em dizer que este, por não compreender a teoria do mais-valor e sua relação com a circulação do capital portador de juros, é levado a supor que um banco de crédito livre pode significar o fim da exploração (C3, 467). Para Marx, o que importa é a exploração do trabalho vivo na produção, e não a extração de juro. Querer consertar a taxa de juro e ignorar ao mesmo tempo a exploração do trabalho vivo na produção é, na visão de Marx, uma política ridícula.

SOBRE O CAPÍTULO 22 DO LIVRO III: A DIVISÃO DO LUCRO E A TAXA DE JURO

Marx reconhece que a taxa de juro pode flutuar no curto prazo por todo tipo de razão. Ele abstrai de todos esses movimentos e da tendência a equalizar a taxa de juros no mercado mundial e se concentra "na maneira como o juro adquire autonomia em relação ao lucro" (C3, 480). Começa pressupondo que há "uma razão fixa entre o lucro total e a parte desse lucro paga como juro ao capitalista monetário" (C3, 481). Isso significa que, em última instância, a taxa média de lucro determina o limite máximo de juro (C3, 482). Se há uma tendência de queda da taxa de lucro, como Marx afirma diversas vezes, é óbvio que a taxa de juro também tende a cair. Mas, se a taxa de juro depende de condições de oferta e demanda para o capital monetário, como será sua variação ao longo do ciclo industrial?

> Se consideramos os ciclos de rotação em que se move a indústria moderna – inatividade, animação crescente, prosperidade, superprodução, *crash*, estagnação, inatividade etc., ciclos cuja análise detalhada ultrapassa nosso objetivo aqui –, vemos que uma taxa de juro baixa corresponde geralmente a períodos de prosperidade ou lucro especialmente alto, ocorre um aumento da taxa de juro entre a prosperidade e o colapso, ao passo que o juro máximo, até o nível da usura extrema, corresponde a um período de crise.

Essa, no entanto, é uma generalização empírica, e não uma afirmação teórica. Ela pressupõe também que o Estado não faça nenhuma intervenção na oferta de dinheiro que possa baixar a taxa de juro a um patamar próximo de zero no auge de uma crise (como foi o caso nos Estados Unidos desde 2007). Digo isso porque Marx está claramente tentando compreender as condições de oferta e demanda para o capital monetário enquanto elas flutuam, e só pode fazer isso pela generalização empírica da relação instável entre a taxa de lucro e a taxa de juro.

Há, segundo ele, algumas razões independentes para a queda da taxa de juro (diferentes daquelas fornecidas pela tendência de queda da taxa de lucro). Antes de mais nada, aqueles que ganham dinheiro fora da produção de mais-valor estão sempre tentados a se aposentar, principalmente à medida que envelhecem, apenas para viver dos juros do capital monetário e não ter mais de se incomodar com as incertezas da produção. Marx cita a observação de George Ramsay sobre "quão numerosa, em relação à população, é a classe dos *rentistas* [...] na Inglaterra! À medida que a classe dos *rentistas* cresce, o mesmo ocorre com aquela dos prestamistas de capital, porque as duas são uma só e a mesma". Essa tendência é exacerbada:

> [pelo] desenvolvimento do sistema de crédito, [pelo] controle cada vez maior que esse sistema confere aos industriais e aos comerciantes sobre as economias monetárias de todas as classes da sociedade por intermédio dos banqueiros, assim como a concentração progressiva dessas economias em grande escala, de modo que possam funcionar como capital monetário.

Isso "também força necessariamente para baixo a taxa de juros" (C3, 484). Pela primeira vez, Marx enfrenta uma questão crucial: o papel do sistema financeiro na captação do capital inicial para a circulação (prometendo, como sempre, "mais detalhes posteriormente"). O papel do sistema financeiro na mobilização das economias de todas as classes e no uso dessas economias como capital monetário teve importância cada vez maior na história do capitalismo.

O problema, no entanto, é que "a taxa de juro vigente num país, sendo distinta da taxa flutuante de mercado, não pode ser determinada por nenhuma lei. Portanto, não existe uma taxa natural de juro, no sentido em que os economistas falam de uma taxa natural de lucro e uma taxa natural de salários" (C3, 484). É "a concorrência como tal que decide, [e consequentemente] a determinação é inerentemente acidental, puramente empírica, e somente o pedantismo ou a fantasia podem tentar apresentar esse acidente como algo necessário" (C3, 485). Mas os efeitos da competição são mitigados pelo fato de que "o costume, a tradição legal etc. estão igualmente envolvidos", ao passo que a maneira como "as duas partes que reivindicam esse lucro [os capitalistas industriais e os prestamistas] o repartem entre si é, na verdade, um fato puramente empírico, que pertence ao reino do acaso, assim como as respectivas cotas no lucro comum são distribuídas entre os vários membros de uma sociedade empresarial" (C3, 486). Bem diferente é o que ocorre com a relação entre salários e lucro (e, diz Marx, com a relação entre renda e lucro): "Com o juro [...] a *distinção qualitativa* deriva da *divisão puramente quantitativa* da mesma porção de mais-valor", ao passo que, no caso dos salários e das rendas, temos o inverso. O proprietário fundiário fornece uma mercadoria tangível – a terra – e o trabalhador a força de trabalho, mas o capitalista monetário fornece apenas capital monetário, que é a representação do valor e não contribui com nada tangível para a produção.

A taxa geral de lucro é determinada, é claro, pelos fatores que determinam o mais-valor (a massa de mais-valor, a massa de capital adiantado e o estado da concorrência). Isso contrasta com o juro, que, como vimos, é determinado por meio da oferta e da demanda. Mas há dois fatores "que favorecem as consolidações da taxa de juros":

> (1) a preexistência histórica do capital portador de juro e a existência de uma taxa geral de juro legada pela tradição; (2) a influência direta muito mais forte que o mercado mundial exerce sobre o estabelecimento da taxa de juros – independentemente das condições de produção num país –, quando comparada à influência da taxa de juro. (C3, 490)

O dinheiro, em especial na forma de crédito, é, como observei anteriormente, a forma "borboleteante" do capital, que pode voar livremente. Boletins sobre os movimentos da taxa de juro no mercado de ações são como "boletins meteorolócos", embora haja convergências na direção de uma generalidade do preço aplicado sobre o capital mutuado:

> No mercado monetário, apenas prestamistas e tomadores se confrontam mutuamente. A mercadoria tem a mesma forma, o dinheiro. Aqui são obliteradas todas as formas particulares de capital, derivadas de seus investimentos em esferas particulares da produção ou da circulação. O capital existe na forma indiferenciada e idêntica a si mesma de valor independente, de dinheiro. Cessa a concorrência entre esferas particulares; todas elas são reunidas como tomadoras de dinheiro, e o capital as confronta numa forma indiferente ao modo específico de sua aplicação. Aqui o capital realmente emerge, na pressão de sua oferta e demanda, como *o capital comum da classe*. (C3, 490)

Essa é uma ideia um tanto surpreendente. Como podemos descobrir as leis gerais do movimento do capital sem entender o funcionamento do capital monetário como o capital comum da classe?

> O capital monetário no mercado de dinheiro, além disso, possui realmente a forma em que é distribuído como um elemento comum entre essas várias esferas, entre a classe capitalista, não importando em absoluto sua aplicação particular, de acordo com as exigências de produção de cada esfera particular. A isso se acrescente que, com o desenvolvimento da grande indústria, o capital monetário surge cada vez mais, na medida em que aparece no mercado, como não sendo representado pelo capitalista individual, o proprietário desta ou daquela fração da massa do capital no mercado, mas, antes, como uma massa concentrada e organizada, submetida ao controle dos banqueiros, como representante do capital social, de uma maneira absolutamente diferente da produção real. O resultado é que, no que diz respeito à forma da demanda, o capital para empréstimo confronta-se com todo o peso de uma classe, ao passo que, no que diz respeito à oferta, ele mesmo aparece *en masse* como capital mutuado. (C3, 491)

No centro de todas as tentativas de Marx para reduzir a regularidades empíricas e hábitos consuetudinários os movimentos "arbitrários e sem lei" das taxas de juros que derivam da concorrência e das condições de oferta e demanda, há uma profunda assimetria no funcionamento do sistema financeiro e monetário: para realizar seus projetos particulares, os capitalistas individuais têm de solicitar capital monetário aos banqueiros que controlam uma massa do equivalente universal (que reflete a assimetria dos movimentos D-M e M-D referidos no Livro I).

SOBRE O CAPÍTULO 23 DO LIVRO III: JURO E LUCRO DA EMPRESA

A classe capitalista é dividida entre capitalistas monetários e capitalistas industriais, e a competição entre eles cria a taxa de juros (C3, 493). Sendo assim, "por que", pergunta Marx, "mesmo o capitalista que usa apenas seu capital próprio, e nenhum capital emprestado, classifica parte de seu lucro bruto na categoria especial de juro e o calcula à parte como tal? E, por conseguinte, por que todo capital, seja emprestado ou não, é distinguido como capital portador de juro e capital que gera um lucro líquido?" (C3, 495). A resposta a essas questões requer que:

> partamos do pressuposto de que o capitalista monetário e o capitalista produtivo defrontem-se realmente, não só como pessoas legalmente separadas, mas como pessoas que desempenham papéis absolutamente diferentes no processo de reprodução, ou em cujas mãos o mesmo capital realmente passa por um movimento duplo e completamente diferente. Um simplesmente empresta o capital, o outro o aplica produtivamente. (C3, 495)

O que aparece, então, é a importância do estatuto legal de posse e propriedade. "O juro que ele paga ao prestamista aparece, pois, como uma parte do lucro bruto que se agrega à *propriedade no capital como tal*" (C3, 497; grifos meus). O juro, portanto:

> aparece como mero fruto da propriedade no capital, do capital em si mesmo, abstraído do processo de reprodução do capital, na medida em que ele não "trabalha", isto é, não funciona; ao passo que o lucro do empresário aparece para ele como o fruto exclusivo das funções que ele desempenha com o capital, como fruto do movimento e do processo do capital, como processo que agora aparece para ele como sua própria atividade, em contraste com a não atividade e a não participação do capitalista monetário no processo de produção.

O juro "vai para o capitalista monetário, o prestamista, que é apenas o possuidor do capital e, assim, representa a mera propriedade no capital antes do processo de produção e fora dele". Essas "ossificação e autonomização mútuas" (note o tema da autonomia aqui) "das duas partes do lucro bruto, como se derivassem de duas fontes separadas, têm agora de ser fixadas para a classe capitalista inteira e para o capital total", e isso "independentemente de o capital aplicado pelo capitalista ativo ser tomado emprestado ou não, ou o capitalista monetário, que possui o capital, usá-lo ele mesmo ou não". Com efeito:

> a pessoa que aplica o capital, mesmo que opere com capital próprio, decompõe-se em duas pessoas: o mero possuidor do capital e seu usuário; seu capital, com relação às cate-

gorias de lucro que ele rende, decompõe-se em capital *possuído*, capital *fora* do processo de produção, que rende um juro, e capital *no* processo de produção, que rende um lucro empresarial como capital em processo. (C3, 498)

Isso se torna uma "divisão qualitativa para o capital total e a classe capitalista como um todo" (C3, 499).

A passividade do capital monetário como propriedade que rende juro confronta-se com o ativismo do produtor capitalista, que usa o capital monetário para produzir o mais-valor e receber lucro empresarial. Essa distinção não só se aplica a toda a classe capitalista, como é internalizada no capitalista como pessoa.

> Se o capitalista industrial opera com seu próprio capital ou com capital emprestado não altera em nada o fato de que a classe dos capitalistas monetários confronta-se com ele como um tipo especial de capitalista, o capital monetário como um tipo autônomo de capital, e o juro como a forma separada de mais-valor que corresponde a seu capital específico. (C3, 500)

Mas o capitalista individual "tem a escolha de emprestar seu capital como capital portador de juros ou valorizá-lo ele mesmo como capital produtivo, não importando se ele existe como capital monetário desde o início ou se tem primeiro de ser transformado em capital monetário" (C3, 501), Um empresário pode iniciar um negócio com capital emprestado, mas tão logo o mais-valor seja produzido ele pode escolher emprestar a outrem uma parte desse mais-valor, em vez de reinvesti-la.

Mas seria "um completo absurdo" supor que "todo capital poderia ser transformado em capital monetário". A ideia de que "sobre a base do modo de produção capitalista o capital poderia render juro sem funcionar como capital produtivo, isto é, sem criar mais-valor, do qual o juro é somente uma parte", é "um absurdo ainda maior":

> Se uma parcela exagerada dos capitalistas pretendesse transformar seu capital em capital monetário, o resultado seria uma tremenda desvalorização do capital monetário e uma tremenda queda na taxa de juro; muitas pessoas se tornariam imediatamente incapazes de viver de juros e, assim, seriam obrigadas a reconverter-se em capitalistas industriais. (C3, 501)

Vemos aqui um claro ponto em que a circulação de capital portador de juros é subordinada à produção de mais-valor e dominada por ela.

Portanto, embora não exista uma "taxa natural de juros", há uma sugestão de que seria necessário um equilíbrio de forças (ou, no caso dos indivíduos, um equilíbrio de sentimentos) entre os capitalistas monetários, de um lado, e as atividades de produção de mais-valor, de outro. Onde se situa esse equilíbrio é o que ainda não podemos saber nesse ponto do desenvolvimento. (Tal equilíbrio seria puramente conjuntural e acidental?) Mas que a consequência do desequilíbrio crônico em relação, digamos, ao capital monetário seria sua desvalorização, isso está claramente demonstrado. É esse o tipo de desequilíbrio sinalizado pelas baixíssimas taxas de juros que têm vigorado no Japão desde 1990 e nos Estados Unidos desde 2007?

Marx examina o impacto disso sobre as relações de classe. A antítese e a oposição entre o trabalho e o capital ocorrem no ponto de produção do mais-valor. Mas agora estamos examinando a relação entre os capitalistas monetários e os capitalistas da produção. O resultado é:

> a antítese ao trabalho assalariado é obliterada na forma do juro; pois o próprio capital portador de juros não tem o trabalho assalariado como seu oposto, mas sim o capital em funcionamento; é com o capitalista efetivamente atuante na reprodução que o capitalista prestamista se confronta, e não com o trabalhador assalariado [...]. O capital portador de juros é capital *como propriedade*, confrontado com o capital *como função*. Mas se o capital não funciona, ele não explora trabalhadores e não se coloca em oposição ao trabalho. (C3, 503)

A importância dessa ideia para pensar a dinâmica da luta de classes não pode ser desprezada. Embora as linhas de oposição e luta entre os trabalhadores e os capitalistas sejam claras tanto no processo de trabalho como no mercado de trabalho, a relação entre trabalhadores e capital monetário como propriedade é muito mais abstrata e opaca. A mobilização operária contra o poder do capital monetário e seu modo de circulação é muito mais problemática. É muito mais provável que pequenas empresas se oponham ao poder dos bancos e das instituições financeiras do que os trabalhadores. É difícil incorporar essas lutas nas interpretações habituais da luta de classes. Historicamente, as lutas contra os poderes dos capitalistas monetários (e, mais geralmente, contra os rentistas) tenderam a assumir (e continuam a assumir) uma forma populista. O populismo intuitivo manifesto no movimento Occupy Wall Street é um excelente exemplo.

Mas o capital portador de juros pressiona o capital produtivo a produzir mais-valor, e quanto maior a taxa de juro, maior a pressão que ele exerce. Os produtores podem dizer aos trabalhadores que a alta taxa de exploração que eles lhes impõem é um reflexo das altas taxas de juros, desviando a atenção para a ganância e o poder dos banqueiros. Desse modo, a dinâmica da luta de classes pode ser deslocada, e até mesmo distorcida.

Há ainda uma complicação mais profunda. A internalização de dois papéis diferentes na mesma pessoa (o do capitalista monetário e o do capitalista da produção) leva naturalmente o capitalista atuante a interpretar seu lucro empresarial como:

> independente de sua propriedade em capital e, ao contrário, como o resultado de suas funções como um não possuidor, como um *trabalhador*. Ele põe inevitavelmente na cabeça a ideia de que seu lucro empresarial – muito longe de formar qualquer oposição ao trabalho assalariado, e sendo apenas o trabalho não pago de outrem – é, na verdade, um salário, um salário de supervisão do trabalho, *wages of superintendence of labour*, um salário mais alto que o salário comum do trabalhador (1) porque seu trabalho é complexo e (2) porque ele mesmo paga os salários. (C3, 503-4)

No entanto, uma vez que as coisas são conceitualizadas desse modo, o capitalista pode escolher entre fazer ele mesmo o trabalho (e pagar a si mesmo o salário de supervisão) ou pagar a outrem para que execute esse trabalho. Assim, é muito fácil esquecer que o juro e o lucro empresarial são "simplesmente partes do mais-valor, e que uma tal divisão [entre salários em geral e salários de supervisão] não pode de modo algum modificar sua natureza, sua origem e suas condições de existência" (C3, 504). O restante do capítulo aborda as ramificações dessa escolha.

A lógica do capitalista é a seguinte. Se "o juro representa a mera posse do capital", ele é, em relação à produção de mais-valor, "uma relação entre dois capitalistas, e não entre o capitalista e o trabalhador". Sendo assim:

> ele confere à outra parte do lucro a forma qualitativa de lucro empresarial e, subsequentemente, de salário de supervisão. Ele [o capitalista] cria mais-valor não porque trabalha *como capitalista*, mas porque, abstraindo de sua qualidade de capitalista, *também* trabalha. Essa parte do mais-valor, portanto, não é mais mais-valor, mas seu oposto, o equivalente do trabalho realizado. Uma vez que o caráter estranhado do capital, sua oposição ao trabalho, é colocado fora do processo efetivo de exploração, isto é, dentro do capital portador de juros, esse processo de exploração aparece simplesmente como um processo de trabalho [!], em que o capitalista em atuação apenas desempenha um trabalho diferente daquele dos trabalhadores. O trabalho de explorar e o trabalho explorado são idênticos; ambos são trabalho.

Tudo isso é refletido, é claro, "na consciência do capitalista" (C3, 506).

Desse modo, "uma parte do lucro pode ser separada como salário". Nas grandes empresas, caracterizadas por uma divisão do trabalho complicada, detalhada, esse salário pode ser pago ao gerente. Esse "trabalho de supervisão e gestão advém necessariamente" (atente para a necessidade aqui invocada) "onde o processo de produção direta assume a forma de um processo socialmente combinado", mas a forma dessa associação varia (C3, 507). Relações complicadas de cooperação nas empresas requerem um "regente de orquestra" (uma imagem usada no Livro I, no capítulo sobre a cooperação), e essa forma de trabalho produtivo pode gerar uma taxa de remuneração mais alta. Mas o gerenciamento da exploração por meio da dominação e do despotismo também requer uma autoridade governadora. Nesse ponto, Marx cita Aristóteles para mostrar que "a dominação no terreno econômico, assim como no terreno político, exige de quem está no poder o exercício de funções de dominação, de modo que, no terreno econômico, eles precisam saber como consumir a força de trabalho". Quando se torna suficientemente rico, "o senhor transfere a 'honra' desse fardo a um supervisor". A figura do supervisor já havia sido abordada no Livro I, no capítulo sobre a cooperação. A questão da supervisão do trabalho, no entanto, é comum a muitos modos de produção. Está claro pelos exemplos de Marx que o gerenciamento do trabalho escravo foi um precursor vital das práticas gerenciais capitalistas. As doutrinas de inferioridade racial tiveram um papel importante na justificação da organização do trabalho dos "outros". De acordo com o discurso do "advogado O'Connor", de Nova York ("sob um estrondoso aplauso"), o senhor deveria receber "a compensação justa pelo trabalho e pelo talento empregado em governar [o escravo], tornando-o útil para si mesmo e para a sociedade" (C3, 510). Hoje, uma bibliografia considerável mostra que as técnicas de gerenciamento de fábrica que se difundiram na Inglaterra tiveram origem nas plantações de açúcar do Oeste indiano, que gerenciavam grandes massas de trabalhadores escravos.

"O sr. Ure já observou", continua Marx, "que 'a alma do nosso sistema industrial' não são os capitalistas industriais, mas os gerentes industriais." Seja como for, o certo é que "a produção capitalista fez com que o trabalho de supervisão se tornasse prontamente disponível, algo absolutamente independente da posse do capital. Assim, tornou-se supérfluo para esse trabalho de supervisão que ele seja realizado pelo capitalista" (C3, 511). O salário pago por essa gestão "aparece como completamente separado do lucro empresarial tanto nas fábricas de cooperativas de trabalhadores como nas empresas capitalistas de capital aberto". Mas é óbvio que em ambos os casos as práticas, brevemente descritas por Marx, são muito diferentes:

> No caso da fábrica cooperativa, o caráter antitético do trabalho supervisor desaparece, uma vez que o gerente é pago pelos trabalhadores, e não representa o capital em oposição a eles. Já as empresas de capital aberto em geral (desenvolvidas com o sistema de crédito) têm a tendência a estabelecer cada vez mais uma separação entre essa função

de trabalho gerencial e a posse do capital, seja ele capital próprio ou emprestado [...]. (C3, 512)

Isso leva a uma interessante conclusão:

A confusão entre lucro empresarial e salários de supervisão ou gestão surgiu originalmente da forma antitética que o excedente do lucro sobre o juro assume em oposição a esse juro. Isso foi desenvolvido subsequentemente com a intenção apologética de apresentar o lucro não como mais-valor, isto é, como trabalho não pago, mas como o salário que o próprio capitalista recebe pelo trabalho que realiza. Os socialistas, então, reivindicaram que o lucro deveria ser reduzido na prática àquilo que ele afirmava ser na teoria, isto é, apenas salário de supervisão.

Mas a falsa teoria sofria ainda mais pressão à medida que os salários de supervisão tendiam a cair, em razão da desqualificação. Com a formação de cooperativas de trabalhadores e com o surgimento de empresas de capital aberto, "foi eliminado o último pretexto para que o lucro empresarial fosse confundido com o salário de gerenciamento, e o lucro acabou aparecendo na prática como aquilo que inegavelmente era na teoria: mero mais-valor" (C3, 514).

Mas nesse capítulo há uma torção clarividente:

Sobre a base da produção capitalista, desenvolve-se, em conexão com as empresas de capital aberto, uma nova fraude com os salários de gestão: acima do diretor administrativo surge uma série de conselhos de gerência e supervisão, para os quais a gerência e a supervisão são, na verdade, mero pretexto para o roubo dos acionistas e enriquecimento próprio.

A relevância de tudo isso requer um comentário. Na época de Marx, os salários de supervisão eram provavelmente muito menores que os lucros empresariais que se têm hoje em dia. Mas, uma vez que essa distinção é introduzida, o equilíbrio de poder entre os proprietários e os supervisores pode ser alterado de inúmeras maneiras. No caso das empresas de capital aberto, os supervisores – os CEOs e os gerentes – têm sido cada vez mais bem-sucedidos em enriquecer à custa dos proprietários. Num livro muito influente publicado nos anos 1930, Berle e Means apontaram para o surgimento de um estrato gerencial que estava reconfigurando radicalmente as relações de classe dominantes no capitalismo[3]. Marx (apoiando-se

---

[3] Adolf A. Berle e Gardiner C. Means, *The Modern Corporation and Private Property* (Nova York, Macmillan, 1932) [ed. bras.: *Moderna sociedade anônima e a propriedade privada*, trad. Dinah de Abreu Azevedo, 2. ed., São Paulo, Nova Cultural, 1987].

em Ure) antecipa a importância potencial da separação entre propriedade e gestão, e a probabilidade do surgimento de uma classe gerencial. Ele não antecipa seu pleno florescimento, em parte porque a empresa de capital aberto estava apenas surgindo. Mas certamente vislumbra a possibilidade de todo tipo de "fraude" nas novas formas que estavam sendo geradas naquilo que mais tarde seria chamado de "capitalismo de gestão monetária".

No caso das cooperativas, que eram uma forma socialista popular na época (como no caso de Robert Owen), a questão da recompensa gerencial também se apresentava. Obviamente, se todas as empresas e instituições operassem hoje segundo o modelo da Mondragon (descrito anteriormente), viveríamos num mundo muito diferente. Os reitores das universidades dos Estados Unidos não receberiam mais do que 150 mil dólares por ano, em vez de mais de 1 milhão, e os professores-adjuntos receberiam 50 mil dólares, em vez de 20 mil (quando muito).

Obviamente, o conflito em nossa própria época entre proprietários e gerentes de empresas tem uma grande importância econômica, social e política. A ideia de que o capitalismo diz respeito ao "dinheiro dos outros" já era entendida em sentido cômico na última metade do século XIX, e é disso que Marx está tratando. Mas agora ela é uma questão real, e não ajuda em nada o hábito de pagar os gerentes com ações: isso confunde a distinção entre propriedade e gestão. Os comentários de Marx sobre isso são, portanto, relevantes para a nossa época, assim como, e com uma importância ainda maior, sua posição fundamental de que a evolução dos salários de supervisão como uma forma ou remuneração para o capital é um disfarce para a extração de mais-valor do trabalhador empregado na produção.

SOBRE O CAPÍTULO 24 DO LIVRO III: DO FETICHISMO AO CAPITAL FICTÍCIO

"No capital portador de juros a relação do capital chega à sua forma mais superficial e fetichizada." Assim começa o capítulo 24, seguido de um capítulo intitulado "Crédito e capital fictício", em que se inicia a transição no pensamento de Marx na qual o grande fetiche – a moeda de crédito – assume o comando das leis de movimento do capital para produzir formas fictícias que mistificam, distorcem e, por fim, corroem as leis de movimento da acumulação do capital que Marx se dedicou a teorizar. A linguagem é atordoante.

> O capital aparece como uma fonte misteriosa e autocriadora do juro, de seu próprio crescimento. A coisa (dinheiro, mercadoria, valor), como mera coisa, já é agora capital, e o capital aparece como simples coisa; o resultado do processo total de reprodução

aparece como uma propriedade inerente a uma coisa. [...] No capital portador de juros, portanto, esse fetiche automático é elaborado em sua forma pura, como valor que se autovaloriza, dinheiro que cria dinheiro, e não tem mais nenhuma marca de sua origem em sua forma. A relação social é consumada na relação de uma coisa – o dinheiro – consigo mesma. [...]
Há ainda outra distorção: enquanto o juro é apenas uma parte do lucro [...], agora o juro aparece, ao contrário, como o fruto específico do capital, como a coisa original, ao passo que o lucro, agora transmutado na forma do lucro empresarial, aparece como mero acessório e ingrediente adicionado ao processo de reprodução. *Aqui o caráter fetichista do capital e a representação desse fetiche do capital estão completos*. Em D-D' temos a forma sem conceito do capital, a inversão e a coisificação das relações de produção em sua máxima potência: a forma portadora de juros, a forma simples do capital, na qual ele é pressuposto a seu próprio processo de reprodução; a capacidade do dinheiro ou da mercadoria de valorizar seu próprio valor, independentemente da reprodução – a mistificação do capital na forma mais flagrante. (C3, 516; grifos meus)

Essa mistificação é uma "dádiva" para os economistas vulgares, porque assim eles podem "apresentar o capital como uma fonte independente de riqueza, de criação de valor", dotada de "existência autônoma". Mas a questão mais importante é: os capitalistas se prendem tanto às distorções das formas fetichistas a ponto de agir irracionalmente em relação à sua própria reprodução? Se as leis coercitivas da concorrência e todos os sinais que eles recebem do mercado os orientam na direção errada, o que o capital, entregue a si mesmo, pode fazer, além de cavar um buraco – se não uma cova – cada vez mais fundo para si mesmo?

Essa questão está presente em todo *O capital*. Ela surgiu pela primeira vez, e mais distintamente, no capítulo sobre "A jornada de trabalho", no Livro I, no qual a concorrência leva o capital a aumentar a duração da jornada de trabalho a ponto de ameaçar a vida dos que produzem o mais-valor. Nesse exemplo, o Estado intervém para regular a duração da jornada de trabalho, o que salvou os capitalistas desse "*après moi, le déluge*" político. Assim, é interessante que Marx diga explicitamente que "aqui o caráter fetichista do capital e a representação desse fetiche do capital estão completos". É quase como se o plano de Marx em *O capital* fosse revelar os fetichismos que regem o sistema capitalista, e como se ele o tivesse concluído aqui.

As consequências são inúmeras. Uma das mais cruciais é como essa forma fetichista (que Marx aborda em várias passagens eloquentes – citando Goethe, ele diz: "como se seu corpo [do capital] estivesse possuído de amor") produz o capricho e a fantasia do juro composto. Um certo dr. Price, diz Marx, "ficou simplesmente deslumbrado com as cifras incríveis geradas pela progressão geométrica", assim como o comentador que, em 1772, imaginou que "um xelim investido a 6% de juro composto na época do nascimento do nosso Salvador teria crescido uma quantidade de ouro tão grande que não caberia nem mesmo no sistema solar inteiro" (C3, 520). Dada essa capacidade mágica, todos os débitos existentes (tanto públicos como privados) poderiam ser facilmente saldados com apenas um centavo de poupança inicial! Isso levou o *Economist* a observar, em 1851: "O capital, com juros compostos aplicados a cada parte do capital poupado, é tão absorvente que toda a riqueza no mundo da qual se extrai algum ganho tornou-se há muito tempo juro de capital", acrescentando, de modo significativo, que "toda renda hoje é o pagamento do juro sobre o capital previamente investido na terra". Sobre isso, Marx observa asperamente que "por suas próprias leis inerentes, todo trabalho excedente que a espécie humana pode fornecer" parece pertencer ao "capital em sua qualidade de capital portador de juros" (C3, 521).

Marx traz de volta para o plano terreno esse "absurdo" de um crescimento composto automático, observando que "o processo de acumulação do capital pode ser concebido como uma acumulação de juro composto, na medida em que a parte do lucro (mais-valor) que é transformada de volta em capital, isto é, que serve para absorver novo trabalho, pode ser chamada de juro". Mas há outra realidade: "grande parte do capital existente é sempre mais ou menos desvalorizada no curso do processo de reprodução", em parte por causa da produtividade crescente do trabalho social (que desvaloriza os produtos do trabalho passado, e pode também produzir uma taxa decrescente de lucro, como foi exposto nos capítulos iniciais do Livro III). Onde se encontra o equilíbrio entre criação e destruição? A verdade a respeito dessa questão é a seguinte:

> A identidade de mais-valor e mais-trabalho estabelece um limite qualitativo para a acumulação do capital: a *jornada total de trabalho*, o presente desenvolvimento das forças produtivas e da população, que restringe o número de jornadas de trabalho passíveis de serem simultaneamente exploradas. Se, ao contrário, o mais-valor é apreendido na forma sem conceito do juro, então o limite é somente quantitativo e escapa a toda fantasia.

O poder do fetiche está no fato de que uma realidade é construída em torno de sua fantasia. O capital portador de juros "expõe a concepção do fetiche do capital em sua forma consumada, a ideia de que ele atribui ao produto acumulado do trabalho, na forma fixa do dinheiro [...], o poder de produzir mais-valor em progressão geométrica por meio de uma qualidade secreta inerente, como uma pura automação" (C3, 523). As consequências se mostram à medida que o capital procura conectar o uso do trabalho passado e presente a essa concepção de fetiche e a seu compromisso concomitante com o crescimento composto perpétuo. Não é difícil localizar a contradição potencial em tudo isso. Enquanto o capital portador de juros que circula no interior de um sistema monetário ilimitado pode crescer e atingir a estratosfera dos juros compostos e dos valores de capital fictícios, os limites quantitativos da produção real de mais-valor são rapidamente deixados para trás, e apenas fazem valer seu poder limitador no decurso de uma crise.

SOBRE O CAPÍTULO 25 DO LIVRO III: CRÉDITO E CAPITAL FICTÍCIO

Depois das revelações absolutamente atordoantes do capítulo 24, os dois capítulos seguintes causam certo desapontamento, em particular pela promessa do título do capítulo 25 de revelar os mistérios da categoria de capital fictício. Isso é consequência, em parte, da decisão de Marx de abdicar de toda "análise detalhada do sistema de crédito e dos instrumentos que ele cria", inclusive o desenvolvimento do crédito estatal. Ele se limita a examinar "o crédito comercial e bancário", porque são "necessários para caracterizar o modo de produção capitalista em geral". Em outras palavras, Marx retorna ao plano da generalidade, excluindo todo o resto. As afirmações impetuosas do capítulo anterior são limitadas por uma tentativa de análise sóbria.

O sistema de crédito "é expandido, generalizado e elaborado" à medida que o comércio de mercadorias cresce com o desenvolvimento capitalista. O dinheiro é usado progressivamente como "moeda de conta", à medida que se difunde a prática de comprar agora e pagar depois. As notas promissórias também podem circular, e Marx junta todas essas práticas sob a rubrica "letras de câmbio". Como muitas dessas letras cancelam umas às outras pelo equilíbrio entre débitos e cobranças, elas funcionam como dinheiro, mesmo que nenhuma moeda metálica ou papel-moeda governamental estejam envolvidos (C3, 525).

Marx cita um banqueiro, W. Leatham (de maneira positiva, penso eu, embora seja difícil afirmar), que tentou calcular o volume de letras de câmbio em circulação na Inglaterra. Era claro que o valor nominal dessas letras excedia em muito a quantidade de ouro disponível. Leatham escreveu que:

> as letras de câmbio não [...] podem ser submetidas a controle, a não ser por meio da prevenção do excesso de dinheiro e das baixas taxas de juros ou de desconto, que criam uma parte dessas letras de câmbio e encorajam essa grande e perigosa expansão. É impossível determinar em que medida isso é derivado de negócios efetivos, por exemplo, de compras e vendas reais, e em que medida é um produto artificial (fictício) e consiste de meras letras de câmbio cruzadas, isto é, de letras que são emitidas para cobrir o

vencimento de outras, gerando um capital ilusório mediante a criação de um simples meio de circulação. Em tempos de dinheiro abundante e barato, sei que isso atinge um enorme montante. (C3, 526)

Surpreendentemente, essa é única menção explícita à categoria de capital fictício nesse capítulo. É apenas no capítulo 29 que Marx aborda a categoria por sua própria conta. Mas aqui ele examina algumas das práticas envolvidas nesse comércio de títulos de crédito pelo qual os direitos de propriedade trocam de mãos sem a ajuda de moedas convencionais.

Esse comércio define um novo papel econômico muito específico: o do negociante – ou banqueiro – intermediário, especializado não só no desconto de letras de câmbio, mas também "no gerenciamento do capital portador de juros" e na tomada e concessão de empréstimo de dinheiro.

> O negócio bancário consiste [...] em concentrar nas mãos do banco grandes massas de capital monetário para empréstimo, de modo que não são os emprestadores individuais de dinheiro, mas os banqueiros, como representantes de todos os prestamistas, que se confrontam com o capitalista industrial e comercial. Eles se convertem em gerentes gerais do capital monetário.

Que é, como bem lembramos, o capital comum da classe capitalista. "Um banco representa, por um lado, a centralização de capital monetário, dos prestamistas, e, por outro lado, a centralização dos tomadores. Ele obtém seus lucros, em geral, tomando emprestado a taxas mais baixas do que aquelas a que empresta." Marx descreve brevemente as múltiplas funções dos vários tipos de bancos, e conclui observando que, na verdade, o banco interpõe sua própria solvibilidade entre todos os prestamistas e tomadores, podendo também em alguns casos emitir notas bancárias que "não são nada mais do que uma letra de câmbio, pagável em qualquer data ao portador e dada pelo banqueiro no lugar das letras de câmbio privadas". Os bancos que emitem notas são normalmente "uma mixórdia peculiar de bancos nacionais e privados, sustentados na verdade pelo crédito governamental, e suas notas são mais ou menos títulos legais de pagamento" (C3, 529). Embora Marx não se prolongue nesse ponto, o que vemos aqui é, na verdade, um sistema bancário e funções bancárias que surgem de atividades de intercâmbio comercial, mas que é uma "mixórdia" de funções privadas e estatais em combinações peculiares. Coube a Engels inserir exemplos de casos em que isso deu muito errado e ajudou a produzir as crises financeiras e comerciais de 1847-1848 e 1857-1858.

SOBRE O CAPÍTULO 26 DO LIVRO III: A ACUMULAÇÃO DO CAPITAL MONETÁRIO

Esse capítulo é constituído em grande parte de longos trechos de outros comentadores, seguidos de uma extensa citação das provas apresentadas no "Report of the Parliamentary Commitee on the Bank Acts" (cujo foco principal é o depoimento de Overstone). Embora Marx faça um comentário crítico aqui e ali, é difícil identificar uma crítica sistemática. Não está claro se ele aceita inteiramente algumas das visões que apresenta ou se apenas copiou passagens para fazer uma análise crítica posterior.

Ele começa, por exemplo, com uma longa citação de Corbet, que me parece particularmente interessante. A contínua acumulação de riqueza em dinheiro na Inglaterra põe um problema para Corbet:

> Depois do desejo de adquirir dinheiro, o desejo mais urgente é livrar-se dele novamente por meio de algum tipo de investimento que renda juro ou lucro; pois o dinheiro mesmo, enquanto tal, não rende nenhum dos dois. A menos que, simultaneamente a esse influxo incessante de capital excedente, ocorra uma gradual e suficiente ampliação do campo para sua aplicação, temos de nos submeter a acumulações periódicas de dinheiro em busca de investimento, de maior ou menor volume, de acordo com a dinâmica dos acontecimentos. Por uma longa série de anos, a dívida pública foi o grande meio de absorção da riqueza excedente na Inglaterra [...]. Empresas que necessitam de um grande capital para seu funcionamento e que de tempos em tempos criam uma abertura para o excesso de capital não empregado [...] são absolutamente necessárias, ao menos em nosso país, para dar vazão às acumulações periódicas da riqueza supérflua da sociedade que não encontram espaço nos ramos habituais de aplicação. (C3, 543)

Marx não faz nenhum comentário sobre essa passagem, seja pró ou contra. No entanto, em diversos pontos de *O capital*, o que chamo de "problema da disposição do excedente de capital" entra em foco. É interessante que, na visão de Corbet, o débito nacional, longe de ser o terrível fardo que tão frequentemente se presume que seja, é uma válvula de escape positiva, e as grandes empresas (que realizam, por exemplo, grandes obras públicas, infraestrutura, projetos de urbanização) são também "absolutamente necessárias" para que os excedentes de capital sejam absorvidos. Tudo isso se encaixa na ideia geral, que me é pessoalmente cara, de que a acumulação de riqueza precisa ser acompanhada de acumulação de dívida. Não posso afirmar explicitamente que Marx teria chegado a essa visão, mas ele certamente não a rejeita.

O que sabemos com base nesse capítulo é que Marx desaprovava a maior parte do chamado "princípio monetário [*currency principle*]", como expresso pelo sr. Norman, na época diretor do Banco da Inglaterra, e desprezava inteiramente as visões de lorde Overstone, banqueiro e "lógico usurário". Mas já que as questões substantivas são exploradas mais adiante no texto de Marx, adiarei a análise delas até o próximo capítulo.

6. As visões de Marx sobre o sistema de crédito

(CAPÍTULOS 27-37 DO LIVRO III)

Após o capítulo 28, há uma rápida deterioração da qualidade do texto de Marx acerca do papel do crédito em relação ao capital. Como observei anteriormente, foi a partir do capítulo 30 que Engels diz ter encontrado "a verdadeira dificuldade":

> A partir desse ponto era não só o material ilustrativo que precisava ser corrigido, mas também a linha de pensamento continuamente interrompida por digressões, desvios etc., e depois retomada em outros lugares, muitas vezes de passagem. A isso seguia-se, no manuscrito, uma longa seção intitulada "A confusão", que consistia simplesmente de excertos dos relatórios parlamentares sobre as crises de 1848 e 1857, nos quais se reuniam, com a adição ocasional de breves comentários humorísticos, as declarações de 23 negociantes e escritores econômicos, em particular sobre os temas do dinheiro e do capital, da evasão de ouro, da especulação excessiva etc. (C3, 94-5)

Após várias tentativas, Engels desistiu de reconstruir as visões de Marx sobre "a confusão" e concentrou seus esforços simplesmente em reproduzir as anotações, embora enfatizando as críticas ocasionais.

Não recomendo uma tentativa de analisar detalhadamente os capítulos 30 a 35 numa primeira leitura. Mas é preciso enfrentar o desafio de tentar entender o que é "a confusão". Marx está sugerindo que o pensamento burguês é confuso e o dele não? Se é isso, ele fez um péssimo trabalho ao esclarecer essas questões. Ou ele quer dizer que as contradições do mundo do dinheiro creditício são tão profundas que produzem confusões danosas e crises por toda parte? Pelo que conhecemos de Marx, é provável que ele tenha pretendido dizer as duas coisas. Alguns comentários sobre isso são certamente necessários. Assim, devo apresentar minha visão geral sobre aquilo que me parece estar em questão, antes de investigar cada capítulo e comentar as passagens mais relevantes. Devo deixar claro que faço isso sem qualquer pretensão de estabelecer uma leitura definitiva, para não dizer correta.

O ARGUMENTO GERAL

Depois de fazer um esboço do papel geral do crédito na produção capitalista no capítulo 27, Marx dedica dois capítulos ao papel dos bancos e dos banqueiros no fornecimento de liquidez (em dinheiro vivo ou notas bancárias), seja para a produção, seja para a realização do capital. Os três capítulos seguintes, sobre o capital monetário e o capital real, concentram-se principalmente no que ocorre à medida que o capital fictício ganha vida própria, permitindo todo tipo de especulações e inversões nas relações de poder, de uma maneira que pode ter pouco a ver com a produção real de mais-valor, ainda que este último pareça ter um sombrio poder disciplinador sobre os excessos no interior do sistema financeiro. Os três capítulos técnicos seguintes são, em grande parte, uma compilação de relatórios oficiais e, como é difícil decifrar as visões do próprio Marx, não tentarei sintetizar ou interpretar esse material aqui. O capítulo final, sobre as relações pré-capitalistas, apresenta um interessante tratamento da história do crédito como usura, além de alguns pensamentos provocadores sobre as possibilidades políticas.

Algumas linhas fundamentais atravessam esses capítulos. Marx viu claramente que a consolidação do sistema de crédito tinha profundas consequências para o "capital comum da classe", como já havia afirmado no capítulo 22 e na introdução geral ao capital comercial. Eu não saberia enfatizar o suficiente essa ideia. Ela reposiciona a circulação do capital monetário como uma espécie de sistema nervoso central que orienta os fluxos de capital que reproduzem o capital em geral. Além disso, implica uma socialização do capital que sinaliza uma mudança radical em seu caráter. Empresas de capital aberto, por exemplo, facilitam o surgimento de capitais coletivos e associados que, por um lado, permitem uma vasta extensão na escala, abrangência e forma dos empreendimentos capitalistas e, por outro, abrem caminho para um mercado mundial no qual o trabalho associado e os direitos de propriedade coletiva seriam cada vez mais comuns. Marx pensava até que as empresas de capital aberto, em razão de seu caráter associativo, poderiam tornar-se a base para uma transição para um modo de produção não capitalista. Hoje, isso parece estranho, se não absolutamente equivocado, mas na época havia razões interessantes para se considerar tal possibilidade.

As possibilidades positivas e negativas inerentes ao advento do sistema de crédito capitalista estavam incorporadas, diz Marx, na pessoa do banqueiro francês Isaac Péreire, que possuía "o agradável caráter misto de vigarista e profeta" (C3, 573). Por isso, peço permissão para fazer uma pequena digressão (como Marx faz no capítulo 36) sobre esse "caráter".

Os irmãos Péreire – Isaac e Émile – se formaram no espírito do utopismo saint-simoniano da França dos anos 1830 e, durante o Segundo Império (1852--1870), puseram algumas dessas ideias utópicas em prática, em especial as que diziam respeito ao poder dos capitais associados. Saint-Simon (1760-1825) – cujo "gênio e mente enciclopédica" Marx admirava muito, segundo Engels (C3, 740) – procurou aconselhar o rei. Enviou-lhe muitas cartas sugerindo maneiras de melhorar a vida coletiva e evitar aquelas mudanças violentas ilustradas pelas Revolução Francesa, cujos excessos Saint-Simon julgava repugnantes. Ele foi provavelmente um dos primeiros pensadores a propor algo semelhante ao que hoje seria a União Europeia. Se alguém tivesse lhe dado ouvidos, duas guerras mundiais poderiam ter sido evitadas. Ele propôs formas racionais e representativas de governo que legislariam em benefício de todas as classes, sob um comando monárquico benevolente. Enfatizou também a importância da conciliação de capital e trabalho (que incluía artesãos e empresários capitalistas) para realizar projetos e obras públicas de larga escala (e, em certa medida, planejados) que contribuiriam para o bem-estar de todos. Para isso, era necessário que as pequenas quantidades de capital monetário, dispersas na sociedade, fossem reunidas numa forma associada.

Luís Bonaparte, que se autoproclamou imperador em 1852 após um golpe de Estado em 1851, era fã das ideias de Saint-Simon, tendo sido chamado muitas vezes de "Saint-Simon a cavalo". Luís concebeu projetos de grande escala para pôr em movimento o capital e o trabalho não empregados após o *crash* e os movimentos revolucionários de 1848. Os irmãos Péreire desempenharam um importante papel nisso. Eles criaram novas instituições de crédito e juntaram pequenas quantidades de capital nas formas associadas que Saint-Simon defendia e, assim, acabaram dominando o mundo das finanças no Segundo Império. Controlando as cédulas de crédito, eles participaram ativamente da grande missão de Haussmann de absorver o capital e o trabalho excedentes mediante a reconstrução e a transformação de Paris. Construíram edifícios residenciais e novas lojas de departamentos, ao mesmo tempo que monopolizaram os serviços públicos (como a iluminação a gás) e as novas estruturas de transporte e comunicação da cidade. Mas o *boom* dos anos 1850 e início dos anos 1860, assim como a lendária rivalidade entre os Péreires e a conservadora casa bancária dos Rothschilds (tema principal do romance *O dinheiro*, de Zola), chegaram ao fim com o colapso financeiro de 1867, que destruiu o império do crédito especulativo dos Péreires. É bem possível que Marx tivesse essa rivalidade em mente quando escreveu:

> O sistema monetário é essencialmente católico, e o sistema de crédito, essencialmente protestante. "Os escoceses odeiam o dinheiro." Como dinheiro, a existência monetária das mercadorias tem uma existência puramente social. É a *fé* que traz a salvação. A fé no valor monetário como espírito imanente das mercadorias, fé no modo de produção e sua disposição predestinada, fé nos agentes individuais de produção como mera personificação do capital que se autovaloriza. Mas o sistema de crédito não é mais emancipado do sistema monetário como base do que o protestantismo das bases do catolicismo. (C3, 727)

Rothschild (sendo judeu) acreditava no "catolicismo" do ouro como base monetária, ao passo que os Péreires (também judeus) depositavam sua fé no papel. Quando veio o colapso, o papel se mostrou sem valor, ao passo que o ouro jamais perdeu o brilho, e até cintilou mais hipnoticamente do que nunca.

A tensão entre cédulas de crédito e mercadorias-dinheiro (como o ouro) é onipresente nesses capítulos. Marx trata explicitamente dessa questão bem mais adiante, no meio de um capítulo bastante vago sobre o metal precioso e a taxa de câmbio:

> É precisamente o desenvolvimento do sistema de crédito e bancário que, por um lado, procura pôr todo o capital monetário a serviço da produção, enquanto, por outro, reduz a um mínimo a reserva de metal numa dada fase do ciclo, no qual ele não pode mais desempenhar as funções que lhe são delegadas – é esse elaborado sistema de crédito e bancário que torna supersensível o organismo inteiro.

Por meio da garantia de conversibilidade das notas bancárias, a reserva de metal funciona "como o eixo de todo o sistema de crédito". A estrutura que surge é a seguinte:

> o banco central é o pivô do sistema de crédito. E a reserva de metal é, por sua vez, o pivô do banco. A mutação do sistema de crédito em sistema monetário é necessária [...]. Uma certa quantidade de metal, insignificante em comparação com a produção total, é reconhecidamente o pivô do sistema. Por isso, abstraindo da terrível exemplificação desse seu caráter de pivô nas crises, o que se tem é esse belo dualismo teórico. (C3, 706)

Se mesmo a pretensão de uma base de metal ou de mercadoria para o sistema de crédito e monetário global foi abandonada no começo dos anos 1970 (embora os chamados *"gold bugs"*, que defendem o retorno ao padrão-ouro, ainda sejam

FIGURA 4

abundantes), a ideia de uma estrutura hierárquica de pivôs (cuja centro seria o dólar americano) para o sistema financeiro global ainda parece uma concepção apropriada. É mais verdadeiro hoje do que na época de Marx que:

> o crédito, sendo [...] uma forma social de riqueza, desloca o dinheiro e usurpa sua posição. É a confiança no caráter social da produção que faz com que a forma-dinheiro dos produtos apareça como algo meramente evanescente e ideal, como uma mera noção. Mas tão logo o crédito é abalado, e essa é uma fase regular e necessária no ciclo da indústria moderna, supõe-se que toda riqueza real é efetiva e repentinamente transformada em dinheiro, em ouro e prata – uma demanda insana, mas que surge necessariamente do próprio sistema. E o ouro e a prata necessários para satisfazer essa imensa demanda atingem o valor de alguns milhões no cofre do banco. (C3, 708)

Mas antes Marx apresenta um tratamento ainda mais rico dessas relações: "Faz parte das bases da produção capitalista o fato de que o dinheiro confronta as mercadorias como uma forma autônoma de valor, ou que o valor de troca precisa ter uma forma autônoma em dinheiro". A mercadoria-dinheiro, como equivalente universal, é essa forma autônoma. O que ocorre quando a moeda de crédito e as operações de crédito substituem a mercadoria-dinheiro?

Em épocas de pressão, quando o crédito se retrai ou seca completamente, o dinheiro confronta-se absolutamente com as mercadorias como o único meio de pagamento e a verdadeira existência do valor. Daí a desvalorização geral das mercadorias, a dificuldade e até a impossibilidade de transformá-las em dinheiro, isto é, em sua própria forma puramente fantástica.

A alusão à teoria do fetichismo é inequívoca. Em segundo lugar, "a própria moeda de crédito só é dinheiro na medida em que representa absolutamente dinheiro real". Com a evasão de moeda para o exterior, a conversibilidade do crédito em dinheiro "torna-se problemática":

> Por isso, são necessárias medidas coercitivas, o aumento da taxa de juro etc. a fim de garantir [...] a conversibilidade [...]. Uma desvalorização da moeda de crédito (para não falar de uma completa perda de seu caráter monetário, que é, de resto, puramente imaginário) destruiria todas as relações existentes. O valor das mercadorias é assim sacrificado para assegurar a existência fantástica e autônoma desse valor em dinheiro. [...] Essa é a razão por que mercadorias no valor de muitos milhões precisam ser sacrificadas por alguns milhões em dinheiro. Isso é inevitável na produção capitalista, e constitui uma de suas belezas. [...] Enquanto o caráter social do trabalho aparece como a existência monetária da mercadoria e, por conseguinte, fora da produção real, as crises monetárias, independentemente das crises reais ou como uma intensificação destas últimas, são inevitáveis. (C3, 648-9)

Foi isso que aconteceu na depressão de 1930? E essa é a "inevitabilidade" que o keynesianismo se esforçou para corrigir?

Embora essa tensão entre crédito e dinheiro "real" já tivesse sido há muito tempo identificada:

> é apenas com esse sistema que surge a forma mais notável e grotesca dessa contradição e desse paradoxo absurdo, porque (1) no sistema capitalista a produção para o valor de uso direto, para o próprio uso do produtor, é abolida quase completamente, de modo que a riqueza existe apenas como um processo social expresso como o entrelaçamento da produção e da circulação; e (2) porque, com o desenvolvimento do sistema de crédito, a produção capitalista se esforça constantemente para superar essa barreira metálica – barreira que é tanto material como imaginária – à riqueza e ao seu movimento, porém volta sempre a bater a cabeça contra ela. (C3, 707-8)

Assim, a forma das mercadorias-dinheiro é um obstáculo à expansão que as moedas de crédito superam e evitam, mas em certo ponto a qualidade e a confiabilidade das moedas de crédito podem ser validadas apenas por sua capacidade de troca por mercadorias-dinheiro.

Uma das coisas mais difíceis para todos os analistas (inclusive Marx) é a compreensão da diferença entre a riqueza que circula no sistema financeiro e de crédito e a produção de riqueza supostamente "real". A relação entre Wall Street e Main Street (ou, como dizem os ingleses, entre a City e a High Street) intriga a todos. Os argumentos habituais sobre o que fazer com o euro são uma excelente demonstração das confusões reinantes. O que Marx sugere é que um sistema monetário baseado puramente em mercadorias-dinheiro age como uma barreira ao avanço da acumulação do capital, porque há uma quantidade limitada de dinheiro à disposição. Há um perigo claro e constante daquilo que hoje chamamos de "repressão financeira", que ocorre quando não há dinheiro suficiente (de nenhum tipo) para fazer circular o volume crescente de mercadorias que são produzidas à medida que avança a acumulação do capital. As moedas de crédito se tornam, portanto, não só necessárias, mas cruciais para a expansão contínua do capitalismo. À primeira vista, há elementos que sugerem (embora, pelo que sei, isso nunca tenha sido estudado empiricamente) que a história da acumulação do capital tenha acontecido paralelamente a uma acumulação de moedas de crédito e dívidas concomitantes. Apenas desse modo o capital pode ser acumulado "ilimitadamente". Mas se a acumulação do capital depende de uma acumulação paralela de moedas de crédito e instrumentos de crédito, então ela produz necessariamente um monstro fetichista à sua imagem e semelhança, baseado na fé, na confiança e na expectativa, e que periodicamente escapa do controle. As moedas de crédito não substituem, simplesmente, a moeda metálica: elas colocam o sistema monetário e a concepção de moeda num plano totalmente novo, que mais abrange do que elimina os fetichismos implícitos no sistema de crédito. Crédito "espuma", bolhas de ativos, *booms* e colapsos especulativos são o preço que o capital tem de pagar por se libertar temporariamente das restrições da mercadoria-dinheiro.

Essas restrições, no entanto, reaparecem em fases de crise. O volume das obrigações de crédito ultrapassa periodicamente o da produção real de valor (mas esta pode ser medida); então, as mercadorias-dinheiro (as representantes do valor), no curso de uma crise financeira, fazem a insanidade das moedas de crédito cair na realidade. Essa é a disciplina da moeda forte real, que conecta Wall Street a Main Street. É o "catolicismo" da base monetária em ação. A propósito, a referência religiosa reflete a longa proscrição dos juros pela Igreja católica (regra que continua válida na lei islâmica, e que a Igreja católica abandonou apenas no século XIX). A famosa distinção de Martinho Lutero entre os males da usura e a legitimidade de uma taxa de juros "justa" foi essencial para o movimento protestante romper com Roma.

O que é tão crucial no sistema de crédito é sua capacidade de ultrapassar qualquer barreira monetária à acumulação e lançar-se num mundo de crescimento ilimitado.

Existem possibilidades ilimitadas de criação de papel-moeda (cédulas de crédito). Foi o que aconteceu na bolha imobiliária de 2001 nos Estados Unidos. Os preços estavam subindo, e todo mundo estava tirando vantagem dos valores crescentes dos ativos imobiliários – e, quanto mais se tirava vantagem, mais os preços subiam. Os imóveis funcionavam como caixas automáticos, sem limite de saque, até que as pessoas se deram conta de que o preço dos imóveis havia subido muito acima da renda. E houve o *crash*. Aconteceu a mesma coisa no *boom* fundiário do Japão, nos anos 1980. Quando há um *crash*, a liquidez dos proprietários (disposição de moeda forte real) é a única coisa que importa. Na medida em que essa liquidez é insuficiente, as execuções hipotecárias, as perdas e as desvalorizações de ativos vão se acumulando.

Que importância geral isso tem hoje em dia? A base metálica do sistema monetário mundial foi formalmente abandonada no início dos anos 1970. Isso parece tornar o pensamento de Marx irrelevante. Ele não disse que o "dinheiro, na forma de metal precioso, permanece a base da qual o sistema de crédito *jamais* pode se libertar"? O ouro ainda cumpre um papel residual importante, é claro. Quando a fé no papel-moeda e na moeda de crédito é abalada, surgem preços em ouro, como se viu nos últimos anos. Uma minoria ainda sente que o ouro é a maneira mais segura de acumular valores monetários reais. Hoje, existe uma abundância de anúncios sobre a segurança dos investimentos em ouro. Talvez haja alguma verdade nisso (e nós nos odiaremos se não tivermos investido em ouro caso seu preço triplique nos próximos cinco anos!). Mas há pouca probabilidade de retornarmos ao padrão-ouro. A sabedoria convencional diz que isso seria um desastre para a expansão contínua do mercado mundial, e mergulharia o mundo numa depressão permanente. A economia mundial situa-se no plano da economia de crédito, e não pode abandoná-lo.

Mas se o "pivô" metálico do sistema monetário desaparece, o que o substitui? A resposta são os bancos centrais mundiais, combinados com as autoridades reguladoras estatais (um "nexo Estado-finanças", como eu o chamo). Juntos, eles formam o "pivô" do sistema monetário e de crédito global. Para Marx, esse pivô era o Banco da Inglaterra; para nós, é o Federal Reserve Bank dos Estados Unidos (juntamente com o Tesouro norte-americano) e os outros bancos centrais e autoridades reguladoras, como as da Inglaterra, do Japão e da União Europeia. O resultado, no entanto, é a substituição de um mecanismo regulador que se baseia na produção de mercadorias reais (ouro e prata) por uma instituição humana. O julgamento humano é a única disciplina exercida sobre a criação de crédito. Mas essa instituição humana faz a coisa certa? O foco principal tem de ser, então, como os bancos centrais são estruturados e regulados, e como são formuladas políticas dentro do aparato estatal para lidar com os excessos periódicos que ocorrem nesse sistema de crédito.

Se o banco central e as autoridades reguladoras são mal estruturados, ou se baseiam numa teoria econômica errônea (como o monetarismo), a política pode se implicar profundamente nos processos de formação e/ou resolução de crises. Muitos consideram que a política do banco central teve um papel importante na exacerbação da grande depressão de 1930 (como a desastrosa decisão de Winston Churchill, quando era ministro das Finanças, de reinstituir o padrão-ouro na Inglaterra em 1920). Hoje, muitos dizem que as políticas de Bernanke estão conduzindo os Estados Unidos numa direção totalmente errada, e que o período em que Alan Greenspan esteve no comando do Federal Reserve, que na época parecia tão maravilhoso, teve um papel importante no *crash* devastador de 2007-2008. É claro que, hoje, investiga-se amplamente a ideia de que uma falha regulatória tenha afetado os acontecimentos recentes, e alguns consideram que uma melhor estrutura regulatória seria uma resposta importante à crise dos Estados Unidos, e mesmo do mundo. Mas de que nos serve um Banco Central Europeu que se encarrega de manter a inflação sob controle, sem nenhuma consideração pelo desemprego, e que consequentemente parece paralisado diante da resposta que deve dar à crise da dívida grega, sem promover uma austeridade debilitante e cada vez mais profunda? As instituições humanas são falíveis e sujeitas a todo tipo de força social e opinião conflituosa. Elas criam um mecanismo regulatório muito distinto daquele que prevalece quando as mercadorias-dinheiro ainda operavam como o pivô no qual a política do banco central tinha de girar.

Mesmo na época de Marx, a falibilidade das instituições financeiras e suas políticas tiveram um papel importante. Marx cita como principal exemplo o "equivocado" Bank Act britânico de 1844. Essa legislação dividia o Banco da Inglaterra em "um Departamento de Emissão e um Departamento Bancário" (C3, 688). O primeiro se ocupava dos títulos da dívida pública e da reserva de metais, e emitia papel-moeda lastreado nessas reservas. Ele emitia notas (que eram muito mais convenientes para propósitos de comércio) em troca de ouro e, em contrapartida, as cédulas prometiam "pagar ao portador" em ouro, se necessário (nas notas inglesas, essa promessa de pagamento ao portador ainda pode ser encontrada). Desse modo, eu poderia levar a qualquer momento as notas ao banco e receber de volta o valor equivalente em ouro. As cédulas eram, em suma, "conversíveis". (A suspensão da conversibilidade foi, portanto, uma opção política e, de fato, já havia ocorrido na Inglaterra em dado momento durante as Guerras Napoleônicas.) A outra parte do banco descontava as letras de câmbio, expedia cheques, emitia títulos e atuava em negócios bancários convencionais. A legislação de 1844 criou uma barreira de proteção entre essas duas partes, mas em 1848 uma crise de confiança atingiu a última delas. Houve uma corrida aos bancos, à medida que as pessoas perdiam a confiança no papel comercial e nos títulos públicos.

O Departamento Bancário sofreu uma escassez de ouro, enquanto o Departamento de Emissão era inundado com esse metal:

A separação do banco em dois departamentos independentes retirou o poder dos diretores de dispor livremente da totalidade de seus meios disponíveis em momentos decisivos, de modo que podiam ocorrer situações em que o Departamento Bancário se defrontava com a falência e, ao mesmo tempo, o Departamento de Emissão dispunha de muitos milhões em ouro [...]. E assim o Bank Act de 1844 empurrou todo o mundo do comércio à erupção de uma crise, retirando da circulação um estoque de notas bancárias e, com isso, acelerando e intensificando a crise. E por meio dessa intensificação da demanda por acomodação monetária [...] ele leva a taxa de juros em tempos de crise a um nível até então inédito.

O paralelo com o que aconteceu com a taxa de juro sobre os títulos gregos na crise de 2011 é notável:

> Assim, em vez de eliminar as crises, [o Banco da Inglaterra] as intensifica a ponto de ruir ou o mundo inteiro da indústria, ou o Bank Act. Em duas ocasiões, 25 de outubro de 1847 e 12 de novembro de 1857, a crise atingiu seu pico; então o governo, suspendendo o Act de 1844, liberou o banco da restrição sobre a emissão de notas e, em ambas as ocasiões, isso foi suficiente para deter a crise. (C3, 689)

Não entendo que, nessa passagem, Marx esteja dizendo que o Bank Act de 1844 foi a causa de uma crise, e sim que ele serviu para intensificar e acelerar uma crise que surgiu por outras razões (quais eram Marx não diz). Mas que tipo de arranjo institucional é esse que não pode responder de maneira adequada à inevitabilidade de crises periódicas? Essa foi, certamente, a pergunta fundamental feita ao Banco Central Europeu durante as crises de dívida em que afundaram não só Grécia, mas também Irlanda, Portugal, Espanha e Itália ao longo de 2001. Descrever o Bank Act de 1844 como "equivocado" é inferir que Marx acreditava na possibilidade de um Bank Act que não exacerbasse crises. Instituições bancárias e de crédito poderiam ser suficientemente flexíveis para acomodar variações na produção e nos preços e, ainda mais importante, nos sentimentos dos investidores. Mas seria possível criar instituições financeiras que pudessem deter as contradições que estão na base da formação da crise? Para os keynesianos, esse era o Santo Graal da política pública. Marx acreditava que isso não era possível. "Leis bancárias ignorantes e confusas, como aquelas de 1844-1845, podem intensificar a crise monetária. Mas nenhuma legislação bancária pode abolir as crises" (C3, 621).

Qual é o sentido, então, do abandono completo e formal do lastro da moeda de crédito nas mercadorias-dinheiro a partir do início dos anos 1970 (essa medida já havia sido informalmente aplicada pelas políticas keynesianas após os anos 1930)?

É difícil dizer qual seria a posição de Marx diante desses eventos contemporâneos. Certamente, ele teria se alinhado muito mais aos keynesianos do que aos monetaristas (pois critica reiteradamente a teoria quantitativa da moeda tal como foi desenvolvida por Ricardo). Mas não penso que ele acreditasse que as tendências de crise do capitalismo pudessem ser contidas, muito menos superadas, por reformas financeiras. Creio que uma leitura cuidadosa desses capítulos sustenta tal ponto de vista. É importante colocar essas questões aqui porque, com a análise do crédito, Marx parece conduzir seu conceito de capital a uma dimensão radicalmente diferente.

A loucura evidente, ainda que periódica, que toma conta do sistema financeiro leva à questão: por que diabos uma sociedade tolera isso? A resposta de Marx é muito clara. O crédito é absolutamente essencial quando se trata de acomodar em termos monetários o estímulo expansionista da acumulação perpétua de capital. A barreira constituída pela base metálica (e por notas conversíveis em ouro) tem de ser superada, uma vez que a quantidade de ouro e de prata não só é inadequada, porque relativamente inflexível em relação a flutuações na produção de mercadorias, como é insuficiente, porque finita. Além do mais, o caráter especulativo de todas as formas de investimento de capital (que pressupõe que a expansão na forma de mais mais-valor será produzida ao final do dia) está inelutavelmente embutido na circulação de capital monetário portador de juros. E, como vimos repetidas vezes ao longo do Livro II de *O capital*, os caprichos dos tempos distintos de curso (do capital fixo, em particular) só podem ser acomodados por meio de um sistema de crédito ativo; a liberação de "capital morto" de tesouros que seriam utilizados de outra maneira desempenha um papel crítico, acelerando a acumulação, ao invés de retardá-la. Os irmãos Péreires representavam tudo isso e muito mais. Eles passaram por cima das restrições da base monetária, para horror da conservadora casa dos Rothschilds, que controlava grande parte do ouro. Mas o *crash* de 1867 mostrou a fraqueza da posição dos Péreires e, com isso, aparentemente comprovou a crença dos Rothschilds (e de Marx?) no poder decisivo do ouro. Durante quinze anos, porém, os Péreires ajudaram a absorver os excedentes do capital e do trabalho, e deixaram como legado um ambiente construído radicalmente diferente, que até hoje podemos admirar quando caminhamos pelos bulevares parisienses, passeamos pelos parques e usufruímos do sistema de abastecimento de água e das canalizações de esgoto que servem as construções imponentes – ainda que padronizadas – dos bulevares que caracterizam grande parte do centro de Paris. Os Péreires eram capitalistas visionários e aventureiros, verdadeiros empreendedores; tinham fé e faziam as coisas acontecer, enquanto a casa dos Rothschilds se arrastava.

Isso levanta algumas questões interessantes sobre fé, crenças e psicologia. O romance *O dinheiro*, de Zola, cujo tema central é a rivalidade entre Saccard (os Péreires) e Gunderman (Rothschild) durante o Segundo Império, gira em torno do conflito de sentimentos e das mentalidades que entram em jogo na especulação financeira. Eis o que diz Saccard ao tentar convencer sua recatada, respeitável e prudente sobrinha, madame Caroline, acerca da justiça daquilo que para ela eram sombrias atividades especulativas:

> "Veja", exclamou Saccard, [...] "você verá uma completa ressurreição nessas planícies despovoadas, nesses desfiladeiros desertos que nossas estradas de ferro atravessarão. Sim! Os campos serão limpos, estradas e canais serão construídos, novas cidades nascerão da terra, a vida enfim retornará como retorna a um corpo doente, quando ativamos o sistema injetando sangue novo nas veias exaustas. Sim! O dinheiro fará prodígios [...]. Você tem de entender que a especulação, o jogo, é a engrenagem principal, o próprio coração de um vasto negócio como o nosso. Sim, ele atrai o sangue, ele o toma de todas as fontes por pequenos filetes, ele o coleta, reenvia por rios em todas as direções e cria uma enorme circulação de dinheiro, que é a própria vida dos grandes empreendimentos. Especulação: é o único estímulo que temos para viver, é o eterno desejo que nos impele a lutar e a viver. Sem especulação, minha cara amiga, não haveria negócios de nenhum tipo [...]. É o mesmo no amor. No amor, como na especulação, há muita obscenidade; também, no amor, as pessoas pensam apenas em sua própria recompensa; sim, sem amor não haveria vida e o mundo chegaria ao fim."[1]

É no contexto desses sentimentos que se torna muito mais fácil entender o que Marx queria dizer quando atribuía a Isaac Péreire "o agradável caráter misto de vigarista e profeta".

Superficialmente, o sistema de crédito parece ser sem lei, caótico e descontrolado em sua capacidade de incubar febres especulativas e colapsos periódicos. Isso era esperado, porque o juro, na linguagem dos *Grundrisse*, é uma particularidade, e é regulado (se é, de fato) por outras particularidades – especialmente, como vimos, pela oferta e pela demanda de capital monetário, além da competição entre diferentes frações do capital. Ele se restringe, portanto, a ser acidental, sem lei e conjuntural. Ele também depende da fé. A psicologia disso tudo, como Keynes tratará de enfatizar (e Zola descreve de modo brilhante), torna-se crucial. Para Marx, no entanto, essa questão se coloca de maneira bem diferente. Ele pergunta como os capitais e os capitalistas poderiam funcionar se ficassem presos aos fetichismos inerentes às formas superficiais do capital. Uma vez que se perdem no labirinto de seus próprios construtos fetichistas, como podem os capitalistas identificar as raízes de seus dilemas e, mais ainda, encontrar uma saída? Essa é, suspeito eu, a "confu-

---

[1] Émile Zola, *Money* (trad. Ernest Vizetelly, Stroud, Alan Sutton, 1991), p. 232.

são" que Marx queria apresentar. Desvendá-la depende de uma compreensão mais profunda da categoria de capital fictício, da qual tratarei brevemente.

Marx também sugere que a tendência à superprodução e superacumulação de capital – ou aquilo a que ele mais tarde se refere como uma "pletora" de capital –, anteriormente identificada com traços fundamentais das leis gerais do movimento do capital, atua como um gatilho, ou mesmo como causa subjacente das crises de confiança que periodicamente abalam o sistema de crédito. O "catolicismo" da base monetária, no qual o valor real é representado pela mercadoria-dinheiro (ouro e prata), é considerado por Marx o teste decisivo de realidade imposto às febres especulativas. Assim, mesmo quando as mercadorias-dinheiro – os metais preciosos – são desobrigadas de seu papel mediador como representações de valor, Marx dificilmente concordaria em tirar do valor seu papel central como árbitro das leis de movimento do capital. A questão da relação entre os poderes imateriais – porém objetivos – do valor e as eflorescências do sistema de crédito passa então para o primeiro plano da preocupação teórica.

Embora não apresente respostas definitivas, Marx tem *insights* nesses capítulos que poderiam ser elaborados subsequentemente. Entre eles, destaca-se o papel das formas fictícias e especulativas de capital na configuração ("disrupção" seria o termo mais adequado) das leis efetivas de movimento da acumulação do capital, em oposição às leis gerais desse movimento. Mas as relações entre Wall Street e Main Street são hoje tão opacas e controversas quanto na época de Marx. A habilidade intuitiva de Marx para apontar as questões críticas corretas pode ser útil para o avanço da investigação? Essa é a pergunta que devemos ter em mente à medida que pesquisamos mais detalhadamente cada um dos capítulos. Começarei, no entanto, pelo capítulo 36, que aborda a pré-história do sistema de crédito.

SOBRE O CAPÍTULO 36: A PRÉ-HISTÓRIA DO SISTEMA DE CRÉDITO

> O capital portador de juros, ou, para descrevê-lo em sua forma arcaica, o capital do usurário, pertence, juntamente com seu irmão gêmeo, o capital comercial, às formas antediluvianas do capital, que precedem longamente o modo de produção capitalista e podem ser encontrados nas mais diversas formações socioeconômicas. (C3, 728)

Essa formulação encontra paralelos em outros lugares (por exemplo, C1, 239). Note que o capital portador de juros existia *antes* do modo de produção capitalista. Isso contradiz a história equivocada, que Marx repete ocasionalmente de Adam Smith, segundo a qual houve uma evolução natural do escambo para uma economia monetária e, por fim, para uma economia de crédito (195). A mercadorização, o dinheiro e a compra e venda de força de trabalho: todos esses fatores tinham de existir antes do modo de produção capitalista (como vimos nos primeiros capítulos do Livro II). Mas agora vemos que mesmo o dinheiro, como capital portador de juros, tinha de preexistir ao surgimento de seu próprio modo distintivo de produção.

Excedentes de dinheiro (tesouro) podiam sempre – e necessariamente – ser encontrados nas sociedades pré-capitalistas. Mas só se tornavam capital quando o entesourador "transforma[va] a si mesmo em prestamista". Isso requer que o "dinheiro possa ser valorizado como capital", que possa ser emprestado para apropriar o trabalho de outrem (C3, 729). "O desenvolvimento do capital do usurário está vinculado ao do capital do comerciante, e especialmente ao do capital dedicado ao intercâmbio de dinheiro." Na Roma Antiga essas duas formas de capital "foram desenvolvidas ao máximo". No capítulo sobre o capital comercial, Marx se queixa da "confusão" dos economistas que trataram o capital monetário e comercial mais como ramos da produção (como a agricultura, a indústria e outras divisões do trabalho) do que como categorias embutidas na circulação.

Em tempos pré-capitalistas, o empréstimo usurário assumiu duas formas:

> em primeiro lugar, a usura mediante o empréstimo de dinheiro a magnatas extravagantes, essencialmente a proprietários de terra; em segundo lugar, a usura mediante o empréstimo de dinheiro a pequenos produtores, que possuem condições próprias de trabalho, inclusive artesãos, mas sobretudo e especialmente camponeses.

A usura, portanto, "funciona, por um lado, para enfraquecer e destruir a riqueza e a propriedade antiga e feudal". Ela também "enfraquece e arruína a produção dos pequenos camponeses e pequeno-burgueses". Em suma, ela completa o processo da acumulação primitiva descrito no Livro I (embora Marx não use esse termo aqui). No processo, o "capital usurário e a riqueza comercial promovem a formação de uma riqueza monetária independente da propriedade fundiária" (C3, 732-3). Isso faz eco a um argumento do *Manifesto Comunista* que diz que a mobilidade superior do dinheiro (a forma "borboleteante" do capital) e das mercadorias contribui para a dominação do capital comercial sobre os poderes feudais, que se baseiam na terra.

Se, no entanto, a resultante "concentração de grandes capitais monetários" leva ao estabelecimento "do modo de produção capitalista em seu lugar, [isso] é algo que depende inteiramente do nível histórico de desenvolvimento e das condições oferecidas por esse desenvolvimento" (C3, 729). A usura pode ter ajudado a enfraquecer e destruir os modos feudais e antigos de produção, mas não foi capaz de fazer surgir o modo de produção capitalista. Enquanto a usura concentra o poder do dinheiro:

o capital usurário empobrece o modo de produção, aleija as forças produtivas, em vez de desenvolvê-las, e ao mesmo tempo perpetua essas condições lamentáveis em que a produtividade social do trabalho não é desenvolvida nem mesmo à custa do próprio trabalhador, como na produção capitalista. (C3, 731-2)

Ela "não altera o modo de produção, mas agarra-se a ele como um parasita e o empobrece. Suga-o, emascula-o e força a reprodução a funcionar sob condições cada vez mais deploráveis", mesmo quando "o modo de produção permanece inalterado" (C3, 731).

Os poderes destrutivos da usura provocaram aversão e resistência da parte de muitas instituições poderosas, como a Igreja católica, que até o fim do século XIX proibia a usura, assim como o juro. Ao final do capítulo, Marx menciona a distinção que Martinho Lutero fazia entre a usura e a taxa de juro "equânime e justa" – uma dimensão do rompimento com Roma que levou à Reforma Protestante. Marx considera:

> completamente absurdo comparar o nível *desse* juro [o do usurário], no qual *todo* mais-valor é apropriado, exceto aquele que cabe ao Estado, com o nível da taxa moderna de juro, no qual o juro, ao menos o juro normal, constitui apenas uma parte desse mais-valor. Isso sem levar em conta que o trabalhador assalariado produz e rende lucro, juro e renda fundiária – em suma, o mais-valor inteiro – ao capitalista que o emprega.

Os trabalhadores assalariados não podem, portanto, ser escravos de dívidas em seu papel de produtores sob o capitalismo, embora possam ser em sua "capacidade de consumidores", como observa Marx prescientemente (C3, 730). Essa é uma das raras ocasiões em que ele menciona a possibilidade de dívida de consumidor por parte do trabalhador.

Assim:

> a usura tem um efeito revolucionário sobre os modos pré-capitalistas de produção apenas na medida em que destrói e dissolve as formas de propriedade que fornecem uma base firme para a articulação da vida política e cuja constante reprodução em sua mesma forma é uma necessidade para essa vida [e] é apenas onde e quando estão presentes as outras condições para o modo de produção capitalista que a usura aparece como um dos meios de formação desse novo modo de produção, por um lado, arruinando os senhores feudais e a pequena produção e, por outro, centralizando as condições de trabalho. (C3, 732)

Marx não elabora o que poderiam ser essas "outras condições", mas a cautela em não designar nenhuma condição (por exemplo, uma revolução nas forças produtivas ou uma transformação radical nas concepções mentais do mundo) sugere que ele tem em mente uma variedade de condições, e não apenas uma explanação do tipo "teoria da bala única"*, na qual a usura desempenha um papel potencialmente importante na transição do feudalismo para o capitalismo.

> O sistema de crédito desenvolve-se como uma reação contra a usura. Mas esta não deveria ser desconstruída, ou tomada no sentido dos escritores antigos, dos padres da Igreja, de Lutero ou dos socialistas primitivos. Ela não significa mais do que a subordinação do capital portador de juros às condições e exigências do modo de produção capitalista.

O que isso implica?

> O capital portador de juros retém a forma do capital usurário quando confrontado com pessoas e classes, ou em condições em que a tomada de empréstimo no sentido apropriado ao modo de produção capitalista não ocorre nem pode ocorrer; onde a tomada de empréstimo resulta da necessidade individual, como na casa de penhores; onde o empréstimo é para o consumo supérfluo; ou onde o produtor é um produtor não capitalista, um pequeno camponês, artesão etc. [...] por fim, onde o próprio produtor capitalista opera numa escala tão pequena que sua situação se aproxima daquela dos produtores que trabalham para si mesmos. (C3, 735)

Temos de presumir, em suma, que as práticas usurárias continuam no capitalismo, das cidades hoje pobres do interior dos Estados Unidos (onde a casa de penhores é uma instituição vital) aos onipresentes agiotas que vivem feito parasitas à custa das populações camponesas da Índia.

O que relega o capital portador de juros ao segundo plano no capitalismo são "as condições alteradas em que ele funciona" e "a figura totalmente mudada do tomador de empréstimo, que se confronta com o prestamista". O tomador recebe o empréstimo "como um capitalista potencial", mesmo que, em si mesmo, não possua meios. "Um homem sem riqueza, mas com energia, determinação, habilidade e astúcia nos negócios pode se transformar num capitalista." Isso é visto pelos apologistas econômicos como algo admirável, mas "na verdade reforça o domínio do próprio capital, amplia sua base e capacita-o a recrutar novas forças nos estratos mais baixos da sociedade [...]. Quanto maior a capacidade de uma classe dominante de absorver os melhores indivíduos das classes dominadas, mais

---

* No original "*single-bullet theory*". Assim ficou conhecida a teoria segundo a qual uma única bala teria atingido fatalmente o presidente John F. Kennedy e ferido o governador do Texas, John Connally, no atentado de Dallas, em 22 de novembro de 1963. (N. T.)

sólido e perigoso é seu domínio" (C3, 735-6). O mito do *"rags to riches"** do capital serve, assim, como uma poderosa justificativa ideológica para a perpetuação dessa relação de classe, ao mesmo tempo que serve para rejuvenescer a classe capitalista, preservando sua energia e poder. A falta de mobilidade vertical (ou diminuição, como em tempos recentes nos Estados Unidos) é vista com frequência, portanto, como perigosa para a perpetuação da ordem social capitalista. Na medida em que o sistema moderno de crédito facilita a mobilidade e a flexibilidade, ele foi e continua sendo visto de maneira positiva.

Marx prossegue, então, fazendo uma breve descrição de como a usura foi domada e de como a circulação do capital portador de juros foi subordinada "ao capital comercial e industrial, e não o inverso" (C3, 738). Ele considera crucial o papel pioneiro das associações de crédito que se formaram em Veneza e Gênova nos séculos XII e XIV, seguidas no século XVII de desdobramentos na Holanda, onde "o crédito comercial e o intercâmbio de dinheiro desenvolveu-se juntamente com o comércio e a manufatura, e, pelo curso do próprio desenvolvimento, o capital portador de juros tornou-se subordinado ao capital industrial e comercial".

Hoje, tudo isso são elementos básicos da história econômica, e aqueles que estão familiarizados com a teoria de Giovanni Arrighi sobre o papel que o desenvolvimento das finanças desempenhou na transferência da hegemonia capitalista das cidades-Estado italianas para a Holanda, a Inglaterra e, mais tarde, os Estados Unidos não têm dificuldade em perceber paralelos. Mas há um aspecto particularmente importante da análise de Marx. Com relação a Veneza e Gênova, ele observa que:

> os próprios bancos que foram fundados nessas repúblicas urbanas eram ao mesmo tempo instituições de crédito público, das quais o Estado recebia adiantamentos em troca de taxas. Não se pode esquecer que os comerciantes que formavam essas associações eram as pessoas mais proeminentes daqueles Estados, e estavam interessados em livrar tanto o governo como a si mesmos da usura, ao mesmo tempo que buscavam subordinar mais firmemente o Estado a si mesmos.

Isso aponta a importância crucial daquilo que chamo de "nexo Estado-finanças" no advento do capital como um modo distintivo de produção. A importância subjacente desse nexo Estado-finanças na história do capital ainda não foi plenamente considerada. Existe hoje uma literatura substancial sobre a formação do chamado "Estado militar-fiscal" no período medieval tardio. Seu foco é a fusão do poder estatal com a financeirização durante as longas guerras do final da Idade

---

* Literalmente: "de trapos a riquezas". (N. T.)

Média, e a transformação dessa forma de Estado num importante agente para o estabelecimento daquelas "condições" às quais Marx alude vagamente como sendo necessárias para a transição para o modo de produção capitalista. Para aqueles que preferem um tratamento literário desse processo, indico vivamente o romance histórico *Wolf Hall**, de Hilary Mantel, sobre a vida de Thomas Cromwell, que foi conselheiro financeiro de Henrique VIII e teve um papel crucial na fusão do Estado e do capital durante aquele período. Obviamente, o romance fala das intrigas da corte (desde o casamento e a execução de Ana Bolena até a execução de *sir* Thomas More); mas, por baixo da superfície, vemos a natureza do Estado inglês desenvolver seus elementos fundamentais. Ainda é o caso de, em momentos cruciais, o pináculo do sistema bancário (atualmente, o Federal Reserve nos Estados Unidos) precisar entrar em acordo com aquele aspecto do poder estatal que lida com as questões monetárias (atualmente, o Tesouro dos Estados Unidos) para estabelecer políticas conjuntas contra crises que ameacem tanto o Estado como o capital. Essas políticas conjuntas têm de lidar com os débitos comerciais e estatais, e com as relações entre eles. Não foi por acaso que, após o colapso do Lehman Brothers, as duas figuras que dominaram a mídia nos Estados Unidos foram Hank Paulson (secretário do Tesouro) e Ben Bernanke (presidente do Federal Reserve), ao passo que o presidente da nação tinha muito pouco a dizer, ou nada. Estava em ação o nexo Estado-finanças, personificado e exposto (ele prefere permanecer nas sombras). A profundidade a que chegou a crise do euro deve-se precisamente ao fato de que esse nexo Estado-finanças ainda precisa ser articulado no âmbito da União Europeia, mesmo que os governos "tecnocráticos" que sucederam temporariamente aos governos democraticamente eleitos da Itália e da Grécia signifiquem a afirmação do domínio direto por parte do nexo Estado-finanças. O presidente francês e a chanceler alemã parecem reconhecer a necessidade (contrariando em grande parte suas próprias crenças políticas) de modificar ou renegociar o estatuto da União Europeia (e revisar os poderes do Banco Central Europeu) para enfrentar os mesmos tipos de questões (e, talvez, até mesmo da mesma maneira) que surgiram séculos atrás em Veneza e Gênova.

Seja como for:

> essa luta violenta contra a usura, a demanda pela sujeição do capital portador de juros ao capital industrial é simplesmente o prelúdio à criação orgânica que essas condições da produção capitalista produzem na forma do moderno sistema bancário, que, por um lado, priva o capital usurário de seu monopólio, uma vez que reúne todas as reser-

---

* Trad. Heloísa Mourão, Rio de Janeiro, Record, 2011. (N. E.)

vas monetárias inativas e as lança no mercado monetário, enquanto, por outro lado, restringe o monopólio dos próprios metais preciosos mediante a criação de moeda de crédito. (C3, 738)

Na Inglaterra, essa transição foi recebida com o "grito de fúria" dos ourives (que tinham um interesse historicamente consolidado em preservar o poder monopolístico dos metais preciosos) e dos penhoristas contra a formação do Banco da Inglaterra, que deveria consolidar o funcionamento de um mercado monetário aberto. Na época, a demanda hegemônica era pela "subjugação do capital portador de juros e dos meios emprestáveis em geral" como uma "das precondições" para um modo de produção capitalista em pleno funcionamento. Marx observa em tom de galhofa: "se olhamos apenas para o fraseado, é surpreendente como ele coincide com as ilusões bancárias e creditícias dos saint-simonianos, a ponto de empregar as mesmas palavras" (C3, 740). Isso o leva a alguns comentários sobre a *religion saint-simonienne* e o papel dos irmãos Péreires, do qual já tratei anteriormente.

Contudo, não devemos jamais esquecer, primeiro, que o dinheiro, na forma de metal precioso, permanece o fundamento do qual o sistema de crédito, por sua própria natureza, *jamais* se pode desvencilhar. Segundo, que o sistema de crédito pressupõe a posse monopolística dos meios sociais de produção (na forma de capital e propriedade fundiária) da parte de indivíduos privados, e que ele mesmo é, por um lado, uma forma imanente do modo de produção capitalista e, por outro, uma força motriz desse desenvolvimento até sua forma mais superior e avançada possível. (C3, 741)

Marx se esqueceu, evidentemente, da regra de ouro "Nunca diga nunca", porque hoje temos um sistema monetário sem base metálica. Também poderíamos ver com certo ceticismo a ideia teleológica, defendida por Lenin há um século, de que o capital financeiro é a "forma mais superior e avançada" que um modo de produção capitalista pode assumir. Embora não haja dúvida de que existam fases históricas em que o capital financeiro se torna proeminente, e mesmo hegemônico, não acredito que o equilíbrio de forças entre frações de capital esteja fadado a se desenvolver numa única direção.

Mas podemos ter chegado ao ponto em que a "relação imanente" entre o dinheiro e o Estado tornou-se tão estreita que é impossível imaginar um poder estatal capaz de regular e controlar de fora a financeirização. Prova disso é a recente Lei Dodd-Frank, sobre a reforma da regulação financeira nos Estados Unidos: ela foi escrita basicamente por banqueiros e, como as regras para sua implementação são vagas, vem sendo demolida cláusula por cláusula, em grande parte de acordo com os desejos do *lobby* bancário. Mas se estou certo sobre o papel duradouro do nexo

Estado-finanças na história do capitalismo, essa "imanência" remonta às origens do próprio capital. Isso significa que o Estado é simplesmente um instrumento do capital, ou a duradoura fusão de Estado e finanças (e, note bem, trata-se das finanças, e não do capital em geral) transformou-se em algo radicalmente diferente nos últimos anos? É evidente que o poder que os proprietários de títulos têm sobre as políticas estatais parece ser maior hoje do que em épocas passadas. Mas lembro-me também de Harold Wilson, primeiro-ministro trabalhista do Reino Unido nos anos 1960, que se queixava do poder dos "gnomos de Zurique" na definição de sua política econômica, mesmo quando ele aceitava as demandas dos financistas da City de Londres contra os interesses do capital produtivo do Reino Unido. Há um paralelo com a célebre frustração de Bill Clinton, quando se reuniu com seus conselheiros econômicos antes da primeira cerimônia de posse: "Vocês estão querendo dizer que a minha política econômica e as minhas perspectivas de reeleição dependem dos pontos de vista de um bando de negociantes de títulos?". E a resposta foi um sonoro: "Sim!". Creio que não temos uma história suficientemente sofisticada do entrelaçamento dos poderes do Estado e das finanças para dizer se nossa situação atual é diferente ou não, apesar de sabermos com certeza que hoje os problemas de regulação financeira e reforma institucional têm um alcance internacional, que ultrapassa o poder regulador de todo e qualquer Estado.

Marx, porém, faz uma torção peculiar no ponto ao qual pode conduzir essa "força imanente" no interior do sistema de crédito. O "caráter social do capital só é mediado e completamente realizado pelo pleno desenvolvimento do sistema de crédito e bancário. [...] Com isso, ele elimina o caráter privado do capital e traz consigo, ainda que apenas inerentemente, a abolição do próprio capital". Essa é uma afirmação bastante surpreendente, mas que será repetida em outro lugar, como veremos. O sistema bancário e de crédito "torna-se também o meio mais poderoso para impulsionar a produção capitalista para além de suas próprias barreiras, e um dos veículos mais efetivos para a geração de crises e fraudes" (C3, 742). Que direção o capital tomará? Evidentemente, essa é a questão que está na base da caracterização de Isaac Péreire como "vigarista e profeta".

O aspecto profético é importante para Marx:

> Não pode haver nenhuma dúvida de que o sistema de crédito servirá como uma poderosa alavanca no curso da transição do modo de produção capitalista para o modo de produção do trabalho associado; no entanto, somente como um elemento em conexão com outras grandes revoluções orgânicas no próprio modo de produção. Por outro lado, ilusões sobre o poder milagroso do sistema de crédito e bancário, no sentido socialista, surgem da completa ignorância a respeito do modo de produção capitalista e do sistema de crédito como uma de suas formas. (C3, 743)

6. As visões de Marx sobre o sistema de crédito / 221

Como logo fica claro, o ignorante, nesse caso, é Proudhon, que propõe o crédito livre como panaceia socialista.

O que Marx parece propor é que, do mesmo modo que a usura teve um importante papel precursor – ainda que antediluviano – no advento do capitalismo, mas teve de ser revolucionada na sociabilidade do mercado monetário e da circulação de capital portador de juros, este último está fadado a desempenhar um papel precursor na transição para o socialismo. A "transição orgânica" para o socialismo, no entanto, dependerá de muitas outras condições e fatores. Como resultado, o que temos é um enorme conjunto de questões sobre o papel do dinheiro, do sistema bancário e de crédito não apenas na transição, mas também no interior da sociedade socialista/comunista.

Outra questão abordada nesse capítulo é digna de nota:

> Vimos que o capital comercial e o capital portador de juros são as formas mais antigas de capital. Mas na própria natureza da questão reside o fato de que o capital portador de juros deve aparecer para a mente popular como a forma de capital *par excellence*. [...] No capital portador de juros [...] o caráter autorreprodutivo do capital, o valor que se autovaloriza, a produção de mais-valor, aparece como uma qualidade puramente oculta. (C3, 744)

Tudo parece derivar disso, portanto. O resultado é que "a articulação interna do modo de produção capitalista é desconstruída". O capital portador de juros pode trilhar, e de fato trilha, caminhos diversos daqueles diretamente definidos pela produção de mais-valor. Esses outros caminhos serão examinados posteriormente, sob a rubrica do capital fictício. Mas aqui, diz Marx:

> é irrelevante e sem sentido dedicarmo-nos à questão do aluguel de casas etc. para o consumo individual. Está claro o suficiente que a classe trabalhadora é fraudada também nessa forma, e em enorme medida, mas ela é igualmente explorada pelo pequeno negociante que fornece ao trabalhador os meios de subsistência. Essa é uma exploração secundária, realizada juntamente com a exploração que tem lugar diretamente no interior do processo de produção. (C3, 745)

Marx não costuma dedicar muita atenção a essas formas "secundárias" de exploração, não importando quão viciosas sejam. Esse é um dos raros momentos em que elas são ao menos mencionadas. Isso implica a possibilidade de uma séria lacuna entre onde o mais-valor é produzido e onde e como ele é recuperado e realizado pela classe capitalista como um todo.

7. O papel do crédito e o sistema bancário

(CAPÍTULO 27 EM DIANTE DO LIVRO III)

Por que o crédito é necessário para a produção e reprodução do capital? Em que sentido é possível ver as atividades do setor financeiro como produtoras de valor e/ou mais-valor? No capítulo 27, Marx lista os papéis cruciais que o crédito desempenha. Resumindo:

1. Ele facilita o fluxo de capital monetário entre setores e indústrias de tal modo que a taxa de lucro é equalizada por toda parte. Acredito que era isso que Marx tinha em mente quando se referiu ao funcionamento do crédito como "o capital comum da classe". A forma "borboleteante" do capital move-se para padronizar a taxa de retorno através de diferentes indústrias, atividades e lugares.

2. Ele reduz significativamente (a) os custos de circulação, prescindindo do uso de mercadorias-dinheiro, substituindo o ouro por papel e diminuindo a necessidade de um fundo de reserva (entesouramento) para ajustar flutuações no intercâmbio de mercadorias, enquanto (b) reduz simultaneamente os tempos de rotação (ou, o que resulta no mesmo, "acelerando a velocidade das metamorfoses das mercadorias" e aumentando "a velocidade da circulação monetária"). Essa aceleração da circulação contribui para o processo de reprodução do capital em geral. Em suma, o crédito facilita a aceleração (o que fica claro na análise dos tempos de rotação).

3. Ele permite a formação de empresas de capital aberto, que expandem drasticamente a escala das possíveis empresas de produção, e a privatização de funções anteriormente governamentais ajudando a centralizar capitais (como diz o Livro I). Isso significa que muitas empresas capitalistas assumem um caráter social, em oposição a um caráter privado ou individual. Surpreendentemente, de certo modo, Marx conclui que "essa é a abolição do capital como propriedade privada nos confins do próprio modo de produção capitalista". O crédito consolida a "transformação do capitalista atuante num mero gerente, encarregado do capital de outras

pessoas, e do possuidor de capital num mero possuidor, um mero capitalista monetário" (C3, 567).

Uma série de consequências deriva dessa última transformação. Se o gerente limita-se de fato a ganhar salários de supervisão, o capital aparece como o direito de propriedade inerente à posse do puro capital monetário em busca de juros "em relação a todos os indivíduos realmente ativos na produção, desde o gerente até o mais baixo trabalhador diarista" (C3, 568). A produção de mais-valor aparece como um simples meio de satisfazer esse direito. O capitalista, como produtor direto, torna-se um gerente do capital monetário de outrem:

> Em empresas de capital aberto, [a produção] é separada da posse do capital, de modo que o trabalho é também completamente separado da posse dos meios de produção e do mais-trabalho. Esse resultado da produção capitalista em seu desenvolvimento máximo é um ponto necessário de transição para a transformação do capital novamente em propriedade dos produtores, embora não mais como propriedade privada de produtores individuais, mas antes como propriedade deles enquanto produtores associados, como propriedade diretamente social. Ele é, além disso, um ponto de transição para a transformação de todas as funções anteriormente vinculadas à posse do capital no processo de reprodução em simples funções dos produtores associados, em funções sociais. (C3, 568)

Sempre que o conceito de "produtores associados" surge na argumentação de Marx, ele costuma apresentar algumas possibilidades progressistas. A "socialização" do capital por meio da formação de empresas de capital aberto sugere um estado de transição capaz de se desenvolver em diferentes direções. O modo como operam as leis de movimento do capital tem certas implicações:

> Uma vez que o lucro assume aqui a forma do juro, torna-se possível a existência de empresas na medida em que apenas rendem juros, e essa é uma das razões que obstaculizam a queda na taxa geral de lucro, já que essas empresas, nas quais o capital constante é tão gigantesco em relação ao capital variável, não entram necessariamente na equalização da taxa geral de lucro. (C3, 568)

Paul Boccara, principal teórico do Partido Comunista Francês no fim dos anos 1960, afirmou que essa era uma força fundamental, que se contrapunha à tendência de queda da taxa de lucro durante aqueles anos. O capital investido em grandes infraestruturas (e não importa que sejam financiadas pelo Estado ou por empresas de capital aberto) pode realmente circular – e em geral circula – desta maneira: rendendo apenas juros, mas subsidiando lucros em outro lugar. Os capitalistas individuais também podem alugar grande parte de seu capital constante (como empilhadeiras e outras formas de maquinaria), reduzindo consideravelmente os custos (para eles) desse capital. Eles pagam apenas o equivalente do juro sobre o empréstimo desse capital em forma-mercadoria, em vez de pagar o equivalente do valor inteiro da mercadoria (juro mais lucro).

A massa física do capital fixo, que agora se encontra embutida no ambiente construído (uma massa física que reforça a ideia de um aumento maciço do capital constante em relação ao capital variável na produção), circula em sua maior parte como capital portador de juros que captura rendimentos, e não mediante a compra e venda direta das mercadorias envolvidas. A relação entre a extração de rendimentos e a circulação de capital portador de juros (como bem exemplificada pela existência de enormes mercados de hipotecas) seria então uma característica importante da dinâmica capitalista. Esse é um tópico que Marx deixa praticamente intocado (embora as hipotecas, como veremos em breve, sejam definidas como uma forma de "capital fictício").

Mas a possibilidade mais profunda é esta. A transformação do capitalista produtivo num mero gerente equivale "à supressão do modo de produção capitalista no interior do próprio modo de produção capitalista, e, por conseguinte, a uma contradição que anula a si mesma e se apresenta *prima facie* como mero ponto de transição para uma nova forma de produção" (C3, 569). Essa é uma afirmação bastante surpreendente. O que ela significa? Essa transformação não aponta necessariamente numa direção progressista:

> Em certas esferas, ela implanta o monopólio e provoca, assim, a ingerência do Estado. Ela produz uma nova aristocracia financeira, uma nova espécie de parasitas na forma de projetistas, fundadores de empresas e diretores puramente nominais; um sistema inteiro de especulação e fraude com relação à fundação de empresas e à emissão e negócios de ações. É produção privada, mas sem o controle da propriedade privada. (C3, 569)

É isso que ocorre quando o capital e os negócios se tornam, como diziam os espirituosos comentadores parisienses no Segundo Império, "o dinheiro dos outros". Esse é o mundo que os irmãos Péreires construíram: a utopia saint-simoniana tornou-se uma distopia. A "aristocracia financeira" a que Marx se refere é ainda mais proeminente nos dias atuais.

> O crédito oferece ao capitalista individual, ou a quem passa por capitalista, um poder absoluto de dispor, dentro de certos limites, do capital e da propriedade de outrem [...] e, por meio disso, um poder de dispor do trabalho alheio. É o poder de dispor do capital social, e não de seu capital próprio, que confere ao capitalista o domínio sobre o trabalho social.

Marx dá uma grande importância à sociabilidade aqui envolvida. "O capital que alguém possui realmente, ou que a opinião pública considera que esse alguém possua, é o mesmo que serve de base exclusiva para a superestrutura do crédito." O resultado é que:

> desaparecem aqui todos os critérios e todas as razões explanatórias que ainda eram mais ou menos válidas no interior do modo de produção capitalista. O que o comerciante especulador arrisca é a propriedade social, não a *sua* propriedade. Não menos absurda resulta agora a frase segundo a qual o capital nasce da poupança, pois o que esse especulador exige é justamente que *outros* poupem para ele. (C3, 570)

Adeus ao mito weberiano da sóbria ética protestante e do surgimento do capitalismo – a "ilusão" de que "o capital é o produto do trabalho próprio e das economias de uma pessoa é, assim, demolida" (C3, 640). Isso desmente a teoria da sobriedade e enfraquece a visão moral do lucro como uma recompensa pela virtude burguesa. O capitalista apenas toma emprestado e ganha dinheiro usando as economias de outrem.

> Ideias que ainda podiam ter sentido numa fase menos avançada da produção capitalista perdem agora toda sua razão de ser. Os triunfos e os fracassos conduzem ambos à centralização dos capitais e, portanto, à expropriação em escala gigantesca. A expropriação se estende aqui desde o produtor direto até o capitalista pequeno e médio. Essa expropriação constitui o ponto de partida do modo de produção capitalista, cuja meta é realizá-la plenamente e até mesmo, em ultima instância, expropriar todos os indivíduos dos meios de produção. [...] Dentro do sistema capitalista, essa expropriação assuma a forma antitética da apropriação da propriedade social por alguns, e o crédito dá a esses poucos o caráter cada vez mais marcado de simples aventureiros. Como a propriedade existe agora na forma de ações, seu movimento e sua transferência se tornam simples resultado do jogo na bolsa, onde os peixes pequenos são devorados pelos tubarões e as ovelhas, pelos lobos bolseiros. (C3, 570-1)

O sistema de crédito, em suma, torna-se o principal veículo dessa forma contemporânea de acumulação primitiva, a que chamo de "acumulação por despossessão". Quanto da riqueza da atual aristocracia financeira foi acumulada pela expropriação da riqueza alheia (inclusive de outros capitalistas), pelas manobras do sistema financeiro?

Mas há algo profundamente discordante em tudo isso que Marx não aborda explicitamente. O tema geral que ele enuncia na história do capital portador de juros é que a usura e o juro tiveram de ser disciplinados e submetidos às exigências do modo de produção capitalista em geral e à circulação do capital industrial em particular. No entanto, essas passagens sugerem que o sistema de crédito capitalista está totalmente fora de controle, e agora ele ameaça o mundo do capital e da produção de mais-valor de maneira perniciosa e pervertida. Seu cerne é uma economia de acumulação por despossessão, em vez de uma economia de exploração do trabalho na produção. Ele reintroduz práticas usurárias na economia, embora de maneira muito diferente da usura de outrora. Isso pode ameaçar a sustentabilidade da acumulação de capital? Marx não dá uma resposta clara, mas a possibilidade está certamente implícita.

Essa questão parece permear as investigações subsequentes. O resultado é uma interessante descrição analítica, com certa relevância para uma compreensão da situação global em que nos encontramos e de suas contradições financeiras.

> Se o sistema de crédito aparece como a principal alavanca da superprodução e da especulação excessiva no comércio, é simplesmente porque o processo de reprodução, que é elástico por natureza, é forçado agora a seu limite mais extremo; e isso acontece porque grande parte do capital social é aplicado por aqueles que não são seus proprietários. (C3, 572)

Esse, é claro, é o argumento que levou Adam Smith a manifestar sua desaprovação em relação às empresas de capital aberto, exceto quando estas servem para financiar grandes empreendimentos de transporte (canais, por exemplo) e obras públicas, que de outro modo não poderiam ser realizadas. O advento do sistema de crédito mostra claramente "como a valorização do capital, fundada no caráter antitético da produção capitalista, permite seu desenvolvimento livre e efetivo apenas até certo ponto, pois é, na verdade, um grilhão e um estorvo imanentes à produção, os quais o sistema de crédito se encarrega de romper constantemente". Em suma, o crédito é o meio primário pelo qual a acumulação do capital escapa a todos os limites, porque as moedas de crédito podem ser criadas sem limite. "O sistema de crédito", continua Marx, "acelera o desenvolvimento material das forças produtivas e a criação do mercado mundial, o qual o modo de produção capitalista tem como missão histórica levar a um certo nível de desenvolvimento, como bases materiais para a nova forma de produção." (Perceba a teleologia presente nessa passagem, mas perceba também a ausência de qualquer sugestão imediata de como seria essa nova forma de produção.) Desse ponto de vista, o sistema de crédito contribui fortemente para a produção de valor e mais-valor: "Ao mesmo tempo, o crédito acelera as violentas eclosões dessa contradição, crises e, com estas, os elementos da dissolução do velho modo de produção". O sistema de crédito "desenvolve o motivo da produção capitalista, o enriquecimento pela exploração do trabalho alheio, no mais puro e mais colossal sistema de jogatina e fraudes, e restringe cada vez mais o número já pequeno de exploradores da riqueza social; por outro lado, ele constitui a forma de transição para um novo modo de produção" (C3, 571).

Então o que foi que o "vigarista" Isaac Péreire profetizou? Marx explora algumas possibilidades positivas. As empresas de capital aberto enfatizam a sociabilidade da produção e, assim, uma "oposição entre o caráter da riqueza como algo social" e o modo como essa riqueza "permanece presa" entre as "barreiras capitalistas" da posse privada. Essa sociabilidade pode ser liberada? Essa contradição pode ser explorada? Marx parece pensar que sim:

> As fábricas cooperativas tocadas pelos próprios trabalhadores são, dentro da forma tradicional, os primeiros exemplos do surgimento de uma nova forma, apesar de que, onde quer que existam, sua organização efetiva naturalmente reproduz, e não pode deixar de reproduzir, todos os defeitos do sistema existente. Mas dentro dessas fábricas o antagonismo entre o capital e o trabalho é abolido, ainda que, num primeiro momento, somente na forma em que os trabalhadores associados se tornam seus próprios capitalistas [...]. Essas fábricas mostram como, num certo estágio de desenvolvimento das forças materiais de produção, e das formas sociais de produção a elas correspondentes, um novo modo de produção se desenvolve e é naturalmente formado a partir do modo antigo. (C3, 571)

Esse desenvolvimento não poderia ocorrer sem o surgimento do sistema fabril, no qual se dá ênfase à cooperação e às divisões organizadas e detalhadas do trabalho, ao passo que o sistema de crédito apresenta:

> os meios para a extensão gradual da empresa cooperativa numa escala mais ou menos nacional. As empresas capitalistas de capital aberto, assim como as fábricas cooperativas, deveriam ser vistas como formas de transição do modo de produção capitalista para o modo de produção associado, distintas entre si apenas pelo fato de, num caso, a oposição seja suprassumida de maneira negativa e, no outro, de maneira positiva. (C3, 571-2)

Essa potencialidade positiva é periodicamente revisitada por pensadores socialistas, como, por exemplo, no comentário de Peter Drucker sobre "o socialismo de fundo de pensão" ou no plano mais ativo de Rudolf Meidner, de suplantação gradual do capitalismo por uma propriedade corporativa de trabalhadores, pelo pagamento parcial dos trabalhadores com ações, o que, ao final, garantiria aos trabalhadores a posse da empresa que os emprega[1]. Embora haja sempre esperança

---

[1] Peter Drucker, *The Unseen Revolution: How Pension Fund Socialism Came to America* (Nova York, Harpercollins, 1976); Robin Blackburn, "Rudolf Meidner: A Visionary Pragmatist", *Counterpunch*, 22 dez. 2005.

de que essas transições ocorram, infelizmente não há nenhuma dúvida de que a tendência histórica é o sentido oposto, isto é, negativo.

Isso nos conduz de volta à ideia, abordada ocasionalmente nos três livros de *O capital*, de que o trabalho coletivo e associado constitui a base para a construção de uma alternativa anticapitalista. Como essa é uma das raras ocasiões em que Marx descreve de fato um mecanismo de transição do capitalismo para o socialismo e o comunismo, ela merece um comentário. Ao final do capítulo, Engels acrescentou algumas páginas descrevendo a evolução que o capital corporativo sofrera desde a redação daquele rascunho por Marx. A conclusão é que Engels pensava que o momento para que qualquer coisa progressista fosse construída com base em tudo isso já havia passado. Em outra ocasião, Engels se refere ao profundo respeito que Marx nutria pelas ideias de Saint-Simon, que se concentravam no poder dos capitais associados de se mobilizar para fins progressistas. Marx embeleza essa ideia e afirma a possibilidade de o capital associado ser gerenciado pelo controle cooperativo de trabalhadores. Embora ele admita que as cooperativas de trabalhadores são obrigadas a reproduzir muitos dos defeitos do sistema existente, ao menos elas fornecem a base para a conquista de um espaço nacional pela propagação de práticas e movimentos cooperativos. Marx parecia pensar que essa possibilidade era muito real nos anos 1850 e 1860. Engels parece pensar que essa possibilidade passou rápido. Mas será que ela era real mesmo na época de Marx?

Essa é uma questão importante, já que hoje muitos movimentos acreditam que tal momento esteja de volta – que a democratização da produção pela aquisição de fábricas, o desenvolvimento de economias alternativas de solidariedade, redes de escambo e outras formas cooperativas podem ser um caminho para uma reconstrução radicalmente anticapitalista da vida política e econômica. Ainda que muitos dos que participam desses movimentos reconheçam que há nas cooperativas a dificuldade da autoexploração e a reprodução inevitável de muitos dos defeitos do sistema capitalista que eles tentam suplantar, esse caminho é descrito muitas vezes como o único possível para um movimento democrático anticapitalista. É como se o advento do sistema de crédito e a socialização do capital fornecesse uma base "natural" sobre a qual as cooperativas e o controle operário pudessem florescer. No entanto, não há nenhuma menção à exigência elaborada no *Manifesto Comunista* de uma centralização do crédito nas mãos de um Estado controlado pelos trabalhadores.

Voltemos a nossa própria época, com o eloquente exemplo da Mondragon. Esta funciona sem apoio estatal. Mas, como vimos, ela sobrevive em parte porque constrói relações no curso do capital de produção, do capital monetário e do capital-mercadoria. Ela tem sua própria estrutura de crédito e varejo. A diferença de remuneração entre os acionistas é muito pequena, e o processo de tomada de decisão é democratizado. Ironicamente, a principal crítica de esquerda à Mondragon é que ela atua como uma corporação, como uma empresa de capital aberto. Parece, portanto, que Marx tinha razão quando intuiu certas continuidades subjacentes entre a associação de capitais tão caras a Saint-Simon e a criação e sobrevivência de cooperativas operárias alternativas no interior do capitalismo. Se a terra fosse cheia de Mondragons, se as empresas de controle operário recuperadas na Argentina pudessem sobreviver e proliferar, ainda que necessariamente reproduzindo formas capitalistas de concorrência e autoexploração, viveríamos num mundo muito diferente e potencialmente muito mais progressista. É isso que Marx quer dizer quando se refere à eliminação do modo de produção capitalista no interior do modo de produção capitalista, o que descreve como uma contradição autodissolvente? Essas são questões interessantes.

Mas há também uma série de histórias que nos inspiram cautela. Alguns anos atrás, Piore e Sabel, num influente livro intitulado *The Second Industrial Divide*, argumentaram que novas práticas laborais de especialização flexível e produção em pequenos lotes estavam abrindo um espaço (similar ao que existia em 1848) no qual a pequena produção cooperativa sob o controle de trabalhadores (como na Terceira Itália da Emília-Romanha) suplantaria a forma fabril regida corporativamente e forneceria um mecanismo de transição para um socialismo descentralizado[2]. Piore e Sabel encamparam uma campanha muito efetiva (em particular na Europa) para convencer o movimento operário a abandonar a oposição a essas novas formas tecnológicas e organizacionais e a abraçar a especialização flexível como uma emancipação (eles eram fascinados pelas ideias de Proudhon, o que Marx não toleraria, é claro). O que Piore e Sabel não percebiam é que a especialização flexível sustentava as práticas traiçoeiramente exploradoras da acumulação flexível, tão fundamental no projeto neoliberal. Onde quer que tenha sido empregada, a especialização flexível se tornou o principal meio de disciplinar e reprimir a força de trabalho. Hoje, ninguém fala bem de suas possibilidades emancipatórias. Infelizmente, há uma longa história de possibilidades aparentemente emancipatórias sendo extraídas das práticas dominantes da exploração capitalista. Portanto, tome cuidado com aquilo que você deseja.

---

[2] Michael Piore e Charles Sabel, *The Second Industrial Divide: Possibilities for Prosperity* (Nova York, Basic Books, 1986).

O CAPÍTULO 28 DO LIVRO III: MEIOS DE CIRCULAÇÃO E CAPITAL

O capítulo 28 ocupa-se em grande parte com a discussão dos pontos de vista de Tooke e outros autores que defendiam haver uma distinção entre o dinheiro como capital e o dinheiro como moeda em circulação. Não examinarei a crítica de Marx (ou os acréscimos de Engels) em detalhes. Da perspectiva de Marx, a distinção mais relevante é entre o dinheiro usado pelos capitalistas para comprar as mercadorias que serão usadas na produção e o dinheiro tomado emprestado para comprar as mercadorias produzidas. A distinção é "entre *a forma-dinheiro da renda* e *a forma-dinheiro do capital*" (C3, 575). Ambos os usos do dinheiro são incorporados na circulação do capital industrial. Às vezes Marx se refere ao fluxo do crédito na produção como "capital monetário", em oposição ao "capital dedicado ao intercâmbio de dinheiro", que flui para os consumidores a fim de sustentar a realização do valor e do mais-valor no mercado.

Os banqueiros podem fornecer capital mutuado para a produção e o crédito para que os consumidores comprem as mercadorias produzidas. Por exemplo, os mesmos banqueiros podem emprestar aos empreiteiros para a construção de conjuntos habitacionais e aos consumidores para que comprem esses imóveis. As demandas de meios de pagamento (crédito ao consumidor) e meios de compra (empréstimo de capital) não são nem sincronizadas nem iguais. Mas a ausência de qualquer uma delas pode constituir uma barreira no interior da circulação do capital industrial. Embora Marx não desenvolva a questão, podemos inferir a possibilidade de que, sob condições de crédito fácil e muita liquidez de excedente, tanto a oferta quanto a demanda de uma mercadoria fundamental (como, por exemplo, imóveis) podem criar uma "bolha" de investimento, precisamente porque os fluxos de capital portador de juros podem operar livremente para influenciar ambas as condições (oferta e demanda): "As duas esferas da circulação possuem uma conexão interna, uma vez que, de um lado, o volume de renda a ser gasto expressa a escala do consumo e, de outro, a quantidade de capital circulando na produção e no comércio expressa a escala e a velocidade do processo de reprodução" do capital (C3, 578).

Alguns aspectos auxiliares entram em foco, como a velocidade de circulação do dinheiro e o papel do sistema de crédito no atendimento dessas demandas. É óbvio que variações na disponibilidade podem produzir flutuações cíclicas de aparente prosperidade, seguidas de períodos de escassez, e Marx apresenta breves indicações de como os aspectos monetário e creditício dessas variações costumam se comportar. O que vimos nos mercados imobiliários de muitos países, dos Estados Unidos à Irlanda ou à Espanha, entre 2005 e 2012, foi a produção de uma bolha de ativos, seguida de um violento colapso dos fluxos financeiros, à medida que os preços dos imóveis se distanciavam da renda.

O CAPÍTULO 29 DO LIVRO III: O PROBLEMA DO SISTEMA BANCÁRIO E DO CAPITAL FICTÍCIO

Em que consiste propriamente o capital bancário e como ele circula? Essa é a questão que anima o capítulo 29 e leva à discussão de uma categoria muito importante, que Marx chama de "capital fictício".

O próprio capital bancário consiste de "(1) dinheiro vivo na forma de ouro ou notas; (2) papéis". Os papéis são de dois tipos: "papéis comerciais, letras de câmbio correntes com vencimento em datas determinadas, e cujo desconto constitui o negócio específico do banqueiro, e papéis públicos, tais como títulos da dívida pública, os títulos do Tesouro, as ações de todo tipo", inclusive hipotecas (C3, 594). O capital mantido pelo banco pode ser dividido entre o capital do próprio banqueiro e o dinheiro alheio – isto é, depósitos e poupanças, além de qualquer nota que o banco tenha o direito de emitir.

Marx examina o que acontece quando esse capital bancário é emprestado a juros. O juro, diz ele, pode ser visto como o equivalente a qualquer fluxo de renda. Se a taxa de juro é 5%, toda "renda anual de £25 é vista como o juro sobre um capital de £500". Mas essa é, comenta Marx, uma "noção puramente ilusória". Não é preciso haver um capital monetário real por trás do fluxo de rendimentos. Por exemplo, muitos cidadãos norte-americanos recebem mensalmente cheques de seguridade social, mas seria ilusório pensar que esse fluxo de dinheiro é o juro sobre uma massa de capital nas mãos do Estado. Contudo, o beneficiário da seguridade social, ao prometer devolver ao banco os US$25 mil que recebe anualmente, pode adquirir um capital monetário de US$500 mil para comprar uma casa. O fluxo anual de US$25 mil é capitalizado em US$500 mil, ainda que não haja uma soma original de capital monetário por trás dos pagamentos de seguridade social – apenas uma promessa do Estado de fornecer a renda mensal, que ele obtém taxando os salários. Isso nos leva a considerar um dos conceitos mais importantes de Marx, o de capital fictício.

> O Estado tem de pagar a seus credores, todos os anos, uma determinada soma de juros pelo capital que lhe emprestam. O credor, nesse caso, não pode reclamar a seu devedor a devolução do dinheiro mutuado, mas simplesmente vender a reclamação, seu título de dívida. O capital mesmo foi consumido, gasto pelo Estado. Ele não existe mais.

Foi gasto, por exemplo, para custear as guerras no Iraque e no Afeganistão.

O que o credor do Estado possui é (1) um título de dívida pública para o pagamento de, digamos, £100; (2) o direito que esse título de dívida lhe confere de participar de uma determinada soma – digamos de £5 ou 5% – da receita anual do Estado, isto é, do produto anual dos tributos; (3) a possibilidade de vender a outrem esse título de dívida de £100. Se a taxa de juros é 5%, e pressupondo-se que a solvência do Estado seja boa [como não é o caso atualmente da dívida pública grega], o possuidor *A* pode geralmente vender o título a *B* por £100; pois para *B* não é a mesma coisa se ele empresta £100 a um juro de 5% ao ano, ou se, mediante o pagamento de £100, garante para si um tributo anual do Estado no valor de £5. *Mas em todos esses casos o capital, do qual o pagamento do Estado é considerado o fruto (o juro), permanece um capital ilusório, fictício.* (C3, 595; grifos meus)

Essa é, portanto, a definição inicial que Marx apresenta do capital fictício. "Não significa apenas", Marx continua a explicar, "que a soma que foi emprestada ao Estado não existe mais" pelo fato de ter sido gasta. "Ela jamais foi destinada a ser gasta como capital, a ser investida, e, no entanto, apenas sendo investida como capital poderia ter sido transformada num valor que conserva a si mesmo." Em outras palavras, nenhum mais-valor está sendo produzido pelas ações do Estado, embora pareça que um valor extra esteja sendo produzido, já que o Estado paga juros (supostamente uma porção de um mais-valor que está sendo produzido em algum lugar) sobre o dinheiro que ele tomou emprestado. Além disso, o negócio de compra e venda dos títulos de dívida pública criam a aparência de um capital original que pode ser recuperado (às vezes, até mesmo com um lucro extra, caso a demanda por títulos de dívida ultrapasse a oferta). Mas "não importa como essas transações se multipliquem, o capital da dívida pública permanece puramente fictício, e a partir do momento que esses títulos de dívida se tornam invendáveis, a ilusão desse capital desaparece. No entanto, como veremos em breve, esse capital fictício possui um movimento peculiar" (C3, 596). O "movimento peculiar" a que Marx se refere é do tipo daquele que vemos nas flutuações diárias, ou até a cada hora, do valor das ações e dos papéis.

O capital portador de juros aparece como "a mãe de todas as formas insanas" (C3, 595). Essa insanidade é registrada ainda mais dramaticamente quando os teóricos burgueses tomam o fluxo dos salários pagos ao trabalhador e, a partir dele, criam a ficção do capital incorporado no trabalhador. O valor do trabalhador é calculado então como o valor capitalizado dos salários ganhos anualmente. O valor do capital humano pode ser aumentado, prossegue a teoria, à medida que o trabalhador investe em formação e aquisição de habilidades, o que seria pago então na forma de salários mais altos. Os trabalhadores são, de acordo com a teoria do capital humano, capitalistas!

Aqui a absurdidade do modo capitalista de conceber as coisas atinge seu ápice, na medida em que, em vez de derivar a valorização do capital da exploração da força de trabalho, eles explicam a produtividade da força de trabalho declarando que a própria força de trabalho é esta coisa mística, o capital portador de juros.

Essa visão tão conveniente do trabalho tornou-se hegemônica em nossos pervertidos tempos neoliberais. Se os trabalhadores recebem salários baixos, é por culpa deles mesmos, diz-se, porque não se deram ao trabalho de investir em seu próprio capital humano. Se todos investissem adequadamente, teriam salários muito mais altos. Então por que temos atualmente motoristas de táxi com diploma de doutorado? Em todo caso, se os trabalhadores fossem realmente capitalistas, eles teriam a escolha, como têm os capitalistas usuais, de trabalhar por um salário ou se refestelar numa rede e viver dos juros de seu capital.

Por trás disso está um princípio simples, mas crucial: o da capitalização. "A formação de capital fictício é conhecida como capitalização. Para capitalizar qualquer ganho periódico, basta considerá-lo, com base na taxa média de juros, a soma que renderia um capital mutuado a essa taxa de juros." O título legal para esse fluxo de ganho pode ser negociado a seu preço capitalizado. "Dessa maneira, toda conexão com o processo real de valorização do capital é apagada até o último rastro, *confirmando a ideia de que o capital é automaticamente valorizado por seus próprios poderes*" (C3, 597; grifos meus).

Não consigo enfatizar o suficiente o significado desse argumento. No Livro I, Marx comenta a concepção do capital que o faz parecer "a galinha dos ovos de ouro", e aqui vemos como a aparência fetichista da autovalorização assume uma forma muito específica chamada capital fictício, envolvida em mistério mesmo quando se torna real no mercado de títulos, papéis etc., onde os direitos de propriedade sobre diferentes fluxos de ganho e rendimento são capitalizados e vendidos como capital.

> Mesmo naqueles casos em que o título de dívida – o papel – não representa um capital meramente ilusório, como ocorre no caso da dívida pública, o valor-capital desse título é uma pura ilusão. Vimos anteriormente como o sistema de crédito cria capital aberto. Os papéis são considerados títulos de propriedade que representam esse capital. As ações das companhias ferroviárias, mineiras, navais etc. representam o verdadeiro capital, isto é, o capital que é investido e funciona nessas empresas, ou a soma de dinheiro desembolsado pelos acionistas para ser investido nessas empresas como capital. De modo algum está excluído que essas ações sejam apenas uma fraude. Mas o capital não existe em duas formas: por um lado, como valor-capital dos títulos de propriedade, como ações, e, por outro, como o capital realmente investido ou que será investido nas empresas em questão. Ele existe somente na última forma, e as ações não são mais que títulos de propriedade, *pro rata*, referentes ao mais-valor que esse capital deve realizar. (C3, 597)

Ele é, com efeito, um direito sobre o trabalho futuro que supostamente produzirá o mais-valor do qual o juro (um retorno à pura posse) será uma parte.

Os mercados desses papéis e ações são flutuantes, é claro:

> O movimento independente desses títulos de propriedade [...] fortalece a ilusão de que eles constituem um verdadeiro capital, ao lado do capital ou do direito que eles possivelmente representam como títulos. [...] O valor de mercado desses papéis é, em parte, especulativo, uma vez que é determinado não só pelo rendimento real, mas pelo rendimento previsto, calculado antecipadamente.

Os preços podem subir ou cair, dependendo das perspectivas quanto à futura produção de mais-valor. Preços em queda e crises provocam desvalorizações de ativos, mas, "passada a tormenta, esses papéis voltam a subir ao nível anterior" (pressupondo-se que sejam viáveis e não fraudulentos). A perda de valores em ativos imobiliários nos Estados Unidos após 2007 foi enorme, e havia poucos sinais de recuperação cinco anos depois. No entanto, como observa Marx com presciência, a depreciação dos valores desses ativos numa crise "é um meio poderoso de centralizar a riqueza monetária". Ou, como disse o banqueiro Andrew Mellon muito tempo atrás, "numa crise os ativos retornam a quem pertencem de direito" – isto é, a ele. A centralização crescente de riqueza e poder no curso de uma crise é um fato histórico importante (como ficou claro na crise financeira de 2007-2012).

Movimentos especulativos não são necessariamente danosos.

> Na medida em que a depreciação não foi a expressão de uma paralisação efetiva da produção e do tráfego em ferrovias e canais, ou da suspensão de empreendimentos já iniciados, ou do desperdício de capital em empreendimentos definitivamente inúteis, a nação não ficou nem um tostão mais pobre em decorrência do estouro dessas bolhas de sabão do capital monetário nominal. (C3, 599)

Isso acontece porque:

> Todos esses papéis, na verdade, representam tão somente reivindicações acumuladas, títulos jurídicos sobre a produção futura [...]. Em todos os países de produção capitalista, há uma enorme quantidade do assim chamado capital portador de juros ou *moneyed capital* nessa forma. E uma acumulação de capital monetário significa, em sua maior parte, nada mais que uma acumulação dessas reivindicações à produção, e uma acumulação do preço de mercado dessas reivindicações, de seu valor-capital ilusório. (C3, 599)

Se na época de Marx havia uma "enorme quantidade" desse tipo de capital flutuando em toda parte, que adjetivo teríamos de empregar para descrever a situação atual?

> Com o desenvolvimento do capital portador de juros e do sistema de crédito, todo capital parece duplicar e, em alguns pontos, triplicar pelas diferentes maneiras pelas quais o mesmo capital, ou a mesma reivindicação de dívida, aparece em várias mãos e em diversas formas. A maior parte desse "capital monetário" é puramente fictícia. (C3, 601)

Em nenhum lugar isso é mais visível do que no interior do próprio sistema bancário:

> A maior parte do capital do banqueiro é, portanto, puramente fictícia e consiste de títulos de dívida (letras de câmbio), papéis estatais (que representam capital passado) e ações (consignações de rendimentos futuros). Não se deve esquecer aqui que o valor monetário desse capital, como é representado por esses papéis nos cofres do banqueiro, é absolutamente fictício, mesmo que constituam consignações de rendimentos seguros (como no caso dos títulos de dívida pública), ou títulos de propriedade sobre um capital efetivo (como é o caso das ações), a regulação de seu valor monetário é divergente da do valor do capital efetivo que, ao menos em parte, eles representam; ou, onde eles representam apenas uma reivindicação de rendimentos e não um capital, a reivindicação ao mesmo rendimento é expressa num capital monetário fictício que varia constantemente. A isso acrescenta-se ainda o fato de que esse capital fictício do banqueiro representa em larga medida não seu próprio capital, mas o do público que lhe fez depósitos, seja com juros, seja sem. (C3, 600)

Uma visão sintética do sistema de crédito segundo Marx

Existe um modo de sintetizar a concepção geral de Marx a respeito do papel do sistema de crédito no interior do modo de produção capitalista? Imagine uma grande arca cheia de dinheiro de banqueiros, corretores, negociantes de dinheiro etc., guardada numa entidade fechada chamada sistema de crédito. Na base do sistema de crédito está o banco central e, na base deste, as mercadorias-dinheiro, especialmente o ouro e a prata. Essas mercadorias-dinheiro representam um valor, que, por sua vez, baseia-se na sociabilidade do trabalho humano no mercado mundial. Marx postula para o sistema monetário uma estrutura hierárquica vertical desse tipo.

Em que medida cada camada nessa estrutura é disciplinada pelas operações das outras? Num sistema fortemente amarrado, o comportamento do sistema de crédito seria altamente controlado por exigências de valor comandadas pelas camadas mediadoras das mercadorias-dinheiro e do banco central. Está claro que Marx tem em mente um sistema frouxamente amarrado. As operações de crédito são autônomas e independentes da produção de valor. Também as operações no interior do sistema de crédito escapam ao controle do banco central, não importando quanto este se esforce para discipliná-las. Os planos e as ações do banco central podem divergir (como Marx demonstra com o exemplo do Bank Act de 1844) daquilo que seria necessário para preservar os "valores reais", como representados pelas mercadorias-dinheiro.

No Livro I, porém, Marx também identificou várias contradições profundas na maneira como as mercadorias-dinheiro representam valor (por exemplo, um valor de uso concreto como o ouro é usado para medir o tempo de trabalho socialmente necessário, abstrato, universal). Na medida em que a sociabilidade do trabalho está em contínua mudança, as relações de valor são instáveis. Os impulsos disciplinadores que uma camada impõe a outra dentro desse sistema monetário hierarquicamente organizado são onipresentes, mas fracamente articulados. Quero dizer com isso que fortes influências agem constantemente sobre as diferentes camadas, mas os sinais que elas criam são frequentemente confusos e contraditórios.

Acredito que essa é a razão por que Marx construiu o sistema de crédito como "autônomo" e "independente", porém ainda submetido às leis gerais de movimento do capital. Já encontramos antes essa formulação do "autônomo e independente, porém submetido a", e precisamente no caso dos pivôs estruturados no sistema monetário e de crédito ela exige uma interpretação. Minha analogia favorita é que ela é um pouco como os adolescentes: por um lado, eles estão sempre exigindo e reivindicando seu direito à independência e à autonomia, mas, por outro, sua segurança financeira e jurídica se ancora no lar, de modo que, quando se dão mal, voltam correndo para o colo da mamãe e do papai. De certa forma, essa analogia parece apropriada ao modo como o sistema monetário e de crédito funciona: cada camada dos pivôs é povoada por um número cada vez maior de adolescentes malcriados, e os mais malcriados operam no topo, como "senhores do universo". Quando o sistema entra em colapso, eles voltam correndo para a casa dos pais, com a esperança de conseguir ajuda, o que o Estado, como um pai indulgente e amoroso, invariavelmente faz.

É claro que o fluxo de influências disciplinadoras dentro dessa hierarquia de pivôs não segue uma via de mão única. A base profunda na sociabilidade do trabalho humano não tem nenhum poder determinante, mesmo que sombrio, sobre os eventos no interior das "insanas" superestruturas de crédito. As mercadorias-dinheiro (que Marx construiu como uma barreira última e insuperável, que "jamais" poderia ser superada) foram eliminadas em favor de um desinibido sistema de crédito para acomodar o crescimento composto ilimitado. Periodicamente, eventos tanto no sistema de crédito quanto na dinâmica da produção de valor criam pressões para que haja uma reforma radical e um reposicionamento dos bancos centrais e outros poderes reguladores no interior do sistema monetário. (É isso que estamos vendo atualmente?) Embora cada camada gire sobre o eixo (para usar a imagem de Marx) das condições que prevalecem na camada inferior, não há qualquer presunção de que esses pivôs sejam mecânicos ou tenham uma forma permanente e imutável.

No entanto, sobretudo em tempos de crise, parece haver uma espécie de poder disciplinador no mundo das relações de valor que restaura a ordem do sistema. Marx também admite, porém, que crises de confiança e de expectativas no interior do sistema de crédito podem causar estragos na produção de valor e mais-valor.

Essa é, *grosso modo*, a estrutura hierárquica do sistema monetário e de crédito tal como Marx a constrói. Marx parece profundamente ambivalente quanto ao melhor modo de entender seu funcionamento. Não há nenhuma teoria clara que nos guie aqui. O problema é detectar, numa dada conjuntura, o que está realmente acontecendo, e onde. Cada camada parece ser forjada como uma faca de dois gumes. Por um lado, as mercadorias-dinheiro constituíram uma barreira restritiva à acumulação ilimitada. Por outro, elas exerceram um forte poder disciplinador sobre a insanidade da especulação e do fluxo de capital fictício. A abolição das mercadorias-dinheiro (um movimento que, a meu ver, não teria surpreendido Marx se ele o tivesse considerado tecnicamente possível) liberta a acumulação ilimitada do capital dos grilhões monetários, mas transfere a responsabilidade de disciplinar o crédito a instituições falíveis e às vezes imprevisíveis, como os bancos centrais. O problema do banco central (e outras facetas do aparato regulador estatal) é restaurar a ordem no interior do sistema de crédito, sem destruir as condições para a produção de mais-valor, o que é aparentemente impossível (embora os keynesianos continuem a fantasiar sobre essa possibilidade). A estrutura hierárquica não é estável.

Porém, precisamos observar mais de perto como o capital portador de juros circula horizontalmente. O fluxo de capital portador de juros vem de algum lugar e se dispersa por todos os tipos de canal, dos quais apenas alguns têm relação com a produção de mais-valor.

Num grau menor, os capitalistas monetários que povoam o sistema de crédito operam com fundos próprios. Mas sua principal fonte de poder monetário eles obtêm acumulando os excedentes monetários de outros, que usam os serviços do banco como intermediários para transferir fundos a outros ou como um lugar seguro para depositar saldos ociosos (que, do contrário, seriam entesourados) – temporariamente ou a longo prazo – em troca de uma taxa de juro.

Esses excedentes monetários provêm de consumidores de todos os tipos, além de capitalistas que, como dissemos a respeito do Livro II, necessitam acumular dinheiro para cobrir tempos distintos de rotação, investimentos e reposições de

Figura 5

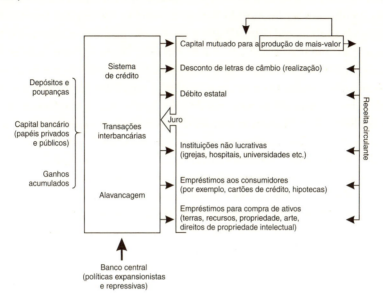

capital fixo. Os bancos ganham dinheiro oferecendo uma taxa de juro, digamos, de 3% sobre o dinheiro que tomam emprestado e emprestam, digamos, a 5%. Dessa maneira, o dinheiro está constantemente fluindo e aumentando o estoque de crédito disponível. Mas para onde flui o dinheiro acumulado?

O empréstimo assume uma variedade de formas.

1) Capital mutuado

O dinheiro é emprestado aos produtores, que o utilizam para comprar os capitais constante e variável a ser aplicados na produção de mais-valor. Suponha que o capitalista da produção tome dinheiro emprestado para comprar maquinaria. O dinheiro é então repago, acrescido de juros, ao longo do tempo de vida da máquina. O capital mutuado é consumido e retorna ao possuidor original à medida que é consumido. É dinheiro mutuado para a produção real de valor e mais-valor. Não há nada de fictício nele (embora, é claro, todo investimento desse tipo seja especulativo por definição). No entanto, as coisas parecem diferentes quando o dinheiro é procurado pela oferta de ações. A ação é, na verdade, um direito de propriedade anexado à pura posse de dinheiro. É um direito legal a uma cota da produção futura de mais-valor, sem data final, ainda que o dinheiro seja usado no consumo produtivo. A ação pode ser comprada e vendida muito tempo depois de a maquinaria que foi adquirida com ela se amortizar ou se desgastar (ver C3, 608). O preço da ação depende das expectativas futuras de produção de mais-valor. A variação de seu valor está sujeita a todo tipo de influência especulativa e manipulação, até a fraude absoluta. Ações são, portanto, uma forma de capital fictício, mas seu caráter fictício é mitigado pelo fato de que elas mantêm uma conexão frouxa com a produção de valor e mais-valor (em termos monetários, os lucros da empresa sustentam o valor das ações). No entanto, no caso de uma empresa como a Enron, é evidente que nenhum mais-valor era produzido realmente, embora suas ações fossem negociadas a preços altos. Os lucros divulgados eram fraudulentos.

2) Empréstimos para realização

O dinheiro pode ser emprestado para realizar o valor das mercadorias já produzidas (ou ainda antes de serem produzidas, como é o caso de plantações que ainda não foram colhidas ou de casas que serão construídas). A taxa de desconto é equivalente à taxa de juros sobre letras de câmbio pré-datadas. O banqueiro fornece o dinheiro para a realização de valores-mercadorias (com um desconto) e recebe em troca a letra de câmbio, com a esperança de realizar seu pleno valor na data de vencimento. Essa operação assemelha-se às atividades de comerciantes que também operam como negociantes de dinheiro. Como observa Marx, por mais necessário que seja para facilitar e encurtar os tempos de rotação para os capitalistas produtores, essa atividade dá todo tipo de chance para tramoias e trapaças. O acúmulo de letras de câmbio emitidas em troca de outras letras de câmbio pode ser presságio de um colapso e crise comercial de pleno direito, que podem ou não ter efeitos profundos sobre as condições de circulação e realização do capital. Empréstimos para realização (meios de compra) podem ser combinados com empréstimos para a produção (meios de pagamento), de modo que o sistema de crédito possa controlar tanto a oferta como a demanda de uma mercadoria (como um imóvel), e é fácil deduzir que isso pode produzir bolhas de ativos de tempos em tempos, como as que ocorreram no mercado imobiliário dos Estados Unidos após o ano 2000.

3) Empréstimo ao Estado e a dívida pública

O Estado pode tomar emprestado capital em troca de seu poder de obter renda (por impostos e taxas). Ele promete uma cota de rendimentos futuros antecipados em troca de um capital. Títulos da dívida pública podem ser negociados muito tempo depois que o dinheiro mutuado foi utilizado. Grande parte daquilo em que o Estado gasta o dinheiro tem pouco ou nenhuma relação com a produção de mais-valor (embora frequentemente crie relações indiretas pela formação de um mercado viável para, digamos, *hardware* militar). Esse é o capital fictício por excelência. Em geral, o Estado não produz nenhum valor ou mais-valor (ele sustenta uma monarquia e trava guerras, por exemplo). A tributação de rendimentos é convertida num fluxo de pagamento de juros que pode ser capitalizado numa quantia global, e então negociada como um título de rendimentos futuros. Algumas categorias de despesas públicas estão relacionadas com a produção de mais-valor. Existem empresas geridas pelo Estado (até a onda neoliberal de privatizações iniciada em 1980, havia muitas empresas estatais importantes em diversas partes do mundo; na China, essas empresas continuam a ser importantes). Embora não precisem necessariamente obter lucro, elas fornecem produtos a baixo custo para outras empresas, e isso afeta a taxa geral de lucro. O Estado também investe em infraestrutura necessária à produção (rodovias, sistemas de transporte público, canalização de esgoto, abastecimento de água etc.). Ele pode fornecer esses produtos de capital constante unicamente em troca de juros e, assim, ajuda a mitigar qualquer tendência de queda da taxa de lucro. Em tempos passados, a categoria de "despesas públicas produtivas" financiadas por meio de dívida foi muito importante, por exemplo, para a reconstrução de Paris no Segundo Império, sob o comando de Haussmann. Mas a maior parte da dívida pública é puramente fictícia.

4) Empréstimos a instituições não lucrativas
Aqui estariam incluídos hospitais privados, universidades, igrejas, museus e todo tipo de instituição cultural. Esses empréstimos entrariam na categoria de capital fictício, uma vez que, em sua maioria, não produzem valor ou mais-valor (embora alguns ramos de universidades e hospitais possam se envolver diretamente na produção de mais-valor por meio de inovação e pesquisa). Os rendimentos para pagar o juro sobre os empréstimos podem vir de diversas fontes, mas dependem principalmente, em nossos dias, de taxas cobradas dos usuários e doações.

5) Empréstimos ao consumidor
De longe, a forma mais importante de empréstimo ao consumidor nos Estados Unidos é a hipoteca imobiliária, que Marx inclui explicitamente entre as formas fictícias de capital. Em seu auge, em 2007, o mercado de hipotecas nos Estados Unidos chegou a 14 trilhões de dólares (contra um PIB de 15 trilhões de dólares naquele ano). Nesse caso, o fluxo de rendimentos para pagar juros vem de remunerações, salários e redistribuições governamentais. Moradia não é usada, em geral, para a produção de valor ou mais-valor, o que explica a designação da finança hipotecária como uma forma de capital fictício. Evidentemente, se eu transformasse minha casa numa *sweatshop*, ela seria classificada como uma forma de capital fixo na produção. E, embora não haja uma produção direta de valor ou mais-valor na casa, o papel do trabalho doméstico de fixar o valor da força de trabalho afeta claramente a produção de mais-valor. A dívida do consumidor é um grande negócio e desempenha um papel crucial no gerenciamento da demanda agregada numa

economia, ao mesmo tempo que fornece abundantes oportunidades para as formas secundárias de exploração, coisa que Marx ocasionalmente reconhece, porém exclui, de modo geral, por ser periférica aos seus interesses.

6) Empréstimos para adquirir ativos e outros títulos de rendimentos (como *royalties* sobre recursos naturais, patentes e renda sobre terra e propriedade)
A proliferação de mercados de ativos (tudo, desde investimentos em arte até terra e jazidas minerais) é um traço marcante da história capitalista recente, e grande parte do excedente do capital dedicado ao intercâmbio de dinheiro flui para esses mercados.

Em geral, os banqueiros não fazem diferença (embora possam especificar) entre essas diversas opções de empréstimo. O capital pode fluir para onde quer que a demanda, a taxa de retorno e a garantia do empréstimo sejam mais fortes, e para onde quer que as perspectivas futuras pareçam mais alvissareiras. Expectativas – fé no futuro – desempenham um papel importante no movimento desses mercados. Existe também a possibilidade de *"crowding-out"* ["evicção"] de alguns investimentos em razão da alta demanda (e expectativas) de outros investimentos. (Uma crítica frequente ao grande endividamento governamental ou às bolhas de ativos é que eles excluem investimentos em atividades produtivas e aumentam os custos dos juros para outrem.) O sistema de crédito não costuma discriminar entre diferentes formas de investimento, e certamente não entre os puramente fictícios, os parcialmente fictícios – porque estão frouxamente conectados à produção de mais-valor – e os diretamente envolvidos no ciclo do capital industrial como capital (dinheiro) mutuado. Desequilíbrios nos fluxos do capital monetário portador de juros ocorrerão com frequência. E, precisamente porque são independentes e autônomos, esses fluxos podem afetar as leis gerais de movimento do desenvolvimento capitalista, ao mesmo tempo que provocam crises periódicas por sua própria conta. Se, por exemplo, um grande excedente de capital dedicado ao intercâmbio de dinheiro flui para o mercado de terra e propriedade (como ocorreu no Japão, no fim dos anos 1980, e nos Estados Unidos, Espanha, Irlanda etc., depois de 2000), podem ocorrer enormes distorções nos fluxos de crédito e *booms* especulativos nos valores dos ativos até que haja um colapso que force uma correção.

Se observarmos todos esses fluxos de crédito como num caleidoscópio, veremos prontamente que as frações (ou "classes", como Marx as chama ocasionalmente) têm um interesse profundamente arraigado em sustentar – e, se possível, expandir – os diferentes mercados para os fluxos de capital fictício, sobretudo se os canais são relativamente fáceis de manipular e explorar. Nos Estados Unidos, por exemplo, há um grande esforço para ampliar o crédito para a compra da casa própria, mesmo quando as condições de bolha não estão em evidência. Essa é uma maneira básica pela qual o capital pode recapturar a riqueza que foi transferida aos consumidores em geral e ao trabalho em particular.

Durante muito tempo, as atividades extrativas, em oposição às produtivas, predominaram nesses mercados de crédito. No sistema bancário não há nenhuma barreira de proteção entre as atividades de crédito para produzir mais-valor, crédito para realizar mais-valor e crédito para mercados de capital fictício. Os capitalistas monetários, buscando realizar seus próprios interesses nos mercados em que os sinais são apartados da necessidade de promover a produção de mais-valor, tomam decisões individuais que, em conjunto, podem não ter nenhum sentido. Isso explica as instabilidades e crises periódicas que emanam do sistema de crédito.

CAPITAL MONETÁRIO, CAPITAL REAL E O CICLO INDUSTRIAL

Não pretendo realizar uma leitura ou interpretação detalhada dos capítulos restantes sobre o dinheiro e o crédito. Mas há algumas questões que requerem nossa atenção, em especial nos capítulos 30 e 31.

Marx, embora um tanto perplexo com a volatilidade e a insegurança especulativa que caracterizava o mundo do dinheiro, dos bancos e do crédito, procurou entender a lógica (se é que existe alguma) por trás dos *booms* e *crashes* cíclicos que ocorriam a seu redor. Estes eram claramente uma enorme ameaça à reprodução do capital e forçavam desvalorizações periódicas de grande parte do capital em circulação. A continuidade do processo de circulação do capital, enfatizada no Livro II, está nitidamente sujeita a uma ruptura nas formas que foram consideradas possíveis, mas não foram elaboradas subsequentemente.

A questão que continua em suspenso nesses capítulos do Livro III é: por que isso deveria ser inevitável e necessário, dada a natureza das contradições às quais se inclina a circulação do capital industrial? E quais poderiam ser os impactos gerais dos aspectos "loucos" e "insanos" desse sistema financeiro sobre o movimento do capital? Em que medida, por exemplo, a acumulação de capital monetário é:

> um índice da acumulação efetiva de capital, isto é, de reprodução em escala ampliada? A assim chamada pletora de capital, uma expressão usada apenas para expressar o capital portador de juros, isto é, o capital monetário, é simplesmente uma maneira de expressar a superprodução industrial, ou constitui um fenômeno específico, ao lado da superprodução? Essa pletora, essa superoferta de capital monetário, conjuga-se com a existência de massas estagnadas de dinheiro [...] de modo que esse excedente de dinheiro efetivo é uma expressão e forma de manifestação dessa pletora de capital mutuado?

Em linguajar moderno, quando está "transbordando liquidez" no mundo (como o FMI não cansava de declarar antes do colapso de 2008), isso é sinal de superacumulação de capital real ou simplesmente um excesso de dinheiro como capital mutuado potencial? Inversamente, "em que medida a escassez monetária, isto é, uma carestia de capital mutuado, expressa uma falta de capital real (capital-mercadoria e capital produtivo)"? Ou isso indica simplesmente "uma falta de meios de circulação?" (C3, 607).

Novamente, em linguajar contemporâneo, a contradição da oferta de dinheiro e o congelamento dos fluxos de crédito interbancários seriam um sinal de repressão financeira imposta pelos bancos centrais e autoridades estatais ou de uma falta de oportunidades lucrativas de investimento?

Por trás disso há uma questão mais geral: em que medida há uma associação entre a acumulação de dívidas e a acumulação de riqueza? Essa é a questão posta pela proliferação de formas de capital fictício. "A acumulação de capital na forma da dívida pública", por exemplo, "não significa outra coisa que o crescimento de uma classe de credores estatais, autorizados a receber certas somas sobre a massa dos impostos públicos". Desse modo, "mesmo uma acumulação de dívidas pode aparecer como uma acumulação de capital" (C3, 608). Como sempre, no entanto, o verbo "aparecer" sinaliza que provavelmente há outra coisa acontecendo por trás da máscara fetichista. Mas o quê? O problema é que uma acumulação de notas promissórias (capital fictício) pode ser transformada em capital monetário real, e assim o capital fictício se torna real. Contudo, isso presume que as notas promissórias possam ser negociadas, o que, por sua vez, implica que o capital fictício continua a circular como antes. O mesmo pode ser dito das ações, que são "representantes nominais de capitais que não existem":

> Na medida em que a acumulação desses papéis expressa uma acumulação de ferrovias, minas, navios a vapor etc., ela expressa uma expansão do processo efetivo de reprodução, do mesmo modo que, por exemplo, a expansão de uma lista de tributos sobre a propriedade pessoal indica uma expansão dessa propriedade. Mas como duplicatas que podem ser intercambiadas como mercadorias e, assim, circular como valores-capital, elas são ilusórias, e seus valores podem subir e cair de modo absolutamente independente da variação no valor do capital real que eles representam como títulos. (C3, 608)

Temos muitos exemplos de processos exatamente iguais a esse em tempos recentes: para conseguir capital suficiente para iniciar um negócio, muitas pessoas refinanciaram a hipoteca de suas casas durante o *boom* imobiliário e descobriram, após o *crash*, que o capital fictício que elas haviam extraído e transformado em capital de investimento não existia mais, e agora o valor que deviam pela compra da casa era maior que o seu preço de mercado. Mas se nesse ínterim o negócio em que haviam investido tivesse sido bem-sucedido, elas teriam recuperado o suficiente para compensar a conversão anterior de capital fictício, agora visto como tal, em capital monetário real. Muitas pessoas que entraram no comércio fraudulento de capitais fictícios no mercado de hipotecas ficaram extremamente ricas, porque transformaram títulos fraudulentos em poder monetário real.

Isso mostra que Marx usa categorias de maneira relacional e fluida. Do mesmo modo que, por uma mudança de uso, um valor de uso particular pode deixar de ser capital fixo e da noite para o dia se transformar em capital circulante ou parte do fundo de consumo, o que num momento é capital fictício pode, em outro momento, ser transformado instantaneamente em poder monetário real (para capital ou consumo). Quando foram apresentadas como obrigações de dívida colateralizadas, as hipotecas existiam, por assim dizer, num estado duplamente fictício; mas quando foram vendidas por um gerente de fundo de *hedge* a investidores desavisados e crédulos, este ganhou um bom bilhão e adquiriu um poder monetário real que, infelizmente, não era nada fictício.

Marx faz algumas observações muito agudas e acerbas sobre as consequências classistas dessas formas de acumulação de riqueza:

> Os ganhos e as perdas que resultam das flutuações no preço desses títulos de propriedade, assim como sua centralização nas mãos dos magnatas das ferrovias etc., tornam-se cada vez mais, pela própria natureza da coisa, o resultado do jogo, que agora aparece no lugar do trabalho como a fonte original da aquisição do capital [...]. Esse tipo de riqueza monetária imaginária constitui uma parte muito considerável não só da riqueza monetária de indivíduos privados, mas também do capital bancário.
>
> [...] Toda a imensa extensão do sistema de crédito, e do crédito como um todo, é explorada pelos banqueiros como seu capital privado. Esses camaradas têm seu capital e sua renda permanentemente em forma de dinheiro ou letras de câmbio. A acumulação de riqueza por essa classe pode se dar de uma maneira muito diferente daquela da acumulação real, mas prova de qualquer modo que eles embolsam uma boa parte desta última. (C3, 609)

O comportamento dessa "classe" de capitalistas – a jogatina fraudulenta e especulativa usando o "dinheiro dos outros", e mesmo a exploração dos capitalistas industriais – é objeto de ataques severos nesses capítulos. Mas se as consequências de classe são suficientemente claras, é muito mais difícil elucidar a questão do que acontece com a criação de riqueza agregada e com as leis de movimento do capital por meio da produção de mais-valor.

Nas passagens seguintes, Marx procura mostrar os possíveis limites internos e externos do funcionamento do sistema de crédito, sobretudo em relação aos créditos comerciais que os capitalistas oferecem uns aos outros. Os limites são dados pela "riqueza dos industriais e dos comerciantes" e pela velocidade com que os empréstimos retornam a seu ponto de origem. Assim como os "mercados se expandem e se afastam do local da produção", o "crédito precisa ser prolongado", o que significa, por sua vez, que "o elemento especulativo tem de dominar cada vez mais as transações". "A produção em grande escala para mercados distantes" torna o crédito "indispensável". Com efeito, o crédito "cresce em volume conforme o valor crescente da produção e, em termos de duração, cresce conforme a distância crescente dos mercados" (C3, 612). Marx coloca isso como uma relação recíproca. O aumento do crédito facilita a criação do mercado mundial, ao mesmo tempo que a expansão geográfica do comércio requer uma expansão do sistema de crédito. Desse modo, a produção e o revolucionamento das relações espaciais globais se vinculam intimamente ao crescimento do sistema de crédito. Na linguagem dos *Grundrisse*, o sistema de crédito é o meio primário para produzir a "anulação do espaço pelo tempo".

Mas a questão principal que Marx tenta resolver nesses capítulos é a do papel do crédito nos altos e baixos dos ciclos industriais (ou comerciais). Essas eram características óbvias do desenvolvimento do capital na época de Marx, e duraram cerca de dez anos (1836-1837, 1847-1848 e 1857 foram anos de alternância dramática entre picos e *crashes*). Em nenhum lugar Marx fornece uma teoria coerente dessas flutuações, segundo seu entendimento das leis gerais de movimento do capital, embora ele associe a "pletora" periódica de capital monetário à teoria da superacumulação de capital exposta nos primeiros capítulos do Livro III. Mas ele dá uma descrição geral do curso típico de um ciclo industrial, mostrando como a oferta e a demanda de capital monetário, e também os diversos projetos e atividades dos capitalistas monetários (banqueiros e outros intermediários), afetam o curso desse ciclo. Ele também dedica certa atenção ao modo como entram em jogo os vários "pivôs" do sistema monetário e de crédito (o papel da política do banco central e das mercadorias-dinheiro). Chegamos ao fim com uma perspectiva diferente, de certo modo, sobre a teoria da crise, porque os detalhes que ele nos revela lançam uma nova luz sobre suas contradições subjacentes.

Marx faz diversas tentativas de descrever o ciclo. A melhor, a meu ver, está nas páginas 614-5, e o melhor que posso fazer é reproduzi-la:

> Na medida em que o processo de reprodução é fluido, de modo que os retornos sejam assegurados [...] o crédito persiste e se estende, e sua extensão se baseia na extensão do próprio processo de reprodução. Tão logo ocorre uma estagnação, como resultado de retornos atrasados, mercados abarrotados ou preços em queda, há um excedente de capital industrial, porém numa forma em que ele não pode cumprir sua função. Um

grande volume de capital-mercadoria, porém invendável. Um grande volume de capital fixo, porém em grande medida não empregado em decorrência da estagnação na reprodução.

Isso repete fielmente os pontos de potencial ruptura identificados nos primeiros capítulos do Livro II. Surge então a questão sobre o que ocorre no interior do ciclo monetário. O padrão geral é mais ou menos este: "quando a nova crise estoura, o crédito subitamente seca, os pagamentos são congelados, o processo de reprodução é paralisado e [...] tem-se uma falta quase absoluta de capital mutuado, ao lado de um excedente de capital industrial desocupado". Essa é uma descrição bastante exata das condições que se seguiram à falência do Lehman Brothers, em setembro de 2008.

Uma acumulação de capital mutuado pode "precipitar" a partir da acumulação de capital normal. "Com a acumulação genuína a expandir-se constantemente, essa acumulação ampliada de capital monetário pode em parte ser seu resultado, em parte resultar dos elementos que a acompanham, mas são absolutamente diferentes dela" – por exemplo, valores crescentes das ações em empresas produtivas –, "e em parte, enfim, resultar até mesmo de bloqueios na acumulação genuína" – excedentes de mercadoria não vendidos, mas cujo valor descontado é realizado por meio de letras de câmbio. Mas "essa acumulação pode expressar também elementos muito diferentes da acumulação genuína" – por exemplo, em virtude dos valores crescentes dos ativos obtidos na capitalização e da formação de capital fictício por meio da dívida pública ou da dívida do consumidor. O resultado agregado é "uma pletora de capital monetário em certas fases do ciclo" (C3, 639-40).

Em seguida, o crédito se retrai, "(1) porque esse capital está desocupado [...]; (2) porque a confiança na fluidez da reprodução se quebrou; (3) porque a demanda desse crédito comercial diminuiu". A falta de crédito torna:

> mais difícil obter bens a crédito. [...] Na própria crise, uma vez que todos têm algo para vender, mas não conseguem vendê-lo, embora necessitem vender para pagar, a quantidade de capital bloqueado em seu processo de reprodução – não a de capital desocupado a ser investido – está precisamente em seu nível máximo, ainda que a falta de crédito seja a mais aguda. [...] Uma enorme massa do capital já investido permanece, de fato, não empregada, uma vez que o processo de reprodução está estagnado. As fábricas estão ociosas, as matérias-primas se acumulam, os produtos acabados inundam o mercado como mercadorias. Nada poderia ser mais equivocado, portanto, do que atribuir uma tal situação a uma falta de capital produtivo. É precisamente então que há um excedente de capital produtivo, em parte em relação à escala normal – ainda que momentaneamente contraída – da reprodução, e em parte em relação ao consumo estorvado. (C3, 614)

O papel do excedente do capital e a dificuldade de encontrar meios lucrativos de absorver esse excedente são fortemente colocados. Ao levantar a questão do "consumo estorvado", Marx faz eco a um tema que pouco a pouco se torna crítico no Livro II. No Livro III, ele constrói um modelo muito simples de relações dinâmicas entre classes através do movimento cíclico.

"Concebamos a sociedade inteira como composta simplesmente de capitalistas industriais e trabalhadores assalariados", ou seja, ignoremos todas as outras características, como as flutuações nos preços,

> os negócios fraudulentos e as transações especulativas que o sistema de crédito alimenta. Nesse caso, uma crise só seria explicável em termos de uma desproporção na produção entre diferentes ramos e uma desproporção entre o consumo dos próprios capitalistas e sua acumulação. Mas tal como as coisas são na realidade, a reposição dos capitais investidos na produção depende em grande medida da capacidade de consumo das classes improdutivas; ao passo que a capacidade de consumo dos trabalhadores é restrita em parte pelas leis que regem os salários, em parte pelo fato que eles são empregados apenas na medida em que podem ser empregados gerando um lucro para a classe capitalista. *A razão última para todas as crises reais continua a ser sempre a pobreza e o consumo restrito das massas*, em face do impulso da produção capitalista de desenvolver as forças produtivas como se estas fossem limitadas apenas pela capacidade absoluta de consumo da sociedade. (C3, 615; grifos meus)

Essa é, evidentemente, uma daquelas famosas afirmações (ver também o Livro II, 318), como a de que a taxa decrescente de lucro é "a lei mais importante da economia política moderna", que precisam ser contextualizadas para ser entendidas. O que o estudo do ciclo industrial revela é que não há nenhuma oposição necessária entre essas duas afirmações. A taxa de juro pode cair no curto prazo em decorrência do consumo restrito das massas. Isso é muito diferente do mecanismo normalmente empregado na explicação das taxas decrescentes de lucro em passagens anteriores do Livro III. Mas deixar trabalhadores ociosos reduz a demanda do mercado, o que leva a mercadorias encalhadas e capacidade produtiva ociosa, além de induzir o capital a reduzir os salários e desocupar ainda mais trabalhadores. Marx vislumbra claramente a possibilidade de tal espiral descendente durante o ciclo industrial. Se isso é uma tendência secular de longo prazo é uma questão completamente diferente. O sistema de crédito permite que o capital exceda as restrições diretas de consumo, ao menos por um tempo. "O máximo de crédito é aqui a mesma coisa que o mais pleno emprego de capital industrial [...] independentemente dos limites de consumo" (C3, 613). Depois de 1980, sob o arrocho salarial dos anos neoliberais, o consumo pessoal foi largamente sustentado pela ampliação do crédito ao consumidor.

Marx também observa que a espiral descendente poderia ser revertida com a ajuda do crédito. A concentração maciça de empréstimo ocioso e capital monetário – além de baixas taxas de juro – que se forma na esteira de uma crise é essencial para a recuperação.

> No período em que os negócios se recuperam após uma crise [...] o capital mutuado é demandado para comprar e transformar o capital monetário em capital produtivo e comercial. Ele é demandado, então, seja pelo capitalista industrial, seja pelo comerciante. O capitalista industrial o investe em meios de produção e força de trabalho. (C3, 645)

As baixas taxas de juros transformam investimentos de longo prazo em capital fixo e em empreendimentos inteiramente novos, mais atrativos do que de costume (C3, 619-20). As taxas de juros costumam permanecer baixas nas fases iniciais da expansão, quando o crédito fácil desempenha seu papel mais construtivo – e isso facilita, como vimos, a extensão e a integração ulteriores do mercado mundial.

Marx concentra-se, então, naquilo que em muitos sentidos é o ápice de sua argumentação, baseada na descrição da forma cíclica e temporal que surge inevitavelmente das mediações do sistema de crédito em relação à tendência permanente à superacumulação e à superextensão. O melhor que posso fazer é citá-lo. Em sua primeira tentativa de explicar como o movimento cíclico pode se desdobrar, ele escreve o seguinte:

> Se o processo de reprodução atingiu o estágio de prosperidade que precede o de exaustão, o crédito comercial sofre uma enorme expansão, o que, por sua vez, forma na realidade a base "saudável" para um imediato fluxo de retornos e uma expansão da produção. Nessa situação, a taxa de juros é ainda baixa. [...] A facilidade e a regularidade dos retornos, combinadas com um crédito comercial ampliado, asseguram a oferta de capital mutuado a despeito da demanda crescente e evitam um aumento do nível dos juros. Isso é o que ocorre também quando intermediários entram em cena pela primeira vez numa escala digna de nota, operando sem capital de reserva ou mesmo sem capital algum, isto é, inteiramente com base em crédito monetário. A isso acrescenta-se também uma grande expansão de capital fixo em todas as formas e a abertura de grandes quantidades de empreendimentos novos e de longo alcance. O juro sobe agora a seu nível médio. Ele volta a atingir seu máximo assim que estoura a nova crise, o crédito subitamente seca, os pagamentos congelam, o processo de reprodução é paralisado e [...] há uma falta quase absoluta de capital mutuado, ao lado de um excedente de capital industrial desocupado. [...] Esse ciclo industrial é tal que o mesmo circuito tem de reproduzir a si mesmo periodicamente, depois de dado o primeiro impulso. (C3, 620)

Marx pressupõe, é claro, a inexistência de qualquer tentativa de modificar essa sequência por intervenções do Estado em políticas monetárias e fiscais, embora opine que "nenhuma legislação bancária pode abolir a própria crise". Todo esse processo é resumido, então, numa passagem muito importante, porque reconhece que a tensão entre o crédito e sua base monetária dá lugar a uma tendência à superacumulação:

> Num sistema de produção em que a interconexão inteira do processo de reprodução repousa sobre o crédito, tem evidentemente de ocorrer uma crise, caso a oferta de crédito seja subitamente interrompida e apenas pagamento em dinheiro passe a ser aceito, o que gera uma violenta procura por meios de pagamento. À primeira vista, portanto, a crise inteira apresenta-se apenas como crise de crédito e crise monetária. E, de fato, trata-se apenas da conversibilidade das letras de câmbio em dinheiro. Mas essas letras de câmbio representam, em sua maior parte, compras e vendas efetivas, *e a causa última de toda a crise é a expansão dessas letras muito além da necessidade social*. Acima de tudo, porém, um número gigantesco dessas letras de câmbio representa meros negócios fraudulentos, que agora vêm à luz e estouram; além disso, especulações malsucedidas com capital alheio e, por fim, capitais-mercadorias, desvalorizados ou invendáveis, ou retornos que jamais serão efetuados. Está claro que todo esse sistema artificial de expansão forçada do processo de reprodução não pode ser remediado agora, permitindo-se que um banco, por exemplo, o Banco da Inglaterra, forneça a todos os especuladores o capital que lhes falta em papel-moeda e compre todas as mercadorias depreciadas por seus antigos valores nominais. Ademais, aqui tudo aparece invertido, pois nesse mundo de papel não se veem em lugar algum o preço real e seus elementos, mas tão somente barras de ouro e prata, moedas metálicas, notas, letras e títulos. Essa distorção é particularmente evidente em centros como Londres, onde se concentra o negócio monetário de todo um país; aqui, o processo inteiro se torna incompreensível. (C3, 621-2; grifos meus)

Por fim, Marx passa a considerar como esses impulsos cíclicos assumem uma forma geográfica. No que diz respeito às importações e exportações, por exemplo:

> todos os países são sucessivamente engolfados na crise, e [...] então fica evidente que todos eles, com algumas exceções, exportaram e importaram em demasia; isto é, a balança de pagamentos está contra todos eles, de modo que a raiz do problema, na verdade, não está de modo algum na balança de pagamentos. A Inglaterra, por exemplo, sofre uma evasão de ouro. Ela importou em demasia. Ao mesmo tempo, porém, todos os outros países estão abarrotados de mercadorias inglesas. Eles também importaram em demasia.

O crédito modifica esse quadro, mas não o problema subjacente:

A crise pode estourar na Inglaterra, o país que fornece mais e contrai menos crédito, porque a balança de pagamentos [...] é contrária a isso, ainda que a balança geral do comércio lhe seja favorável. [...] O *crash* na Inglaterra, introduzido e acompanhado de uma evasão de ouro, ajusta a balanço de pagamentos inglesa, em parte levando seus importadores à falência [...], em parte exportando uma parcela de seu capital-mercadoria a baixo preço, e em parte pela venda de títulos estrangeiros, pela compra de títulos ingleses etc. A sequência atinge agora um outro país. [...] Em 1857, a crise estourou nos Estados Unidos. Isso levou a uma evasão de ouro da Inglaterra para a América. Mas tão logo a bolha americana estourou, a crise atingiu a Inglaterra, com uma evasão de ouro da América para a Inglaterra. O mesmo ocorreu entre a Inglaterra e o continente. Em tempos de crise geral, a balança de pagamentos é contrária a todo país, ao menos a todo país comercialmente desenvolvido, mas sempre contrária a cada um desses países sucessivamente, como numa rajada de artilharia, tão logo um deles é atingido pela sequência de pagamentos. (C3, 623-4; ver 650)

Movimentos geográficos desse tipo eram evidentes na esteira da crise que se iniciou nos Estados Unidos nos anos 2007-2008 e se espalhou por diversas partes do mundo. Pareceu, de fato, "uma rajada de artilharia" – apesar de nem sempre ser fácil predizer onde irromperá a próxima crise. O capital, como afirmei anteriormente, jamais soluciona sua tendência a crises: ele apenas se movimenta ao redor delas, de um setor para outro, assim como de uma parte do mundo para outra.

Na visão de Marx, isso tudo demonstra, "por sua própria universalidade: 1) que a evasão de ouro é simplesmente um fenômeno da crise, e não sua base; 2) que a sequência em que essa evasão de ouro afeta os diversos países indica simplesmente quando a série os atinge para um último ajuste de contas com a Providência; quando chega para eles o dia da crise [...]" (C3, 624).

Apesar da pretensão de Marx à universalidade, essa sequência, com foco nas "evasões de ouro", é apenas um dos possíveis cenários em que a crise assume forma geográfica. Em nossa época, foi a enorme dívida soberana, por exemplo, da Grécia – provocada, em parte, pelo excesso de empréstimos tomados de bancos alemães e franceses para pagar bens produzidos especialmente na Alemanha. Tudo isso foi facilitado pela criação do euro, que beneficiou os produtores mais eficientes (Alemanha) e minou a produção nas economias menos eficientes da Europa meridional. O resultado é que o valor do capital fictício em posse dos bancos alemães e franceses é ameaçado, o que, por sua vez, pode ameaçar a dívida soberana da França, e até mesmo, em última instância, da Alemanha, a menos que haja uma ação concertada de toda a zona do euro. Isso é particularmente difícil, dada a "equivocada" constituição do Banco Central Europeu. Uma rajada de artilharia, de fato.

O movimento associado com os mercados de crédito em tudo isso é visível. Marx, porém, não acredita que esses movimentos estejam na raiz da crise. A raiz está na combinação de uma tendência básica à superacumulação de capital com a produção independente e autônoma de uma pletora de capital monetário que se acumula por conta própria. Lembre-se de que:

> o próprio fato de que a acumulação de capital mutuado seja ampliada por esses elementos independentes da acumulação genuína, ainda que eles a acompanhem, tem de conduzir a uma pletora regular de capital monetário em certas fases do ciclo, e essa pletora se desenvolve à medida que o sistema de crédito se aperfeiçoa. Ao mesmo tempo, desenvolve-se a necessidade de conduzir o processo de produção para além de suas barreiras capitalistas: comércio, produção e crédito em demasia. Isso precisa ocorrer sempre de maneira a gerar uma reação. (C3, 640)

Essa combinação é o que costumo chamar de "problema da disposição de excedente de capital". A tese de que a tendência a produzir excedentes de capital – e em particular excedentes na forma-dinheiro – está na origem de todas as crises é certamente digna de análise. O fato de tais excedentes serem tão facilmente absorvidos por canais de formação e circulação de capital fictício é um problema fundamental, que não pode ser evitado nem reprimido, dado o papel positivo que o capital em forma-dinheiro, amparado pelo poder dos capitalistas endinheirados, tem a desempenhar na superação da necessidade de entesouramento.

Do Livro II ao Livro III, e de volta ao Livro II: um comentário final

Para Marx, seria ridículo procurar o Santo Graal de uma descrição completa das leis de movimento do capital em seu estado puro sem descobrir uma maneira de usar o conhecimento dessas leis para dissecar as duas maiores crises vividas por ele não só como estudioso, mas também como participante dos eventos da época. As crises financeiras e comerciais de 1847-1848 e 1857 pedem uma interpretação adequada (como ocorreu com o *crash* de 1873, embora nessa época Marx já pudesse se apoiar em grande parte na própria produção teórica). É tentador, portanto, supor que os materiais no Livro III se seguem sequencialmente à análise do Livro II, já que é apenas nesses capítulos sobre as finanças que tais crises são ativamente analisadas. Isso forçou Marx a abandonar as amarras rigorosas (e um tanto rígidas) que ele mesmo se impôs, e que são tão evidentes no Livro II, para falar dos fetichismos e das ficções, a insanidade e a loucura que tão nitidamente atormentaram o mundo das finanças e do comércio naqueles anos de crise. A linguagem de grande parte do Livro III é, por consequência, radicalmente distinta da linguagem contida e técnica do Livro II. Da perspectiva do leitor casual, é como se Marx tivesse se libertado das maçantes restrições cientificistas que dominam o Livro II. Ao ressuscitar o conceito de fetichismo, por exemplo, ele se coloca muito mais perto da fervilhante turbulência das aparências superficiais do capital e das potencialidades múltiplas que elas apresentam para transformações futuras, tanto negativas como positivas.

O problema dessa interpretação é que ela não se encaixa na cronologia dos textos. A maior parte do Livro II foi escrita após a redação do Livro III. Sendo assim, por que Marx retomou o estilo contábil seco e tecnocrático da argumentação no Livro II, depois de escrever o material – mais dramático e visceralmente atraente, apesar de frustrantemente incompleto e ocasionalmente incoerente – sobre o capital comercial e as finanças?

Não tenho uma resposta definitiva para essa questão, ou pretensões a *insights* privilegiados. Mas defendo uma teoria. Marx certamente sabia que precisava explorar a fundo o que acorrera em 1847-1848 e 1857 (do mesmíssimo modo como precisamos explorar a fundo os eventos de 2007-2012). Os estudos que ele fez dessas crises mostram a que ponto os próprios eventos, assim como as interpretações de diversos comentadores, estavam crivados de noções fetichistas. Isso coloca o problema da compreensão da clara insanidade das transações especulativas, em particular com o capital fictício, contra o pano de fundo dos novos desenvolvimentos de Marx a respeito das leis de movimento do capital. Marx jamais se deteve ao deparar com os fetichismos que habitam a teoria e a prática. Ao contrário, sempre apreciou a perspectiva de revelar o que esses fetichismos ocultavam. Sua atitude típica era cavar ainda mais fundo para desenterrar as necessidades e contradições que lhes serviam de base. Ele acreditava que assim seria possível compreender melhor toda a turbulência na superfície e todas as contradições manifestas que caracterizavam o mundo das finanças e do crédito, e as crises às quais elas estavam associadas.

É nesse contexto que seu retorno à questão da natureza interna do capital no Livro II faz sentido. O que Marx procura é uma espécie de radiografia dessa natureza interna que elucide como e por que a loucura contraditória do sistema de crédito tem necessariamente de ser engendrada. O que explica o fato de que as contradições fundamentais e subjacentes do capital assumem sempre a forma de crises financeiras e comerciais? Para esclarecer isso, ele exclui o sistema de crédito e a circulação de capital portador de juros do estudo da acumulação e da circulação do capital no Livro II, tentando compreender o que há na circulação e na acumulação do capital que torna tão necessários o crédito e o funcionamento "autônomo e independente" do capital monetário. Com base no Livro II, em suma, temos de entender por que o capital não pode existir sem um sistema de crédito, por que uma acumulação de riqueza é necessariamente acompanhada de uma acumulação de dívidas e por que a contradição fundamental entre valor e sua representação monetária internaliza a não equivalência infinita e necessária entre oferta e demanda no interior de um sistema capitalista de produção de mais-valor. Ao que me parece, é isso que a longa passagem citada anteriormente – da página 621 do Livro III – reconhece plenamente.

Adam Smith sustentava que as atividades bancárias e financeiras eram improdutivas. Com base na exposição do Livro III, é tentador acreditar que Marx concorda com ele, que as excrescências parasitárias do capital monetário e a alta insanidade exibida no interior do sistema financeiro condenaram a si mesmas a ser uma subtração monumental da riqueza real e da produção de valor (quando não um pernicioso imposto sobre elas). A opinião popular da nossa época é inclinada a essa visão. Isso leva imediatamente à questão: por que o capitalismo tolera isso? O que o Livro II mostra, no entanto, é a necessidade crucial de crédito não apenas para facilitar a produção de valor, mas também para expandir a capacidade de criar e capturar mais-valor diretamente. Aqui a analogia com o papel da maquinaria no Livro I revela-se útil. A maquinaria é capital constante (normalmente fixo) e, por conseguinte, não produz valor. Marx prossegue, então, com o objetivo de mostrar como ela pode ser uma fonte de mais-valor relativo tanto para o capitalista individual (minha tecnologia superior me rende lucros excedentes) como para toda a classe capitalista (a produtividade crescente na produção de bens de salário diminui o valor da força de trabalho e expande o mais-valor para o capitalista). O crédito, em si mesmo, também não produz valor, mas pode facilitar uma vasta expansão na produção e na realização de mais-valor, por exemplo, reduzindo a necessidade de entesouramento.

A questão do entesouramento é, de fato, crucial. O que é óbvio, a partir do estudo do Livro II, é que, na ausência de um sistema de crédito, seria necessário entesourar uma quantidade tão grande de capital para cobrir tudo – desde a circulação de capital fixo até tempos díspares de circulação – que a acumulação de capital acabaria, na melhor das hipóteses, altamente restrita e, na pior, paralisada. Se o dinheiro que se libera dos tesouros pode ser convertido ou não em capital para produzir mais-valor depende, é claro, da disponibilidade de força de trabalho e meios de produção, assim como de condições prevalecentes em todos os outros ciclos do capital (inclusive a vitalidade da demanda efetiva). Mas sem a liberação de dinheiro entesourado haveria pouco capital monetário potencial disponível. É isso que Marx nos mostrou claramente no Livro II.

Se Marx conseguiu situar o papel do crédito e das finanças (assim como o capital comercial) em relação às leis de movimento do capital é uma questão de opinião, e certamente pode ser debatida (a meu ver, ele foi apenas parcialmente bem-sucedido e restringiu-se sem necessidade, com base num certo tipo de visão cientificista, àquilo com que se sentia obrigado a concordar, para manter a credibilidade). Mas, se estou certo quando afirmo que um dos objetivos principais do Livro II é revelar os fetichismos tão virulentamente expostos nos capítulos sobre finanças do Livro III, isso reposiciona o Livro II no conjunto da obra de Marx e exige que ele seja objeto de um estudo muito mais cuidadoso do que os que foram realizados até hoje. Marx percebe claramente que precisava construir, do ponto de vista da circulação, um modelo das leis de movimento do capital tão poderoso quanto aquele que ele constrói no Livro I do ponto de vista da produção. A tragédia é que ele não completou a obra e jamais sintetizou as duas perspectivas da produção e da circulação.

8. O tempo e o espaço do capital

(CAPÍTULOS 12-14 DO LIVRO II)

Felizmente, os capítulos 12-14 do Livro II são escritos de maneira bastante simples e lúcida. Não apresentam nenhuma dificuldade particular e, de todo modo, repetem os temas sobre o tempo de rotação que foram apresentados nos capítulos 5 e 6. Assim, temos um ponto de retorno fácil ao mundo do Livro II, depois de experimentar o tumulto e as confusões da especulação financeira do Livro III.

Marx aborda aqui alguns fatos materiais óbvios da produção e da circulação que afetam os tempos totais de rotação do capital. O tempo total de rotação é constituído do tempo de produção mais o tempo de circulação, mas o tempo de produção se divide em período de trabalho – quando o trabalho produtor de valor é efetivamente aplicado na produção de mercadorias – e tempo necessário para que o processo de produção seja completado sem nenhum *input* de trabalho (como, por exemplo, em grande parte da produção agrícola). O capítulo 12 é sobre "o período de trabalho", definido como a "sucessão de um número maior ou menor de jornadas de trabalho conexas" (321) necessária para incorporar valor e mais-valor numa dada mercadoria, seja ela uma locomotiva ou algodão. O capítulo 13 é sobre "o tempo de produção", que é o tempo de trabalho mais qualquer tempo extra que seja necessário para acabar a mercadoria sem dispêndio de trabalho (por exemplo, o tempo para fermentação, amadurecimento, maturação etc.). O capítulo 14 trata do "tempo de curso", que é o tempo necessário para levar a mercadoria ao seu destino final para o consumo. Tenho um interesse particular nesse capítulo, já que o tempo de circulação é muito afetado pelo tempo e pelo custo do transporte (uma questão que já encontramos anteriormente) e também por decisões locacionais (como a tendência dos fornecedores de se instalar no entorno do local de produção para minimizar o tempo e o custo do transporte). Isso coloca a questão do papel das relações espaciais, das economias de aglomeração e da produção do espaço na circulação e na acumulação de capital.

A heterogeneidade das temporalidades dos períodos de trabalho, dos tempos de produção e dos tempos de circulação é, observa Marx, "infinita", e isso coloca problemas potenciais de coordenação entre os diferentes ramos da produção no interior da divisão geral do trabalho. Embora a fiação do algodão possa ser feita continuamente ao longo do ano, sua colheita ocorre somente uma vez nesse período. Isso gera questões complexas sobre a quantidade de capital que é vinculada (entesourada, seja como mercadoria, seja como dinheiro) para cobrir as disjunções entre os diferentes tempos de rotação. O capital entesourado é inativo e, portanto, não produz mais-valor. Grandes estoques e reservas de algodão cru, por exemplo, mantêm inativa boa parte desse capital-mercadoria. Esse capital, diz Marx, é tecnicamente "desvalorizado" ou "imobilizado". Isso, como vimos, é um problema sério e que precisa ser enfrentado, seja pelo sistema de crédito, seja por outros meios.

Há, portanto, uma pressão crescente para encontrar maneiras de reduzir a quantidade de capital mantida em estado ocioso. É aqui que entram em jogo técnicas como tempos acelerados de rotação e gerenciamento de estoques, além de arranjos institucionais como o sistema de crédito. O impulso competitivo para encurtar os períodos de trabalho e os tempos de produção teve efeitos de longo alcance. Por exemplo, inovações tecnológicas e organizacionais (como o sistema *just-in-time*, desenvolvido no Japão nos anos 1980) ajudaram a reduzir ao mínimo os estoques de capital-mercadoria (e, portanto, de capital ocioso). Se a colheita de algodão é feita somente uma vez no ano, diferentes tempos de colheita em diversas partes do mundo ajudam a aumentar a disponibilidade de algodão ao longo do ano e, assim, reduzem a necessidade de grandes estoques. Houve também, na história do capitalismo, um impulso constante para economizar custos e tempos de deslocamento.

O CAPÍTULO 12 DO LIVRO II: O PERÍODO DE TRABALHO

Tomemos duas formas de produção: a fiação de algodão e a manufatura de locomotivas, cada uma operando com a mesma jornada de trabalho de dez horas. No primeiro caso, certa quantidade de produto acabado é "fornecida diária ou semanalmente [...]; no outro, o processo de trabalho precisa ser repetido talvez durante três meses para produzir [...] uma locomotiva". Há, portanto, um contraste inicial entre processos de produção contínuos e discretos. Há também diferenças importantes no tempo necessário para completar diferentes processos discretos de produção. "Essas diferenças na duração do ato de produção ocorrem não apenas entre esferas de produção distintas, mas também no interior da mesma esfera de produção, de acordo com o volume do produto a ser fornecido". Os exemplos fornecidos por Marx são instrutivos. "Uma casa de tamanho habitual é construída em menos tempo que uma grande fábrica [...]. Se a construção de uma locomotiva leva três meses, a de um encouraçado leva um ou vários anos [...] uma estrada rural pode ser construída em alguns meses, ao passo que uma ferrovia exige vários anos", e assim por diante. "As diferenças na duração do ato de produção são, portanto, infinitamente variadas", conclui Marx (320).

Essas diferenças afetam os tempos de rotação. Quanto maior o tempo de rotação, maior a quantidade de capital circulante requerida antes que a mercadoria esteja acabada. A "velocidade de rotação" afeta a lucratividade (323).

Marx define o "período de trabalho" como a "sucessão de um número maior ou menor de jornadas de trabalho conexas" necessária para criar um produto acabado (321). Cem jornadas de trabalho de dez horas significam um período de trabalho de mil horas. "Por isso", diz ele, "as interrupções e perturbações do processo social de produção, por exemplo, em consequência de crises, têm efeitos muito distintos em produtos do trabalho que são de natureza discreta e sobre aqueles que requerem um período mais prolongado e contínuo para sua produção" (321). No caso de produção contínua, o processo se encerra, e não se perde muito capital circulante; mas no caso de uma locomotiva, todo o capital circulante já incorporado no produto é imobilizado ou perdido, e isso implica assumir um risco muito maior quando se empreende tais formas de produção.

Evidentemente, o capital fixo também está envolvido nesses diferentes processos de rotação, mas a rotação do próprio capital fixo (por exemplo, uma máquina a vapor) permanece intocada pelos distintos tempos de rotação dos produtos que ele ajuda a produzir. Mas o gasto de capital circulante é diferencialmente afetado. Os salários têm de ser adiantados, digamos, semanalmente, e meios de produção também têm de ser adquiridos de forma frequente e contínua ao longo das semanas ou dos anos necessários para criar um produto acabado. Quanto mais longo o período de trabalho, mais capital circulante tem de ser adiantado antes que o capital possa ser recuperado e o mais-valor realizado por meio da venda do produto final. Isso pode ser um grande fardo para o capitalista individual. "Nas fases menos desenvolvidas da produção capitalista", diz Marx:

> os empreendimentos que necessitam de um período de trabalho prolongado e, portanto, de um grande investimento de capital por um período mais longo, especialmente se só podem ser executados em grande escala, ou não são em absoluto executados de modo capitalista, como é o caso, por exemplo, de estradas, canais etc. construídos à custa da comunidade ou do Estado (em tempos antigos, com relação à força de trabalho, mediante trabalho forçado), ou, então, esses produtos cuja fabricação requer um período mais longo de trabalho só são fabricados numa quantidade ínfima e custeados pelo próprio patrimônio do capitalista. (324)

Em outras palavras, eles são construídos com a ajuda do crédito. Marx cita mais uma vez o caso dos imóveis:

> a pessoa privada para quem ela [a casa] é construída paga adiantamentos ao empresário construtor de maneira parcelada. Na realidade, portanto, ela paga a casa fracionadamente, à medida que avança o processo de produção desta última. Ao contrário, na era capitalista desenvolvida, em que, por um lado, somas maciças de capital se concentram nas mãos de indivíduos, enquanto, por outro, o capitalista associado (as sociedades por ações) surge ao lado dos capitalistas individuais e o sistema de crédito está desenvolvido apenas excepcionalmente, um construtor capitalista constrói por encomenda, para pessoas privadas, isoladas. Seu negócio é construir fileiras de casas e bairros inteiros para o mercado, assim como o negócio dos capitalistas individuais é construir ferrovias como empreiteiros. (324)

Marx cita um "Bank Act Commitee Report", de 1857, sobre as estratégias de construção especulativa de imóveis, na qual aparecem todos esses elementos da finança de hipotecas, da aquisição de terra e da alavancagem de fundos mutuados: "Atualmente, sem construir com fins especulativos e em grande escala, nenhum empresário pode progredir. O lucro obtido com a construção propriamente dita é extremamente pequeno; seu ganho principal consiste na alta da renda fundiária, na escolha e aproveitamento corretos do terreno para a construção" (e cita como exemplo Belgravia, um bairro luxuoso em Londres). Penso que esse processo é bem mais importante do que se admite em geral, mas, como envolve extração e apropriação de rendas fundiárias, Marx não prossegue a análise, por isso também não vou examiná-lo mais detalhadamente. Mas é interessante notar quantos exemplos citados por Marx envolvem investimentos no ambiente construído (um tópico que aparece em momentos curiosos como este, mas que ele não isola para uma análise especial).

Como vimos tão nitidamente em tempos recentes, processos desse tipo são propensos a crises[1]:

> O empresário já não trabalha mais para o cliente, mas para o mercado [...]. Se antes um empresário construía três ou quatro casas simultaneamente para a especulação, agora ele tem de comprar um terreno de grandes dimensões [...], nele construir até cem ou duzentas casas e, assim, engajar-se num empreendimento que ultrapassa seu patrimônio em vinte ou até cinquenta vezes. Os fundos são obtidos mediante hipotecas, e o dinheiro é posto à disposição do empresário à medida que progride a construção das diversas

---

[1] A especulação sobre a propriedade parece ter desempenhado um papel importante na crise de 1857, o que provavelmente explica por que foi objeto de um inquérito parlamentar.

casas. Se irrompe uma crise que paralisa o pagamento das prestações, é comum que o empreendimento inteiro fracasse; no melhor dos casos, a construção das casas permanece inconclusa até que advenham tempos melhores; no pior, elas são postas a leilão e liquidadas pela metade do preço. (325)

Em boa parte dos Estados Unidos, Espanha e Irlanda, o pior cenário possível impôs-se como uma vingança após 2008. Nesse último caso, a especulação imobiliária criou uma bolha de ativos que, ao estourar, desencadeou a crise, ao passo que Marx vê o *crash* imobiliário como o resultado de uma crise comercial e financeira que teve suas raízes em outro lugar.

A execução de obras que consomem um período significativamente longo de trabalho e se realizam em grande escala só passam a integrar plenamente a produção capitalista quando a concentração do capital já é bastante considerável e, por outro lado, o desenvolvimento do sistema de crédito oferece ao capitalista o cômodo expediente de adiantar – e, desse modo, também arriscar – capital alheio, em vez de capital próprio. (326)

A mudança da atividade empresarial individual para uma atividade na qual, como vimos nos capítulos sobre finanças e crédito, os negócios se tornam "o dinheiro dos outros", tem enormes consequências para o funcionamento do capital; por isso, penso que não é por acaso que o exemplo principal de Marx sejam os grandes investimentos urbanos e infraestruturais. Embora ele não diga explicitamente, é evidente que o envolvimento de capital fictício não é uma realidade distante.

A principal preocupação de Marx, no entanto, é com "as circunstâncias que aumentam o produto de cada jornada de trabalho individual" e "encurtam ao mesmo tempo o período de trabalho", como "a cooperação, a divisão do trabalho, o emprego da maquinaria" (326). "Assim, a maquinaria encurta o tempo de construção de casas, pontes etc.", enquanto "a construção aperfeiçoada de navios encurta, com a velocidade aumentada, o tempo de rotação do capital investido" na construção de navios. Muitos desses aperfeiçoamentos dependem, no entanto, do emprego de mais capital fixo. Isso, em si, gera uma tensão (contradição?) significativa, uma vez que a velocidade de rotação de uma porção de capital precisa ser reduzida, a fim de facilitar a rotação acelerada do resto. A tensão latente entre imobilidade e movimento é onipresente em grande parte do Livro II.

A cooperação pode ser mobilizada para o mesmo propósito: "a construção de uma ferrovia é abreviada quando se arregimentam grandes exércitos de trabalhadores e a obra é atacada por vários lados ao mesmo tempo" (326). Nos anos recentes, alguns dos exemplos mais espetaculares de mobilização tanto de tecnologia quanto de massa de trabalho para esse fim vêm da China. Nas aulas que deram origem a este livro, mostrei aos meus alunos um vídeo impressionante sobre a construção de um hotel de quinze andares em noventa horas, na China, para ilustrar o ponto que Marx discute aqui. Esse vídeo pode ser visto no Youtube: "Build a Hotel 15 Floors in China in 90 Hours". E há outro vídeo, intitulado "China Puts Up a 30-Floor Building in 15 Days". Em ambos os casos, é claro, as partes são pré-fabricadas, mas é interessante assistir a esses vídeos e refletir sobre a natureza do processo de trabalho. A ênfase está não apenas na cooperação, mecanização e coordenação das divisões do trabalho, mas também na intensidade – no Livro I de *O capital*, a intensidade aparece gradualmente como uma contribuição fundamental à produção de mais-valor. E, é claro, o trabalho tem de ser pago apenas pelas noventa horas (com turnos).

O pressuposto é que o capital tem de estar suficientemente concentrado e imediatamente disponível para ser posto em movimento em tais processos:

> o que importa é o grau em que os meios de produção e subsistência [...] estejam dispersos ou reunidos nas mãos de capitalistas individuais e, portanto, o grau que a concentração dos capitais já tenha alcançado. O crédito, na medida em que possibilita, acelera e aumenta a concentração de capital numa só mão, contribui para abreviar o período de trabalho e, com ele, o tempo de rotação. (326-7)

É importante observar a associação de tempos acelerados de rotação com a centralização de capital, atividades estatais e o advento do sistema de crédito. As observações casuais que fiz sobre esse tópico ao longo dos meus estudos sobre a história da urbanização sugerem que Marx está absolutamente correto em apontar para essas associações quando se quer tempos de rotação cada vez mais curtos.

O tamanho desse impulso para encurtar os tempos de rotação é ilustrado mais drasticamente, na visão de Marx, pela criação de ovelhas. "Antes, as ovelhas inglesas, como as francesas ainda em 1855, não estavam prontas para serem abatidas antes dos quatro ou cinco anos." O resultado é que a maioria das pessoas comia carne de carneiro, e não de cordeiro (banquetes com costelas de carneiro são comuns nos romances de Dickens). Mas, paralelamente, Bakewell apareceu com sua raça de ovelhas, a "New Leicester", cuja "ovelha de um ano já pode ser engordada e, em geral, já atingiu seu pleno desenvolvimento antes de completar dois anos de vida" (329). Hoje, comemos carne de cordeiro, e não de carneiro. E cordeiros podem ser obtidos em menos de um ano. Essas intervenções nos chamados ciclos "naturais" são evidentes em toda a agricultura. É possível acelerar até o desenvolvimento das lagostas, transferindo caixas de lagostas para tanques de água com temperaturas diferentes. No mundo da produção capitalista, os ciclos de reprodução "natural" não são sacrossantos.

O CAPÍTULO 13 DO LIVRO II: O TEMPO DE PRODUÇÃO

Os processos de produção costumam envolver interrupções na produção, independentemente "da duração do processo de trabalho" (331). Marx dá uma série de exemplos, como o vinho que tem de passar por um processo de maturação, a cerâmica que precisa secar, os processos químicos que consomem tempo, como o branqueamento, e, é claro, em muitas áreas da produção agrícola, há longos períodos sem nenhuma aplicação de trabalho (sobretudo na silvicultura, em que uma árvore pode levar até um século para se desenvolver plenamente).

Todos os anos, passo alguns meses no interior da Argentina, e sempre a certa altura de janeiro aparece uma máquina enorme, com um caminhão e três trabalhadores, para colher vinte hectares de trigo em um dia. No dia seguinte, aparece outra máquina, com três pessoas, para plantar vinte hectares de soja em um dia. Dois meses depois, outra máquina vem pulverizar as sementes de soja com inseticida e, três meses depois, aparece uma máquina para colher os grãos de soja; alguns meses mais tarde, outra máquina fertiliza a terra e outra vem plantar o trigo. O capital fixo envolvido é considerável, mas o *input* e os períodos de trabalho são muito breves quando comparados com o tempo de produção. "Em todos esses casos, durante grande parte do tempo de produção agrega-se trabalho adicional apenas ocasionalmente" (332).

Obviamente, há um grande incentivo para reduzir os tempos de produção a um grau fisicamente possível. Marx cita os ganhos obtidos na história da produção de ferro "desde a descoberta da *puddling* [pudlagem]*, por volta de 1780, até o moderno processo de Bessemer e os mais recentes procedimentos introduzidos desde então". Se "o tempo de produção diminuiu enormemente, [...] o investimento de capital fixo aumentou na mesma medida" (333), o que mostra mais uma vez uma contradição potencial entre diminuição e aumento da velocidade.

A agricultura é, como seria de esperar, a esfera em que é mais difícil reduzir os tempos de produção, e isso tem implicações para o capital e, mais ainda, para o trabalho. Marx cita longamente Kirchhof, que enfatiza os diversos impactos dessas distinções sobre o capital e o trabalho. Para esse autor, a sazonalidade das possibilidades de trabalho na agricultura é um grande problema. Na Rússia, por exemplo, o trabalho agrícola é possível apenas em 130 a 150 dias no ano, o que acarretaria sérios problemas, não fosse a produção organizada nas aldeias, como "tecelões, curtidores, sapateiros, serralheiros, cuteleiros etc.". A "unificação da agricultura com

---

* A pudlagem é um processo de descarburização do ferro por meio da ação de escória ou óxidos; foi experimentada em 1784 por Henry Cort e introduzida em 1830 por Joseph Hall. (N. T.)

a indústria subsidiária rural" foi uma maneira eficiente de lidar com essa estrutura naturalmente sazonal de funcionamento.

> Como a produção capitalista veio mais tarde a consumar a cisão entre manufatura e agricultura, o trabalhador agrícola torna-se cada vez mais dependente de uma ocupação acessória, meramente ocasional, o que faz piorar sua situação. Para o capital, como veremos mais adiante, todas as diferenças se compensam na rotação. Mas não para o trabalhador. (334-5)

O problema do trabalho sazonal na agricultura não desaparece. Nos Estados Unidos, trabalhadores migrantes vão em bandos das regiões agrícolas da Costa Leste até as da Costa Oeste para trabalhar na colheita de lavouras sazonais, como frutas e vegetais, vivendo na maioria das vezes em condições precárias e expostos a uma vasta gama de pesticidas. Terminada a temporada de colheitas, eles retornam ao México ou ao Caribe.

Embora Marx reconheça que há muitas indústrias em que não existe o problema da sazonalidade ou dos longos hiatos entre os períodos de trabalho e os tempos de produção (exceto em condições e crise), há diversas formas de investimentos que são afetadas por esse problema. O resultado é que, "no curso dos vários períodos do ano", temos "a mais extrema desigualdade no desembolso de capital circulante". O capital fixo desembolsado não é usado num período do ano, e assim sua circulação é interrompida, o que provoca "certa depreciação" (335). O caso mais interessante é o da silvicultura, em que o tempo de produção e o tempo de trabalho são tão distintos que:

> tornam a silvicultura um ramo de negócios desfavorável à empresa privada e, portanto, capitalista [...]. O desenvolvimento da civilização e da indústria em geral mostrou-se sempre tão enérgico na destruição de florestas que tudo o que esse mesmo desenvolvimento tem feito para a conservação e a produção de árvores é absolutamente insignificante. (338)

Se isso era verdade à época de Marx, hoje é um problema ainda maior, à medida que a derrubada das florestas tropicais avança rapidamente em toda a América Latina, bem como no sudeste da Ásia e na África – mas agora com impactos documentados sobre o aquecimento global e a perda de biodiversidade, além da perda das próprias florestas.

Concluindo o capítulo, Marx retoma a questão tratada no capítulo 6 sobre a formação de estoques e reservas como um custo de circulação, mas vista agora como um problema de temporalidade. Em todo sistema de produção, "uma quantidade maior ou menor de capital produtivo potencial, isto é, de meios de produção destinados à produção [...] precisam existir em estoque, numa quantidade maior ou menor, ou [...] para serem introduzidos pouco a pouco no processo de produção". De que tamanho deve ser esse estoque? Isso depende, diz Marx, "da maior ou menor dificuldade de sua renovação, da relativa proximidade dos mercados onde eles podem ser adquiridos, do desenvolvimento dos meios de transporte e de comunicação etc." (339-40). Mas ele também é sensível às condições mutáveis da "esfera da circulação". Embora Marx não diga que condições seriam essas, o exemplo mais óbvio de que dispomos seriam os chamados sistemas de produção "*just-in-time*" e suas variantes, introduzidos pela primeira vez na indústria japonesa no fim dos anos 1970. Agendamentos otimizados de entregas, facilitados por um sistema articulado de informação (depois computadorizado) e por um sistema confiável de transporte, reduziram ao mínimo a necessidade de ter à mão estoques de insumos e liberaram para uso um enorme volume de capital "morto" ou "imobilizado". Esses sistemas se difundiram rapidamente por todas as esferas da atividade econômica capitalista.

Os "casos muito diferentes" em que se pode configurar a relação entre tempos de trabalho e tempos de produção, como observa Marx ao final, em parte deriva da própria natureza do processo de produção e em parte reflete as condições mutáveis da esfera da circulação (como a facilidade de acesso a ofertas e mercados). É a essa última parte do problema que nos dedicaremos agora.

O CAPÍTULO 14: O TEMPO DE CIRCULAÇÃO

É nesse capítulo que Marx é mais explícito sobre o papel das estruturas e dinâmicas espaciais nas leis de movimento do capital. Esse tópico surge com frequência nos escritos de Marx, mas em geral de maneira altamente resumida e, na maioria das vezes, cifrada. Embora não negue jamais sua importância fundamental, e às vezes até a ressalte, Marx se esforça muito pouco – exceto nesse capítulo e, ainda assim, apenas em poucas páginas – para expô-lo de forma sistemática. Por isso, se pretendemos reconstruir os pontos de vista de Marx acerca das dinâmicas espaciais e geográficas da acumulação do capital e suas contradições internas, temos de nos basear nesse capítulo de *O capital*, em que o comentário é principalmente técnico (e, por isso, coerente com o tom geral do Livro II), e alguns outros comentários ocasionais. É isso que procurei fazer num artigo publicado em 1975, na *Antipode*, que à época era a principal revista radical de geografia. É claro que ninguém deu muita atenção a ele, mesmo quando incluí muitos desses achados na última parte de *Os limites do capital*, para enfatizar a importância da produção do espaço e de relações espaciais (e territoriais) na geografia histórica do capitalismo[2]. Infelizmente, até pouco tempo atrás a questão

---

[2] David Harvey, "The Geography of Capitalist Accumulation: A Reconstruction of the Marxian Theory", *Antipode*, v. 7, n. 2, 1975, p. 9-21; reproduzido em *Spaces of Capital*, cit.

da produção do espaço, das relações espaciais e das formas territoriais ("lugares") era largamente ignorada nas exposições a respeito do pensamento de Marx. E, quando não era ignorada, era considerada uma coisa óbvia e, portanto, não merecia ser examinada. Apenas nos últimos anos esse aspecto da acumulação do capital e as dinâmicas mutáveis da vida cotidiana passaram a ser mais aceitos como fundamentais, e não periféricos. Quando Marx os menciona, o faz com um vigor notável.

Vejamos, por exemplo, a exposição que é feita no *Manifesto Comunista*, uma descrição nítida daquilo que hoje chamamos de globalização:

> Impelida pela necessidade de mercados sempre novos, a burguesia invade todo o globo terrestre. Necessita estabelecer-se em toda parte, explorar em toda parte, criar vínculos em toda parte.
>
> Pela exploração do mercado mundial, a burguesia imprime um caráter cosmopolita à produção e ao consumo em todos os países. Para desespero dos reacionários, ela roubou da indústria sua base nacional. As velhas indústrias nacionais foram destruídas e continuam a ser destruídas diariamente. São suplantadas por novas indústrias, cuja introdução se torna uma questão vital para todas as nações civilizadas – indústrias que já não empregam matérias-primas nacionais, mas sim matérias-primas vindas das regiões mais distantes, e cujos produtos se consomem não somente no próprio país, mas em todas as partes do mundo. Ao invés das antigas necessidades, satisfeitas pelos produtos nacionais, surgem novas demandas, que reclamam para sua satisfação os produtos das regiões mais longínquas e de climas os mais diversos. No lugar do antigo isolamento de regiões e nações autossuficientes, desenvolvem-se um intercâmbio universal e uma universal interdependência das nações. E isto se refere tanto à produção material como à produção intelectual. As criações intelectuais de uma nação tornam-se patrimônio comum. A estreiteza e a unilateralidade nacionais tornam-se cada vez mais impossíveis; das numerosas literaturas nacionais e locais nasce uma literatura universal.
>
> Com o rápido aperfeiçoamento dos instrumentos de produção e o constante progresso dos meios de comunicação, a burguesia arrasta para a torrente da civilização todas as nações, até mesmo as mais bárbaras. Os baixos preços de seus produtos são a artilharia pesada que destrói todas as muralhas da China e obriga à capitulação os bárbaros mais tenazmente hostis aos estrangeiros. Sob pena de ruína total, ela obriga todas as nações a adotarem o modo burguês de produção, constrange-as a abraçar a chamada civilização, isto é, a se tornarem burguesas. Em uma palavra, cria um mundo à sua imagem e semelhança. (*Manifesto Comunista*, 43-4)

Não surpreende, portanto, que o lema da CNN, o canal internacional de notícias voltado para a elite empresarial, seja que ela "vai além das fronteiras" (sem, é claro, jamais mencionar a classe!). O "cosmopolitismo" que o capitalismo produz – o dos "programas de milhagem" – é abundantemente exposto.

Ou vejamos a seguinte passagem dos *Grundrisse*, apenas uma dentre muitas similares:

> Trata-se de um movimento espacial tanto se eu carrego metais da mina como mercadorias ao seu local de consumo. O aprimoramento dos meios de transporte e comunicação entra igualmente na categoria do desenvolvimento das forças produtivas em geral. [...]
> Quanto mais a produção se baseia no valor de troca e, em consequência, na troca, tanto mais importantes se tornam para ela as condições físicas da troca – meios de comunicação e transporte. É da natureza do capital mover-se para além de todas as barreiras espaciais. A criação das condições físicas da troca – de meios de comunicação e transporte – devém uma necessidade para o capital em uma dimensão totalmente diferente – a anulação do espaço pelo tempo. (*Grundrisse*, 431-2)
> [...]
> Consequentemente, o *tempo de circulação* determina o valor na medida em que aparece como *barreira natural* para a valorização do tempo de trabalho. Portanto, ele é de fato uma dedução do tempo de trabalho excedente [...]. Assim, enquanto o capital, por um lado, tem de se empenhar para derrubar toda barreira local do intercâmbio, *i.e.*, da troca, para conquistar toda a Terra como seu mercado, por outro, empenha-se para destruir espaço por meio do tempo; *i.e.*, para reduzir a um mínimo o tempo que custa o movimento de um local a outro. Quanto mais desenvolvido o capital, quanto mais distendido, portanto, o mercado em que circula, tanto mais ele se empenha simultaneamente para uma maior expansão espacial do mercado e para uma maior destruição do espaço pelo tempo. (*Grundrisse*, 445)

Isso acontece porque "a *permanente continuidade* do processo, a passagem desimpedida e fluente do valor de uma forma à outra, ou de uma fase do processo à outra, aparece como condição fundamental para a produção fundada sobre o capital em um grau muito diferente do que em todas as formas de produção precedentes" (*Grundrisse*, 441).

É importante apresentar a discussão do capítulo 14 sobre o tempo de circulação com esses comentários extraídos de outras obras, em parte para enfatizar que o material contido nesse capítulo está longe de constituir um conjunto menor, incomum, de observações. Eles apresentam alguns princípios para entendermos as dinâmicas espaciais de um modo de produção capitalista, por isso demandam um estudo e, quando necessário, uma elaboração subsequente. O princípio em que Marx concentra sua atenção é que, "com o desenvolvimento dos meios de transporte, [...] acelera[-se] a velocidade do deslocamento e, com isso, encurta-se temporalmente a distância espacial" (345).

Marx começa o capítulo 14, no entanto, com uma afirmação simples:

> uma causa sempre atuante na diferenciação do tempo de venda e, portanto, no tempo de rotação em geral, é a distância que separa o mercado no qual a mercadoria é vendida de seu local de produção. Durante todo o tempo de seu traslado ao mercado, o capital encontra-se imobilizado na condição de capital-mercadoria. (344)

O capital não pode, portanto, efetuar a transição para a forma-dinheiro, a menos que, como vimos na discussão do sistema de crédito, um capitalista monetário esteja preparado para descontar a letra de câmbio vinculada ao movimento da mercadoria (daí a forte relação histórica entre o comércio de longa distância e o sistema de crédito). O que Marx chama de "tempo de venda" é o componente mais importante do tempo de circulação. Há claramente um forte incentivo competitivo para tentar reduzir esse tempo de venda a um mínimo (como vimos na análise do capital comercial do Livro III, mas que aqui é examinada como se o produtor agisse como seu próprio agente de venda). "Uma causa sempre atuante na diferenciação do tempo de venda e, portanto, no tempo de rotação em geral, é a distância que separa o mercado onde a mercadoria é vendida de seu local de produção" (344).

Quanto tempo uma mercadoria leva para chegar ao mercado depende, em parte, da própria mercadoria (peso e pericibilidade, por exemplo) e, em parte, dos meios de transporte e comunicação disponíveis. Diferenças no tempo de venda ocorrem não apenas entre mercadorias diferentes, mas também entre produtores de mercadorias similares.

> [No entanto,] o aperfeiçoamento dos meios de comunicação e de transporte abrevia o período de migração das mercadorias em termos absolutos, mas não suprime a diferença relativa, surgida dessa migração, entre os tempos de curso dos diferentes capitais-mercadorias [...]. Os veleiros e os navios a vapor aperfeiçoados, por exemplo, encurtam os traslados tanto no caso de portos próximos como no de portos longínquos. A diferença relativa se mantém, ainda que frequentemente diminuída. Porém, devido ao desenvolvimento dos meios de transporte e de comunicação, as diferenças relativas podem modificar-se a ponto de deixar de corresponder às distâncias naturais. Por exemplo, uma ferrovia que conecte o local de produção a um importante centro populacional situado no interior pode fazer com que a distância até um ponto que seja mais próximo, porém não disponha de conexão ferroviária, seja absoluta ou relativamente maior, em comparação com a distância até o ponto naturalmente mais distante; do mesmo modo, pode ocorrer que, devido à mesma circunstância, a distância relativa entre os locais de produção e os grandes mercados seja alterada, o que explica a decadência dos velhos centros de produção e a ascensão de novos [...]. (344-5)

Na página seguinte, Marx prossegue:

Um centro de produção que, por estar situado junto a uma estrada ou canal, desfrutava de uma posição privilegiada, encontra-se agora ao lado de uma única via ferroviária, que funciona apenas em intervalos relativamente grandes, enquanto outro ponto, antes completamente distante das vias principais, encontra-se agora no lugar onde várias linhas férreas se entrecruzam. A segunda localidade prospera, a primeira decai. (345-6)

As implicações para o capital (por exemplo, a desvalorização do capital imobilizado no primeiro local) e para o trabalho (por exemplo, a mudança das oportunidades de emprego do primeiro para o segundo local) são amplas. Crises locais de desvalorização tanto de capital como de força de trabalho são onipresentes. A agitação competitiva no interior da paisagem geográfica do capitalismo entra nitidamente em foco. Marx, porém, não se dedica a uma análise profunda dos processos e consequências desses desenvolvimentos geográficos irregulares.

Inovações e investimentos em meios de comunicação e transporte revolucionam continuamente a paisagem geográfica criada pelo capital. Os espaços relativos da espaço-economia estão em constante transformação. Cidades inteiras de atividade capitalista são criadas apenas para definhar, à medida que as vantagens relativas se alteram na paisagem da competição capitalista. Grandes quantias de capital fixo são incorporadas à terra, cujo valor ou cresce ou é ameaçado pela construção de novos canais de comunicação e infraestrutura de transporte que estimulam a atividade por toda parte. Marx não entra no detalhe dessas questões, mas a ameaça constante de reavaliação e desvalorização desses ativos de capital fixo é uma fonte considerável de instabilidade na história do capitalismo. Prova disso é o terrível processo de desindustrialização que ocorreu em muitas áreas centrais do desenvolvimento capitalista após a década de 1980 – as velhas cidades industriais de Detroit, Baltimore, Manchester, Sheffield, Essen, Lille e tantas outras –, à medida que as dinâmicas de um longo processo de globalização mudavam radicalmente de direção e a produção se transferia em grande escala sobretudo – mas não exclusivamente – para o leste da Ásia. Mudanças geográficas no interior dos países – do centro-oeste e nordeste para o sul e sudoeste dos Estados Unidos – são tão importantes quanto as mudanças internacionais na criação de desenvolvimentos geográficos instáveis e irregulares do capitalismo.

Nada disso é explicitamente abordado na análise de Marx. O que ele apresenta, de uma maneira coerente com as preocupações gerais do Livro II, é uma simples base teórica e puramente técnica para o desenvolvimento de tal análise. Essa base é constituída simplesmente pelo tempo de circulação (e custo de movimento) dos capitais-mercadorias, e pela dependência desse tempo e custo de circulação em relação às condições espaciais da produção e realização de mais-valor.

Os princípios são simples: "o prolongamento do tempo provocado pela distância do mercado – tempo no qual o capital se desloca na forma de capital-mercadoria – provoca diretamente um retorno atrasado do dinheiro e, portanto, atrasa também a transformação do capital de capital monetário em capital produtivo" (349). "Ao mesmo tempo, com o desenvolvimento dos meios de transporte, [...] acelera[-se] a velocidade do deslocamento e, com isso, encurta-se temporalmente a distância espacial" (345). A referência à ideia da "anulação do espaço pelo tempo", como apresentada nos *Grundrisse*, é clara. A escala e a frequência do serviço reduzem custos. O "preço relativamente mais baixo do transporte para distâncias mais longas do que para mais curtas" (345) é importante na ampliação do espaço geográfico da circulação de mercadorias. A principal razão para isso, que Marx não menciona, é o alto custo de carregamento e descarregamento das mercadorias, em comparação com o custo de deslocamento. Esse alto custo de transporte foi radicalmente reduzido pelo uso de contêineres após os anos 1960. Essa inovação foi fundamental e reconfigurou a forma e os caminhos trilhados pela globalização em relação aos movimentos de mercadorias.

A frequência e a confiabilidade do serviço reduzem os estoques de capital-mercadoria que os produtores precisam ter à mão (Marx antecipa aqui a tendência a criar o que mais tarde ficou conhecido como sistemas *"just-in-time"* de fornecimento de insumos para a produção, e deu à indústria japonesa uma enorme vantagem competitiva nos anos 1980, até que o resto do mundo aderiu à mesma prática). Marx também reconhece a importância das chamadas economias de aglomeração – o benefício que se obtém com a redução dos tempos de circulação, reunindo num mesmo local muitos produtores de uma mesma mercadoria e todos os fornecedores.

> Primeiramente, a frequência de funcionamento dos meios de transporte, por exemplo, o número de trens numa ferrovia, aumenta à medida que um local passa a produzir mais, convertendo-se num grande centro de produção, e na direção de um mercado já existente, portanto, voltada aos grandes centros de produção e de população, os portos exportadores etc. Em contrapartida, essa facilidade específica do intercâmbio e a rotação acelerada do capital daí decorrente (na medida em que a rotação é condicionada pelo tempo de curso) promove, inversamente, uma concentração acelerada do centro de produção, por um lado, e de seu mercado, por outro. Juntamente com a concentração, assim acelerada, de massas de homens e de capitais em pontos determinados, avança a concentração dessas massas de capital em poucas mãos. (345)

O que Marx apresenta aqui é uma teoria do que os geógrafos chamam de relações de espaço relativo[3]. Esse espaço é fixado não pela distância física, mas pelo atrito das distâncias, que é medido pelos custos e tempos variáveis de movimento ao longo do espaço físico. O espaço físico em si mesmo não importa para o capital. A única coisa que importa para ele é o custo e o tempo do movimento, e ele fará tudo que puder para minimizar esses custos e tempos e reduzir as barreiras espaciais ao movimento. Para isso, ele tem de revolucionar de forma radical e constante as relações espaciais. É a isso que Marx se refere nos *Grundrisse* quando fala da "anulação do espaço pelo tempo". A história das inovações sob o capitalismo que contribuíram para reduzir as barreiras espaciais e o atrito da distância é simplesmente estarrecedora. Mas as barreiras não são apenas físicas: elas são também sociais e políticas. A redução de barreiras tarifárias e outros obstáculos políticos ao movimento do capital (não necessariamente de pessoas) tornou-se parte do Santo Graal da ordem internacional capitalista emergente (um processo que não é isento de contradições e é foco frequente de conflitos políticos e lutas sociais). Mas é difícil imaginar quanto a acumulação teria sido restringida se as barreiras ao comércio no espaço europeu não tivessem sido gradualmente removidas após 1950. Em meados da década de 1970, as longas filas de caminhões parados nas alfândegas de toda a Europa começavam a se tornar intoleráveis.

Há, assim, uma distinção entre espaço absoluto e relativo. As unidades territoriais que surgem na organização do espaço capitalista (tudo, desde o direito individual e coletivo de propriedade da terra até o próprio Estado) tendem a fixar as coisas no espaço, o que contrasta com o movimento fluido através do espaço do capital em todas as suas formas (como dinheiro, como mercadorias e como atividade de produção). São essas, ao menos, minhas impressões sobre os argumentos que Marx adianta brevemente.

Mais adiante, Marx aborda essa questão do ponto de vista do consumo produtivo – a oferta de insumos para a produção:

> o tempo de compra, a maior ou menor distância em relação às principais fontes de abastecimento de matéria-prima, torna necessário adquirir essa matéria-prima para períodos mais longos e mantê-las sempre prontas para uso na forma de estoque produtivo, ou seja, de capital produtivo latente ou potencial; que, portanto, essa distância, mantendo-se inalterada a escala da produção, aumenta tanto a massa do capital que precisa ser adiantada de uma só vez como o tempo pelo qual ela tem de ser adiantada. (349)

---

[3] Ver David Harvey, "Space as a Key Word", em *Spaces of Global Capitalism: Towards a Theory of Uneven Geographical Development* (Londres, Verso, 2006).

A redução na necessidade de manter disponíveis estoques de matérias-primas e outros insumos reduz a quantidade de capital que tem de ser adiantada relativamente à quantidade que foi empregada.

Mudanças locacionais de produtores para tirar vantagem da proximidade dos meios de produção, ofertas de trabalho e mercados finais aparecem apenas brevemente no texto, porém têm uma importância considerável. Como Marx menciona cervejarias em grandes cidades, cabe comentar esse aspecto. Na Inglaterra do século XVIII, a cerveja era uma bebida de caráter preponderantemente local, geralmente de produção caseira, e, como Marx observa, apenas nas grandes cidades é que grandes cervejarias podiam ser encontradas. Elas tendiam a se configurar como monopólios protegidos da concorrência pelos custos de transporte. Mas a introdução de conservantes na fermentação – especialmente o lúpulo – permitiu que a cerveja fosse transportada por distâncias muito maiores[4]. O tempo que a mercadoria cerveja podia permanecer no mercado aumentou por causa do uso do lúpulo. Consequência disso foi o aumento, no século XIX, da produção de lúpulo como forma específica de agricultura, localizada principalmente no meu condado natal, Kent – e esse, como você deve saber, foi o tema da minha tese de doutorado. A maioria das pessoas a quem conto esse fato fica impressionada e pergunta: por que você desperdiçou todo esse tempo com uma questão tão trivial? Na verdade, o tema se mostrou fascinante e foi uma grande experiência de aprendizagem, da qual continuo a colher frutos. O cultivo de lúpulo era uma forma capital-intensiva de agricultura e estava conectado ao mercado financeiro e de crédito de Londres por intermédio do capital comercial e das cervejarias. A extensão dos campos dedicados ao cultivo de lúpulo variava conforme a disponibilidade de crédito e o ciclo de negócios. Eram necessárias grandes quantidades de fertilizantes, e o excremento retirado das fossas londrinas era enviado para Kent, assim como trapos e dejetos, dando emprego aos recicladores em Londres. Em certas épocas do ano, era necessária uma enorme quantidade de trabalho. Na época da colheita do lúpulo, as migrações das classes trabalhadoras pobres do East End de Londres eram espantosas. Ainda me lembro delas, desde os tempos da infância. Imagine meu prazer quando, em 2012, tomei um táxi em Londres e o motorista, um senhor de idade avançada, me falou de suas boas lembranças de juventude, quando ia trabalhar nas colheitas de lúpulo (hoje é tudo feito mecanicamente).

---

[4] Embora isso tenha exigido que as pessoas se acostumassem a um sabor mais amargo – o que continua a ser um hábito cultural entre nós, apesar de o lúpulo ter sido substituído por conservantes químicos. As cervejas de malte, muito mais suaves, e que antigamente eram vendidas como cervejas caseiras, tinham a desvantagem de azedar rapidamente.

Em meados do século XIX, certas cervejas com forte teor de lúpulo eram exportadas para os expatriados ingleses na Índia (as chamadas *India pale ales*, que ainda hoje são produzidas por algumas cervejarias, como a Bass, localizada às margens do rio Trent, nas Midlands). Mas nos anos 1950 a maioria das cervejas ainda não era transportada para longe. O deslocamento era muito difícil, e os monopólios ainda prevaleciam nos mercados locais. Por isso, eu bebia a cerveja local (para provar a Guinness de barril, eu precisava ir até a cidade mais próxima). Quando me mudei de Kent para Cambridge, onde estudei, tive de trocar minha cerveja Courage pela Flowers! O mesmo ocorreu nos Estados Unidos, nos anos 1960. Quem vivia em Baltimore bebia a National Bohemian, e quem vivia em Pitsburgo, a Iron City. A partir de meados dos anos 1960, o custo cada vez menor do transporte fez com que viessem cervejas de todas as partes, ao mesmo tempo que o uso de contêineres no transporte oceânico e o surgimento das cervejas armazenadas em tonéis (em vez de barris) permitiu que as cervejas importadas competissem nos mercados nacionais. A produção de cerveja se consolidou por meio de fusões de grandes empresas — embora mais tarde tenha sido desenvolvido um antídoto para isso, na forma de cervejarias locais. Hoje, você pode beber cerveja de qualquer lugar; há um bar em Nova York onde é possível encontrar cervejas locais do mundo inteiro.

A introdução da refrigeração, assim como a queda do custo do transporte, tornou possíveis todos os tipos de configurações locacionais da oferta de alimentos. As consequências que a refrigeração teve para a oferta de verduras frescas da Califórnia e comida congelada do Centro-Oeste para as cidades da Costa Leste dos Estados Unidos e outros lugares ainda mais distantes são brilhantemente apresentadas no livro de William Cronon sobre Chicago no século XIX, *Nature's Metropolis*[5]. O telégrafo também tornou possível comunicar os preços das mercadorias no mundo inteiro e, assim, coordenar os mercados globais de maneira cada vez mais eficiente. Os padrões de urbanização que surgiram após 1945 não teriam sido possíveis sem a garantia de um fornecimento contínuo de alimentos perecíveis, possibilitado tanto pela refrigeração como por um sistema de entrega eficiente, rápido e relativamente barato. Nada disso teria ocorrido não fosse a colonização do espaço e a transformação das relações espaciais sob influência da competição intercapitalista. Mesmo que a origem das inovações no transporte e nas comunicações tenham sido os imperativos militares (como frequentemente tem sido o caso), a adoção imediata dessas inovações pelo capital desempenhou um papel fundamental na reconfiguração da urbanização e na produção do espaço e da vida cotidiana. E esse tem sido o fundamento do meu argumento de que a absorção de mais-valor e mais-produto

---

[5] William Cronon, *Nature's Metropolis: Chicago and the Great West* (Nova York, Norton, 1992).

por intermédio da produção do espaço em geral e da urbanização em particular é crucial para sustentar a acumulação do capital. Para mim, essas são algumas das estimulantes projeções que resultam das breves considerações de Marx sobre o desenvolvimento do transporte e das comunicações no Livro II.

Contudo, Marx aponta para algumas contradições latentes no impulso para reduzir os tempos de circulação:

> Se, por um lado, com o progresso da produção capitalista, o desenvolvimento dos meios de transporte e de comunicação abrevia o tempo de curso para uma quantidade dada de mercadorias, esse mesmo progresso e a possibilidade dada com o referido desenvolvimento provocam, inversamente, a necessidade de trabalhar para mercados cada vez mais distantes, numa palavra, para o mercado mundial. A massa das mercadorias que se encontram em deslocamento, sendo transportadas até pontos distantes, cresce enormemente e, com ela, tanto em termos absolutos quanto relativos, a parte do capital social que, constantemente e por períodos mais longos, encontra-se no estágio do capital-mercadoria, no interior do tempo de curso. (346)

Os responsáveis pelo planejamento do tráfego perceberam há muito tempo uma tendência de crescimento além da capacidade da rede, o que torna inócua no longo prazo qualquer tentativa de aliviar o congestionamento (alguns estudos sugerem que, na época das charretes, o tráfego londrino se deslocava a uma velocidade média de 17,7 km/h; na era do automóvel, a velocidade média não é muito diferente).

A segunda contradição foi vista anteriormente: "Com isso também cresce, ao mesmo tempo, a parte da riqueza social que, em vez de servir de meio direto de produção, é investida em meios de transporte e de comunicação e no capital fixo e circulante requerido para o funcionamento desses meios" (346).

Do sistema de fluxo monetário surgem outras complicações que, devido aos vários mecanismos de desconto, não correspondem necessariamente aos fluxos de mercadoria. Variações na rotação "constituem um dos fundamentos materiais dos diversos prazos de crédito, assim como o comércio ultramarino, por exemplo, em Veneza e Gênova constitui, em geral, uma das fontes do sistema de crédito propriamente dito" (347). Nos capítulos sobre o sistema de crédito no Livro III, Marx dedica uma atenção considerável a esses fenômenos, mas aqui ele apenas os menciona, sem fazer comentários adicionais.

Embora grande parte desse capítulo seja dedicada à análise do processo de circulação do ponto de vista da transformação da forma-mercadoria em forma-dinheiro, Marx o conclui com algumas breves considerações sobre os problemas que ocorrem durante a transformação do dinheiro nas mercadorias que serão usadas na produção. No capítulo 6, ele mostrou que:

o tempo de compra, a maior ou menor distância em relação às principais fontes de abastecimento de matéria-prima, torna necessário adquirir essa matéria-prima para períodos mais longos e mantê-las sempre prontas para uso na forma de estoque produtivo, ou seja, de capital produtivo latente ou potencial; que, portanto, essa distância, mantendo-se inalterada a escala da produção, aumenta tanto a massa do capital que precisa ser adiantada de uma só vez, como o tempo pelo qual ela tem de ser adiantada. (349)

Isso leva Marx de volta à sazonalidade da oferta e aos tempos específicos em que certas mercadorias são lançadas no mercado.

Marx conclui lembrando que todas essas considerações têm de ser inseridas num mundo de circulação em que as formas do capital – capital monetário, capital-mercadoria e capital produtivo – continuam a se interpenetrar, e que o capital não pode existir sem assumir essas formas específicas numa continuidade de movimento que ocorre no espaço e no tempo. Obviamente, essas diversas formas de capital movem-se no espaço de diferentes maneiras, e as relações entre esses movimentos do dinheiro, da atividade produtiva e das mercadorias não são jamais inteiramente coerentes umas com as outras. Algumas dessas incoerências são abordadas nos capítulos seguintes do Livro II.

9. Circulação e tempos de rotação

(CAPÍTULOS 15-17 DO LIVRO II)

É difícil entender e avaliar esses dois capítulos. Ainda não estou certo sobre qual a melhor maneira de lê-los. O problema, como frequentemente é o caso em Marx, é distinguir entre a constante disputa que ele trava com os economistas políticos da época e os avanços que realiza em sua própria exposição teórica. Como sabemos, Marx com frequência se perde em trivialidades numéricas – e aqui, como até Engels admite, ele aparece em sua pior forma. Para aumentar a confusão, em certos pontos Marx abandona a reticência política que caracteriza o Livro II e começa a especular sobre o destino do capital em geral e as consequências do comunismo (o que se assemelha muito ao que faz no Livro III). Com isso, ou nos encarregamos por conta própria de realizar a maior parte do trabalho, ou deixamos de lado as trivialidades e disputas e tentamos identificar e explorar os pontos em que ele se dedica a questões mais importantes.

O CAPÍTULO 15 DO LIVRO II: O TEMPO DE CIRCULAÇÃO E A GRANDEZA DO CAPITAL ADIANTADO

Esse capítulo talvez possa ser qualificado como o mais tedioso do Livro II – apesar de, como sempre, encontrarmos aqui alguns problemas importantes e um ou dois *insights* fundamentais. Segundo Engels, a coisa poderia ser muito pior, porque Marx deixou de fora "um volumoso conjunto de cadernos nos quais ele efetua todo tipo de cálculos comerciais, baseado em diversos exemplos". Engels nos poupou da tarefa de enfrentar esses textos, observando que "Marx revelava deficiências ao calcular com números e, [...] nos cálculos das rotações, [...] enredou-se de tal forma que neles se encontram, ao lado de elementos inconclusos, muitas imprecisões e contradições". Engels sugere que os "resultados inseguros dessa fatigante série de cálculos" induziram Marx a atribuir uma importância imerecida a questões que, na verdade, são triviais (381).

O que acontece, então? Para começar, Marx se queixa que:

> os economistas, nos quais não se encontra absolutamente nenhuma explicação clara sobre o mecanismo da rotação, perdem sempre de vista o elemento principal: para que a produção se desenvolva *sem interrupções*, apenas uma parte do capital industrial pode estar efetivamente vinculado ao processo de produção. (362; grifos meus)

Marx acrescenta, significativamente, que "ao não se atentar para isso, a importância e o papel do capital monetário são inteiramente ignorados" (362). Esse é ao menos um dos *insights* principais que, como observei no caso da circulação do capital portador de juros, têm implicações vitais para o entendimento das leis de movimentos do capital em geral.

A "continuidade", reitera Marx, "é, ela própria, uma força produtiva do trabalho" (378). E é crucial que seja mantida. Toda interrupção ou atraso no fluxo do capital são custosos e devem ser evitados como uma praga. A dificuldade para manter a continuidade com uma força produtiva possibilita um importante papel para o mercado monetário e o sistema de crédito (como vimos no estudo do capital financeiro e do sistema de crédito no Livro III). Aliás, nas discussões sobre a natureza das forças produtivas na literatura marxista, a "continuidade" é raramente mencionada, e suas extensas implicações costumam ser ignoradas.

Facilitar os processos de rotação reduz o capital que tem de ser adiantado:

> O capital monetário assim liberado pelo mero mecanismo do movimento de rotação tem de desempenhar um importante papel (junto ao capital monetário liberado pelo refluxo sucessivo do capital fixo e ao que é requerido em todo processo de trabalho para o capital variável) tão logo se desenvolve o sistema de crédito, *do qual ele tem de constituir, ao mesmo tempo, um dos fundamentos*. (379; grifos meus)

Perceba que Marx não diz que esse movimento de rotação faz surgir a circulação do capital portador de juros e o sistema de crédito. A implicação (explicitada no capítulo histórico sobre o crédito no Livro III) é que o crédito que já existia há muito tempo tinha de ser disciplinado, redefinido e redirecionado para satisfazer essa necessidade urgente.

Se essa é uma afirmação fundamental (e acredito que seja), e não uma mera observação improvisada ou casual, do tipo daquelas que às vezes encontramos nos escritos inacabados de Marx, ela é de longe a afirmação mais importante que devemos considerar nesse capítulo. Com efeito, os estudos das leis de movimento do

9. Circulação e tempos de rotação / 279

capital levaram Marx (bastante tardiamente) à conclusão de que essas leis ditam (e eu uso essa palavra deliberadamente) a existência de um mercado monetário e um sistema de crédito que funcionam de maneira particular. Se já não existissem um mercado monetário e um sistema de crédito, eles teriam de ser criados. Além disso, como vimos no Livro III, o mercado monetário e o sistema de crédito, longe de ser mera espuma especulativa (embora esta exista em abundância) sobre a produção básica de mais-valor, ocupam o centro do palco e explicam por que a generalidade e a continuidade da acumulação sustentada do capital realmente funcionam. Isso força Marx a abandonar o arcabouço definido nos *Grundrisse*: as particularidades da produção têm aqui poderosos efeitos internos no interior das leis de movimento do capital.

As objeções de Engels de que os exemplos numéricos aos quais Marx apela são um suporte relativamente insignificante a essa tese não constituem uma negação dela. O processo de "liberação" do capital em forma-dinheiro é muito mais geral e amplo (e, para reconhecer isso, basta voltar ao capítulo sobre o capital fixo, como o próprio Marx observa). "O principal no texto", diz Engels, "é a demonstração de que, por um lado, uma parcela considerável do capital industrial tem de estar sempre disponível em forma-dinheiro, e que, por outro lado, uma parcela ainda mais considerável tem de revestir temporariamente essa forma" (382).

Portanto, qual é o argumento de Marx sobre a necessária "liberação" do capital monetário dentro da lógica do tempo de rotação? Ele o desenvolve da seguinte forma:

O capitalista produz uma mercadoria num período de trabalho de nove semanas e começa desembolsando £900, de modo que ele gasta £100 por semana em trabalho e meios de produção (o problema do capital fixo é mencionado, mas na maior parte é assumido como pressuposto). Também pressupomos que o período de trabalho é o mesmo que o tempo de produção. O tempo de circulação, enquanto o capital-mercadoria está no mercado, é três semanas, e durante esse período o capitalista não tem dinheiro para continuar a produção. A continuidade da produção de valor é rompida. Como essa lacuna de três semanas pode ser resolvida? Há duas soluções. A primeira é reduzir os gastos semanais e usar o dinheiro poupado para manter a produção em funcionamento no tempo de circulação de três semanas (mas isso pode ser inviável, se o capitalista tem de operar em certa escala para efetivamente produzir). A segunda é encontrar £300 para cobrir esse período morto, durante o qual a mercadoria se encontra no mercado. Confesso que não consigo entender por que Marx faz tamanho barulho em torno da diferença entre essas duas estratégias – já que elas significam essencialmente a mesma coisa – e se refere unicamente ao último caso. Após três semanas gastas com o tempo de circulação, a mercadoria será convertida em dinheiro e o capitalista embolsará de novo as £900 inteiras. Mas ele só necessita de £600 para completar o período seguinte de trabalho, porque já desembolsou £300 para cobrir o tempo morto de circulação. Isso libera £300, que permanecem ociosas até o início do próximo período de circulação. O ponto geral, como observa Engels, é que um processo de produção requer sempre mais dinheiro do que aquele efetivamente utilizado, e a quantia necessária ou disponível varia conforme as fases de produção e circulação. Se é assim, por que o capitalista não pega o dinheiro excedente e o aplica no mercado monetário até que ele seja necessário? Ou por que não empresta as £300 necessárias para cobrir as três semanas de circulação e as paga quando tiver embolsado de novo as £900 totais, depois que o tempo de circulação se consumar? Há ainda outra opção, que Marx não considera (exceto casualmente): o capitalista vende imediatamente ao comerciante com um desconto (digamos, de menos de £300), reduzindo a zero o tempo efetivo de circulação.

Marx lança mão de três exemplos detalhados, nos quais o tempo de circulação é mais curto, igual ou mais longo do que o período de trabalho. Ele faz isso de modo irritantemente detalhado e, é claro, descobre algumas extravagâncias (pressupondo-se que não haja intervenção do sistema de crédito). Mostra, em particular, que há casos – por exemplo, quando o tempo de circulação e o período de trabalho são iguais, ou um deles é um simples múltiplo do outro – em que nenhum capital é liberado. Mas esses são casos nitidamente especiais. Em todos os outros exemplos, a quantidade de capital liberado varia de acordo com o tempo de rotação e a razão entre o período de trabalho e o tempo de circulação. A quantidade de capital monetário livre que é criada também flutuará de acordo com os processos sucessivos de rotação que asseguram a continuidade da produção.

Mas o ponto principal é prefigurado e, de certo modo, óbvio (ainda que os economistas convencionais não tenham conseguido vê-lo): "Quando consideramos o capital social total, vemos que uma parte mais ou menos significativa desse capital adicional sempre permanecerá, por um longo tempo, no estado de capital monetário". Para o capital individual:

> [o] ingresso do capital adicional requerido para a conversão do tempo de curso [...] em tempo de produção não só aumenta a grandeza do capital adiantado e a extensão do tempo pelo qual o capital total é necessariamente adiantado, como também aumenta especificamente a parte do capital adiantado que existe como reserva monetária, a parte que, por conseguinte, encontra-se no estado de capital monetário e reveste a forma de capital monetário potencial. (361)

Como sempre, Marx usa esse *insight* para denunciar os economistas:

> nos quais não se encontra absolutamente nenhuma explicação clara sobre o mecanismo da rotação [e que] perdem sempre de vista o elemento principal: para que a produção

se desenvolva sem interrupções, apenas uma parte do capital industrial pode estar efetivamente vinculado ao processo de produção. Enquanto uma parte se encontra no período de produção, uma outra parte tem sempre de se encontrar no período de circulação. Ou, em outras palavras: uma parte só pode funcionar como capital produtivo sob a condição de que uma outra parte se mantenha, na forma de capital-mercadoria ou capital monetário, à margem da produção propriamente dita. Ao não se atentar para isso, a importância e o papel do capital monetário são inteiramente ignorados. (362)

Por extensão, isso também se aplica ao mercado monetário e ao crédito, embora essa questão não seja tratada diretamente.

É óbvio que, se há alguma redução no tempo de circulação (em virtude, por exemplo, de melhorias no transporte ou no marketing) em relação ao tempo de produção, isso também liberará um excesso de capital monetário para ser usado em outro lugar. Sob tais condições:

[uma parte] do valor originariamente adiantado é eliminad[a] sob a forma de capital monetário. Como tal, ele ingressa no mercado monetário e constitui uma parte adicional dos capitais que nele operam.

Vemos, assim, como pode surgir uma pletora de capital monetário, e não só no sentido de que a oferta de capital monetário seja maior do que a demanda – nesse caso, teríamos apenas uma pletora relativa, tal como, por exemplo, ocorre no "período melancólico" que inaugura o novo ciclo após o término da crise –, mas no sentido de que, para o funcionamento do processo de reprodução social em seu conjunto (nele incluído o processo de circulação), uma determinada parte do valor de capital adiantado é supérflua e, por isso, acaba eliminada na forma de capital monetário; uma pletora surgida [...] mediante a simples contração do período de rotação. (380)

Podemos imaginar um cenário em que as reduções no tempo de transporte delineadas nos capítulos anteriores podem reduzir drasticamente os tempos de circulação e, com isso, lançar nos mercados monetários uma torrente de capital monetário excedente que puxará as taxas de juro para baixo. Reciprocamente, se por alguma razão o tempo de circulação é estendido (por exemplo, se o Canal de Suez é bloqueado), "esse capital adicional só pode ser obtido no mercado monetário" (380); e, se está espalhado, "pode exercer [...] uma pressão sobre o mercado monetário", e com isso Marx presumivelmente quer dizer que a demanda extra de capital monetário provocará, mantendo-se constante as demais circunstâncias, um aumento nas taxas de juros (380). Isso terá um determinado impacto na oferta e demanda de capital monetário, que, como vimos anteriormente, é a determinante fundamental das taxas de juros.

Creio que isso é tudo o que se pode dizer sobre os aspectos construtivos desse capítulo. A meu ver, os detalhes não têm muita importância. Mas a conectividade interna que começa a surgir entre o tempo de rotação e seus componentes de período de trabalho, tempo de produção e tempo de circulação, além do funcionamento do capital monetário – tanto dentro como fora da produção, por um mercado monetário e um sistema de crédito viáveis –, é muito importante para a forma como entendemos o desenrolar do projeto de Marx. E esse projeto consiste, é claro, em descobrir as leis gerais do movimento do capital.

O CAPÍTULO 16 DO LIVRO II: A ROTAÇÃO DE CAPITAL VARIÁVEL

Esse é outro capítulo frustrante. Mas nele também encontramos alguns *insights* substanciais.

> O capital circulante variável despendido durante a produção só pode voltar a servir no processo de circulação na medida em que o produto, no qual seu valor está reproduzido, é vendido, transformado de capital-mercadoria em capital monetário, a fim de ser novamente desembolsado para o pagamento da força de trabalho. (391)

O mesmo é verdade para o capital constante circulante. Assim, para abordar a questão de como o capital variável circula e produz mais-valor, Marx o separa do capital constante e o trata "como se [...] constituísse exclusivamente o capital circulante" (392). Essa é uma abstração bastante drástica: o capital variável é a única forma de capital que existe.

Marx define, então, a taxa anual de mais-valor. Suponhamos que £500 de capital variável sejam adiantadas num tempo de rotação de cinco semanas cada uma, produzindo £100 de mais-valor por semana; assim, ao final do ano (que se pressupõe ter a duração de cinquenta semanas) o adiantamento repetido de £500 semanais produz um mais-valor anual de £5.000, ou 1.000%. Esse é o caso *A*. O resultado parece ser completamente diferente quando as £5.000 têm de ser adiantadas para o ano inteiro, em vez de parcelas de £500. Pressupondo-se a mesma taxa semanal de exploração, a taxa anual de mais-valor é de apenas 100%. Esse é o caso *B*. A taxa anual de mais-valor (e, consequentemente, a taxa de lucro) é drasticamente influenciada pelo tempo de rotação. A importância desse achado não pode ser desprezada. As vantagens que tempos de rotação mais curtos proporcionam ao capital são múltiplas. Quanto antes o capital variável adiantado se transformar em mercadoria, e em seguida retornar em forma-dinheiro, "tanto mais curto, portanto, [será] o tempo para o qual o capitalista tem de adiantar dinheiro de seu próprio fundo". Segue-se disso também que "tanto menor, em proporção à escala da produção, [será] o capital que ele adianta em geral" e "tanto maior, comparativamente, a massa de mais-valor que ele [o capitalista] extrai durante o ano" (409).

Por que isso é tão importante? Temos de falar primeiro da contínua crítica de Marx à economia política clássica. As diferenças na taxa anual de mais-valor fazem parecer que a taxa de mais-valor (e, portanto, a lucratividade) depende de "influências inexplicáveis, derivadas do processo de circulação", e não da exploração do trabalho vivo na produção. "Esse fenômeno" (que descreveríamos melhor como uma atribuição fetichista de mais-valor às condições de circulação, e não à esfera da produção) provocou "uma derrocada total na escola ricardiana desde o início da década de 1820" (394).

O mais-valor, na visão de Marx, não pode surgir da circulação, e qualquer teoria que defenda essa ideia, tal como foi proposta pelos ricardianos, é profundamente equivocada. Mas a "estranheza" do achado de Marx levanta um problema. Para se defender da posição ricardiana, Marx precisa de alguma forma conciliar sua própria teoria da produção de mais-valor com o fato de que as taxas anuais de exploração diferem nitidamente como resultado dos diferentes tempos de rotação, e diminuir o tempo de rotação aumenta a taxa anual de mais-valor. A resposta de Marx é estabelecer uma distinção entre o capital adiantado e o capital aplicado. Ambos os capitais, A e B, aplicam capital variável à mesma taxa de juros semanal e produzem semanalmente o mesmo mais-valor. A diferença reside no capital que tem de ser adiantado. O capital A pode retornar as £500 adiantadas em cinco semanas e voltar a aplicar o capital, ao passo que o capital B tem de despender pouco a pouco as £5.000 inicialmente adiantadas ao longo de todo o ano. No fim das primeiras cinco semanas, o capital B ainda tem £4.500 de reserva, devidamente entesouradas, para pagar os trabalhadores pelo resto do ano. O tema que estava tão presente no capítulo anterior volta a aparecer – é necessário que haja uma boa parte de excedente monetário dentro da produção para que as diferenças no tempo de rotação sejam ajustadas.

A diferença entre os casos A e B não está no fato de que tempos de rotação mais breves geram taxas maiores de lucro, mas que tempos de rotação mais breves retêm menos capital monetário entesourado e inativo no decorrer de um período de rotação. Se o trabalho é pago semanalmente com £100, o capital A precisa adiantar cinco vezes o salário semanal, ao passo que o capital B precisa adiantá-lo cinquenta vezes. Isso fornece ainda outra razão para buscar socorro no crédito, embora por algum motivo Marx não a mencione. Evidentemente, o capital monetário ocioso no caso B poderia permanecer inativo no mercado monetário até o momento que fosse efetivamente requerido.

> [Mas o] capital variável adiantado só funciona como capital variável durante o tempo em que é realmente utilizado, e não durante o tempo em que permanece como reserva, sem ser utilizado. Porém, todas as circunstâncias que alteram a relação entre o capital adiantado e o utilizado se concentram na alteração dos períodos de rotação [...]. A lei da produção de mais-valor diz que, com uma taxa igual de mais-valor, massas iguais de capital variável operante geram massas iguais de mais-valor. (396)

As quantidades iguais de capital variável aplicadas por *A* e *B* produzem quantidades iguais de mais-valor, não importando quais sejam as diferenças de proporção entre o capital adiantado e o capital aplicado. A variação da proporção "entre esse capital variável empregado em determinado período e o capital variável adiantado durante o mesmo período" – "não o [capital] utilizado, mas o simplesmente adiantado" – ,"em vez de contradizer as leis desenvolvidas sobre a produção do mais-valor, confirma-as e delas decorre necessariamente" (396). Tudo se resume à diferença entre capital adiantado e capital aplicado.

Após escavar alguns tediosos exemplos aritméticos, Marx apresenta uma fórmula para a taxa anual de mais-valor: "*m'n*, isto é, [...] taxa efetiva do mais-valor produzido num período de rotação pelo capital variável consumido durante esse período, multiplicada pelo número de rotações efetuadas por esse capital durante o ano" (401). O ponto central de Marx não é que as diferenças nas taxas anuais de mais-valor são ilusórias, ou "uma mera comparação subjetiva", mas que "o movimento efetivo do próprio capital engendra essa comparação" (402). Portanto, Marx não considera a taxa anual do mais-valor ilusória ou insignificante, mas mostra que ela pode ser conciliada com as leis subjacentes à produção de mais-valor. Depois que entendemos como as diversas taxas anuais são produzidas, podemos ver claramente que as diferenças não têm nenhuma relação com fenômenos exclusivos da circulação, mas residem, como sempre, nas condições da produção e realização do mais-valor.

A importância da taxa anual de rotação merece ser enfatizada, porque ela claramente tem impacto sobre as taxas de lucro, e por isso precisa ser levada em conta em qualquer discussão sobre a queda tendencial da taxa de lucro. Marx tinha a intenção de escrever um capítulo sobre isso no Livro III, mas não o fez. Engels se sentiu obrigado a inserir uma interpretação própria (baseada no material do Livro II) num capítulo separado, no qual afirma claramente que "as taxas de lucro de dois capitais [similares] variam na razão inversa de seus tempos de rotação", e que o "efeito direto do tempo abreviado de rotação" – mais espetacularmente associado na época à revolução dos transportes e das comunicações – "sobre a produção de mais-valor e, portanto, sobre o lucro consiste na efetividade aumentada que isso proporciona à porção variável do capital", tal como é desenvolvido no capítulo que agora analisamos (C3, 165).

As implicações para os próprios argumentos de Marx têm, potencialmente, um longo alcance. Como é sabido, Marx é identificado muitas vezes com uma teoria da queda tendencial da taxa de lucro. Mas aqui vemos duas forças diretas, e uma indireta, que podem levar a um aumento da taxa de lucro. O que está em questão é se a taxa de lucro é calculada com base no capital aplicado ou no capital adiantado. Para o capitalista, é obviamente o segundo que importa. A partir dos argumentos expostos nesse capítulo e no capítulo precedente, podemos ver que qualquer redução nos tempos de circulação relativamente ao período de trabalho reduzirá o excesso de capital monetário necessário para sustentar a produção contínua de mais-valor. Menos dinheiro precisará ser avançado, e as taxas de lucro (pressupondo-se uma taxa constante de exploração na produção) aumentarão. O mesmo resultado ocorrerá com qualquer redução nos tempos de rotação em decorrência de períodos de trabalho mais curtos e/ou tempos de circulação menores. No capítulo que escreveu no Livro III, Engels afirma claramente que rotações mais curtas (as demais circunstâncias mantendo-se constantes) significam lucros mais altos. Ele também cita as surpreendentes reduções nos tempos de rotação que ocorriam na época em razão das revoluções no transporte e nas comunicações. Essas revoluções, reduzindo radicalmente o capital adiantado, teriam certamente um enorme impacto no aumento da taxa de lucro. Costumamos esquecer quão drásticas foram algumas dessas inovações. O telégrafo, por exemplo, diminuiu 2.500 vezes o tempo de transmissão de informações em relação ao envio de cartas por correio (a internet reduziu apenas cinco vezes esse tempo em relação ao fax). Comparativamente, a chegada das ferrovias e dos navios a vapor tiveram um impacto muito maior no século XIX do que o transporte aéreo a jato no século XX.

Vemos aqui mais um incentivo, do qual os capitalistas têm perfeita consciência, para descobrir maneiras de anular o espaço pelo tempo e buscar ativamente a compressão espaçotemporal nas estratégias de negócios. Os capitalistas que encontram maneiras de abreviar os períodos de trabalho e/ou os tempos de circulação (procurando maneiras mais rápidas de conseguir suas mercadorias no mercado, por exemplo) ganham um lucro maior sobre o capital que adiantam (ainda que o lucro sobre o capital aplicado seja idêntico), desde que os custos associados a novas estratégias de produção e circulação não compensem seus lucros mais altos.

Mas a maneira indireta de lidar com esses problemas de circulação e tempos de circulação, que estão por trás desse capítulo, está situada no desenvolvimento do mercado monetário e do sistema de crédito. O capitalista industrial pode efetuar uma redução no capital adiantado para cobrir os tempos distintos de circulação recorrendo aos serviços do capitalista comercial e do banqueiro, que descontará letras de câmbio, ou, mais diretamente, entrando e saindo do mercado monetário com empréstimos de curto prazo e depósitos de capital excedente. O primeiro expediente tem o efeito de reduzir o tempo de circulação a zero, enquanto o segundo elimina o problema de adiantar capital para cobrir o tempo de rotação. O que Marx estabelece claramente no Livro II é que uma grande quantidade de capital monetário excedente precisa estar livremente disponível para sustentar a continuidade das atividades de produção. E ele sugere, mais ou menos de passagem, que é isso que torna um mercado monetário e um sistema de crédito tão necessários para o funcionamento apropriado do capitalismo. No Livro III, como vimos anteriormente, ele leva o argumento adiante. O sistema de circulação industrial é desagregado em dinheiro e capital portador de juros, de um lado, e em extração de mais-valor da produção, de outro. O impacto que isso tem sobre as taxas de lucro é obscuro, dependendo muito da relação entre a taxa de juros e a taxa de lucro – e isso, como é dito no Livro III, depende das particularidades das condições de oferta e demanda e da competição. É nessa direção que esses capítulos ajudam os próprios entendimentos teóricos de Marx a avançar, mas infelizmente ele não trata de todas as implicações. Com isso, muitos problemas não resolvidos são deixados para a teoria geral.

No fim do capítulo 16, no entanto, Marx aborda algumas implicações sociais e políticas mais gerais, considerando os impactos que a circulação do capital variável provoca no mercado. As £500 inicialmente desembolsadas como capital variável no exemplo de Marx deixam de ser capital assim que são recebidas como salário pelos trabalhadores.

> [Estes] as gastam, por sua vez, na compra de seus meios de subsistência [...] no valor de £500. Uma massa de mercadorias nesse valor é, portanto, eliminada [...] é consumida de maneira improdutiva para o trabalhador, a não ser quando tal consumo mantém sua força de trabalho – um instrumento indispensável do capitalista – em condições de operar. (404)

Mais uma vez, encontramos um conceito de atividade "improdutiva" que parece estranho, já que a reprodução dos trabalhadores é fundamental para sustentar o capital. Mas a lógica é impecável quando retornamos à estipulação marxiana de que, para o capital, a única forma de produção que importa é a do mais-valor, e isso não ocorre quando o trabalhador gasta dinheiro em mercadorias e come e dorme em casa. Quando o trabalhador retorna ao local de trabalho, a produção de mais-valor é retomada. As £500 adiantadas pelo capitalista como capital variável para o segundo período é, de fato, o equivalente do próprio produto do trabalhador. Aqui Marx repete uma reivindicação do Livro I de que, na verdade, esse produto deveria pertencer ao produtor direto (o trabalhador), e só se pode dizer que ele pertence ao capitalista de acordo com o direito burguês. O objetivo aqui, assim como no Livro I, é deslegitimar a teoria geral do direito de propriedade burguês e apontar a contradição da visão lockiana, que dá a titularidade do direito de propriedade privada a todo aquele que aplica seu trabalho na terra, ao mesmo tempo que defende o direito de explorar a força de trabalho sob o domínio do capital.

Os efeitos mais amplos no mercado também precisam ser considerados. O capitalista *A*, que faz o capital variável girar em cinco semanas, traz para o mercado uma demanda semanal de bens de salário no valor de £100 e, após cinco semanas, oferece um produto equivalente no valor de £500. O capitalista *B* põe no mercado a mesma demanda semanal de bens de salário, mas não oferece o valor-mercadoria equivalente a £5.000 até o fim do ano. Os desequilíbrios monetários nas condições de oferta e demanda podem se tornar problemáticos, e em breve abordaremos todas as consequências disso.

Marx faz um comentário de certo modo incomum sobre essa situação, que merece alguma consideração:

> Se pensamos numa sociedade não capitalista, mas comunista, em primeiro lugar desaparece completamente o capital monetário e, assim, também os disfarces das transações que se realizam por meio desse capital. A questão se reduz simplesmente ao fato de que a sociedade tem de calcular antecipadamente a quantidade de trabalho, meios de produção e meios de subsistência que ela pode empregar sem quaisquer prejuízos em ramos da indústria que – por exemplo, a construção de ferrovias – por um período prolongado, de um ano ou mais, não fornecem nem meios de produção, nem meios de subsistência, nem qualquer efeito útil, mas retiram trabalho, meios de produção e meios de subsistência da produção total anual. (410)

Até esse ponto, a ideia de comunismo se limitava em grande parte à de trabalhadores associados gerenciando e organizando livremente seu próprio trabalho com uma finalidade social. Mas aqui aparece um grande problema de coordenação na produção em longo prazo de melhorias e infraestruturas que, por um período considerável de tempo, absorverão grandes quantidades de trabalho e meios de produção, sem render benefícios imediatos. Veja que Marx apela não para o Estado, mas para uma maneira não especificada pela qual "a sociedade tem de calcular" e presumivelmente decidir a realização desses grandes projetos de infraestrutura. Veja também que ele afirma que, no comunismo, "desaparece completamente o capital monetário", o que pressupõe a existência de outra forma de determinação de valor (por exemplo, valores de uso sociais), mas esta também não é especificada. Esse comentário sugere também (e há outras passagens que apoiam essa visão) que um problema fundamental no modo de produção capitalista reside na monetização da circulação e da circulação do capital monetário orientada para o lucro.

Ainda que Engels tivesse razão em se queixar de que o Livro II "não contém muito material para a agitação", essa passagem indica um desenvolvimento significativo na visão política de Marx sobre o comunismo, que será cada vez mais eloquente (embora, em grande parte, não declarado) na seção III do Livro II. Ela levanta questões sobre como a "sociedade" poderia coordenar e "calcular" racionalmente divisões agregadas do trabalho e gerenciar projetos de longo prazo na ausência de sinais de mercado, de maneira que, ao invés de diminuir, aumentasse a liberdade dos trabalhadores associados para perseguir seus interesses coletivos. O que essa análise mostra pela primeira vez em *O capital*, mas não pela última, é a existência de uma contradição fundamental no cerne do projeto comunista. Pois assim como a liberdade individual burguesa só se tornou possível no contexto de um aparato disciplinar draconiano baseado na propriedade privada – que sustenta o modo de produção capitalista –, o comunismo precisa encontrar uma maneira de redefinir e proteger a liberdade do trabalho associado dentro de uma estrutura geral de cálculo, coordenação e planejamento que circunscreva e discipline a produção das infraestruturas sociais e físicas necessárias, ao mesmo tempo que aumenta as perspectivas de emancipação humana.

> Na sociedade capitalista, ao contrário, na qual o entendimento social se afirma apenas e invariavelmente *post festum*, grandes perturbações podem e têm de ocorrer constantemente. Por um lado, uma pressão sobre o mercado monetário, ao mesmo tempo que, inversamente, a facilidade proporcionada por este último provoca o surgimento de um grande número de tais empresas, ou seja, precisamente as circunstâncias que, mais tarde, pressionarão o mercado monetário. Tal mercado é pressionado porque aqui se faz necessário o adiantamento constante de capital monetário em grande escala e durante longos períodos. Desconsideramos aqui inteiramente o fato de que industriais e comerciantes aplicam em especulações ferroviárias etc. o capital monetário requerido para o funcionamento de seus negócios e o repõem mediante empréstimos no mercado monetário. (410-1)

Esse processo fornece uma base técnica para todas as "formas insanas" e comportamentos "loucos" identificados nas investigações sobre o capital financeiro e o sistema de crédito no Livro III:

> Como elementos do capital produtivo são constantemente retirados do mercado e apenas um equivalente em dinheiro é lançado no mercado em seu lugar, aumenta a demanda solvente, sem fornecer, por si mesma, qualquer elemento de oferta. Por conseguinte, aumentam os preços, tanto dos meios de vida quanto dos materiais de produção. A isso se agrega o fato de que, durante esse tempo, especula-se regularmente e opera-se uma

grande transferência de capital. Um bando de especuladores, empreiteiros, engenheiros, advogados etc. enriquece, provocando uma forte demanda de consumo no mercado. Além disso, os salários aumentam. Quanto aos meios alimentares, isso fornece um estímulo à agricultura, mas como esses meios alimentares não podem ser aumentados subitamente, no curso do ano, cresce sua importação, assim como, em geral, a importação de meios alimentares exóticos (café, açúcar, vinho etc.) e de objetos de luxo. Isso provoca a importação excessiva e a especulação nesse ramo de negócio. Por outro lado, nos ramos da indústria em que a produção pode ser rapidamente incrementada (mais propriamente, a manufatura, a mineração etc.), o aumento dos preços provoca uma expansão repentina, logo seguida do colapso. (411)

Isso significa um distanciamento radical da linguagem habitual do Livro II e uma ligação direta, e mesmo maravilhosa, com os capítulos sobre finanças e crédito do Livro III, confirmando a unidade subjacente entre os dois livros. Marx ainda vai além, quando examina o efeito sobre o trabalho:

O mesmo efeito se produz sobre o mercado de trabalho, a fim de atrair para os novos ramos de negócio grandes massas da superpopulação relativa latente, e inclusive dos trabalhadores ocupados. Em geral, tais empresas em grande escala, como ferrovias, retiram do mercado de trabalho uma determinada quantidade de força de trabalho, que só pode proceder de certos ramos, como a agricultura etc., nos quais se empregam apenas indivíduos de grande vigor. Isso continua a ocorrer mesmo depois que novas empresas se tenham convertido em ramos permanentes da indústria e, assim, já esteja formada a classe trabalhadora nômade por elas requerida, como, por exemplo, nos casos em que a construção de ferrovias é realizada temporariamente numa escala acima da média. Uma parte do exército operário de reserva, que pressionava os preços para baixo, é absorvida. Os salários sobem em geral, mesmo nas partes do mercado de trabalho que até então apresentavam um bom nível de ocupação. Isso dura até que o inevitável colapso volta a liberar o exército operário de reserva e os salários são novamente pressionados para baixo, até atingir seu patamar mínimo. (411-2)

Está clara, aqui, a relação entre essas teses e aquelas expressas no capítulo 25 do Livro I. Contudo, Marx acrescenta, numa nota de rodapé, uma observação teórica ainda mais pertinente e potencialmente explosiva:

Contradição no modo de produção capitalista: os trabalhadores, como compradores de mercadorias, são importantes para o mercado. Mas como vendedores de sua mercadoria – a força de trabalho –, a sociedade capitalista tem a tendência de reduzi-los ao mínimo do preço.

Contradição adicional: as épocas em que a produção capitalista desenvolve todas as suas potencialidades mostram-se regularmente como épocas de superprodução, porquanto as potências produtivas jamais podem ser empregadas a ponto de, com isso, um valor maior poder não só ser produzido como realizado; mas a venda das mercadorias, a realização do capital-mercadoria e, assim, também a do mais-valor, está limitada não pelas necessidades de consumo da sociedade em geral, mas pelas necessidades de consumo de uma sociedade cuja grande maioria é sempre pobre e tem de permanecer pobre. (nota 1, 412)

Que o arrocho salarial no interesse da extração de mais-valor para o capital coloque uma tal dificuldade de demanda efetiva sustentada é há muito tempo uma das principais contradições das leis de movimento do capital. Aqui ela é explicitamente reconhecida como tal. A importância dos trabalhadores como consumidores e, por conseguinte, como agentes para a realização do valor do capital-mercadoria no mercado é, de fato, um tema importante em todo o Livro II. No Livro I, essa questão foi ignorada simplesmente com base no pressuposto de que todas as mercadorias são negociadas por seus valores. Esse é um daqueles momentos de *O capital* em que as mercadorias – um aspecto da distribuição excluído de antemão como uma particularidade – são reintroduzidas no núcleo do processo de circulação do capital industrial em geral, com enormes impactos sobre as contradições no interior das leis de movimento do capital.

Como conclusão do capítulo, Marx estende seu pensamento para além do pressuposto normal de um sistema fechado de comércio. A distância do mercado tem de ser vista "como uma base material específica" para uma circulação mais longa e, portanto, para os tempos de rotação. O exemplo que Marx dá é o do tecido e do fio de algodão vendidos à Índia. O produtor vende ao comerciante, que recorre ao mercado monetário para obter meios de pagamento. Mais tarde, o exportador vende no mercado indiano. Só então o valor equivalente pode voltar para a Inglaterra (em dinheiro ou em forma-mercadoria) para fornecer meios de pagamento equivalentes àqueles necessários a uma nova produção (o dinheiro, é claro, volta para o mercado monetário). As lacunas entre a oferta e a demanda efetiva são similares àquelas esboçadas no caso da rotação anual do capital *B*. Para cobrir a lacuna entre oferta e demanda é preciso recorrer ao mercado monetário ou ao crédito. Mas muita coisa pode dar errado:

Ora, é possível que mesmo na Índia o fio seja novamente vendido a crédito. Com esse crédito, compram-se produtos nesse país que são enviados à Inglaterra, como retorno pelo fio vendido, ou se reemite uma letra de câmbio pela importação. Se essa situação se prolonga, o resultado é uma pressão sobre o mercado monetário indiano, cujo efeito reverso sobre a Inglaterra pode ocasionar aqui uma crise. Por sua vez, a crise, mesmo que vinculada à exportação de metais preciosos para a Índia, provoca neste último país uma nova crise em consequência da falência de firmas inglesas e suas filiais indianas, às quais os bancos indianos concederam créditos. Assim instala-se uma crise simultânea tanto no mercado cuja balança comercial é desfavorável como naquele cuja balança é favorável. Este fenômeno pode ser ainda mais complicado. Por exemplo, a Inglaterra enviou lingotes de prata à Índia, mas como os credores ingleses da Índia cobram agora a quitação dos empréstimos, em breve a Índia terá de reenviar seus lingotes de prata à Inglaterra. (413)

A questão, é claro, é que "o que aparece como crise no mercado monetário expressa, na realidade, anomalias nos próprios processos de produção e de reprodução" (414). Esse é o verdadeiro *insight* que resulta do estudo dos tempos distintos de rotação, em particular aqueles envolvidos no comércio de longa distância.

Cito esse exemplo para mostrar duas coisas. Em primeiro lugar, que não há nada de novo nas crises monetárias que se repetem de um lugar e de um momento para outro no processo de circulação. É, por assim dizer, da própria natureza do capital agir dessa maneira. Mas, em segundo lugar, e na própria teorização de Marx, existem fortes ligações subjacentes entre os três volumes aparentemente discrepantes de capital. Há inúmeros fios que os unem naquele "todo orgânico" vislumbrado na introdução aos *Grundrisse*. Essas relações são apenas experimentais, e são estabelecidas de modo bastante tênue nesse capítulo. Que Marx tenha conseguido mantê-las constantemente em mente ao longo de mais de um quarto de século de estudo incansável me parece simplesmente admirável.

O CAPÍTULO 17 DO LIVRO II: A CIRCULAÇÃO DE MAIS-VALOR

Nesse capítulo, Marx isola a circulação de mais-valor para uma análise mais detalhada. O capítulo gera grandes expectativas, mas não entrega o que promete, deixando um aspecto fundamental da teoria num estado de certa forma ambíguo, porém atormentador. A pergunta principal, bem articulada ao longo do capítulo, "não é: de onde vem o mais-valor? Mas: de onde vem o dinheiro necessário para realizá-lo?" (426). A produção de ouro, como principal mercadoria-dinheiro, fornece o dinheiro extra necessário para realizar o mais-valor? Do contrário (e está muito claro que Marx rejeita essa possibilidade, embora não negue o papel peculiar dos produtores de ouro), isso nos leva à desagradável pergunta: de onde vem a demanda efetiva para realizar o mais-valor que é perpetuamente lançado no mercado?

Marx começa o capítulo retomando o caso dos dois capitalistas, *A* e *B*, dos quais o segundo não realiza o valor total das £5.000 até o fim do ano. Nesse último caso, "o mais-valor não é realizado e, por conseguinte, não pode ser consumido nem individual, nem produtivamente. Quando se considera o consumo individual, o mais-valor é antecipado. Os fundos para isso têm de ser adiantados" (415). Os fundos adiantados têm de cobrir não só o consumo capitalista, mas também todos os reparos e a manutenção do capital fixo. Para o capitalista que opera num tempo de rotação muito curto, esses fundos provêm do mais-valor já realizado e não precisam ser adiantados. Quando o mais-valor é realizado como capital – "capitalizado", nas palavras de Marx – é, portanto, uma questão crucial. Quanto mais o capitalista tem de esperar para lançar a mercadoria no mercado, mais ele precisa ter dinheiro de reserva para cobrir consumo e gastos eventuais (como reparos e manutenção).

A "relação entre o capital originalmente avançado e o mais-valor capitalizado complica-se ainda mais" com a intervenção do sistema de crédito, mas, como de hábito no Livro II, Marx não explora essa questão. A questão principal é o que ocorre com o mais-valor quando ele é capitalizado. Marx faz referência ao capítulo 24 do Livro I para nos lembrar da necessidade de reproduzir o capital em escala ampliada (o papel da "acumulação pela acumulação", como ele afirma). Assim, parte do mais-valor deve ser aplicada em expansão, "seja de modo extensivo, sob a forma de adição de novas fábricas às antigas, seja como expansão intensiva da escala de operação do negócio que até então vigorava" (416).

Marx descreve as várias formas que essa expansão pode assumir. Mas em cada caso a relação entre a quantidade de mais-valor capitalizado e a quantidade necessária para expandir a produção impõe limites à capacidade de expandir imediatamente. O entesouramento de mais-valor capitalizado ao longo de diversos períodos de rotação pode ser requerido até que tenham se formado fundos suficientes para investir na expansão numa dada escala de operações (por exemplo construindo e equipando uma nova fábrica com maquinaria). Durante esse período, o "capital monetário que o capitalista ainda não pode empregar em seu próprio negócio é empregado por outros, que lhe pagam juros por seu uso. Para o capitalista, ele funciona como capital monetário", "em outras mãos, porém, ele funciona como capital". Com o tempo, a quantidade de dinheiro disponível no mercado monetário tende a aumentar, de modo que o mais-valor produzido "é novamente absorvido, ao menos em sua maior parte, com vistas a ampliar a produção" (417). Embora Marx não diga, a oferta crescente de dinheiro no mercado monetário aumenta a oferta de capital que pode ser emprestado e presumivelmente, portanto, conduz a taxas menores de juros.

Após um breve retorno ao que ocorre sob condições de entesouramento, Marx nos oferece duas longas citações do filósofo político William Thompson, que em 1824 publicou seu *An Inquiry into the Principles of the Distribution of Wealth* [Investigação sobre os princípios da distribuição da riqueza]. Não falarei dessas citações, mas acredito que seja útil conhecer o pensamento de Thompson, porque está claro que muitos analistas burgueses tinham visões pertinentes e profundamente críticas a respeito do desenvolvimento capitalista. É significativo que Marx não faça nenhum comentário crítico sobre a exposição de Thompson (e, pelo que sei, não o faz em nenhum outro lugar em que cita a obra desse autor).

Em todo *O capital*, Marx costuma adotar a tática de examinar a reprodução do capital, tomando-o primeiro em sua atuação na reprodução simples, e em seguida sob as condições muito mais realistas da contínua reprodução ampliada. Foi o que ele fez no Livro I e novamente na seção III do Livro II, da qual tratarei brevemente. A razão para essa separação está no fato de que é muito mais fácil determinar relações básicas no caso da reprodução simples.

Assim, a circulação de mais-valor é vista, num primeiro momento, pelas lentes da reprodução simples. O mais-valor produzido e realizado ao longo de diversas rotações "é consumido individualmente – isto é, improdutivamente – por seus proprietários, os capitalistas" (421). Uma parte do mais-valor tem de assumir a forma-dinheiro, pois do contrário não haveria o dinheiro para comprar as mercadorias necessárias ao consumo dos trabalhadores e dos capitalistas. Quando olhamos retrospectivamente para o capítulo sobre o dinheiro no Livro I, vemos que a "a massa de moeda metálica existente no país tem de ser suficiente [...] para fazer circular as mercadorias", porque tem de "enfrentar as oscilações do ciclo do dinheiro", que derivam de uma série de razões (flutuações na produção e nos preços das mercadorias, e assim por diante). O crescimento na economia em geral pede um crescimento na produção anual de ouro e prata, a menos que o crescimento possa ser ajustado pelo aumento da velocidade da circulação ou pelo uso cada vez maior de dinheiro como meio de pagamento. Portanto, "uma parte da força social de trabalho e uma parte dos meios sociais de produção têm [...] de ser despendidas na produção anual de ouro e prata" (422) Isso leva Marx a uma análise detalhada do que acontece no caso da produção de ouro. Não entrarei nos detalhes desse caso, porque acredito que seja irrelevante para as condições gerais da criação e do uso de dinheiro no capitalismo contemporâneo, e, de qualquer forma, não ajuda a responder à questão real que se coloca: de onde vem o dinheiro no qual é convertido o mais-valor?

O problema é que:

> o capitalista lança na circulação [...] um excedente sobre seu capital e dela retira esse mesmo excedente.
> O capital-mercadoria que o capitalista lança na circulação tem um valor maior [...] que o capital produtivo que ele retirou da circulação na forma de força de trabalho e meios de produção. [...]
> Mas o capital-mercadoria, antes de sua reconversão em capital produtivo e do dispêndio do mais-valor nele contido, tem de ser realizado. De onde vem o dinheiro necessário para isso? (426)

Eis, diz Marx, um problema ao qual ninguém na economia política clássica deu uma resposta adequada.

Farei uma explanação simples da estrutura desse problema. Ao longo de *O capital*, Marx pressupõe (ao menos até os capítulos sobre capital monetário e finanças) que a demanda e a oferta estão em equilíbrio. Mas aqui encontramos uma situação em que não apenas esse equilíbrio não existe como o capitalista se esforça para alargar o máximo possível o hiato entre a oferta e a demanda. Dito de maneira simples, a demanda do capitalista é de meios de produção (*c*) e força de trabalho (*v*), mas o que ele fornece ao mercado são valores-mercadorias equivalentes a *c* + *v* + *m*, de modo que a oferta de valores-mercadorias excede sistematicamente a demanda. Além disso, o desejo de maximizar o mais-valor empurra essa discrepância ao máximo. De onde vem a demanda efetiva extra, equivalente ao mais-valor? Se ela não se materializa, a circulação do capital fica impossibilitada.

O mais-valor extra "é lançado na circulação em forma-mercadoria. [...] Mas por meio da mesma operação não está dado o dinheiro adicional para a circulação desse valor-mercadoria adicional". Essa dificuldade, adverte Marx, não deve ser evitada "apelando[-se] para subterfúgios plausíveis" (427).

Marx expõe, então, alguns desses "subterfúgios plausíveis". Muitos se baseiam no ritmo com que capitais diferentes ingressam no mercado em diferentes momentos, nos fluxos de capitais constante e fixo em relação mútua ou na estrutura temporal do gasto dos rendimentos dos trabalhadores e dos capitalistas. Mas "a resposta geral já está dada". Esse é um daqueles momentos em que temos de ter certeza se essa é a resposta geral de Marx ou a resposta geral dos economistas políticos, que constitui um mero "subterfúgio plausível":

> quando se trata de circular uma massa de mercadorias de $x \times £1.000$, é absolutamente indiferente para a quantidade de dinheiro necessária a essa circulação se o valor dessa massa de mercadorias contém mais-valor ou não, se a massa de mercadorias é produzida de modo capitalista ou não. *Portanto, o problema mesmo não existe.* (429)

Assim, o problema é reduzido à regulação de oferta e demanda de dinheiro num país para azeitar as trocas de mercadorias. Acredito que Marx esteja dizendo que esse é o maior e mais plausível subterfúgio de todos: equivale às "trivialidades" da lei de Say, tão severamente criticada no Livro I.

Mas ele deixa para trás "a *aparência* de um problema especial. Aqui, é o capitalista que aparece como o ponto de partida do qual o dinheiro é lançado na circulação" (429). O capitalista desembolsa capital variável (*v*) e dinheiro para capital constante fixo e fluido (*c*):

Para além desse ponto, porém, o capitalista deixa de aparecer como ponto de partida da massa monetária que se encontra em circulação. Agora, há somente dois pontos de partida: o capitalista e o trabalhador. Todas as terceiras categorias de pessoas têm ou de receber dinheiro dessas duas classes por prestações de serviço, ou, na medida em que o recebam sem nenhuma contrapartida, são copossuidoras do mais-valor na forma de renda, juro etc. (429)

O que Marx tem a coragem de fazer aqui é propor um modelo simples de duas classes – constituído de trabalhadores e capitalistas – de um modo de produção capitalista e levantar a questão de quem fornece a demanda extra para realizar o mais-valor nesse mundo. "Sobre o trabalhador, já dissemos que ele é apenas ponto de partida secundário, ao passo que o capitalista é o ponto de partida primário do dinheiro que o trabalhador lança na circulação" (429). Assim, a solução do problema deve ser buscada na classe capitalista: "Como ela pode retirar constantemente £600 da circulação, quando nela lança constantemente apenas £500? Do nada, nada provém. A classe capitalista em seu conjunto só pode retirar da circulação o que nela lançou anteriormente" (430). A resposta é simplesmente atordoante:

> Na realidade, por paradoxal que possa parecer à primeira vista, é a própria classe capitalista que lança dinheiro na circulação, o qual serve para a realização do mais-valor contido nas mercadorias. Porém, *nota bene*: ela não o lança na circulação como dinheiro adiantado, ou seja, não como capital. Ela o gasta como meio de compra para seu consumo individual. O dinheiro não é, portanto, adiantado pela classe capitalista, embora esta seja o ponto de partida de sua circulação. (430)

Marx ilustra isso com o caso de um capitalista que adianta capital monetário de £5.000, com £1.000 para o capital variável, e produz um mais-valor de £1.000 ao longo de todo o ano. O capitalista "tem de cobrir seu consumo individual durante o primeiro ano com dinheiro de seu próprio bolso, e não com a produção gratuita de seus trabalhadores. Ele não adianta esse dinheiro como capital. Ele o gasta" em mercadorias cujo valor ele consome até obter seu mais-valor ao final do ano (430-1). Marx pressupõe que:

> a soma de dinheiro que o capitalista lança na circulação para cobrir seu consumo individual até o primeiro refluxo de seu capital é exatamente igual ao mais-valor por ele produzido e que, por isso, deve ser realizado. Esta é, com relação aos capitalistas individuais, uma suposição claramente arbitrária. Mas tem necessariamente de ser correta para a classe capitalista em seu conjunto, quando se pressupõe a reprodução simples. (431)

Esse é um belo exemplo de Marx lançando mão dos poderes drásticos da simplificação e da abstração para identificar um traço do modo de produção capitalista que tem uma importância vital. Ele cita esse resultado em outro lugar, como vimos, por exemplo, no Livro III, embora admita a importância de uma classe autônoma de consumidores improdutivos. Mas as implicações são de longo alcance. Num ponto, esse resultado abre um buraco na teoria do surgimento do capitalismo como resultado da sobriedade de uma classe capitalista que por virtude faz economia para conseguir capital para investir. Historicamente, se isso ocorreu (como pode ter sido o caso dos primeiros capitalistas *quakers* na Inglaterra), foi necessária uma classe paralela de consumidores não virtuosos, cujo único papel teria sido o de consumir até não poder mais, sem produzir nada. A existência dessa classe na Inglaterra, no século XVIII, não só era patentemente óbvia (leia um romance de Jane Austen), como era justificada por Malthus para mostrar de onde vinha a demanda agregada para absorver um mais-produto que estava em crescente expansão (a outra solução era expandir o comércio estrangeiro, que Rosa Luxemburgo, em *A acumulação do capital**, transformou em dominação imperial e colonial dos mercados estrangeiros). O resultado também tem implicações para a interpretação que poderíamos fazer dos esquemas de reprodução da seção III do Livro II, que veremos em breve – muito embora, na extensa e controversa literatura marxista que se acumulou em torno da interpretação desses esquemas, eu jamais tenha visto qualquer menção a esse importante resultado.

Após o primeiro período de rotação, durante o qual o capitalista paga pelo seu próprio consumo, ele pode utilizar o mais-valor produzido pelos trabalhadores, realizando-o por meio de seus próprios gastos no consumo e colocando-o em circulação como renda ao longo dos sucessivos períodos de rotação (pressupondo-se a reprodução simples). Isso corresponde ao argumento de Marx de que o capitalista pode, de fato, adiantar seu próprio capital monetário para a produção e usar suas próprias reservas monetárias para o consumo. Ao longo do tempo, porém, essas reservas monetárias representam cada vez mais produtos do trabalhador, que produziu não só o capital variável necessário para reproduzir a si mesmo, mas também o mais-valor que o capitalista apropria como renda para fins de consumo. Como isso funciona sob condições de reprodução ampliada é o que ainda tem de ser determinado.

Em vez de desenvolver esses *insights*, no entanto, Marx retorna à questão dos produtores de ouro e ao complicado fato de que o próprio mais-valor produzido na produção de ouro já se encontra na forma de mercadoria-dinheiro, de modo que não emerge a questão de sua conversão em dinheiro. De fato, "a parte que produz ouro bombeia sem-

---

* 2. ed., São Paulo, Nova Cultural, 1985. (N. E.)

pre mais dinheiro para dentro dela do que o que dela retira em meios de produção" (432). Isso tem implicações para as relações comerciais entre os países, alguns dos quais produzem ouro, outros não. No entanto, ainda que injetem mais valor monetário na circulação do que retiram para fins de produção, esse excesso não pode se equiparar à enorme quantidade de mais-valor que precisa ser realizada no mercado.

Marx considera, então, a questão mais interessante do cruzamento da circulação de capital variável com a circulação de mais-valor. Obviamente, uma parte significativa da demanda agregada efetiva no modo de produção capitalista é constituída do consumo dos trabalhadores, e isso depende das taxas salariais e do emprego:

> Porém, diz-se, um desembolso maior de capital monetário variável [...] significa que há uma massa maior de meios monetários nas mãos dos trabalhadores. Segue-se disso uma maior demanda de mercadorias da parte dos trabalhadores. Uma consequência ulterior é o aumento no preço das mercadorias. (435)

Houve uma tendência duradoura, da parte dos analistas burgueses, de atribuir a inflação a pressões salariais e ao emprego relativamente pleno, mas aqui Marx parece crítico, de certo modo, a essa linha de raciocínio. É certo que, "em consequência da alta dos salários, aumentará especialmente a demanda dos trabalhadores por meios necessários de subsistência. Num grau menor, aumentará sua demanda por artigos de luxo, ou criar-se-á uma demanda por artigos que antes não figuravam em seu campo de consumo" (435). Haverá indubitavelmente "oscilações momentâneas" nos preços e na produção, além de adaptações no mercado a essas novas condições, porém Marx é muito cético quanto a qualquer tendência duradoura de inflação:

> A classe capitalista jamais se oporia aos *trade unions* [sindicatos], já que poderia, então, fazer sempre e em todas as circunstâncias aquilo que, por ora, ela faz apenas excepcionalmente, sob circunstâncias determinadas, particulares, por assim dizer, locais – a saber: aproveitar todo e qualquer aumento do salário para aumentar os preços das mercadorias num grau muito maior e, assim, embolsar lucros maiores. (436)

Essas foram, é claro, precisamente as "condições excepcionais" que prevaleceram no período pós-1945 nos Estados Unidos e em grande parte da Europa, quando o capital foi forçado por circunstâncias políticas a aceitar um grau maior de poder sindical e operário e respondeu com táticas inflacionárias que permitiram às grandes empresas "absorver" lucros imensos, apesar dos aumentos salariais e do emprego relativamente pleno.

Quando chega à reprodução ampliada, Marx não consegue seguir uma linha óbvia de investigação, derivada do simples fato de que parte do mais-valor tem de ser investida no consumo produtivo (novos meios de produção e aumento da força de trabalho), o que diminui a capacidade do consumo burguês. Se o capitalista tem de se abster do consumo pessoal para lançar capital em consumo produtivo adicional, ele não consegue enxugar o mais-valor extra produzido sem cavar ainda mais fundo em suas próprias reservas monetárias. A ideia de que essas reservas não têm fundo é claramente absurda. O problema "da origem da demanda agregada ampliada" precisa ser enfrentado, contudo Marx não consegue abordá-lo de maneira adequada.

A resposta mais clara que consigo encontrar é que os capitalistas resolvem a dificuldade pela prática simples e longeva de comprar agora (realizando o mais-valor) e pagar depois (quando o mais-valor for monetizado). Em outras palavras, eles financiam a expansão pelo déficit. Isso envolve o mercado monetário e o sistema de crédito, que, como vimos, Marx reluta em examinar (embora reconheça sua absoluta necessidade) no Livro II. Indicações de que esta poderia ser a solução podem ser encontradas, como vimos, nas considerações do Livro III sobre o papel dos mercados monetários, do capital financeiro e do sistema de crédito. Levada ao extremo, essa linha de argumentação sugeriria que a acumulação do capital por meio da produção de mais-valor teria de ser acompanhada de uma acumulação de dívida na realização desse mais-valor no mercado.

Marx chega perto de admitir isso experimentalmente. Uma parte do mais-valor é investida na expansão, o que diminui a quantidade disponível para circular como renda para a realização. Mais-valor extra é produzido. "Aqui se apresenta a mesma pergunta com que nos deparamos anteriormente. De onde provém o dinheiro adicional para realizar o mais-valor adicional que agora existe sob a forma-mercadoria?" (441). Como antes, Marx analisa uma variedade de soluções propostas na economia política clássica que tenta resolver o problema por uma análise da circulação monetária e, por fim, pelas atividades dos produtores de ouro. Ele parece cético em relação a essas soluções, com exceção do recurso ao crédito, que tem ao menos algumas possibilidades técnicas:

> na medida em que os expedientes desenvolvidos com o sistema de crédito surtem esse efeito [isto é, resolvem o problema da origem do dinheiro extra], eles incrementam diretamente a riqueza capitalista [...].
> Desse modo, fica resolvida a absurda questão de se a produção capitalista, em seu volume atual, seria possível sem o sistema de crédito [...], isto é, se ela seria possível somente com a circulação metálica. Evidentemente, a resposta é negativa. Ela encontraria, antes, barreiras no volume da produção de metais preciosos. Por outro lado, não há por que forjar representações místicas sobre a força produtiva do sistema de crédito, na medida em que este disponibiliza ou movimenta capital monetário. (442-3)

Lamentável e frustrantemente, ele acrescenta: "Mas não cabe aqui uma análise mais adequada dessa questão" (443).

Creio que podemos inferir disso que a acumulação da riqueza é acompanhada de uma acumulação de dívidas no interior do sistema de crédito. Mas isso não significa que a acumulação dessas dívidas leve a uma acumulação de riqueza. Esta última depende sempre das forças produtivas de trabalho.

O último item do capítulo considera que o dinheiro para novos investimentos é acumulado primeiro num tesouro de capital latente, até haver o suficiente para a construção de uma nova fábrica ou outra coisa qualquer, pressupondo que o sistema de crédito é "inexistente" (443). Nessas circunstâncias, o capitalista que "armazena dinheiro" tem primeiro de "vender sem comprar". Para muitos capitalistas individuais, isso não é um problema.

> Mas a dificuldade surge quando pressupomos não a acumulação parcial de capital monetário na classe capitalista, mas a acumulação geral. Além dessa classe, não há, segundo nosso pressuposto – do domínio geral e exclusivo da produção capitalista –, absolutamente nenhuma outra classe que não a classe trabalhadora. Tudo o que essa classe compra é igual à soma de seu salário, à soma do capital variável adiantado pela classe capitalista inteira. Esse dinheiro reflui para a classe capitalista mediante a venda de seu produto à classe trabalhadora. (444)

Mas a classe trabalhadora jamais pode "comprar a parte do produto que representa o capital constante, para não falar da parte em que se representa o mais-valor da classe capitalista" (444). É preciso haver, como já foi dito, "um fundo monetário" que funcione como um "fundo de circulação", distinto do "capital monetário latente" necessário para a reprodução ampliada (445). Quando considera onde o capital monetário latente poderia ser encontrado, Marx identifica depósitos bancários, papéis do governo e ações. Mas onde o fundo de circulação deve ser usado para realizar o mais-valor? E o que acontece quando o dinheiro tem de ser usado, e mesmo entesourado, para esse propósito? A isso, infelizmente, Marx não oferece resposta.

10. A REPRODUÇÃO DO CAPITAL

(CAPÍTULOS 18-20 DO LIVRO II)

Na seção 3 do Livro II, Marx imagina uma economia dividida em dois grandes setores. O setor I produz meios de produção para outros capitalistas (tudo, desde matérias-primas e produtos parcialmente acabados até maquinaria e outros itens de capital fixo, inclusive o ambiente construído para a produção). O setor II produz bens que serão consumidos individualmente por trabalhadores e capitalista (inclusive o ambiente construído para o consumo). O setor que produz bens de consumo tem de comprar seus meios de produção do setor I. Os trabalhadores e os capitalistas que operam no setor I têm de comprar seus meios de produção do setor II. Para que a economia flua livremente, as trocas entre os dois setores precisam se equilibrar. Em condições de reprodução simples (não expansão), o valor dos meios de produção que fluem para o setor II tem de ser equivalente ao valor dos bens de consumo que fluem para os trabalhadores e capitalistas no setor I.

Esse é o modelo básico da economia examinada nesses capítulos. É útil descrevermos o caráter geral do modelo desde o início. Depois que apreendemos firmemente sua forma geral, é muito mais fácil lidar com as análises detalhadas que Marx apresenta.

Os chamados "esquemas de reprodução" são descritos nas páginas 500-5. Embora Marx use um exemplo aritmético, é fácil expressá-los em forma algébrica. O produto total de cada setor num dado ano pode ser representado, em termos de valores, como capital constante (c) + capital variável (v) + mais-valor (m). Marx deixa de lado a questão do capital fixo e dos tempos diferentes de rotação e pressupõe que tudo é produzido e consumido numa base anual. Ele formula, então, um simples exemplo aritmético, calculado em unidades de valor, no qual a taxa de mais-valor (m/v) e a composição de valor (a razão de c/v) são iguais nos dois setores. Assim, numa base anual, ele postula que:

Setor I: $4.000c + 1.000v + 1.000m = 6.000$ em meios de produção
Setor II: $2.000c + 500v + 500m = 3.000$ em bens de consumo

Algebricamente, isso pode ser representado como:

Setor I: $c1 + v1 + m1 = t1$ (o produto-valor total dos meios de produção)
Setor II: $c2 + v2 + m2 = t2$ (o produto-valor total dos bens de consumo)

A demanda total de meios de produção é $c1 + c2$. A demanda total de bens de consumo é $v1 + v2 + m1 + m2$. Se pressupomos que a demanda e a oferta estão em equilíbrio (505), então:

$t2 = c2 + v2 + m2 = v1 + v2 + m1 + m2$

Depois de eliminarmos os termos de ambos os lados, isso se reduz a:

$c2 = v1 + m1$

Para que sejam obtidas as proporcionalidades de valor necessárias a fim de assegurar a reprodução contínua e equilibrada, é preciso que a demanda de meios de produção no setor II seja igual à demanda de bens de consumo que emana do setor I. No exemplo aritmético, as $2.000c$ necessárias para produzir bens de consumo no setor II são equivalentes às $1.000v + 1.000m$ que constituem o consumo pessoal dos trabalhadores e capitalistas que operam no setor I. Segundo Marx:

> Disso resulta que, na reprodução simples, a soma de valor $v + m$ do capital-mercadoria I (portanto, também uma parte proporcional correspondente do produto-mercadoria total I) tem de ser igual ao capital constante [...] retirado do produto-mercadoria total da classe II como uma parte proporcional deste último [...]. (505)

Obviamente, segue-se disso toda uma série de questões, por exemplo: como o processo da produção e da realização capitalista pode ser arranjado de modo que as proporcionalidades corretas sejam (ao menos aproximadamente) obtidas? O que ocorre quando o capital fixo é distribuído irregularmente entre os setores e há uma variedade de tempos de rotação? E, acima de tudo, no capítulo 21 é levantada a importantíssima questão do funcionamento da acumulação em escala cada vez maior, mantendo-se ao mesmo tempo as proporcionalidades.

Tal como Marx os concebeu, os esquemas incorporam todo tipo de pressupostos: há apenas duas classes de trabalhadores e capitalistas (como foi exposto brevemente no capítulo 17); apenas dois setores, produzindo meios de produção e meios de consumo (embora a certa altura Marx separe os meios de consumo em meios necessários e artigos de luxo); a demanda e a oferta estão em equilíbrio; tudo realiza uma rotação de um ano; não há nenhuma mudança tecnológica; e tudo é trocado por seu valor – apenas para mencionar os principais. Apesar de Marx reconhecer inicialmente que deveria examinar os processos de reprodução "tanto [em termos] da reposição do valor como da reposição da matéria" (valor de uso) (496), na prática ele explora as relações proporcionais entre os dois setores apenas em valores, pressupondo assim que as condições físicas quantitativas para a reprodução estão automaticamente dadas. Há uma série de problemas que derivam desses pressupostos. As complexidades que surgem do afrouxamento deles são alucinantes.

A seção III do Livro II apresenta um modelo da reprodução do modo inteiro de produção capitalista pela contínua circulação de capital. Ela é claramente entendida como o ápice da argumentação do Livro II, da mesma forma que os capítulos 21-23 do Livro I articulam os diversos *insights* desenvolvidos ao longo do volume. Ambos os livros contêm capítulos preparatórios sobre a reprodução simples e a reprodução ampliada. Mas há diferenças importantes. No Livro I, a "lei geral" resume muitos dos achados anteriores para chegar a um modelo que explique a produção de um exército industrial de reserva cada vez maior e sujeito a um desemprego e a um empobrecimento crescente. Embora consiga um bom resultado lançando mão de distinções entre os diferentes circuitos do capital, o Livro II abstrai de muitos outros achados fundamentais – em especial os que dizem respeito à circulação de capital fixo e aos tempos distintos de rotação – para construir um esquema experimental da reprodução ampliada do capital.

Nesses esquemas, é preciso notar que o consumo dos trabalhadores é "uma parte proporcionalmente decisiva" (518). Se os esquemas apontam na direção de uma política, portanto, é pela necessidade de estabilizar os ganhos dos trabalhadores para harmonizar a relação entre o produto total dos meios de produção e a demanda total para os bens de consumo. Isso contradiz as descobertas do Livro I, no qual Marx vê o crescente empobrecimento da classe trabalhadora como um resultado inevitável do capitalismo de livre-mercado. Mas ele apenas insinua essa contradição, porque o capítulo equivalente à "lei geral" não foi incluído no Livro II. É interessante imaginar como leríamos o Livro I se o capítulo sobre a "lei geral" não tivesse sido escrito – e, portanto, se tivéssemos apenas os capítulos sobre a reprodução simples e a reprodução ampliada.

Em contrapartida, precisamos imaginar como seria, no Livro II, o capítulo equivalente ao da "lei geral". Por exemplo, teria imaginado um número significativo de trabalhadores num número significativo de lugares sendo cada vez mais arrastado para o consumismo ilimitado e irracional para estabilizar as condições de realização de valores no mercado? Teria mostrado o pouco interesse que esses trabalhadores teriam pela revolução socialista, dado o grau de enredamento nas teias do consumismo capitalista em que se encontram? Que papel o anticonsumismo (do tipo que surgiu em algumas partes do mundo nos anos 1960 e hoje é fundamental para muitas políticas ambientais) desempenharia nos movimentos revolucionários? É muito difícil imaginar que Marx escrevesse esse capítulo e, para os marxistas mais dedicados, a simples ideia seria certamente escandalosa.

Mas o que é interessante nos esquemas de reprodução de Marx é que eles não negam essas possibilidades (é quase certo que foi por isso que Rosa Luxemburgo ficou tão contrariada com seu conteúdo). E, na medida em que 70% da atividade econômica nos Estados Unidos e outros países capitalistas avançados é movida pelo consumismo (em contraste com a metade dessa porcentagem na China contemporânea, que provavelmente está mais próxima das condições que vigoravam na época de Marx), e muitos dos chamados trabalhadores "prósperos" estão de fato profundamente apaixonados pelo consumismo do mundo capitalista que habitam (com todos os seus evidentes defeitos), dispomos de algumas ferramentas para analisar uma situação político-econômica desse tipo. Claramente, a contradição com a tese do empobrecimento crescente do capítulo 23 do Livro I causa sérios problemas. Mas bons marxistas jamais deveriam fugir dessa contradição apenas porque ela é séria e inconveniente.

Há maneiras de enfrentar essa contradição fundamental. Em algumas ocasiões, Marx nota a existência daquilo que hoje chamamos de "classe média" (428). O papel primário dessa classe sob condições temporárias é ser a coluna vertebral do consumo, além de suporte político geral para uma democracia capitalista. Essa camada da população é mencionada no Livro I, quando Marx observa a respeito da regulação da jornada de trabalho: "Compreende-se facilmente que [...] a força de resistência do capital tenha se enfraquecido gradualmente, ao mesmo tempo que o poder de ataque da classe trabalhadora cresceu a par do número de seus aliados nas camadas sociais não diretamente interessadas" (C1, 367). Algo similar é sugerido num dos diversos planos de estudo que Marx apresentou nos *Grundrisse*, no qual ele promete investigar o "imposto, ou a existência das classes improdutivas" (*Grundrisse*, 205). E na análise seminal das forças políticas que produziram a Comuna de Paris de 1871, Marx confere uma importância considerável ao papel das endividadas "classes médias nascentes" (a "pequena burguesia", descrita também em *O 18 de brumário de Luís Bonaparte*, dedicado à análise do movimento contrarrevolucionário pós-1848) nas lutas políticas daquela época[1].

---

[1] Karl Marx, *The Civil War in France* (Nova York, International Publishers, 1989) [ed. bras.: *A guerra civil na França*, trad. Rubens Enderle, São Paulo, Boitempo, 2011].

A importância dessas camadas sociais no fornecimento de demanda efetiva necessária foi expressa pela primeira vez por Malthus (embora a classe de consumidores que ele tinha em mente fosse mais puramente aristocrática e parasitária do que hoje seria politicamente viável – exceto, digamos, nos Estados do Golfo). Uma vez que se aceita há muito tempo que o crescimento de uma classe média – empregada largamente no papel de gerência, administração e prestação de serviços, e recebendo salários regulares e adequados – foi fundamental para a estabilização, econômica, social e política do capitalismo, podemos argumentar que a contradição que encontramos aqui deriva mais do pressuposto marxiano de um modelo de duas classes do que de qualquer situação real. A contradição numa situação de três classes poderia se manifestar como arrocho salarial, do tipo que se cogita no Livro I para as classes trabalhadoras mais baixas (por exemplo, na China), e como um fluxo de renda para uma classe média (que abrange tanto uma camada de trabalhadores prósperos como as classes improdutivas) de consumidores (por exemplo, nos Estados Unidos, onde muitos trabalhadores adquiriram casa própria e adotaram um estilo de vida suburbano) que seja adequada para atender à demanda efetiva necessária, tal como exposta no Livro II. De acordo com os esquemas de Marx, a renda da classe média teria de derivar, é claro, da produção de valor e mais-valor, ainda que, nas condições contemporâneas, isso fosse indubitavelmente complementado por gastos estatais movidos a dívidas no fundo de consumo e por um aumento da disponibilidade de crédito para estimular o consumismo da classe média (em particular com relação à demanda de moradia). Curiosamente, hoje se reconhece em geral que o padrão de vida dessa classe média está seriamente ameaçado na América do Norte e em grande parte da Europa – parcialmente devido ao endividamento excessivo –, e isso está diretamente associado à queixa de deficiências na demanda efetiva agregada para sustentar a economia. Espera-se que o crescimento potencial da demanda interna de consumo pela formação de uma classe média na China e outros países em desenvolvimento seja um movimento compensatório. A pressão tanto interna quanto externa para que os governantes chineses adotem medidas de estímulo ao mercado interno é muito forte. Responsáveis por políticas públicas também pedem que os países que apresentam superávits comerciais, como a Alemanha, relaxem a propensão ao arrocho salarial (Livro I) e estimulem o consumismo (Livro II), a fim de auxiliar o crescimento econômico global (até o momento, a Alemanha se recusou a tomar essas medidas). Creio que é muito útil refletir sobre a situação contemporânea tendo em mente o arcabouço geral dos esquemas de reprodução, desde que eles sejam empregados de maneira ampla e flexível.

O outro modo de encarar o problema, porém, decorre diretamente do fato de que o consumo produtivo deriva do reinvestimento na expansão. Não existe nenhuma regra de ouro fixando a relação entre o consumo pessoal da classe capitalista e seus incentivos para reinvestir em expansão. No Livro I, essa decisão foi descrita como um conflito fáustico em todo capitalista entre o desejo de fruição e a necessidade ou o impulso de reinvestir. Mas o reinvestimento depende não só do poder e da intensidade das leis coercitivas da concorrência, mas também das expectativas e perspectivas de altos lucros – que, por sua vez, dependem do comportamento do capitalista em relação ao risco futuro e à incerteza. Seja como for, a expansão da demanda agregada é tão suscetível a ondas de expansão e reinvestimento quanto a expansões no consumo pessoal dos trabalhadores, dos capitalistas ou de outra camada da população.

Há outras diferenças importantes em relação ao Livro I. Marx, no Livro I, parece muito menos interessado nos detalhes técnicos do que na reprodução da relação de classe entre capital e trabalho, e na "missão história" de uma burguesia que se vê comprometida com a acumulação ilimitada ("acumulação pela acumulação"). Ele está mais interessado em saber *por que* do que *como* o capital poderia ser perpetuamente acumulado. Ao ler esses capítulos, é importante lembrar que a reprodução da relação de classe, embora raramente invocada, é ainda fundamental.

Dada a forma matemática dos esquemas de reprodução, não surpreende descobrir que foram elaborados com as ferramentas matemáticas mais poderosas da economia na época. Assim, embora grande parte do Livro II permaneça na sombra do pensamento e da teorização marxista, os esquemas de reprodução são mais conhecidos e têm sido estudados e aperfeiçoados por diversos economistas, marxistas e não marxistas. Por essa mesma razão, esses esquemas também parecem ter desempenhado um papel subterrâneo no desenvolvimento da popular teoria moderna do crescimento econômico. Apesar de os teóricos da literatura, os historiadores, os teólogos, os filósofos e demais intelectuais interessados nos escritos de Marx raramente discutirem os esquemas e sua interpretação, os economistas se deleitaram com isso. Alguns concluíram até que Marx tinha finalmente caído em si e trocado o absurdo modo de investigação dialético e relacional pelos métodos da ciência econômica convencional.

Discordo dessa visão. Evidentemente, o conteúdo dialético/relacional da seção III é velado, se não ausente (o fantasma de Hegel desaparece). Mas vimos desde o princípio que Marx está mais do que preparado para aceitar arcabouços gerais (e não dialéticos) propostos na economia política burguesa. Ele frequentemente embute técnicas de construção de "modelos" aceitáveis para a economia convencional (como o da lei geral da acumulação capitalista, no Livro I) numa crítica dialética/relacional e histórica mais ampla. Que essa crítica mais ampla esteja nitidamente ausente de grande parte do Livro II não prova a mudança de método. Como ficou claro quando estabelecemos a conexão entre a análise muito mais relacional e histórica do capital comercial e do capital portador de juros no Livro III e as exposições técnicas do Livro II, a natureza global do projeto de Marx em *O capital* implica uma poderosa crítica dialética, social e relacional que nasce das contradições da ciência político-econômica burguesa. Eu diria que cabe a nós descobrir essa crítica, ou aplicá-la à incompleta seção III do Livro II.

A maneira óbvia de fazer isso é perguntar: onde estão as contradições e antinomias ocultas nos esquemas que parecem descrever a expansão fluida e contínua da acumulação do capital? Uma contradição óbvia é o conflito entre a tendência ao arrocho salarial e ao crescente empobrecimento exposto no Livro I e o papel "decisivo" do consumo da classe trabalhadora para a realização de valores no Livro II. Outra contradição aparece na análise de Marx a respeito da impossibilidade de conciliar reposição, reparo e manutenção de capital fixo com as condições de equilíbrio descritas nos esquemas, exceto por meio de crises. Há, como veremos, outras possibilidades.

É útil acrescentarmos aqui um exemplo da elaboração ulterior realizada pela ciência econômica a partir das ideias básicas presentes nos esquemas de Marx. Faço isso não só para indicar sua importância, mas também para dar uma ideia mais clara do que significam esses esquemas e mostrar seu potencial para aplicações práticas. Por volta do fim da década de 1930, Wassily Leontief, um economista de origem russa que emigrou primeiro para a Alemanha e dali para os Estados Unidos nos anos 1930, baseou-se nos modelos de Marx para criar o que depois ficou conhecido como "a análise insumo-produto". A Figura 6 ilustra uma matriz típica de Leontief: os dados de insumos para diferentes indústrias (para as quais os insumos vêm) estão nas colunas, e os dados de produtos dessas indústrias (para as quais eles vão) estão nas linhas. Com uma matriz insumo-produto, é possível estimar que quantidade de insumos extras (digamos, carvão, energia e minério de ferro) será necessária para aumentar o nível de produtos numa dada indústria (por exemplo, o produtos de aço) e identificar os insumos que promovem o aumento da produção de carvão (por exemplo, maquinaria extra e aço extra nessa maquinaria) para aumentar a produção de aço. A análise insumo-produto, que deu o Prêmio Nobel de Economia a Leontief em 1974, foi amplamente utilizada pelas economias capitalistas avançadas como uma ferramenta de planejamento nos prósperos anos pós-guerra e até hoje tem um papel crucial na contabilidade nacional. Essa técnica também foi empregada nos planos quinquenais e decenais típicos dos regimes comunistas, além de países democráticos e quase capitalistas, como a Índia, após a sua independência. Ela se tornou, em suma, uma ferramenta fundamental para o planejamento centralizado.

Figura 6

Produtos \ Insumos	Agricultura	Mineração	Energia	Manufatura	Construção	Serviços	Governo	Output total
Agricultura	300	10	100	20	40	10	200	680
Mineração	30							–
Energia	50							–
Manufatura	150							–
Construção	40							–
Serviços	70							–
Governo	40							–
Insumo total	680	–	–	–	–	–	–	–

Uma matriz de insumos e produtos, segundo Leontief

Lidas verticalmente, as colunas mostram de onde vêm os *inputs* de cada setor (*N.B.*: a agricultura fornece insumos para a própria agricultura, como sementes ou forragem). Lidas horizontalmente, informam para onde vão os *outputs* de cada setor (por exemplo, a agricultura). Nessa tabela, os *inputs* são iguais aos *outputs*, de modo que a economia se encontra em estado de reprodução simples.

Leontief construiu principalmente modelos de fluxos de material (valor de uso), ao passo que Marx usava na maior parte das vezes fluxos de valores. Com dados adequados sobre insumos e produtos em diferentes indústrias, é possível alocar investimentos e trabalho para diferentes aspectos da divisão social do trabalho e assegurar assim um crescimento equilibrado. Do contrário, há sempre o perigo de que gargalos – por exemplo, na produção de aço ou energia – impeçam o crescimento em algum outro lugar. A alocação social racional de investimentos e trabalho tornou-se um aspecto vital na política pública de muitos países do mundo, e sob circunstâncias políticas muito diversas. Embora o planejamento centralizado tenha adquirido má fama, versões mais sofisticadas são aplicadas hoje em empresas para otimizar a eficiência em sistemas complexos de produção.

O principal problema, no entanto, é saber como Marx interpretava esses esquemas. Ele pressupõe que os produtos e os insumos de dois setores que produzem respectivamente bens de consumo e meios de produção estão em equilíbrio em termos de fluxos de valor (na verdade, ele não usa a palavra "equilíbrio", mas "proporcionalidade necessária"). Isso pressupõe que a acumulação harmoniosa e infinita de capital é realmente possível no modo de produção capitalista? Engels, em seu prefácio, parece incomodado com o fato de que o material não fornecia suporte à agitação política, e Rosa Luxemburgo pensava que aceitar a validade desses esquemas tornava as lutas políticas sem sentido. Ou Marx quer mostrar que a acumulação harmoniosa é impossível no capitalismo, porque as alocações do mercado não podem convergir nas proporcionalidades corretas? Segue-se daí, então, que uma alocação proporcional de trabalho em diferentes aspectos da divisão do trabalho somente seria possível no comunismo? "Cabe investigar mais adiante", escreve Marx, esperançoso, "como essa questão se apresentaria, no suposto de que a produção fosse coletiva e não possuísse a forma da produção de mercadorias" (556). Infelizmente, ele jamais cumpriu a promessa.

Mesmo que, como argumenta Marx, fosse muito improvável que os capitalistas individuais, que trabalham para seu próprio interesse em resposta aos sinais do mercado, atingissem a proporcionalidade correta – "exceto por acidente" –, minicrises de "desproporcionalidade" poderiam manter o sistema oscilando em torno de uma via de crescimento equilibrado e sustentável. Afinal de contas, no Livro I ele já havia observado que "essa tendência constante das diferentes esferas de produção de se pôr em equilíbrio é exercida apenas como reação contra a constante supressão desse mesmo equilíbrio" (C1, 430). No Livro I, o colapso do modelo de acumulação não é atribuído a uma insustentabilidade técnica qualquer, mas ao crescente empobrecimento das massas, que se levantariam e expropriariam o grupo cada vez menor e mais rico de expropriadores. Marx não afirma um imperativo revolucionário desse tipo no fim do Livro II. Na medida em que o Livro II mostra que a classe trabalhadora contribui ativamente para a realização mediante o consumo, a política do Livro I é, como vimos, atenuada, se não negada.

As ideias apresentadas na seção III do Livro II foram concebidas no início dos anos 1860, mas só foram elaboradas na década seguinte, culminando em 1878, quando Marx se dedicou a elaborá-las melhor em sua última obra teórica. Esses capítulos são, portanto, posteriores à redação da maior parte do Livro III e foram redigidos após a publicação do Livro I. Foram escritos numa época em que os salários na Inglaterra haviam tido um aumento constante ao longo de um quarto de século, e os trabalhadores compartilhavam alguns dos benefícios obtidos com o aumento da produtividade (uma mudança, por assim dizer, da produção de mais-valor absoluto para a de mais-valor relativo). As ideias são exploradas de modo técnico e, em grande medida, não dialético. Deixam de lado grandes questões históricas e sociais, além de problemas relativos à formação de crises (ainda que muitas possibilidades de crises sejam reveladas).

Estudos subsequentes aprofundaram em muitos sentidos as qualidades técnicas dos esquemas, aperfeiçoando-os muito no que diz respeito à sofisticação matemática e à apresentação. Mas ao invés de resolver o mistério deixado por Marx, esses aprofundamentos o agravaram. Por exemplo, num estudo recente Andrew Trigg diz que, "na ausência de qualquer afirmação clara sobre as tabelas de reprodução, não há consenso quanto ao seu propósito, como elas se relacionam com o restante do Livro II de *O capital* e como se relacionam com a obra com um todo"[2]. Em resumo, interpretar Marx nos próprios termos de Marx é praticamente impossível nesse caso.

Apresentar esses capítulos a um público pouco familiarizado com as teorias econômicas marxistas e contemporâneas impõe dificuldades que vão muito além do habitual problema do caráter incompleto e digressivo dos argumentos e da complexa linguagem de crítica e contracrítica, para não mencionar a propensão de Marx a se estender no cálculo de trivialidades e empregar exemplos aritméticos tortuosos. As explorações matemáticas dos esquemas que foram feitas subsequentemente levam a terrenos nos quais raramente se aventuram os reles mortais, porque neles a exposição de Marx é quase sempre rarefeita. Esse é um problema sério, porque o modo como interpretamos tais esquemas afeta a interpretação de conceitos fundamentais, como valor e preço, e ao mesmo tempo, se tratado em conjunto com o Livro I, cria uma figura inteiramente distinta da dinâmica da reprodução do capital. O melhor que posso fazer nessas circunstâncias é me ater o mais possível ao texto e ao assunto, deixando de lado aquilo que parece mais redundante ou trivial. Acrescento em nota uma lista de leituras para os que desejam se aprofundar nessas questões[3]. Mas em algum momento eu e você, leitor, teremos de encarar o espinhoso problema do significado desses esquemas.

---

[2] Andrew Trigg, *Marxian Reproduction Schema: Money and Aggregate Demand in a Capitalist Economy* (Nova York, Routledge, 2006), p. 2.

[3] Há uma extensa bibliografia sobre os esquemas de reprodução. Algumas obras requerem um grande conhecimento de matemática, e a ênfase geral é na análise dos aspectos técnicos do processo de reprodução; os pressupostos mais restritivos de Marx ganham um destaque menor. Os textos clássicos são: Henryk Grossmann, *The Law of Accumulation and the Breakdown of the Capitalist System: Being Also a Theory of Crises* (Londres, Pluto, 1992); Paul M. Sweezy, *The Theory of Capitalist Development: Principles of Marxian Political Economy* (Nova York, Monthly Review Press, 1942) [ed. bras.: *Teoria do desenvolvimento capitalista*, trad. Waltensir Dutra, 2. ed., São Paulo, Nova Cultural, 1986]. Sobre as objeções de Rosa Luxemburgo, ver *The Accumulation of Capital* (Londres, Routledge, 1951) [ed. bras.: *A acumulação do capital*, trad. Otto Erich Walter Maas, 2. ed., São Paulo, Nova Cultural, 1985]. Outros estudos: Meghnad Desai, *Marxian Economics* (Oxford, Blackwell, 1979) [ed. bras.: *Economia marxista*, trad. Waltensir Dutra, Rio de Janeiro, Zahar, 1984]; Michael C. Howard e John E. King, *The Political Economy of Marx* (Londres, Longman, 1975); Shinzaburo Koshimura, *Theory of Capital Reproduction and Accumulation* (Kitchener, DPG, 1975). Para os que estiverem interessados num desenvolvimento matematicamente rigoroso do argumento, segundo uma perspectiva keynesiana, ver Andrew Trigg, *Marxian Reproduction Schema*, cit. Para uma sofisticada exploração neoclássica dos esquemas, ver Michio Morishima, *Marx's Economics: A Dual Theory of Value and Growth* (Londres, Cambridge University, Press, 1973).

O CAPÍTULO 18 DO LIVRO II: INTRODUÇÃO

O principal objetivo de Marx nesse capítulo introdutório (do qual ele rapidamente se desvia) é analisar a economia como uma totalidade social, constituída de uma miríade de atividades individuais, e de que forma essa totalidade é estruturada. Ele inicia o capítulo lembrando a importância da continuidade no fluxo do capital – como o ciclo monetário parece mediar o ciclo produtivo do capital (e vice-versa) num processo de "repetição constante". O resultado é a "perpétua ressurgência" do capital "como capital produtivo", condicionada por "suas transformações no processo de circulação". É muito importante ter em mente a ideia das constantes metamorfoses da forma (de dinheiro em produção, de produção em mercadoria e desta novamente em dinheiro). Tal concepção do capital como processo e fluxo é, no fim das contas, o que torna tão especial o conceito marxiano de economia e capital. Diz ele:

> Cada capital singular, no entanto, forma apenas uma fração autonomizada do capital social total – uma fração dotada, por assim dizer, de vida individual –, assim como cada capitalista singular não é mais que um elemento individual da classe capitalista. O movimento do capital social consiste da totalidade dos movimentos de suas frações autonomizadas [...]. (449)

É muito importante ter em mente a independência e a autonomia do capital individual como um traço fundamental do modo de produção capitalista. Não podemos jamais esquecer que a individualidade e a autonomia não são direitos concedidos pela natureza, mas um produto histórico do advento de uma sociedade de mercado, do direito burguês, da monetarização e da mercadorização, todos eles precondições necessárias para o surgimento do modo de produção capitalista. Acho estranho que se diga tão frequentemente que Marx nega a individualidade e a possibilidade de autonomia, quando na verdade ele se refere continuamente à importância delas, e conta como elas se desenvolveram.

Além disso, o consumo produtivo implica a "conversão de capital variável em força de trabalho". O trabalhador entra em cena como portador da mercadoria força de trabalho (mais uma precondição para o surgimento do modo de produção capitalista). Mas os trabalhadores também compram mercadorias para o seu consumo individual. "Aqui a classe trabalhadora se apresenta como compradora, e os capitalistas como vendedores de mercadorias aos trabalhadores" (450). Os indivíduos dessas duas grandes classes estabelecem relações mútuas como compradores e vendedores, relação muito diferente daquela entre produtores e expropriadores de mais-valor. O consumo da classe trabalhadora (seu consumismo) torna-se um momento importante na realização de valores no mercado. E o trabalhador, como qualquer outro, tem autonomia e poder de escolha como comprador.

> O ciclo dos capitais individuais, considerados em seu conjunto como capital social, ou seja, em sua totalidade, compreende não apenas a circulação do capital, mas também a circulação geral das mercadorias. Primordialmente, esta última só pode consistir de dois componentes: 1) o próprio ciclo do capital e 2) o ciclo das mercadorias que entram no consumo individual, ou seja, das mercadorias nas quais o trabalhador gasta seu salário e o capitalista seu mais-valor (ou parte dele). (450)

Marx revisa explicitamente a relação entre a exposição aqui realizada e aquela apresentada no Livro I. Neste último, o pressuposto de que tudo era trocado por seu valor permitiu que ele abstraísse das questões de circulação, afora a compra e venda de força de trabalho. No entanto, as seções I e II do Livro II se concentram mais na circulação do que nos processos de produção e nos introduzem nas complexidades do tempo de circulação. A análise permanece fundamentalmente no nível do "capital individual, do movimento de uma parte autonomizada do capital social" (451). "Cabe considerar, agora, o processo de circulação (*que, em sua totalidade, é uma forma do processo de reprodução*) dos capitais individuais como componentes do capital social total, ou seja, o processo de circulação desse capital social total" (452; grifos meus). Não podemos esquecer que aqui se trata da reprodução das relações de classe, assim como da reprodução das mercadorias e do capital por meio da circulação.

Assim, chega o momento de considerar como se reproduz o capital social total. Mas o que vem a seguir é uma digressão (ou talvez devêssemos chamar de "inserção") sobre o papel do capital monetário em tudo isso. Apesar de dizer que essa questão deveria ser analisada posteriormente, Marx decide analisá-la aqui. A mudança tem certa importância. Quando se trata de fluxos de mercadorias, a questão dos usos das mercadorias vem em primeiro plano. Quando se trata de fluxos de dinheiro, é possível abstrairmos dos usos e nos concentrar em quantidades e relações quantitativas. Retornarei a essa diferença mais adiante. Se existe um sério problema na reprodução ampliada, parece que ele está de algum modo ligado às intervenções do capital monetário. Em mais de uma ocasião, Marx afirma que o uso social e racional dos esquemas para planejar a produção exige primeiro a abolição dos poderes do capital monetário.

Do ponto de vista do capital individual, o capital monetário "aparece [...] como *primus motor* [primeiro motor] a mover o processo inteiro" (452). Perceba, uma vez mais, a importância da palavra "aparece". Do mesmo modo, a produção capitalista de mercadorias, "considerada tanto social como individualmente", pressupõe o capital em forma-dinheiro, ou o capital monetário "como *primus motor* para todo novo negócio que se inicia e como motor contínuo. O capital circulante, em especial, pressupõe a repetida aparição, em intervalos mais breves, do capital monetário como motor" (453). À primeira vista, essa é uma concepção de dinheiro bastante diferente daquela exposta no começo do Livro II, na qual o dinheiro não era definido como capital, uma vez que somente podia realizar as funções monetárias de comprar e vender. Se ele aparece aqui como capital, isso se deve presumivelmente ao seu caráter fetichista (que é fundamental na análise do capital monetário do Livro III). Além disso, como mostra o Livro I, a quantidade desse capital monetário não tem nenhum limite, absoluto ou inerente.

As implicações são inúmeras. O dinheiro é uma forma de poder social apropriável por pessoas privadas. Do ponto de vista do indivíduo, não há nenhum limite à quantidade de poder monetário que um capitalista pode acumular. Mas parece haver um limite na sociedade, sobretudo se vivemos num mundo em que o dinheiro é o "pivô" de todo o sistema monetário. Há várias maneiras de ultrapassar o limite imposto pelo ouro – aumentar a velocidade, emitir papéis-moeda, usar dinheiro como meio de pagamento e criar um sistema de crédito. Jamais se deve abordar uma economia agregada a partir da ideia de que há um limite à quantidade de dinheiro disponível. Como o dinheiro perdeu sua base metálica, os bancos centrais podem criá-lo ilimitadamente. O Federal Reserve pode anunciar que injetará outro trilhão de dólares na economia quando bem quiser. Mesmo que na prática isso esbarre em limitações políticas (que podem levar a uma depressão financeira), sempre é possível contorná-las.

Marx, porém, muda de direção: "Ao capital se incorporam elementos de produção cuja expansão, dentro de certos limites, é independente da grandeza do capital monetário adiantado" (453). Ele volta a se referir a um item do capítulo 22 do Livro I cujo título é: "Circunstâncias que, independentemente da divisão proporcional do mais-valor em capital e renda, determinam o volume da acumulação [...]" (C1, 674). Isso inclui: fazer os trabalhadores trabalharem mais pesado, aumentar a eficiência da produção de todas as maneiras possíveis, inclusive aplicando avanços científicos "que não custam nada ao capitalista", explorar "as forças naturais gratuitas", assim como investimentos passados no ambiente construído, que foram amortizados há muito tempo ("todo o capital já investido nesse solo foi reembolsado, com juros, por diversas vezes, o que significa que, desde há muito tempo, a sociedade já recomprou por diversas a propriedade fundiária" [356]), o uso da ciência e da tecnologia, a reorganização da cooperação e a redução dos tempos de rotação (C1, 678-84).

Tudo isso são bens gratuitos, dos quais o capitalista pode extrair um valor extra sem pagar nada, ou sem adiantar um capital monetário extra.

> No entanto, isso tudo não guarda relação alguma com o verdadeiro problema do capital monetário. É apenas a evidência de que o capital adiantado [...], depois de transformado em capital produtivo, inclui potências produtivas cujos limites não estão dados pelos limites de valor desse capital, mas que podem atuar de modo distinto, extensiva ou intensivamente, no interior de um dado campo de ação. (455)

Não está claro por que Marx se sentiu impelido a nos lembrar de tudo isso. Embora o capital monetário apareça como o primeiro motor, e como o motor autossuficiente da produção de valor e mais-valor (portanto, para a reprodução do capital), obviamente isso não é a única coisa que importa. Por um lado, Marx parece querer diminuir sua importância, mas, por outro, também reconhece que:

> operações mais extensas, de maior duração, exigem adiantamentos maiores de capital monetário por um período mais longo. A produção em tais esferas depende, assim, dos limites dentro dos quais o capitalista disponha de capital monetário. Tais limites [surpresa!] são transpostos pelo sistema de crédito e as associações a ele vinculadas, como, por exemplo, as sociedades por ações. As perturbações no mercado monetário paralisam esses negócios, enquanto estes, por sua vez, causam perturbações em tal mercado. (456)

Os investimentos de longo prazo aparecem diversas vezes no Livro II como uma questão séria. Se aqui há argumentos para um colapso total na dinâmica da acumulação do capital, então o foco principal seria o problema dos investimentos de capital fixo de longa duração. A dificuldade é que esses investimentos são largamente pressupostos nos esquemas de reprodução, mas não sem antes sermos lembrados de seus potenciais efeitos perturbadores, tanto para o capital como para qualquer alternativa.

> Sobre a base de uma produção socializada [suponho que Marx se refira à produção socialista ou comunista, mas também pode estar se referindo aos capitais associados], será preciso determinar a escala em que essas operações – que, por um longo tempo, subtraem força de trabalho e meios de produção, sem fornecer, nesse ínterim, qualquer produto como efeito útil – poderão ser executadas sem prejudicar os ramos da produção que, de maneira contínua ou várias vezes por ano, não só subtraem força de trabalho e meios de produção, como também fornecem meios de subsistência e de produção. Na produção socializada, tal como na capitalista, os trabalhadores que operam em ramos de negócios com períodos de trabalho mais curtos continuarão a retirar produtos apenas por um período relativamente curto, sem restituir produto algum, ao passo que os ramos de negócios com períodos prolongados de trabalho subtrairão

produtos de maneira contínua, e durante intervalos mais longos, antes de restituir alguma coisa. Essa circunstância deriva, portanto, das condições materiais [*sachlichen*] do respectivo processo de trabalho, não de sua forma social. Na produção socializada, o capital monetário deixa de existir. A sociedade distribui a força de trabalho e os meios de produção entre os diversos ramos de negócios. Os produtores podem, por exemplo, receber vales de papel, com os quais podem retirar dos estoques sociais de consumo a quantidade de produtos correspondente a seu tempo de trabalho. Esses vales não são dinheiro. Não circulam. (456)

Passagens desse tipo nos introduzem numa ideia recorrente nesses capítulos: o papel potencial desses esquemas na construção de uma economia alternativa socialista ou comunista. Não comentarei esse ponto em detalhes, mas devo dizer que a forma como lidamos com projetos de grande escala e de longo prazo é tão fundamental para a construção de qualquer alternativa substantiva ao modo de produção capitalista quanto problemática para as leis de movimento do capital. Há também uma importante sugestão de contradição entre os equilíbrios de forma material e os equilíbrios de fluxo de valor – um tópico a que retornarei mais adiante. E de que forma o poder do capital monetário será distribuído é uma questão em aberto. No decorrer desses capítulos, no entanto, Marx sugere frequentemente que a circulação de mercadorias "pode ter lugar sobre a base de uma produção não-capitalista" (451). Essa circulação existia antes do surgimento do modo de produção capitalista, e presumivelmente se manterá depois que ele for superado.

O CAPÍTULO 19 DO LIVRO II: EXPOSIÇÕES ANTERIORES DO MESMO OBJETO

É geralmente reconhecido que Marx baseou seus esquemas no *Tableau économique*, elaborado pelo cirurgião e economista francês François Quesnay e publicado pela primeira vez em 1757-1759. Quem era Quesnay, e por que sua formulação foi tão especial e importante? Quesnay (1694-1774) era cirurgião da corte de Luís XV. Como médico e confidente privilegiado do rei, não só acompanhou os avanços da medicina como também refletiu consideravelmente sobre a natureza do corpo político. Ele ficou impressionado com a descoberta de William Harvey, que revolucionou o conhecimento médico a respeito da circulação do sangue, e enxergou nela paralelos com a circulação do capital no corpo político.

Sempre apreciei o paralelo entre a circulação do capital e a circulação do sangue (talvez porque eu tenha nascido a cerca de sessenta quilômetros de distância do local de nascimento de William Harvey!). Cito esse paralelo como uma ideia fundamental na introdução de *O enigma do capital*, mas esqueci que Quesnay foi o primeiro a sugeri-lo – até ser bruscamente lembrado disso ao reler o Livro II de *O capital* para escrever este livro.

A teoria de William Harvey sobre a circulação do sangue refutou a teoria de Galeno, que foi predominante durante muitos séculos. Na teoria de Galeno, o coração era o centro da produção de sangue, que dali fluía para vários órgãos e era consumido. Esse é um modelo de mão única da produção que flui para o consumo. William Harvey viu o coração como uma bomba que mantém o sangue em contínua circulação através do corpo; enquanto isso, o sangue é limpo e renovado por uma transformação metabólica de substâncias vindas de fontes externas. Quesnay aplicou a concepção de Harvey ao campo da economia política, e Marx, sempre interessado na fluidez, na continuidade e nos fluxos de valor, foi atraído pelo modo de pensar de Quesnay. O problema é que Quesnay insistia que o valor era produzido unicamente na agricultura, e a produção industrial era um parasita da agricultura. Ele não ousou criticar o consumo ostentador de Versalhes ou o consumismo da aristocracia; ao contrário, defendeu a ideia de que tanto o campesinato quanto a aristocracia fundiária estavam empenhados na produção de valor, mascarando assim a extração de excedentes do campesinato. Essa visão "fisiocrata" (predominantemente francesa) contrastava com o "mercantilismo" (predominantemente inglês, àquela época), que via a acumulação de reservas de ouro pelo comércio como o Santo Graal da política econômica.

Marx contrapunha-se a ambas as escolas de pensamento. Contudo, dadas as estruturas industriais que prevaleciam na França, as ideias fisiocratas de Quesnay eram plausíveis, já que era o excedente extraído da agricultura que sustentava uma estrutura industrial artesanal (muito diferente das fábricas que Marx viu) dedicada em grande parte à produção de artigos de luxo (joias, roupas finas, cerâmica, tapeçaria etc.) para o consumo da aristocracia (visite Versalhes, onde Quesnay viveu, e veja o que era produzido pela indústria da época).

Marx, apesar de rejeitar as teorias fisiocratas de Quesnay, ficou interessado por seu modelo de fluxo da economia. Ele parecia oferecer uma maneira científica de romper o modelo "silogístico fraco" da economia política clássica, segundo o qual, à maneira de Galeno, a centralidade da produção predominava sobre as particularidades da distribuição até ser totalmente consumida pelas atividades singulares do consumo. Como escreveu Piero Sraffa – colega muito próximo de Keynes e editor das obras completas de Ricardo – num texto de grande importância para o argumento desenvolvido aqui:

> É decerto no *Tableau économique* de Quesnay que encontramos o quadro original do sistema de produção e consumo como um processo circular, e isso se encontra em fla-

grante contraste com a visão, defendida pela teoria moderna, de uma avenida de mão única que conduz dos "fatores de produção" aos "bens de consumo".[4]

É importante ressaltar que essa última visão é puro Galeno e continua a dominar o pensamento econômico convencional.

Sei que estou me afastando do texto de Marx nesse ponto, mas é porque penso que o argumento tem uma importância vital. Se, como sugere Sraffa, a teoria econômica contemporânea continua presa ao modelo de Galeno, e se Marx aceitou o modelo de Quesnay e William Harvey, então há ainda uma separação radical entre a teoria econômica burguesa e Marx no campo da economia política. Em *O enigma do capital*, utilizei essa separação para explicar não só por que a economia política burguesa foi incapaz de perceber a ameaça de risco sistêmico e possível falência, mas também como a teoria marxiana das interrupções na continuidade do fluxo de capital e o potencial surgimento de bloqueios (desde a oferta de trabalho até recursos naturais ou ausência de demanda efetiva) revela de onde poderiam surgir essas crises. A incapacidade de contornar ou transcender as barreiras, ou remover os bloqueios, levaria ao colapso do movimento do capital e à morte do corpo político capitalista, tão certo quanto bloqueios arteriais podem provocar a morte do corpo humano. A metáfora, ainda que excessivamente dramática, tem alguns corolários interessantes. Na teoria de Galeno, o remédio típico eram as sangrias (leia-se: austeridade), seguidas de transfusões (leia-se: alívio quantitativo e liberação de liquidez pelos bancos centrais), mas nenhuma das duas fazia sentido do ponto de vista da teoria de Marx. As políticas de estabilização que surgem da teoria de Marx exigiriam uma análise dos muitos pontos de bloqueios e barreiras que impedem a continuidade do fluxo do capital, e um ataque simultâneo para levar o sistema de volta àquele equilíbrio que os esquemas de reprodução mostram que talvez seja possível – e enfatizo o "talvez", porque não há nenhuma certeza nisso.

Mas a proposição básica de Marx permanece: se o fluxo de capital for interrompido por muito tempo, o capital morre. Precisamos de um modelo de fluxo para en-

---

[4] Piero Sraffa, *The Production of Commodities by Means of Commodities* (Cambridge, Cambridge University Press, 1960) [ed. bras.: *Produção de mercadorias por meio de mercadorias*, trad. Elizabeth Machado Oliveira, Paulo de Almeida e Cristiano Monteiro Oiticica, São Paulo, Nova Cultural, 1997]. Sraffa mostrou que o arcabouço neoclássico da economia era inteiramente fundado numa tautologia. Suas técnicas foram postas em prática por alguns economistas marxistas – sobretudo por Ian Steedman, *Marx After Sraffa* (Londres, Verso, 1977) – para destruir a noção predominante (não dialética) da teoria do valor em Marx; já os teóricos neoclássicos, após certa controvérsia, decidiram ignorar inteiramente suas provas e descobertas matemáticas! Para escapar da tautologia, os neoclássicos teriam de reformular dialeticamente seus argumentos, mas eles não tinham a mínima ideia de como fazer isso.

tender essa dinâmica, e Marx, baseado em Quesnay, foi o primeiro a mostrar como ele poderia ser construído. Assim, não nos surpreenderia que os pensadores burgueses que seguiram nessa direção (por exemplo, alguns teóricos da macroeconomia) tivessem se inspirado – se ousassem confessar – nas inovações fundamentais de Marx, ainda que tenham levantado questões difíceis relativas ao estatuto dos esquemas de reprodução na teoria geral de Marx sobre as leis de movimento do capital.

Há outro ponto importante a respeito da formulação de Quesnay. Precisamente porque estava interessado na continuidade do fluxo, Quesnay se tornou um enérgico defensor da liberdade de circulação e movimento. Essa liberdade era impedida na França não só por obstáculos físicos ao transporte, mas também pelos inúmeros pedágios e tarifas que os poderes locais cobravam em pontes e estradas. Quesnay defendia a redução e a eliminação de todas as barreiras sociais e políticas que impediam o movimento. Ele foi o primeiro a usar o termo "*laisser-faire*" – que Adam Smith popularizou e, em seguida, seria adotado por toda a escola ricardiana de livre-cambistas.

Na verdade, Marx dedica pouca atenção a Quesnay no capítulo 19. O capítulo é dominado por uma crítica àquilo que Marx chama, em outro lugar, de "ridícula tolice" da interpretação que Adam Smith faz de Quesnay. Smith corrigiu a visão errônea de Quesnay de que o valor só poderia ser criado na produção agrícola. Ao fazê-lo, porém, propôs equivocadamente uma teoria do valor que somava as rendas de cada um dos fatores básicos de produção – terra, trabalho e capital – identificados por Quesnay. Obviamente, essa teoria do valor é radicalmente diferente daquela que é apresentada tanto na versão tradicional quanto na versão marxista da teoria do valor-trabalho. Segundo Marx, essa é a "fórmula absurda" que dominou a economia política até Ricardo (486-93). A teoria aditiva do valor, de Adam Smith, foi posteriormente modificada pela corrente neoclássica, a fim de estabelecer preços pela combinação dos custos marginais (em vez dos valores absolutos) desses fatores básicos de produção: terra, trabalho e capital (o modelo de Galeno entra em ação). A escassez relativa dos diferentes fatores de produção ocupou o centro do pensamento econômico burguês. E a "fórmula absurda" de Smith sobrevive até hoje.

Marx não compartilha de nada disso. Em suas obras, ele se mostrou sempre obcecado pela ideia de contrariar a "ridícula tolice" de Adam Smith, e um de seus objetivos ao desenvolver os esquemas de reprodução era certamente desacreditar a interpretação de Smith e sua influência subsequente[5]. Quando o valor é equiparado à renda extraída da terra, do trabalho e do capital, não sobra espaço na teoria

---

[5] Esse é o principal argumento de Fred Moseley, "Marx's Reproduction Schemes and Smith's Dogma", em Christopher John Arthur e Geert A. Reuten (orgs.), *The Circulation of Capital*, cit.

para a reposição do capital constante utilizado. Nessas condições, a reprodução do capital seria impossível:

> A estreiteza da visão reside aqui no fato de que Smith, do mesmo modo como, antes dele, Quesnay, não vê na reaparição do valor do capital constante sob uma forma nova um importante fator do processo de reprodução, mas apenas mais uma exemplificação – e, ainda por cima, falsa – da distinção que ele introduz entre capital circulante e capital fixo. (462)

Há aqui uma ligação, portanto, com a crítica de Marx às categorias smithianas de capital fixo e circulante, esboçadas anteriormente (no capítulo 3 deste livro). Marx conclui que "a confusão de ideias smithiana persiste até os dias de hoje, e seu dogma é um dos artigos ortodoxos de fé da economia política" (493).

O CAPÍTULO 20 DO LIVRO II: A REPRODUÇÃO SIMPLES

O capítulo 20 corresponde ao capítulo 21 do Livro I, que tem o mesmo título. Lembre-se de que, no Livro I, as questões técnicas sobre a reprodução do capital foram subordinadas por Marx à reprodução da relação de classe entre capital e trabalho. Embora a análise do Livro II antecipe os aspectos técnicos do problema da reprodução do capital, é útil ler esse material tendo como pano de fundo a necessidade de reproduzir a relação capital-trabalho como foi enfatizada no Livro I.

O objetivo de Marx é olhar para a circulação do capital social total. Ele quer saber "que características distinguem esse processo" de reprodução do capital social total "do processo de reprodução de um capital individual, e que características são comuns a ambos". Ele parte da posição do Livro I:

> O produto anual engloba tanto as partes do produto social que repõem capital – a reprodução social – como as partes que correspondem ao fundo de consumo e que são consumidas por trabalhadores e capitalistas, ou seja, tanto o consumo produtivo como o individual. Engloba igualmente a reprodução (isto é, a conservação) da classe capitalista e a da classe trabalhadora, bem como, por conseguinte, a reprodução do caráter capitalista do processo total de produção. (495)

O foco, como observamos anteriormente, é o capital em sua forma-mercadoria: "é preciso considerar o processo de reprodução do ponto de vista tanto da reposição do valor como da reposição da matéria dos componentes individuais de M'" (496). Isso se deve ao fato de que precisamos focar quais mercadorias são usadas para quais finalidades (consumo individual de trabalhadores e capitalistas *versus* consumo produtivo) e não podemos mais pressupor, como ocorre no caso da circulação de capitais individuais, que haja uma passagem sem percalços entre a conversão de M' em forma-dinheiro e a compra de meios de produção e força de trabalho. Precisamos saber como é possível que os meios de produção e a força de trabalho estejam disponíveis no mercado, nas quantidades certas e nos tempos certos. Além disso:

> o movimento da parcela do produto-mercadoria social que é consumida pelo trabalhador quando gasta seu salário e pelo capitalista quando gasta seu mais-valor não é só um elo integrante do movimento do produto total, mas algo que se entrelaça com o movimento dos capitais individuais, de modo que não é possível explicar o processo desse movimento simplesmente tomando-o por pressuposto. (496)

Os pressupostos gerais que prevaleciam na análise do Livro I não podem mais ser sustentados. Em particular, o consumo da classe trabalhadora e da classe capitalista, como consumo puro, é analisado de uma maneira que não cabia na perspectiva do Livro I, mas é considerado importante em vários pontos do Livro II: "A questão que se nos apresenta diretamente é: como se repõe, segundo seu valor e a partir do produto anual, o *capital* consumido na produção, e como o movimento dessa reposição se entrelaça com o consumo que os capitalistas e os trabalhadores efetuam, respectivamente, do mais-valor e do salário?" (496).

Mas para provar essa questão alguns pressupostos são necessários. Começamos com os pressupostos gerais de grande parte da análise do Livro II: "não só se pressupõe que os produtos se trocam por seu valor, mas também que não ocorre nenhuma revolução de valor nos componentes do capital produtivo" (496-7) (isto é, não ocorre nenhuma mudança tecnológica). O fato de que os preços podem divergir sistematicamente dos valores (uma proposição que deriva da análise do Livro III) e os valores sofrem revoluções contínuas, em razão das mudanças tecnológicas e organizacionais (um argumento do Livro I) "não altera em nada" – Marx ousa dizer – a linha geral desse argumento (497). Alguns pressupostos tácitos, presentes na maior parte do Livro II, também têm um papel importante nos esquemas de reprodução. Tratamos exclusivamente, por exemplo, de um modelo de capitalismo no qual existem apenas duas classes: capitalistas e trabalhadores fornecem toda a demanda agregada e toda a oferta dentro de um sistema fechado (apenas ocasionalmente são mencionadas outras classes ou o comércio global com formações não capitalistas). Na análise seguinte, pressupomos que tanto os capitalistas quanto os trabalhadores gastam com consumo toda a renda que têm, o período de rotação é anual (o problema do capital fixo é abordado, mas não entra no argumento) e não existem atividades improdutivas (como aquelas que Marx chama de *faux frais* da circulação capitalista). Marx esperava usar esse modelo "simplificado" de produção e circulação capitalista para explorar teoricamente as condições que poderiam gerar um crescimento equilibrado.

> A reconversão de uma parte do valor-produto em capital, o ingresso de uma outra parte no consumo individual tanto da classe capitalista como da classe trabalhadora compõem um movimento no interior do próprio valor-produto, valor no qual resultou o capital total; e esse movimento é reposição não só de valor como de matéria, sendo, portanto, condicionado tanto pela inter-relação dos componentes de valor do produto social como por seu valor de uso, sua configuração material. (498)

Mas há uma dificuldade. O que deve ser reposto nesse processo de reprodução não são apenas valores, mas valores de uso. Por exemplo, para que a classe trabalhadora se reproduza, é preciso que os valores de uso específicos que entram no valor da força de trabalho sejam produzidos nas quantidades certas. Os valores de uso específicos que são necessários para o consumo produtivo também precisam ser reproduzidos. É necessário pressupor que essas exigências físicas correspondem à reprodução necessária das relações de valor. Mas isso não é automático. Num sistema insumo-produto como o de Leontief, a quantidade de carvão e minério de ferro necessária para produzir o aço usado na fabricação das engrenagens dos automóveis pode entrar como um processo físico numa matriz de insumos e produtos. O modelo tem uma base material; seu fundamento é o valor de uso. Os fluxos financeiros que acompanham essas relações de valores de uso são um problema totalmente distinto. Um pode operar sem empecilhos, o outro não. Qual das duas bases escolheremos? Marx parece querer as duas. Nas páginas subsequentes, no entanto, ou os valores de uso e a configuração material do processo de reprodução social são excluídos da análise, ou se pressupõe que estabelecem de modo não problemático os preços e os fluxos de dinheiro e de valores. O que temos, após uma ampla distinção inicial entre setores da produção definidos em termos de valor de uso, é uma pura análise monetária/de valor do movimento do capital social total, análise que reflete as distinções e as exigências do valor de uso. As potenciais contradições entre a análise de valor e monetária e o fluxo material de valores de uso não são examinadas.

Dado o hábito de Marx de enfatizar, desde o início de *O capital*, as contradições entre o valor de uso e o valor de troca, ocultar essa tensão sugeriria que há um ponto a partir do qual surgirão as crises, e é nesse ponto que deveríamos procurar por rupturas dentro dos esquemas de reprodução. De fato, essa disjunção cria um conflito entre aqueles que interpretam esses esquemas em termos materiais, de valor de uso (referidos em geral como neo-ricardianos, entre eles Piero Sraffa), e aqueles que os entendem em termos monetários (como os keynesianos). O fato de Marx acreditar que o uso racional dos esquemas para a coordenação social exigiria a abolição prévia do papel do capital monetário sugere que esse é o ponto em que poderia residir a contradição primária no interior dos esquemas – embora o fato de que as exigências materiais da formação de capital fixo atrapalham a fluidez e a continuidade das coisas do ponto de vista dos fluxos monetários também sugira uma forma de contradição no lado material em relação aos movimentos monetários. Num certo sentido, suspeito que Marx possa ter interpretado o cisma subsequente entre as leituras neo-ricardianas e keynesianas como um caso clássico de contradição interna do capital exteriorizada no reino do pensamento. É claro que nada disso é mencionado no texto.

Essa seria, no entanto, minha aposta sobre o lugar da contradição fundamental no interior dos esquemas. Mas, considerando que o trabalho de explorar esses esquemas foi feito em grande parte por especialistas em economia matemática, e esses especialistas demonstram, na melhor das hipóteses, pouco apreço pela dialética e pela contradição (quando não as rejeitam completamente), não nos surpreende nem um pouco que esse ponto potencial de formação de crises tenha permanecido largamente inexplorado. E nós, parcialmente intimidados pelo virtuosismo matemático de nossos colegas economistas, temos fracassado amplamente na tentativa de abordar a questão. Mas voltemos ao texto...

Itens II e III: o intercâmbio em e entre setores

Nas páginas seguintes, Marx calcula as proporcionalidades necessárias à produção de meios de produção e meios de consumo, como delineadas anteriormente. Mas algumas arestas precisam ser aparadas:

> Essa conversão mútua, porém, efetua-se mediante uma circulação monetária que tanto lhe serve de medição como dificulta sua intelecção, mas que é de importância decisiva, porquanto a parte variável do capital tem sempre de reaparecer novamente em forma-dinheiro, como capital monetário que se converte de forma-dinheiro em força de trabalho. Em todos os ramos de negócio praticados simultaneamente, uns ao lado dos outros, na periferia inteira da sociedade, é preciso que o capital variável seja adiantado em forma-dinheiro, não importando se esses ramos pertencem ao setor I ou II. (502)

Assim, os trabalhadores do setor I usam seus salários para comprar meios de consumo do setor II e, desse modo, transformam metade do capital constante do setor II em forma-dinheiro que pode refluir para o setor I, onde ele pode voltar a funcionar como capital monetário para comprar força de trabalho. Se os capitalistas atrasam o pagamento aos trabalhadores, eles retardam o fluxo monetário que converterá em dinheiro o capital constante que já produziram e comercializaram no setor II. Por essa razão, "seja para adiantamentos de capital, seja para o dispêndio de renda, é preciso supor a existência, nas mãos do capitalista e ao lado do capital produtivo, de certas reservas de dinheiro" (503). Como no caso de tempos de rotação e de curso diferentes, é necessário que haja mais dinheiro em circulação do que a quantidade adequada à produção. Nas trocas entre os dois setores, alguns capitalistas precisam desembolsar o capital e outros têm de antecipá-lo. Assim, apesar do fato de que as duas categorias de capitalistas "pagaram uma a outra integralmente, mediante o intercâmbio de seus respectivos equivalentes-mercadorias", e o "dinheiro que cada um deles lançou na circulação, além dos importes de valor de suas mercadorias, como meio desse intercâmbio de mercadorias, retorna para eles *pro rata* [proporcionalmente] à cota que cada um lançou na circulação, [...] com essa operação eles não se enriqueceram um só centavo" (505). Além disso, está incluída "nisso tudo" a necessidade de que os trabalhadores façam sua parte, consumindo seus salários de maneira condizente com a produção no setor II, e de que a burguesia faça também a parte dela do lado do capital, consumindo inteiramente e de maneira apropriada o equivalente de seus rendimentos.

ITEM IV: MEIOS DE SUBSISTÊNCIA NECESSÁRIOS E ARTIGOS DE LUXO

Esse último ponto conduz Marx à questão da distinção entre o consumo de meios de subsistência necessários e o de artigos de luxo. Os trabalhadores do setor II recompram parte do valor dos bens que produzem e, com isso, fornecem aos capitalistas uma parte do dinheiro de que necessitam para continuar a produção. A relação de "loja de fábrica" que o capital e o trabalho estabelecem no reino do consumo é um tema frequente em *O capital* (inclusive no Livro I, em que Marx descreve os trabalhadores como um "apêndice" do capital não só na produção, mas também do consumo). Mas aqui há uma mudança importante, porque a "classe trabalhadora aparece como compradora e a classe dos capitalistas como vendedora" (506).

O setor II divide-se em dois. Uma parte produz "meios de consumo que entram no consumo da classe trabalhadora e que, na medida em que são meios de subsistência necessários, compõem também uma parte do consumo efetuado pela classe capitalista" (506-7). No entanto, Marx observa – muito provavelmente tendo em mente seus próprios hábitos de consumo – que é "totalmente indiferente se tal ou qual produto, como, por exemplo, o tabaco, é ou não um meio de consumo necessário do ponto de vista fisiológico; basta que o seja por força do costume" (507). Meios de consumo de luxo, no entanto, "entram apenas no consumo da classe capitalista". Embora sejam produzidos por trabalhadores, esses itens não estão disponíveis ao consumo dos trabalhadores.

As indústrias de bens de luxo têm algumas características especiais. No Livro I, por exemplo, Marx mostra que revoluções na produtividade nessas indústrias não têm nenhuma influência sobre a alteração do valor da força de trabalho e, portanto, não constituem uma fonte de mais-valor relativo permanente. Aqui, no entanto, Marx regozija-se indo além – com os detalhes habitualmente intricados e os conhecidos e abundantes exemplos aritméticos – das formas de circulação que ligam trabalhadores e capitalistas da indústria de bens de luxo com aqueles que produzem meios de subsistência necessários, dado que os próprios capitalistas distribuem a alocação de rendimentos em certa proporção entre meios de subsistência e bens de luxo. Estabelecem-se intricados processos de circulação em que os capitalistas pagam por bens de luxo e, com isso, realizam o valor dos bens de luxo, de tal modo que os capitalistas que os produzem utilizam uma parte de seu mais-valor para comprar mais bens de luxo, além de qualquer meio de subsistência de que necessitem. Nesse ínterim, os trabalhadores da indústria de bens de luxo do setor IIb gastam seu capital variável recém-monetizado com meios de subsistência produzidos no setor IIa. Em grande medida, isso depende de como a classe capitalista distribui sua renda entre demanda de meios de subsistência e demanda de bens de luxo.

Evidentemente, a "cota crescente da força de trabalho [...] absorvida na produção de artigos de luxo [...] é condicionada pelo desperdício da classe capitalista, pela troca de uma parte significativa de seu mais-valor por artigos de luxo" (513). Mas isso varia segundo as condições econômicas. As crises reduzem temporariamente o consumo de bens de luxo, o que diminui os gastos de capital variável – e isso, por sua vez, diminui a demanda geral de bens de salário (não luxuosos). "O inverso ocorre no período de prosperidade, e particularmente durante épocas de prosperidade ilusória" (514), quando uma classe trabalhadora plenamente empregada e com salários mais altos pode comprar alguns bens de luxo marginais.

Isso leva Marx a fazer uma observação muito importante (já citada anteriormente):

> É pura tautologia dizer que as crises surgem da falta de um consumo solvente, ou da carência de consumidores solventes. O sistema capitalista desconhece outros tipos de consumo que não aquele capaz de pagar, excetuando o consumo *sub forma pauperis* [próprio dos miseráveis] ou o do "velhaco". Que as mercadorias sejam invendáveis significa apenas que não foram encontrados compradores solventes para elas e, portanto, consumidores (já que, em última instância, as mercadorias são compradas para o consumo produtivo ou individual). Mas caso se queira dar a essa tautologia a aparência de uma fundamentação profunda, dizendo que a classe trabalhadora recebe uma parte demasiadamente pequena de seu próprio produto, de modo que o mal seria remediado

assim que ela recebesse uma fração maior de tal produto e, por conseguinte, seu salário aumentasse nessa proporção, bastará observar que as crises são sempre preparadas num período em que o salário sobe de maneira geral e a classe trabalhadora obtém *realiter* [realmente] uma participação maior na parcela do produto anual destinada ao consumo. Já do ponto de vista desses paladinos do entendimento humano saudável e "simples" (!), esses períodos teriam, ao contrário, de eliminar as crises. Parece, pois, que a produção capitalista implica condições independentes da boa ou má vontade, condições que apenas momentaneamente permitem essa prosperidade relativa da classe trabalhadora e, mesmo assim, somente como prenúncio de uma crise. (514-5)

À primeira vista, parece difícil conciliar essa afirmação com a nota na página 318, em que "a realização do capital-mercadoria e, assim, também a do mais-valor, está limitada não pelas necessidades de consumo da sociedade em geral, mas pelas necessidades de consumo de uma sociedade cuja grande maioria é sempre pobre e tem de permanecer pobre". Na verdade, a "tautologia" de que Marx fala não nega a importância da demanda efetiva, mas apenas insiste que a única demanda que conta é aquela garantida pela solvência. Isso mais uma vez direciona nossa atenção para como o dinheiro (os valores de troca) circula independentemente da necessidade real de valores de uso.

Está claro, pelo contexto, que o poder de compra das classes trabalhadoras depende de fatores como a prodigalidade da classe capitalista e a alta ou baixa do emprego ao longo dos ciclos de negócio, cujo movimento é ditado, entre outras coisas, por ondas de investimento de capital fixo. Mudanças sistêmicas na produtividade do trabalho reduzirão igualmente o número de trabalhadores empenhados na produção de valor e mais-valor. O "subconsumo" que aparece como uma barreira imediata à realização do mais-valor não pode, portanto, ser concebido como a única causa das crises. É por isso que a falta de demanda efetiva aparece nesse capítulo como uma tautologia. E é por isso que prefiro evitar a ideia de uma fonte única de crises e adotar a tese dos múltiplos pontos potenciais de bloqueio, que em qualquer momento histórico podem aparecer como causa principal de crises. O capital não resolve suas tendências de crise, mas, como afirmei em *O enigma do capital*, desloca-as. O problema da demanda efetiva, que, a meu ver, Marx descreve corretamente como uma possível barreira à continuidade da acumulação, pode ser eliminado, mas isso não é capaz de estabilizar a acumulação do capital. Apenas desloca as contradições para outro lugar.

Não penso, porém, que Marx esteja empiricamente correto quando diz que a elevação dos ganhos da classe trabalhadora precede o advento de crises. Embora tenha sido o caso, digamos, nas crises de 1970, seria difícil defender esse argumento nas crises de 2007-2008. Sendo assim, eu proporia modificar o argumento geral de Marx de que a demanda efetiva não tem relação alguma com as contradições internas reais do capital, e diria que a falta de demanda efetiva pode ser uma forma de manifestação dessas contradições internas sob certas circunstâncias. Mas essa é uma opinião pessoal, da qual muitos certamente discordarão.

Item V: a circulação monetária e os esquemas

No item sobre "a mediação do intercâmbio por meio da circulação monetária", Marx explica por que é preciso adiantar mais dinheiro no sistema do que seria estritamente necessário para o volume de trocas de valor, devido às diferenças de ritmo das trocas ao longo do ano. No entanto, surge de imediato um problema quando, por meio do sistema financeiro, o capital é organizado num "capital comum da classe", como descrito no Livro III:

> quando detrás do produtor de mercadorias em geral se encontra um capitalista monetário, que, por sua vez, adianta capital monetário [...] ao capitalista industrial, o verdadeiro ponto de retorno desse dinheiro é o bolso desse mesmo capitalista monetário. Desse modo, ainda que o dinheiro circule em maior ou menor medida por todas as mãos, a massa do dinheiro circulante pertence ao setor do capital monetário, organizado e concentrado na forma de bancos etc. (516-7)

O principal problema, no entanto, é como o dinheiro circula "em maior ou menor medida por todas as mãos". A descrição dos problemas de sequência e intervalos envolvidos aí é intricada: os salários pagos no setor que produz meios de produção fluem primeiro para o setor que produz meios de consumo e, em seguida, refluem para o setor que produz meios de produção, quando os capitalistas que produzem bens de consumo gastam seu dinheiro na compra dos meios de produção de que necessitam. Como de costume, Marx estende-se na documentação das várias sequências possíveis para mostrar as complicadas questões dos ritmos dos fluxos. Mas o resultado é:

> o capital monetário transformado em capital variável – ou seja, o dinheiro adiantado em salário – desempenha o papel principal na própria circulação monetária, pois como a classe trabalhadora é obrigada a viver com o pão de cada dia e, assim, não pode dar aos capitalistas industriais nenhum crédito a longo prazo, é preciso que, de modo simultâneo em inúmeros pontos territorialmente distintos da sociedade, capital variável em dinheiro seja adiantado em prazos breves, como semana etc. (518)

E isso independentemente do tempo de rotação dos capitais envolvidos. "Em todos os países de produção capitalista, o capital monetário assim adiantado *cons-*

titui uma parte proporcionalmente decisiva da circulação total" (518; grifos meus). Mas o problema do ritmo (por exemplo, a frequência com que os salários são pagos) é importante, porque uma quantidade suficiente de dinheiro poupado precisa estar no sistema para preencher as lacunas que surgem.

> Por outro lado, a forma natural na qual o capital variável existente sob a forma-dinheiro tem de ser convertido, isto é, a força de trabalho, é conservada, reproduzida e tornada novamente disponível graças ao consumo, como único artigo comercial de seus possuidores, que precisam vendê-lo se querem subsistir. *Assim, também é reproduzida a relação entre assalariados e capitalistas.* (520; grifos meus)

Enfatizo essa passagem porque ela é um dos poucos momentos em que Marx retoma o argumento da reprodução da relação de classe, tão vital no Livro I. É possível que ele o considerasse tão óbvio que dispensasse uma maior elaboração ou ênfase.

Marx volta-se, então, para o papel do consumo pessoal do capitalista. "Quando um capitalista [...] gasta dinheiro em meios de consumo, esse dinheiro deixou de existir para ele, seguiu o caminho de toda carne"*. Se o dinheiro retorna para ele é porque o capital mercadoria que ele produz é lançado na circulação para a realização em forma-dinheiro.

> Nesse caso, portanto, é literalmente correto dizer que o próprio capitalista lançou o dinheiro na circulação – precisamente por meio do gasto desse dinheiro em meios de consumo – e, com isso, converteu seu mais-valor em dinheiro, ou, em outras palavras, o realizou. [...]
> Na prática, isso acontece de duas maneiras: se o negócio só foi inaugurado durante o ano corrente, levará então um bom tempo, no melhor dos casos alguns meses, até que o capitalista possa gastar em seu consumo pessoal uma parte dos ganhos do negócio. Mas isso não o faz suspender seu consumo por um único momento. Ele adianta a si mesmo (sendo aqui totalmente indiferente que o tome de seu próprio bolso ou, por meio do crédito, do bolso de outrem) dinheiro em antecipação do mais-valor ainda a ser capturado por ele [...]. (524)

Se, por outro lado, o negócio está estabelecido há muito tempo, o capitalista limita-se a antecipar recibos de vendas futuras, embora "se nosso capitalista fosse à

---

* Isto é, morreu, deteriorou-se. Referência à passagem bíblica: "E viu Deus a terra, e eis que estava corrompida; porque toda a carne havia corrompido o seu caminho sobre a terra" (Gênesis, 6,12-3). (N. T.)

falência, seus credores e os tribunais" poderiam questionar seus hábitos de consumo (524). Perceba, no entanto, o papel que desempenham nisso as antecipações e os desembolsos monetários relativos à produção real.

> Com relação à totalidade da classe capitalista, no entanto, a tese segundo a qual ela tem de lançar na circulação o dinheiro para a realização de seu próprio mais-valor (ou também para a circulação de seu capital, constante e variável) não só não parece paradoxal, mas apresenta-se como condição necessária do mecanismo inteiro; pois aqui há somente duas classes: a classe trabalhadora, que dispõe apenas de sua força de trabalho; a classe dos capitalistas, que detém o monopólio tanto dos meios sociais de produção como do dinheiro. (525)

O capitalista individual, porém:

> faz esse adiantamento apenas deste modo: atua como comprador, *gasta* dinheiro na compra de meios de consumo ou *adianta* dinheiro na compra de elementos de seu capital produtivo [...]. Só adianta dinheiro na circulação da mesma maneira que o adianta sua mercadoria. Em ambos os casos, atua como ponto de partida da circulação de um e da outra. (525)

Já encontramos grande parte desse argumento anteriormente, no capítulo 17. Mas esse "processo efetivo" é obscurecido pelas intervenções de "um tipo especial de capitalista" (capital comercial e monetário) e de reivindicações do governo, do capital comercial e dos proprietários fundiários, que extraem impostos, lucros e rendas, respectivamente. Todos eles adiantam dinheiro, mas "é sempre esquecido de que fonte eles o extraíram originalmente e continuam a extrair sempre de novo" (525). O valor que esse dinheiro representa tem, no fim das contas, de ser originado na produção. Mas se teve origem no passado ou se é antecipado para surgir no futuro (por exemplo, pela criação de dívida), isso me parece uma distinção muito importante, que não é plenamente explorada aqui.

Itens VI e VII: a circulação de capital constante e variável e de mais-valor dentro de seus respectivos setores

Marx ocupa-se primeiro com a circulação de capital constante no setor I. Parte do produto retorna diretamente para a produção nesse mesmo setor, porque cereal é necessário na produção de cereal, "o carvão na de carvão, o ferro sob a forma de máquinas na produção de ferro etc." (528). E, é claro, o carvão entra na produção de aço, que entra na produção da maquinaria necessária para a mineração do carvão. Assim, a troca de meios de produção por meios de produção é vigorosa, e a questão é quão efetivamente essas trocas são coordenadas no mercado. A isso Marx acrescenta um comentário que estimula aqueles que buscam nos esquemas uma ferramenta para o planejamento social:

> Se a produção fosse socializada, em vez de ser capitalista, é evidente que esses produtos do setor I seriam redistribuídos, de forma não menos contínua, como meios de produção entre os vários ramos produtivos desse setor, com vistas à reprodução; uma parte permaneceria diretamente na esfera da produção, onde ela surgiu como produto, enquanto outra parte, ao contrário, seria levada para outros locais da produção, e o resultado seria um vaivém contínuo entre os diversos locais de produção desse setor. (529)

Essas, é claro, são as relações *input-output* que Leontief mais tarde introduziria em suas matrizes.

No item VII, o movimento do capital variável e do mais-valor dentro dos setores (e entre eles) é colocado sob o microscópio. Começamos com o óbvio reconhecimento, sob condições de reprodução simples, de que o valor total dos meios de consumo é equivalente ao capital variável total acrescido do mais-valor. Contudo, como mostra a fórmula anterior, há equivalência porque o valor do novo *output* de capital constante do setor I que flui para o setor II é realizado pela aplicação de trabalho no setor II. Isso coloca a questão, que depois será analisada mais concretamente, de qual setor está no comando desses intercâmbios. Isso também coloca outros problemas. Em si mesmo, o capital constante não pode produzir valor: seu valor é simplesmente transferido para o valor do produto pelo trabalhador empenhado no consumo produtivo. Mas a produção de novo capital constante no setor I produz tanto valor quanto mais-valor. Portanto, Adam Smith estava errado ao concluir que o produto social total era equivalente a $v + m$ (embora seja compreensível que ele tenha sido levado a pensar assim). O produto social total é $c + v + m$, como Marx sustenta ao longo de todo o texto.

Item 8: os fluxos de capital constante através dos dois setores

Marx aplica o habitual método contábil para identificar os fluxos de capital constante através dos dois setores. Aqui ele encontra uma dificuldade interessante, que está ligada ao meu argumento de que há uma contradição entre as relações de valor de uso e de valor no interior dos esquemas. "A dificuldade não está, pois", diz Marx, "na análise do valor-produto social em si mesmo. Ela surge na comparação dos componentes de valor do produto social com seus componentes *materiais* [*sachlichen*]" (534).

Do ponto de vista do capital individual, essa comparação é irrelevante – tudo o que se requer é que o produto seja um valor de uso, e nada mais.

> [Mas é] diferente o que ocorre com o produto do capital social total. Todos os elementos materiais [*sachlichen*] da reprodução têm necessariamente de compor, em sua forma natural, partes desse produto. A parte constante de capital consumida só pode ser reposta pela produção total na medida em que, no produto, toda a parte constante de capital que reaparece o faça sob a forma natural de novos meios de produção capazes de funcionar efetivamente como capital constante. Sob o pressuposto da reprodução simples, portanto, o valor da parte do produto constituída de meios de produção tem de ser igual à parcela constante de valor do capital social. (536)

Tudo isso é uma maneira bastante tortuosa de dizer que, se algo é produzido como capital constante, porém mostra-se inútil como produto material, esse algo não tem valor algum. É muito importante garantir que apenas o setor I produza produtos "em sua forma natural" (que Marx entende como um valor de uso físico, material) que possam servir para "realizar o valor do capital variável e do mais-valor" em ambos os setores (537).

Item X: capital e rendas: capital variável e salários

Deixo de lado o item IX – um retorno a Smith, Storch e Ramsey – e passo para o item X. A primeira questão abordada é a distinção entre o valor produzido e o valor transferido. Do ponto de vista do capitalista individual, o capital constante não produz valor algum. Seu valor é simplesmente transferido para o produto final pelo ato laboral. Do ponto de vista social, o setor I produz capital constante para o setor II, "tanto seu valor total como sua forma natural" (542). Atente para o fato de que, quando Marx se refere – como é frequente nesse texto – à "forma natural", ele entende com isso a forma de valor de uso material. Na verdade, "a maior parte do trabalho social anual foi despendida na produção de novo capital constante [...] com vistas à reposição do valor constante de capital gasto na produção de meios de consumo" (542). A produção ativa de meios de produção gera valor e mais-valor. Foi isso que os economistas em geral, e Adam Smith em particular, não entenderam. Eles tomaram o que é verdadeiro para o capitalista individual – o capital constante não produz valor algum – e o projetaram erroneamente na sociedade, deduzindo que a produção de meios de produção não produzia valor e mais-valor (que o produto social total era $v + m$). Há ainda uma série de confusões, um pouco difícil de acompanhar.

Primeiro, é importante entender que "o capital variável funciona como capital nas mãos do capitalista, e como renda nas mãos do assalariado" (543). Em outras palavras, o capital variável não circula por meio do corpo do trabalhador (como estive inclinado a pensar algumas vezes). O capital monetário é simplesmente convertido em dinheiro que circula como renda à medida que os trabalhadores usam seus salários para comprar mercadorias. O mesmo dinheiro aparece aqui como capital nas mãos do capitalista e lá como renda nas mãos do trabalhador.

Com essa concepção, Marx pode resistir à ideia de que o trabalhador possui capital. "Na realidade, a força de trabalho é seu patrimônio (que sempre se renova, se reproduz), não seu capital. É a única mercadoria que ele pode e tem de vender constantemente para viver, e que só atua como capital (variável) quando se encontra nas mão do comprador, do capitalista." A teoria de Marx não tem nenhuma relação com aquilo que hoje chamamos de teoria do capital humano. "O fato de que um homem seja constantemente forçado a vender sua força de trabalho – isto é, vender a si mesmo – a um terceiro demonstra, segundo esses economistas, que tal homem é um capitalista porque dispõe constantemente de uma 'mercadoria' (ele mesmo) para vender." Marx observa ironicamente que, pela mesma lógica, "também o escravo se torna capitalista" (544-5). Já encontramos anteriormente essa negação da teoria do capital humano. Os capitalistas podem sempre escolher entre empenhar-se na produção ou simplesmente colocar seu capital no mercado monetário e viver de juros. Os trabalhadores não têm essa escolha. Se tivessem, poderiam se refestelar numa rede e viver do juro do capital humano? O trabalhador está no circuito M-D-M e só pode fazer circular salários como rendas. "Seu salário se realiza em meios de consumo; ele é gasto como renda e, considerando-se a classe trabalhadora em seu conjunto, continua a ser gasto constantemente como renda" (546).

Para que os fluxos entre os setores atinjam o ponto de equilíbrio de demanda e oferta, o mercado deve operar com todos os seus agentes – os capitalistas e os trabalhadores – desempenhando os papéis ativos de compradores e vendedores:

> Todos os agentes desse intercâmbio aparecem apenas como compradores, ou vendedores, ou ambos; nele, os trabalhadores apresentam-se apenas como compradores de mercadorias, ao passo que os capitalistas se apresentam alternadamente como compradores e vendedores, e, dentro de certos limites, apenas como compradores unilaterais de mercadorias ou como vendedores unilaterais destas últimas. (547)

Apenas desse modo está garantido que:

> [o setor] I volta a possuir a parcela variável de valor de seu capital sob a forma-dinheiro, a única forma a partir da qual essa parcela pode ser diretamente convertida em força de trabalho [...]. Por outro lado, para poder reaparecer como comprador de mercadorias,

o trabalhador tem agora de se apresentar novamente como vendedor de mercadorias, como vendedor de sua força de trabalho. (547-8)

É importante lembrar, como Marx nos adverte aqui, que o intercâmbio entre os dois setores é mediado pela operação de mercados de trabalho funcionando livremente.

Dentro desse mercado de trabalho, no entanto, há algumas assimetrias: "Como a classe trabalhadora vive do pão de cada dia, ela compra enquanto pode comprar. Diferente é o caso do capitalista [...]. O capitalista não vive do pão de cada dia. O que o motiva é a maior valorização possível de seu capital". Para o capitalista, às vezes é vantajoso ou necessário poupar (entesourar), e não gastar: "é necessário que haja capital de reserva em dinheiro para que se possa continuar o trabalho ininterruptamente, sem levar em consideração o refluxo mais rápido ou mais lento do valor variável de capital em dinheiro" (550).

O ponto principal é que, quando se considera o produto anual como um todo, muitas distinções e inter-relações importantes permanecem invisíveis. Apenas quando a economia é decomposta e compartimentada em setores é possível ver claramente quais são as relações "reais". O que o intercâmbio entre os setores mostra, por exemplo, é que os trabalhadores vivem num mundo em que o capital monetário se torna o dinheiro que eles gastam como renda para viver e retornar ao trabalho (o acesso ao capital lhes é permanentemente negado). O capitalista, por outro lado, faz circular continuamente o capital variável pelos momentos em que o capital monetário é usado para comprar força de trabalho, para pôr essa força de trabalho em operação e para reconverter na forma de capital monetário o valor do trabalho incorporado nas mercadorias produzidas. Nesse caso, "*não se pode em absoluto dizer que ele [o capital variável] se converte em renda para alguém*" (552).

Essa maneira de ver as coisas é útil. O que parece estranho no nível do processo total de circulação – quando se diz, por exemplo, que o capitalista precisa fornecer a demanda efetiva equivalente ao mais-valor produzido – não parece mais estranho quando pensamos nos fluxos de capital e nos intercâmbios que ocorrem entre os diferentes setores. Marx não aborda essa questão, mas poderia muito bem tê-lo feito. Ao desembolsar seu capital para produzir bens de consumo, por exemplo, os capitalistas do setor II fornecem uma parte importante da demanda efetiva para os capitalistas que produzem meios de produção no setor I, realizando com isso o mais-valor já incorporado nas mercadorias que eles produziram. O consumo produtivo, organizado em ambos os setores, é muito mais importante que o consumo pessoal para fornecer a demanda efetiva de meios de produção. A ideia de que os capitalistas têm de fornecer a demanda para realizar os excedentes produzidos não parece mais tão ridícula como era o caso quando a economia não havia sido decomposta em diferentes setores.

Item XII: a reprodução do material monetário

Deixo de lado, até consideração posterior, o problema do capital fixo e passo à breve análise de Marx do papel dos produtores de ouro no item XII. "É evidente", diz ele, "que quanto mais avançada for a produção capitalista, maior será a massa monetária acumulada em todas as partes, e menor a proporção que a nova produção de ouro acrescenta anualmente a essa massa, por mais considerável que seja esse acréscimo quanto a sua quantidade absoluta" (578). Se isso já acontecia na época de Marx, hoje mais ainda. Portanto, embora os produtores de ouro e prata tenham um papel especial, este não é determinante na reprodução da acumulação do capital.

Isso, no entanto, não resolve a questão: "como é possível que cada capitalista extraia do produto anual um mais-valor em dinheiro, isto é, retire da circulação mais dinheiro do que o que nela lançou, quando, em última instância, é preciso considerar a própria classe dos capitalistas como fonte que lança dinheiro na circulação?" (578).

Marx considera que a questão está mal formulada: "O único pressuposto que aqui pode ser exigido [é] o de que exista, em geral, dinheiro suficiente para intercambiar os diversos elementos da massa da reprodução anual". Essa é a questão principal, e não "de onde provém o dinheiro necessário para realizar o mais-valor?"(578). É certo que há uma diferença entre o dinheiro que circula como capital e o dinheiro que circula como renda: "da massa de dinheiro que se encontra em poder da classe capitalista, ou seja, em termos gerais, da massa monetária total que se encontra na sociedade, uma parte faz circular a renda dos capitalistas" (579). A título de ilustração, ele retoma o caso de um capitalista que, abrindo um novo negócio, despende seus próprios rendimentos em meios de consumo e, mais tarde, "volta a fisgar" o dinheiro equivalente.

Parte do problema deriva da maneira como costumamos personificar o capitalista: como um produtor, e não como um consumidor. Nesse último papel, "a classe capitalista lança certa soma de dinheiro na circulação sob a forma de renda" (579).

> [Então] parece que ela paga um equivalente por essa parte do produto total anual e, com isso, essa soma deixa de representar mais-valor. Mas o mais-produto no qual se representa o mais-valor não custa nada à classe capitalista. Como classe, ela o possui e desfruta dele gratuitamente, e a circulação monetária em nada pode modificar essa realidade. (579)

Cada capitalista "retira mercadorias de todo tipo – até o montante do mais-valor do qual se apropriara – do fundo total composto pelo mais-produto social anual e se apropria delas". O mecanismo de circulação mostra que "quando a classe capitalista lança dinheiro na circulação para gastar sua renda, ela volta a retirar da circulação o mesmo dinheiro". Assim, "esse processo pode sempre começar de novo; [...] portanto, considerada como classe capitalista, ela continua sempre de posse dessa soma monetária requerida para realizar o mais-valor" (579).

A lógica é um pouco difícil de acompanhar. Em essência, porém, o que Marx está dizendo é que, ao comprar mercadorias (com mais-valor incorporado) para fins de consumo e, ao mesmo tempo, vender mercadorias produzidas (com mais-valor incorporado), o capitalista obtém um bem gratuitamente. "Se compro mercadorias com uma libra esterlina e o vendedor das mercadorias me devolve a libra em troca de um mais-produto que não me custou nada, é evidente que recebi as mercadorias gratuitamente" (580).

Marx pressupõe que as trocas são simultâneas e não há nenhum problema no tempo de rotação. Mas em "todos os ramos industriais, cujo período de produção (que é distinto do período de trabalho) abarca intervalos relativamente longos, os produtores capitalistas, durante esse período, não cessam de lançar dinheiro na circulação" para realizar valores e mais-valores sem colocar nenhum valor-mercadoria equivalente no mercado. "Esse elemento se torna muito importante na produção capitalista desenvolvida em empresas de grande porte, operadas por sociedades por ações etc., como construção de ferrovias, canais, docas, grandes edifícios urbanos, navios de ferro, drenagem de terras em grande escala etc." Uma das atrações dessas formas de investimento, noto de passagem, é que elas podem absorver grandes quantidades de capital monetário excedente sem produzir muito à maneira do capital-mercadoria. É também verdade que "circulam como mercadorias todos os tipos de coisas que não foram produzidas no curso do ano, como terrenos, casas etc., além de produtos cujo período de produção se estende por mais de um ano: gado, madeira, vinho etc.". Nesses casos:

> é importante não perder de vista que, além da soma de dinheiro requerida para a circulação direta, há sempre uma certa quantidade em estado latente, inoperante, que com um impulso dado pode entrar em funcionamento. Também o valor de tais produtos costuma circular fracionada e paulatinamente, como o valor das casas alugadas por uma série de anos. (582)

Por fim, isso conduz à invocação quase ritual, típica do Livro II, do fato de que "sobre essa base se tenham desenvolvido um sistema de crédito e determinados aspectos de seu mecanismo" (583). Quanto a todas essas complicações da circulação, diz ele:

> era preciso apenas que a experiência tornasse notórios e evidentes todos esses diversos fatores do movimento natural-espontâneo para abrir o caminho a um uso planejado

tanto dos expedientes mecânicos do sistema de crédito como também de uma verdadeira pescaria [*Auffischung*] dos capitais disponíveis que podem ser emprestados. (585)

A reprodução dos esquemas tal como eles são estudados aqui não inclui nenhuma tentativa de examinar o que ocorre quando a circulação do capital portador de juros se torna o principal meio pelo qual o capitalista coletivo pode regular os negócios ou, como nesse exemplo, pode tentar coordenar os fluxos entre os dois setores. O que o exame do sistema de crédito mostra, como vimos, é que as virtudes positivas e a necessidade de crédito são inevitáveis e, infelizmente, acompanhadas da ameaça permanente de interrupções causadas por febres especulativas.

O capítulo 20 termina com uma consideração das ideias de Destutt de Tracy. Marx se refere a elas como um exemplo superior do "cretinismo burguês em toda a sua beatitude!" (594). Dispenso-me de qualquer comentário.

11. O PROBLEMA DO CAPITAL FIXO E A REPRODUÇÃO AMPLIADA

(CAPÍTULOS 20 E 21 DO LIVRO II)

O CASO DO CAPITAL FIXO

No item XI do capítulo 20, Marx aborda o problema de como os esquemas de reprodução poderiam ser afetados pela formação e circulação do capital fixo. Posterguei a análise desse item até agora porque, ao menos aqui, a intenção e o interesse de Marx são relativamente claros. "O exemplo do capital fixo – mantendo-se invariada a escala da reprodução – é decisivo", diz ele.

> O desequilíbrio na produção de capital fixo e capital circulante é uma das causas favoritas de que os economistas lançam mão para explicar as crises. Para eles, é algo novo o fato de que esse desequilíbrio possa e deva surgir quando se trata da mera *conservação* do capital fixo; que ele possa e deva surgir no pressuposto de uma produção normal ideal, com reprodução simples do capital social já operante. (574)

Crises de desproporcionalidade são, em suma, inevitáveis. Quão profundas e espalhadas elas podem ser é difícil determinar. No entanto, Marx claramente conclui que as crises surgem mesmo quando as trocas entre os setores ocorrem normalmente.

Há duas maneiras de interpretar isso. A primeira é que os rompimentos na circulação do capital fixo confirmam que não há absolutamente nenhuma maneira de realizar um processo de reprodução sem interrupções, e que crises de desproporcionalidade são, portanto, endêmicas e inevitáveis em toda parte. A segunda é que essas crises surgem especificamente fora da circulação do capital fixo. Nesse caso, as crises poderiam ser evitadas pela socialização da circulação de capital fixo. Isso poderia ter uma variedade de formas, desde a provisão ou intervenção estatal até formas mais radicais de planejamento social, como a desmercadorização do investimento de capital fixo sob o comunismo. Porém, como vimos anteriormente, Marx não desconsidera que os próprios capitalistas possam superar as dificuldades com a ajuda do sistema de crédito e a formação de empresas de capital aberto. O problema com essa última solução (como vimos no Livro III) é que ela abre a caixa de Pandora dos *booms* e *crashes* especulativos que estão concentrados nos movimentos monetários associados à circulação de capital fixo. Um problema é resolvido, o do capital fixo, mas outro muito mais sério, o das crises financeiras autônomas, toma o seu lugar. Examinemos a questão mais de perto.

Marx abre seu comentário no item XI lembrando as complexidades que surgem quando o capital não é inteiramente utilizado num dado tempo de rotação (aqui, ele pressupõe sempre um tempo de rotação de um ano). Capitais fixos diferentes efetuam rotações em tempos diferentes; muitos capitais fixos são renovados gradativamente, por partes, ocorrendo assim uma obscura distinção entre manutenção, reparos e reposições. Mas ele reintroduz esses pontos apenas para sugerir que eles não afetam realmente a natureza essencial do problema. Em seguida, entra em tediosos cálculos aritméticos sobre o modo como as trocas entre os setores operam quando alguns dos meios de produção em ambos os setores assumem uma forma de capital fixo. Não tentarei reproduzi-los.

Os problemas surgem, como ele mostra, dos aspectos monetários da circulação. Mais de uma vez, Marx declara que o problema desapareceria se os aspectos monetários fossem excluídos. A essência do problema é que o dinheiro "equivalente à depreciação de capital fixo não se converte de novo no componente do capital produtivo, cuja perda de valor ele repõe. Ele se precipita ao lado do capital produtivo e se cristaliza em sua forma-dinheiro". Ele continua em sua forma-dinheiro enquanto o capital funciona, e faz isso até que chegue o momento de ser reposto. "Tão logo o elemento fixo – edifícios, maquinaria etc. – chega ao término de sua vida útil, [...] seu valor passa a existir à margem dele, completamente reposto em dinheiro" (555). É então, e apenas então, que ele é gasto na reposição (Marx não entra nos problemas dos diferentes custos de reposição e da depreciação moral que consideramos no capítulo 3).

"Esse próprio entesouramento", como vimos diversas vezes no Livro II, "é, portanto, um elemento do processo capitalista de reprodução" (555) e o dinheiro entesourado desempenha um papel muito especial. É aqui que Marx propõe "investigar, mais adiante, como essa questão se apresentaria, supondo-se que a produção fosse coletiva e *não possuísse a forma da produção de mercadorias*" (556; grifos meus). Ele não realizou essa análise, mas esse é o tipo de observação, como afirmei anteriormente, que desembocou na especulação sobre o papel potencial dos esquemas nas condições de uma produção social(ista). Ela também reforça a visão de que os problemas que surgem no interior dos esquemas podem ser atribuídos ao papel distinto do capital monetário, cuja abolição é condição necessária para uma coordenação mais "racional" de *inputs* e *outputs*. Mas o arcabouço inteiro pareceria muito diferente se fosse incluído nele o sistema de crédito, operando como "o capital comum da classe".

Infelizmente, Marx procede como se não houvesse sistema de crédito, e concentra-se nos desequilíbrios que surgem em razão do entesouramento. O tipo de exemplo que ele tem em mente é este: o setor II teria um fundo monetário contra o desgaste de seu capital fixo:

> mas da parte de I teríamos, por outro lado, uma superprodução de meios de produção [...], e com isso se romperia a base inteira do esquema, a saber, a reprodução em escala invariada, para a qual é pressuposta uma proporcionalidade plena entre os diversos sistemas de produção. Uma dificuldade teria sido eliminada, mas apenas para dar lugar a uma outra muito mais desagradável. (559)

Ele prossegue dizendo ominosamente que, dado o fato de os economistas políticos terem ignorado esse problema, ele pretende investigar "todas as suas possíveis soluções (ao menos, as aparentemente possíveis) ou, antes, formulações" (559). Digo "ominosamente" porque essa é a deixa para mais uma série de cálculos infinitos e tediosos.

Mas essa passagem me parece ser importante para aqueles que querem descobrir o que Marx pretendia com a construção dos esquemas. Ele parece inclinado a determinar as proporcionalidades que devem prevalecer e daí investigar de que maneira essas proporcionalidades poderiam ou não ser obtidas, considerando-se os mecanismos de coordenação disponíveis. Sua reticência científica impede que se diga desde o início quão difícil é essa coordenação monetária, mas duvido que, ao final de suas investigações, nos convencêssemos de que seria remotamente possível uma reprodução tranquila.

Ele explora, então, todo tipo de possibilidades e, nesse sumário dos resultados, faz algumas observações interessantes. Consideremos o caso que já descrevi anteriormente, no qual o setor II cria um tesouro para cobrir a depreciação de seu capital fixo. Obviamente, ocorre um "deslocamento monetário". O setor I "teria ou de restringir sua produção, o que significaria crise para os trabalhadores e capitalistas nela ocupados, ou fornecer um excedente, o que também acarretaria uma crise". Isso prova que as crises são imanentes ao sistema. Contudo, Marx sugere que, "em si mesmos, esses excedentes não constituem um mal, mas uma vantagem; na produção capitalista, porém, são um mal" A razão é que, "uma vez suprimida a forma capitalista da reprodução, a questão se reduz ao fato de que a grandeza da parte já morta do capital fixo, a qual é preciso, portanto, repor *in natura* (nesse caso, a parte que opera na produção dos meios de consumo), varia em diversos anos sucessivos" (573). Uma grande quantidade é necessária num ano, e muito menos em outros.

> [Esse problema] só pode ser remediado por uma contínua superprodução relativa: de um lado, uma certa quantidade de capital fixo, da qual se produza mais do que o imediatamente necessário; de outro lado, e principalmente, um estoque de matérias-primas etc. que exceda as necessidades anuais imediatas (isso vale particularmente para o caso dos meios de subsistência). *Esse tipo de superprodução é igual ao controle da sociedade sobre os meios objetivos de sua própria reprodução.* No âmbito da sociedade capitalista, no entanto, é um elemento anárquico. (574; grifos meus)

A superprodução de valores de uso é socialmente uma coisa boa, já que abre novas potencialidades para a reprodução humana. Sob o capitalismo, porém, a superprodução de excedentes converte-se numa coisa ruim, porque resulta em lucros mais baixos, e mesmo em desvalorizações traumáticas de capital. É a anarquia das determinações de mercado e das considerações monetárias que jaz na raiz do problema, e não a produção dos excedentes materiais em si mesma. Mas a reprodução não precisa ser tão anárquica, mesmo sob o capitalismo. Muitos investimentos de capital fixo de longo prazo são realizados pelo Estado e, portanto, estão abertos à racionalização da engenharia social e do planejamento. A formação de capitais associados (empresas de capital aberto) e a "abolição do modo de produção capitalista dentro do próprio modo de produção capitalista" (C3, 304) possibilitam novas maneiras de coordenação, que podem ou não ser mais ou menos anárquicas (cujo lado negativo são os *booms* especulativos motivados por investimentos em ambientes construídos, e o lado positivo, a produção coletiva de meios coletivos de produção e consumo).

Há outro aspecto nesse item que, a meu ver, também é esclarecedor. Na maior parte de *O capital*, Marx pressupõe um sistema fechado – seja o capitalismo num só país, seja uma economia capitalista global. Apenas ocasionalmente ele se afasta desse pressuposto para comentar o papel e a importância do comércio exterior. É óbvio que, em condições de desequilíbrio entre os setores em razão do entesouramento para obter capital fixo, o comércio exterior poderia ajudar a restaurar as proporcionalidades necessárias. "Mas o comércio exterior, na medida em que não se limita a repor elementos (também no que diz respeito ao valor), não faz mais do que deslocar as contradições a uma esfera mais ampla, abrindo-lhes um maior campo de ação" (573). Essa é uma formulação muito nítida de como entender a luta do capital para superar suas contradições internas com o recurso dos "*spatial fixes*"* (como eu os chamo), mediante expansão geográfica, colonialismo e imperialismo, e a globalização do mercado mundial. Apesar de que "a produção capitalista não pode existir de modo algum sem comércio exterior", diz ele mais adiante, "a introdução do comércio exterior na análise do valor-produto anualmente reproduzido só pode confundir, sem contribuir com nenhum elemento novo, nem ao problema, nem a sua solução" (575). Se Marx estava certo ou não em partir desse pressuposto, é algo que se pode discutir. Mas não resta dúvida de que é isso que ele faz ao longo da exposição. Expandir o comércio exterior e formar o mercado mundial podem ser paliativos temporários para as crises, mas no fim das contas essas medidas apenas deslocam as contradições do capital para uma escala geográfica mais ampla.

O CAPÍTULO 21 DO LIVRO II: REPRODUÇÃO AMPLIADA

No capítulo 21, relativamente curto, Marx aborda o caso da reprodução ampliada. Proponho seguir o texto bem de perto, antes de tecer um comentário mais geral sobre seu significado e sua importância. Marx começa voltando ao capítulo 22 do Livro I, no qual havia descrito como o capitalista individual, tendo realizado em forma-dinheiro o mais-valor incorporado na mercadoria, é forçado pelas leis coercitivas da concorrência a expandir a acumulação usando uma parte daquele dinheiro extra para comprar mais meios de produção (capital constante) e mais força de trabalho (capital variável), a fim de produzir ainda mais mais-valor. Se isso é verdade para os capitalistas individuais, também tem de ser, diz Marx, para o capital social total. A expansão pode não ser suave e contínua, já que chegam a ser necessários muitos anos para entesourar capital monetário suficiente para abrir uma nova fábrica ou construir uma ferrovia. Mas poupar o dinheiro não é a única dificuldade. Mais capital constante e variável tem de estar prontamente disponível para realizar compras no mercado a fim de construir a nova fábrica ou a ferrovia. É preciso, portanto, que a "reprodução numa escala ampliada" já tenha ocorrido na forma-mercadoria. Por conseguinte, o dinheiro, "em si mesmo, não é um elemento da reprodução efetiva" (596), porque, se não há mercadorias excedentes disponíveis, o dinheiro poupado é inútil.

Há aqui, obviamente, um problema do tipo "o ovo e a galinha", que só pode ser contornado enfatizando-se a continuidade e a interconexão dos diferentes momentos no interior da circulação global do capital.

---

* Segundo o autor, o capital, a cada crise de superprodução, busca um *spatial fix* (reparo espacial) por meio de investimentos em infraestrutura e urbanização. Ver David Harvey, *Spaces of Capital: Towards a Critical Geography* (Nova York, Routledge, 2001), p. 284-311. (N. T.)

O entesouramento (poupança) de dinheiro pode não constituir em si mesmo uma nova riqueza, mas cria um "novo capital monetário *potencial*". Porém, se todos entesourarem antecipando uma expansão futura, ninguém comprará mercadorias aqui e agora, e o processo de circulação será interrompido. Mercadorias não vendidas obstruem o sistema. A única forma de criação de dinheiro que se acrescenta diretamente à riqueza real é a produção de ouro, uma vez que esse metal é uma mercadoria que contém mais-valor (597). Numa situação em que todos poupam e ninguém compra, o único fundo disponível para realizar o mais-valor de cada um seria o mais-valor dos produtores de ouro. Isso, diz Marx, é obviamente uma ideia "absurda". Precisamos ir a fundo na dificuldade de que poupar reduz o gasto e, portanto, diminui as perspectivas de realização. Para isso, temos de investigar como o processo de acumulação opera dentro de cada setor e entre os dois setores.

A ACUMULAÇÃO NO SETOR I

No setor I há dois tipos de capitalistas: os que estão entesourando (designados como A, A', A''...) e os que estão no processo de gastar a poupança que fizeram para comprar novamente capital constante e variável (designados como B, B', B''...). Essas duas categorias "se confrontam, uns como compradores, os outros como vendedores" (598), e suas atividades compensam parcialmente uma à outra. Enquanto um capitalista retira dinheiro da circulação para entesourar, o outro lança de volta no mercado um poder de compra extra. Com sorte, as atividades dos entesouradores e dos gastadores se compensarão mutuamente. Mas, mesmo que isso ocorra:

> Esses numerosos pontos nos quais o dinheiro é retirado da circulação e acumulado em numerosos tesouros individuais, ou em capitais monetários potenciais, parecem ser outros tantos obstáculos à circulação, porquanto imobilizam o dinheiro e o privam por um tempo mais ou menos longo de sua capacidade de circular. (598-9)

E há sempre o perigo de um desequilíbrio – entesouramento em excesso e compras insuficientes.

O sistema de crédito oferece uma solução:

> Compreende-se o prazer que se sente quando, no interior do sistema de crédito, todos esses capitais potenciais, graças a sua concentração nas mãos de bancos etc., transformam-se em capital disponível, "*loanable capital*" [capital que pode ser emprestado], capital

monetário, e, mais precisamente, deixam de ser capital passivo, como música do futuro*, e se tornam capital ativo, usurante (o verbo usurar aqui no sentido de crescer)**. (599)

É interessante que ele chame esse capital monetário de "usurante". Como é praxe em todo o Livro II, no entanto, a "satisfação" potencial que é obtida com a solução baseada no crédito é deixada de lado. É preciso encontrar uma solução fora dele. Somente então seremos capazes de entender a natureza do problema que o sistema de crédito resolve.

Um "equilíbrio real" na produção e realização dos valores (inclusive mais-valores) requereria um "importe igual de valor das mercadorias reciprocamente intercambiadas" (601).

[Esse] equilíbrio só existe no caso de o importe de valor das compras unilaterais coincidir com o importe de valor das vendas unilaterais. O fato de a produção de mercadorias ser a forma geral da produção capitalista implica já o papel que o dinheiro desempenha nesta última, não só como meio de circulação, mas como capital monetário na esfera da circulação [...] [isso] gera certas condições do intercâmbio normal – ou seja, do transcurso normal da reprodução – que são peculiares a esse modo de produção, seja em escala simples, seja em escala ampliada, condições que se convertem em outras tantas condições do transcurso anormal, em possibilidades de crises, já que o próprio equilíbrio, dada a configuração natural-espontânea dessa produção, é algo acidental. (601-2)

Isso implica que as intervenções de capital monetário, embora necessárias, são potencialmente desestabilizadoras. Mais uma vez, é o capital monetário que parece estar na raiz do problema.

Os equilíbrios adequados são restaurados mediante crises? Marx não diz. Isso fica como uma questão importante e em aberto. No desenvolvimento subsequente dos esquemas, ele expõe exatamente o que os equilíbrios teriam de ser para que fosse atingido o equilíbrio (sob certos pressupostos, é claro). Segundo a minha interpretação, Marx está dizendo (embora eu possa estar errado) que esses equilíbrios seriam obtidos, na melhor das hipóteses, por acidente e, na pior, por violentos abalos provocados por crises.

---

* Algo cuja realização se encontra no futuro remoto, ou que se apresenta como utópico no presente. O conceito surgiu em 1850, em referência ao escrito de Richard Wagner *Das Kunstwerk der Zukunft* [A obra de arte do futuro] (Leipzig, Wigand, 1850). (N. T.)
** Marx joga aqui com os dois sentidos do verbo "*wuchern*": crescer, multiplicar-se, e agiotar, usurar. (N. T.)

Considerações similares afetam a expansão do capital variável empregado. A expansão de gastos em capital variável no setor I cria uma maior demanda para os bens de salário produzidos no setor II. A classe trabalhadora do setor I "se confronta com ele [o capitalista IIc] unilateralmente como compradora de mercadorias", e "com o capitalista I unilateralmente como vendedora [...] de sua força de trabalho". Assim, ela compra de um setor (II) e vende em outro (I).

> Esses pressupostos necessários se condicionam mutuamente, mas são mediados por um processo muito complicado, que inclui três processos de circulação, independentes entre si, porém entrelaçados. A própria complexidade do processo oferece outras tantas ocasiões para um transcurso anormal. (602)

Mais uma vez, a indicação é de que crises de algum tipo são altamente prováveis. Para formar seu tesouro, os capitalistas têm primeiro de vender a mercadoria que contém o mais-valor produzido pelo trabalhador. É o trabalhador quem de fato produz o tesouro, o capital monetário potencial. No setor I, encontramos a produção de "meios de produção que criam meios de produção" (603). Uma expansão da produção de meios de produção que criam meios de produção implica, no entanto, uma diminuição na produção de meios de produção para o setor que produz bens de consumo.

> Para que se possa operar a transição da reprodução simples à reprodução ampliada, a produção no setor I tem, pois, de estar em condições de produzir menos elementos de capital constante para II, mas a mesma quantidade de elementos a mais para I. Essa transição, que nem sempre se realiza sem dificuldade, é facilitada pelo fato de que uma certa quantidade de produtos de I pode servir como meios de produção em ambos os setores. (603)*

De fato, é importante notar que muitos produtos – a energia é o exemplo mais óbvio – podem servir igualmente como meios de produção em qualquer um dos setores. Mas creio que o ponto principal desse argumento teve enormes consequências. Esse ponto sustenta a visão que dominou muito tempo a estratégia socialista de desenvolvimento: a de que é preciso priorizar a expansão do *output* no setor I, se necessário à custa da produção de bens de consumo. O ponto de partida é: desenvolver a indústria pesada, investir na produção de capital fixo e infraestrutura e restringir o consumo pessoal. Eventualmente, quando a capacidade de produzir

---

* Esse parágrafo não consta dos manuscritos de Marx, trata-se de um acréscimo de Engels. (N. T.)

meios de produção com meios de produção tiver atingido um determinado ponto, pode-se mudar o foco para as necessidades de consumo das massas. Esse foi o caminho típico dos países comunistas (a União Soviética e a China).

O que Marx diz aqui é coerente com essa visão. O exemplo concreto que ele dá de um esquema de reprodução ampliada é exatamente desse tipo e confirma esse viés. Digo "viés" porque Marx não prova a necessidade dessa prioridade como uma verdade universal, e, dados certos resultados históricos das aplicações desse tipo de teoria do desenvolvimento em países socialistas (e não socialistas também, já que essa teoria foi aplicada muitas vezes na forma de planos quinquenais, adotados por países democráticos como a Índia), é recomendável voltar e dar mais uma olhada naquilo que Marx presume ser aqui o caso, e o que ele realmente quer dizer.

Mais tarde, no entanto, Marx rejeita a "ideia de que a acumulação se realiza à custa do consumo": é uma "ilusão, que contradiz a essência da produção capitalista, na medida em que pressupõe que o objetivo e a mola propulsora desta última é o consumo, e não a subtração de mais-valor e sua capitalização, isto é, acumulação" (610). Num modo de produção puramente capitalista, em que o objetivo é unicamente a criação e a consolidação de um mais-valor cada vez maior e o aumento da riqueza, dos privilégios e do poder da classe capitalista, a estratégia de concentrar investimento na produção de meios de produção para a produção de meios de produção e ignorar o consumo é perfeitamente lógica. As condições de consumo das massas não têm nenhum interesse direto. O que deve ser questionado, portanto, é que essa prioridade classista de investir no setor I tenha de ser incorporada nas práticas de planejamento socialista.

Marx prossegue:

> quanto maior [...] o capital produtivo operante num país (incluída a força de trabalho incorporada a esse capital, a geradora do mais-produto), quanto mais desenvolvida [...] a força produtiva do trabalho e, com ela, também os meios técnicos para a rápida expansão da produção de meios de produção [...] maior, portanto, [...] a massa do mais-produto, tanto no que se refere a seu valor como no que diz respeito à massa dos valores de uso em que esse valor se representa [...]. (604)

Mas a questão de quem se beneficia de toda essa expansão fica nas sombras. A implicação não declarada seria certamente a de que é a classe capitalista que se beneficia dela.

Marx examina demoradamente as relações entre os *A* e *B* no setor I. Os *A* realizam repetidamente seu mais-valor por meio da venda, mas agora estão entesourando grande parte do dinheiro que recebem. Os *B* estão comprando (em parte, dos *A*) para expandir seu negócio, mas a essa expansão adiciona-se ainda o problema de para quem eles poderão vender, dado que os *A* não estão comprando. De onde, em suma, provém o dinheiro para realizar o valor de seu produto?

O problema é que o dinheiro é – "como tesouro e como capital monetário virtual, que só se forma pouco a pouco – absolutamente improdutivo". Nessa forma, ele "transcorre paralelamente ao processo de produção, porém se encontra à margem deste último. É um peso morto (*dead weight*) da produção capitalista". Pode ser útil notar aqui a importância da categoria "capital monetário virtual" (ele significa o mesmo que o "capital potencial" mencionado anteriormente? E qual sua relação com o "capital fictício" do Livro III?). Mas, continua Marx:

> [a] avidez por fazer com que esse mais-valor – que se entesoura como capital monetário – seja utilizável tanto para obter um lucro como uma renda alcança seu objetivo final no sistema de crédito e nos "papéis". Desse modo, o capital monetário passa a exercer, sob outra forma, uma enorme influência sobre o curso e o impetuoso desenvolvimento do sistema capitalista de produção. (605)

Eis mais uma passagem no Livro II na qual Marx se refere a processos que ou necessitam ou culminam na criação do sistema de crédito capitalista. Ele também reconhece sua "enorme influência" sobre o curso do desenvolvimento capitalista e presumivelmente, portanto, sobre as leis de movimento do capital. Isso confirma a visão de que um dos objetivos de Marx no Livro II é mostrar a necessidade absoluta da formação de crédito e do desenvolvimento do sistema de crédito.

A vantagem de fazer que uma quantidade cada vez maior de capital virtual esteja disponível para uso por intermédio do sistema de crédito é que esse dinheiro "é investido mais rapidamente num negócio particular, seja em mãos do mesmo capitalista, seja em outras mãos". O capital virtual pode até mesmo ser "inteiramente separado do capital originário a fim de ser investido como novo capital monetário num novo negócio independente" (605). O "capital monetário meramente virtual, acumulado como tesouro, passa a funcionar efetivamente como capital monetário adicional" (606), o que significa que ele é lançado na circulação para comprar novos meios de produção e novo capital variável. Mas isso ainda não responde à questão de onde provém o dinheiro extra. A resposta de Marx é esta:

> O exame da reprodução simples nos mostrou que os capitalistas I e II, se pretendem converter seu mais-produto, precisam ter em mãos uma certa quantidade de dinheiro. Nesse caso, o dinheiro que só servia para ser gasto como renda em meios de consumo retorna às mãos dos capitalistas no mesmo volume em que o haviam adiantado para a conversão de suas respectivas mercadorias; aqui reaparece o mesmo dinheiro, porém com uma função alterada. Os *A* e os *B* (I) fornecem uns aos outros, alternadamente, o

11. O problema do capital fixo e a reprodução ampliada / 347

dinheiro para a conversão de mais-produto em capital monetário virtual adicional, e lançam alternadamente na circulação, como meio de compra, o novo capital monetário assim constituído. (606)

Com a expansão, é preciso pressupor, em suma, que existe dinheiro (crédito?) suficiente para acomodar tanto a circulação como o entesouramento, de modo que a expansão da acumulação tem de ser acompanhada de uma expansão da oferta de dinheiro ou, o que resulta no mesmo, de uma expansão da facilidade para usar o dinheiro como meio de pagamento:

> Se isso é plenamente válido para a primeira fase da produção capitalista, em que também o sistema de crédito é acompanhado de uma circulação predominantemente metálica, valerá igualmente para a fase mais desenvolvida do sistema de crédito, na medida em que a base deste último continua a ser a circulação metálica. Por um lado, a produção adicional de metais preciosos, por ser alternadamente abundante e escassa, pode exercer aqui influências perturbadoras sobre os preços das mercadorias, não só durante períodos prolongados, como também em intervalos mais curtos; por outro lado, o inteiro mecanismo de crédito, servindo-se de todo tipo de operações, métodos, procedimentos técnicos, procura constantemente restringir a circulação metálica efetiva a um mínimo relativamente decrescente, com o que também aumentam, na mesma proporção, a artificiosidade de todo o mecanismo e as chances de perturbações em seu transcurso normal. (607)

Em outras palavras, temos de contemplar o cenário de crises comerciais e financeiras como aquelas que foram tratadas no Livro III. A contínua batalha entre o sistema de crédito e sua base monetária, que no Livro III ocupou um lugar tão destacado, reaparece aqui[1]. Diz Marx:

> Inicialmente, porém, é importante pressupor, aqui como em toda parte, a circulação metálica em sua forma mais simples, mais primordial, porque com isso o fluxo e o refluxo, a compensação de saldos, numa palavra, todos os momentos que no sistema de crédito aparecem como processos regulados de maneira consciente apresentam-se como se existissem independentemente do sistema de crédito, e a questão aparece na forma natural-espontânea, em vez de na forma posterior, reflexa. (607)

---

[1] Lembre-se de que, no Livro III, "a produção capitalista se esforça constantemente para superar essa barreira metálica – barreira que é tanto material como imaginária – à riqueza e seu movimento, porém volta sempre a bater com a cabeça contra ela" (C3, 708).

Não é difícil perceber, considerando o que agora sabemos sobre o papel dos sistemas de crédito que operam como "capital comum da classe", que o sistema de crédito, longe de ser a fonte das crises, pode ser um mecanismo primário não só para remover os obstáculos à circulação monetária, mas, de modo mais geral, para evitar e resolver as crises, mesmo que "a artificiosidade de todo o mecanismo" aumente "as chances de perturbações em seu transcurso normal". Não surpreende, portanto, que nessas passagens Marx se refira frequentemente ao sistema de crédito e bancário. Mas, presumivelmente, seu caráter contraditório (como vimos) o levou a rejeitar qualquer tentativa sistemática de incorporar seus efeitos aqui. Como já consideramos a análise marxiana do sistema de crédito como a "mãe de todas as formas insanas", podemos nos permitir uma perspectiva mais clara sobre como o crédito nos livra do cadafalso das crises de desproporcionalidade apenas para nos lançar fogueira das crises financeiras e comerciais.

O problema do entesouramento, como você já deve ter percebido, é citado com frequência ao longo do Livro II. Ele é importante porque surgem desequilíbrios entre oferta e demanda nos setores, em particular no setor que produz meios de produção. Por exemplo, primeiro é preciso adquirir dinheiro suficiente para comprar a maquinaria necessária à mineração de carvão e à produção de aço. Em seguida, é preciso reservar dinheiro para a reposição desses meios de produção, mesmo que ainda estejam em uso. Durante todos esses anos, os produtores de carvão e de aço podem produzir e vender sua mercadoria, mas não recomprar o inteiro equivalente de valor daquilo que estão produzindo. Esse problema é exacerbado pelo fato de que grande parte do capital constante é formada de capital fixo. Isso origina todas aquelas complicações de custos de manutenção, reparos e reposições de capital fixo examinadas no capítulo 3. O resultado é que é altamente improvável que o intercâmbio, mesmo no setor I, seja harmonioso e não sujeito a desequilíbrios e interrupções. Haverá oscilações, flutuações e ondas de investimento, seguidas de fases em que predominam a poupança e o entesouramento.

Embora problemas desse tipo possam ser identificados no setor que produz bens de consumo (também ele requer capital fixo), a dinâmica interna do setor jamais chega a ser potencialmente perturbadora. A razão é que os salários, que constituem grande parte da demanda de meios de consumo, tendem a ser pagos numa base regular (normalmente semanal), e os trabalhadores, que vivem em geral do pão de cada dia, tendem a gastar imediatamente o que ganham. Eles não entesouram (ou, ao menos, Marx presume que não). Os trabalhadores assalariados que produzem cereal e recebem o valor de sua força de trabalho têm dinheiro suficiente para comprar o leite de que necessitam regularmente. Como os capitalistas só pagam pelo trabalho depois que é realizado, eles não precisam primeiro entesourar dinheiro para empregar mais trabalhadores do mesmo modo que têm de poupar para comprar uma nova máquina. A questão é um pouco diferente quando se trata do consumo da classe capitalista. A demanda de bens de luxo pode flutuar mais violentamente, dependendo das condições econômicas, das expectativas e do nível geral de confiança predominante. Esse problema foi mencionado no capítulo anterior.

Em economias capitalistas avançadas, como a dos Estados Unidos na nossa época, as expectativas e a confiança do consumidor que faz parte da massa da classe trabalhadora atingiram um nível crítico, e de uma maneira que Marx não considerou (embora dê uma indicação do problema, como veremos). E os trabalhadores poupam tanto voluntária como involuntariamente (fundos de pensão compulsórios).

Para que haja expansão, é preciso não apenas que o dinheiro e os meios extras de produção estejam disponíveis, mas também que já exista força de trabalho extra à disposição do capitalista. Esse requisito elementar leva a uma análise da circulação no setor II. A demanda de bens de consumo que provém do setor I dependerá do grau de entesouramento. Isso acarreta:

> formação de capital monetário adicional virtual na classe I (por conseguinte, subconsumo do ponto de vista de II); estagnação de estoques de mercadorias na classe II, os quais não podem ser reconvertidos em capital produtivo (portanto, superprodução relativa em II); capital monetário excedente em I e déficit na reprodução em II. (609-10)

Note que os contenciosos termos "subconsumo" e "superprodução" são usados do ponto de vista de um setor em particular. Pressupondo que:

> aqui não existem comerciantes, nem agentes de câmbio, nem banqueiro, nem meros consumidores e classes que não participam de maneira direta na produção de mercadorias, segue-se daí que, para manter em funcionamento o mecanismo da reprodução é igualmente indispensável a formação constante de depósitos de mercadorias, que aqui se encontram em mãos de seus respectivos produtores. (611)

Embora Marx não afirme, os estoques de mercadorias são capital morto e, portanto, um estorvo à acumulação (com efeito, o entesouramento assume a forma-mercadoria). Se o setor I absorve mais meios de produção, então – mantendo-se constantes as demais circunstâncias – menos estará disponível para a expansão da produção no setor II.

Como Marx afirma na seção seguinte, porém, os capitalistas do setor II têm a vantagem "de que os trabalhadores [...] empregados [nele] se veem obrigados a comprar-lhes as mercadorias que eles mesmos produziram. A classe II é compradora da força de trabalho e, ao mesmo tempo, vendedora de mercadorias aos possuidores da força de trabalho por ela empregada" (615). Os capitalistas do setor II podem se beneficiar diretamente, reduzindo os salários reais abaixo de seu valor. Mas eles têm outros meios de recuperar parte do capital variável que desembolsam:

> E em todos os países industriais, por exemplo, na Inglaterra e nos Estados Unidos, encontram-se os dados mais palpáveis acerca de como se pode explorar esse fato, de como o salário normal pode ser nominalmente pago, quando, na verdade, uma parte dele é novamente subtraída, quer dizer, furtada sem a contrapartida de seu equivalente; de como essa operação pode ser realizada, em parte, por meio do *truck system**, em parte, por meio da falsificação (talvez de um modo não detectável pela lei) do meio circulante. (616-7)

Marx promete retornar a esse tema posteriormente, com a "ajuda de alguns exemplos pertinentes" (617).

Por ser uma das poucas referências a essa questão em *O capital*, essa passagem merece destaque. A recente desapropriação fraudulenta de milhões de habitações nos Estados Unidos por meio de execuções hipotecárias é um exemplo óbvio da atualidade dessa questão, assim como toda a política baseada naquilo que chamo de "acumulação mediante despossessão" dos últimos quarenta anos.

Mas, como sempre, Marx não faz uma análise mais profunda dessas questões, porque "estigmas" desse tipo "não podem nos servir de subterfúgio para eliminar dificuldades teóricas" (617). No modo de produção puramente capitalista, que é o objeto dessa investigação "essencialista", esses estigmas não têm lugar. Em particular, eles não podem ajudar a resolver a dificuldade do desequilíbrio das relações de oferta e demanda entre os dois setores.

O principal problema no setor II surge de suas relações com o setor I. Isso contrasta com o problema mais sério da circulação que surge no setor I. Como esse problema central é resolvido?

Os esquemas para a reprodução ampliada

O objetivo principal de Marx é apresentar um modelo das relações comerciais entre os setores. Ele faz isso pressupondo as condições de "acumulação pela acumulação" estabelecidas no capítulo 22 do Livro I. Após algumas páginas de desenvolvimentos preliminares, ele chega à "Exposição esquemática da acumulação", que ele considera o modelo mais revelador das relações dinâmicas entre os setores no item III. Não considerarei todos os argumentos preliminares, apenas as linhas gerais da so-

---

* *Truck system* ("*truck*", derivada do francês "*troc*", escambo, troca imediata sem uso de dinheiro) é a prática de pagar os assalariados com produtos *in natura*, em vez de dinheiro. (N. T.)

11. O problema do capital fixo e a reprodução ampliada / 351

lução a que ele chega. O ponto de partida é o esquema empregado por ele na reprodução simples, que já vimos anteriormente:

I. $4.000c + 1.000v + 1.000m = 6.000$
II. $2.000c + 500v + 500m = 3.000$

A proporcionalidade adequada no intercâmbio entre os setores em condições de reprodução simples exige que o setor II compre $2.000c$ do setor I, em troca de os trabalhadores comprarem e de os capitalistas se engajarem na produção de meios de produção de $1.000v + 1.000m$ do setor II (ou, algebricamente, $c2 = v1 + m1$). Note que tanto a taxa de mais-valor (m/v) como as composições de valor do capital (c/v) são idênticas nos dois setores.

Para analisar o caso da reprodução ampliada – e facilitar os cálculos – ele adota outra base numérica:

I. $4.000c + 1.000v + 1.000m = 6.000$
II. $1.500c + 750v + 750m = 3.000$

A taxa de mais-valor permanece idêntica, mas a composição de valor foi alterada, a fim de que a produtividade (a razão c/v, também conhecida como composição de valor do capital) no setor I seja duas vezes maior que a do setor II. É evidente que Marx fez isso para facilitar o cálculo, mas a mudança tem certa importância. O intercâmbio equilibrado necessário para a reprodução simples – $c2 = v1 + m1$ – perde a validade. Há superprodução de meios de produção e subprodução de meios de consumo.

Mas essa posição é a do início do ano. No fim do ano (pressupondo-se, como Marx geralmente faz, que os períodos de rotação sejam anuais), os números mudam se uma parte do mais-valor é reinvestida na expansão, em detrimento do consumo pessoal dos capitalistas. Suponhamos que metade do mais-valor do setor I ($1.000m$) é reinvestida na expansão. Pressupondo-se que a composição de valor do capital permaneça a mesma, os $500m$ reinvestidos serão usados para comprar um extra de $400c$ e $100v$ (o que dá um total de $4.400c + 1.100v$) no setor I. Pressupondo-se que a taxa de mais-valor permaneça constante, o mais-valor gerado é agora $1.100m$, e o *output* total nesse setor aumentou de 6.000 para 6.600. Isso forma a base para a acumulação no ano seguinte. E assim transcorrem as coisas, ano a ano, no setor I.

Para o setor II, Marx pressupõe uma taxa de reinvestimento diferente, em que apenas $150m$ dos $750m$ disponíveis são reinvestidos. Dado o valor de composição prevalecente, isso significa uma compra de $100c$ e $50v$ acima dos $1.500c$ e $750c$ originais. Assim, a compra total é de $1.600c$ e $800v$, o que produz um mais-valor de 800m para um *output* total de 3.200, em contraste com os 3.000 do início do ano. Isso forma a base para a acumulação no ano seguinte. E assim transcorrem as coisas, ano a ano, no setor II.

O *output* total dos dois setores ao final do primeiro ano é 9.800, em comparação com 9.000 no início do ano. Mas perceba que 1.600c comprados do setor I pelo setor II são agora equivalentes a 1.100v + 500m de demanda de bens de consumo proveniente do setor I. Uma harmonia milagrosa é produzida pelo processo de crescimento: o crescimento e a acumulação de capital novo produziram harmonia onde antes havia desequilíbrio! É evidente que, para gerar esse resultado, Marx escolheu cuidadosamente números e condições adequados. Porém, com isso ele prova a possibilidade (mas não a probabilidade) da acumulação harmoniosa de capital, dando a impressão de que esse processo pode continuar para sempre. A Tabela 1 mostra o movimento ano a ano, ao longo de quatro anos. Ela pode prosseguir indefinidamente (mantendo-se iguais as demais circunstâncias).

Tabela 1

Primeiro ano	Início	I. 4.000c + 1.000v + 1.000m = 6.000 II. 1.500c + 750v + 750m = 3.000
	Fim	I. 4.000c + 400Δc + 1.000v + 100Δv + 500f* II. 1.500c + 100Δc + 750v + 50Δv + 600f
Segundo ano	Início	I. 4.400c + 1.100v + 1.100m = 6.600 II. 1.600c + 800v + 800m = 3.200
	Fim	I. 4.400c + 440Δc + 1.100v + 110Δv + 550f II. 1.600c + 160Δc + 800v + 80Δv + 560f
Terceiro ano	Início	I. 4.840c + 1.210v + 1.210m = 7.260 II. 1.760c + 880v + 880m = 3.520
	Fim	I. 4.840c + 4.840Δc + 1.210v + 121Δv + 605f II. 1.500c + 100Δc + 750v + 50Δv + 600f
Quarto ano	Início	I. 5.324c + 1.331v + 1.331m = 7.986 II. 1.936c + 968v + 968m = 3.872
	Fim	I. 5.324c + 532Δc + 1.331v + 133Δv + 666f II. 1.936c + 194Δc + 968v + 97Δv + 677f

---

* O "f" representa, aqui, o fundo de consumo residual do capitalista após o reinvestimento na expansão. (N. T.)

Em termos algébricos, o reinvestimento no setor I é $c1 + \Delta c1 + v1 + \Delta v1 + f1$ (onde o último termo representa o consumo residual da classe capitalista após o reinvestimento na expansão) e no setor II é $c2 + \Delta c2 + v2 + \Delta v2 + f2$. Bastaria conseguir essa proporcionalidade e teríamos uma acumulação harmônica do capital para sempre!

Mas isso fornece uma resposta à pergunta feita no fim do capítulo 4 do Livro II. De onde vem a demanda extra para cobrir a lacuna entre a demanda $c + v$ no início e a oferta $c + v + m$ no fim do dia? Do ponto de vista do capitalista individual, parece tolice dizer que o capitalista deve suprir a demanda extra para absorver o mais-valor. Contudo, quando ela é decomposta individualmente (a relação entre os A e os B no setor I) e entre os setores, vemos que alguns capitalistas estão comprando mais do que produzindo, ao passo que outros estão produzindo mais do que estão comprando, e que deve se estabelecer uma combinação entre consumo produtivo e pessoal para que se chegue a um equilíbrio dinâmico entre a oferta e a demanda agregadas.

A grande questão é o que seria necessário para chegar a essa posição de equilíbrio. Como deve ser o intercâmbio entre os dois setores para que as proporcionalidades permaneçam corretas, de modo que não haja superprodução em um setor em relação ao outro, que poderia estar em situação de subconsumo? É óbvio que os esquemas não são realistas, e Marx ajustou os números para que eles se adequassem ao exemplo. Mas será que esses esquemas são tão irreais a ponto de não revelar nada da natureza das oposições, tensões e contradições, tampouco das capacidades dinâmicas do modo de produção capitalista? Nesse caso, qual seria a finalidade dos esquemas?

Essas questões cruciais requerem uma avaliação geral. Mas antes de tratar delas, há uma outra questão levantada nesse capítulo que merece ser comentada.

O problema (de novo) do consumo da classe trabalhadora

Em todo o Livro II de *O capital*, a questão do consumo dos trabalhadores é abordada por caminhos frequentemente ignorados no Livro I. Primeiro, o consumo da classe trabalhadora constitui "uma parte *proporcionalmente decisiva* da circulação total" (518; grifos meus). Uma das contradições fundamentais do capitalismo reside na incapacidade de realizar valores devido à falta de poder de consumo numa "sociedade cuja grande maioria é sempre pobre e tem de permanecer pobre" (nota 1, 412). Marx foi longe o suficiente para sugerir que "a razão última para todas as crises reais continua a ser sempre a pobreza e o consumo restrito das massas, em face do impulso da produção capitalista para desenvolver as forças produtivas como se estas fossem limitadas apenas pela capacidade absoluta de consumo da sociedade" (C3, 615).

É nesse contexto que devemos dar certa importância (se em maior ou menor grau, isso é algo que se pode discutir) à "eventual" inserção de algumas observações nesse capítulo. Trata-se do fato de que "o senhor capitalista, tal como sua imprensa, mostra-se frequentemente insatisfeito com a maneira como a força de trabalho gasta seu dinheiro, e com as mercadorias II nas quais ela mesma realiza esse dinheiro. Quando isso ocorre, ele filosofa, pedanteia e filantropiza" (624). Marx cita, então, um artigo do jornal *The Nation*, de 1879 (publicado depois que sua última obra teórica estava concluída), em que o autor se queixava de que "os trabalhadores não têm se mantido à altura do progresso que se registra nas invenções; eles ganharam acesso a uma massa de objetos dos quais não sabem a utilidade e para os quais não constituem, portanto, mercado algum" (625). "O problema continua a ser o de como elevá-lo como consumidor mediante um método racional e salutar", e isso não é fácil, "já que toda sua ambição não vai além de uma redução de suas horas de trabalho, e o demagogo o incita a isso, muito mais do que a elevar sua condição mediante o aperfeiçoamento de suas aptidões intelectuais e morais". Embora seja severo em relação a esse tipo de coisa, Marx também aceita a ideia de que transformar o trabalhador num "consumidor racional" é uma condição necessária para que o consumo dos trabalhadores funcione como uma parte "proporcionalmente decisiva" da circulação de capital. "O que o capitalista entende por consumo racional se mostra claramente lá onde ele é tão transigente que pratica diretamente o comércio dos artigos a serem consumidos pelos seus trabalhadores: no *truck system*" (625). Ele também dá como exemplo as fábricas de algodão de Lowell, em Massachusetts, onde as condições de vida e habitação das jovens empregadas são uma bela ilustração do consumidor racional "em toda a sua glória". Ocorre que Marx começou suas investigações quando os salários na Inglaterra (seu primeiro exemplo) mantinham-se baixos, mas depois de 1860, aproximadamente, há evidências de que os salários estavam aumentando. Muito mais tarde, em 1914, quando a jornada de trabalho de cinco dólares foi introduzida na indústria automobilística, Henry Ford criou um exército de assistentes sociais para ensinar os trabalhadores a consumir de forma moderada e racional. A racionalidade se define, é claro, pela necessidade de os trabalhadores "constituírem um mercado" para qualquer bem de consumo que os capitalistas produzam. Como as singularidades do consumo poderiam ser racionalizadas por um consumo organizado é um desafio que Marx não enfrenta. Mas essa "inserção" abre a porta para tais considerações, ainda que o próprio Marx as rejeite.

OS PRESSUPOSTOS

Ao avaliar o que está em jogo nesses esquemas, é útil primeiramente apontar os pressupostos assumidos na análise. Para começar, Marx pressupõe não haver problema algum em atribuir atividades a um ou outro dos setores. Ambiguidades na definição (seria a farinha um meio de produção, quando usada para fazer pão, e este um meio de produção para fazer sanduíches, antes de ser consumido?) e de dualidade de usos e produtos conjuntos são deixadas de lado (ovelhas produzem carne, assim como lã e pele para manufaturas industriais). Há apenas duas classes: capitalistas e trabalhadores (não há banqueiros nem comerciantes e certamente nenhuma classe média, seja como esta for definida). A produtividade do trabalho (a composição de valor, c/v), que na prática está em constante evolução (por meio das mudanças tecnológicas e organizacionais geradas pela busca de mais-valor relativo, como descreve o Livro I), é mantida constante, exceto por uma diferença bastante oportunista na composição de valor entre os dois setores, introduzida nos esquemas com a finalidade de obter um equilíbrio dos números. (Estaria implicado aí que existe uma única via de mudança tecnológica capaz de facilitar o equilíbrio nos esquemas, como foi sugerido por alguns comentadores?) O valor da força de trabalho é fixo, e as taxas de reinvestimento são constantes (com uma exceção). Os reinvestimentos são confinados nos setores, de modo que o capital não pode fluir de um setor para outro (e ocorre uma estranho desvio na taxa de reinvestimento/poupança no segundo ano do exemplo aritmético, que serve para manter tudo em equilíbrio).

O fato de os fundos de investimento não poderem fluir entre os setores implica que não há nenhum mecanismo para a equalização da taxa de lucro através dos departamentos. Como isso é um aspecto vital da teoria de Marx em relação às taxas decrescentes de lucro no Livro III, há aqui um óbvio problema teórico que requer atenção. As trocas são estabelecidas em termos de valor, sob o pressuposto de que tudo é trocado por seu valor (e não de acordo com os preços de produção, como exposto nos capítulos iniciais do Livro III). Embora as intervenções do capital monetário pareçam muitas vezes perturbar as coisas, os aspectos monetários da circulação não são plenamente integrados na análise. O tempo de rotação é, em todos os casos, de um ano, e o sério problema da formação e circulação de capital fixo é, em sua maior parte, ignorado. Outras formas de apropriação e exploração por meio de renda, juro, lucro sobre capital comercial e impostos ficam em segundo plano.

Por tudo isso, a meu ver é óbvio que os esquemas, tais como são concebidos, constituem um modelo completamente irreal do funcionamento de uma economia capitalista. Mas o propósito desse tipo de modelo não é necessariamente chegar a uma representação realista (ainda que uma construção bem-sucedida de modelos desse tipo possa lançar as bases para tal representação). Seu propósito é, como Marx diria, destacar as relações fundamentais – a essência – na estrutura interna do modo de produção capitalista e, nesse caso, a reprodução. Sendo assim, o que os esquemas revelam? Dito de modo mais simples: a reprodução da acumulação do capital pelo fluxo contínuo do capital e dos três ciclos do capital monetário, capital-mercadoria e capital produtivo é um negócio enganador e, portanto, propenso a gerar crises, e crises desse tipo (de fluxos de capital fixo e, de modo mais geral, de desproporcionalidades) só podem ser resolvidas à custa de crises ainda mais problemáticas em outros lugares (mais notavelmente, no sistema financeiro). O que estou sugerindo é que, nas análises de Marx, as tendências não se resolvem, mas são apenas deslocadas, e pode ser que eu esteja superpondo indevidamente essa ideia ao que está ocorrendo aqui. Mas penso que uma leitura atenta do texto, em particular se acompanhada de uma leitura detalhada do material do Livro III sobre crédito e finanças, mostra a pertinência dessa interpretação.

Os esquemas no capitalismo: o papel do dinheiro e do crédito

O que acontece quando o sistema de crédito, operando como capital comum da classe, é chamado a intervir nesses problemas de macrocoordenação dos fluxos de capital numa sociedade capitalista? Por que não podemos imaginar que o sistema de crédito possa exercer de alguma forma um poder de controle e até mesmo racionalizar os fluxos de capital, em vez de deixá-los no estado anárquico que Marx mostra ser o caso sob as determinações cruas do mercado? Acima de tudo, o sistema de crédito desempenha um papel crucial na racionalização dos tempos de rotação e resolve muitos dos problemas gerados pelas diferenças nesses tempos de rotação. Também ajusta a circulação do capital fixo, reduzindo o entesouramento mensal ao simples pagamento mensal. Encontramos um problema similar de coordenação entre diferentes setores – e talvez os sinais transmitidos pelo sistema de crédito, como um sistema de pagamentos periódicos a uma taxa de juros determinada, possam ser usados no macroplanejamento por um aparato estatal ou algo equivalente. Afinal, não é o que se exige das políticas dos bancos centrais, que constituem o pivô do sistema de crédito e são amparadas pelo Estado?

O que isso indica, mais uma vez, é o papel ambivalente do sistema de crédito. Creio que não se pode chegar a um modelo realista do funcionamento de tudo isso sem integrar o sistema de crédito nessa estrutura. Isso deveria ter sido feito pelas elaborações posteriores, mas ainda hoje é, em sua maior parte, um campo não explorado.

O significado dos esquemas e seu desenvolvimento subsequente

O debate subsequente sobre o estatuto e o significado dos esquemas de reprodução de Marx revelou algumas discordâncias fundamentais quanto à melhor forma de interpretá-los. Enquanto afirmo que Marx, ao apresentar uma versão de equilíbrio harmonioso das relações, visava mostrar quão impossível era essa condição, outros afirmam que, na verdade, seu objetivo era demonstrar a possibilidade de um caminho harmonioso de desenvolvimento, e que os desvios dessa condição harmoniosa, quando corrigidos por pequenas crises aqui e ali, em princípio podem ser controlados.

Rosa Luxemburgo, em *A acumulação do capital*, pensava que os esquemas mostravam que "a acumulação, a produção, a realização e a troca fluem livremente, com precisão mecânica, e sem dúvida esse tipo particular de 'acumulação' pode prosseguir *ad infinitum*". Resistindo bravamente ao que entendia como uma passividade política implícita nos esquemas, ela os acusou de ser fatalmente defeituosos. Marx não teria conseguido responder à sua própria pergunta: "De onde vem a demanda efetiva para pagar o mais-produto?". Essa é, com efeito, uma pergunta que Marx enfrenta no capítulo 17 e tenta resolver nos capítulos 20 e 21. É, além disso, uma questão central para a teoria econômica keynesiana. Os esquemas de reprodução de Marx parecem ter cumprido um papel secreto no estímulo a certas tensões no pensamento keynesiano, assim como nos modelos macroeconômicos de crescimento econômico desenvolvidos a partir dos anos 1930. Isso levou a uma literatura considerável sobre as relações entre Marx e Keynes, na qual predominam as questões da demanda agregada efetiva e das taxas de reinvestimento, além das vias de mudança tecnológica. Para Keynes, a obtenção de um crescimento harmonioso requer políticas fiscais e monetárias adequadas da parte do Estado (ou de Estados e instituições financeiras como o FMI). Outros economistas da escola keynesiana mostraram que as proporcionalidades corretas somente poderiam ser mantidas pela via única da mudança tecnológica e organizacional (a evolução da razão de produtividade de c/v). No entanto, seria improvável que a via efetiva da mudança tecnológica correspondesse àquela requerida para obter um crescimento equilibrado. Quanto mais a mudança tecnológica se afasta da via capaz de assegurar um crescimento equilibrado, mais severas se tornam as crises de desproporcionalidade.

Como vimos no caso do crédito e do capital monetário e financeiro, Marx parece não acreditar que esse seja o caminho para evitar crises sérias (em oposição às crises regulatórias para corrigir as desproporcionalidades). Muito provavelmente, é assim que Marx se diferenciaria de Keynes, que acreditava que as crises – e, portanto, as contradições – podiam ser controladas por intervenções estatais. Antes de Marx, houve poucas tentativas – além da de Quesnay, mencionada anteriormente – de construir um modelo macroeconômico dos fluxos pelos quais o capital é reproduzido. Quesnay acreditava que a base de todo capital e de toda riqueza residia na produção agrícola, ao passo que a versão de Marx se concentra na produção industrial e tenta definir os fluxos e equilíbrios necessários

entre os dois setores identificados por ele. A "configuração natural-espontânea"*
da produção capitalista (e com isso ele entende os capitalistas individuais que
operam em seu próprio interesse) significaria, diz ele, que "o próprio equilíbrio
[...] é algo acidental" e "certas condições do intercâmbio normal [...], seja em
escala simples, seja em escala ampliada", poderiam muito facilmente converter-se
"em outras tantas condições do transcurso anormal, em possibilidades de crises".
Os "pressupostos necessários" para o crescimento equilibrado "se condicionam
mutuamente, mas são mediados por um processo muito complicado, que inclui
três processos de circulação, independentes entre si, porém entrelaçados. A própria complexidade do processo oferece outras tantas ocasiões para um transcurso anormal" (602).

Na literatura marxista, essas crises são geralmente denominadas "crises de desproporcionalidade". Não está claro quão profundas e amplas elas podem ser, mas uma versão contemporânea desse tipo de argumento pode ser encontrada nas frequentes referências aos "desequilíbrios globais" nos relatórios do FMI e outros documentos. É verdade que isso normalmente se refere, nas condições contemporâneas, a desequilíbrios comerciais entre as economias nacionais (como as dos Estados Unidos e da China), mas também pode ser entendido como uma versão do desenvolvimento desigual e dos desequilíbrios que podem surgir e realmente surgem entre os setores. Essa sobreposição e a extensa obra a que ela deu origem colocam problemas para uma versão geográfica dos potenciais desequilíbrios aqui identificados nas interações dinâmicas entre produção e consumo.

Os esquemas mostram o que o capital precisaria fazer para alcançar um crescimento harmonioso e equilibrado e criam ao mesmo tempo as condições para que se compreenda a completa impossibilidade de alcançá-lo. Há também algumas contradições potenciais, que permanecem inexploradas. A análise técnica, como é o caso em todo o Livro II, aponta possibilidades de interrupções e deslocamentos. No esquema mais geral das coisas, como aquele apresentado no Livro III, vemos como essas possibilidades são mais plenamente realizadas na prática.

Os esquemas foram aplicados pela primeira vez na União Soviética, quando um economista polonês chamado Feldman começou a explorar sua utilidade para elaborar planos quinquenais de desenvolvimento econômico. Os esquemas de Marx foram usados depois por economistas como Michał Kalecki (também polonês), além de outros de formação mais diretamente keynesiana, para formular modelos de crescimento macroeconômico e teorias de desenvolvimento econômico no

---

* Marx emprega o termo *naturwüchsig* no sentido de "desenvolvido de modo espontâneo". Diferentemente, portanto, de "natural" no sentido de "pertencente à natureza" ou "dado pela natureza". (N. T.)

âmbito da ciência econômica burguesa. Evsey Domar, coautor daquilo que ficou conhecido como modelos macroeconômicos Harrod-Domar nos anos 1940, foi enfático ao reconhecer sua dívida com os esquemas de Marx. Todo o campo da construção de modelos de crescimento macroeconômico da ciência econômica burguesa é devedor dessa herança. Economistas convencionais teriam se poupado de muitos problemas – e avançado na direção dos modelos macroeconômicos e de planejamento de políticas públicas cerca de setenta anos antes – se tivessem levado mais a sério os esquemas de Marx.

Essas ideias também foram aproveitadas teoricamente, e com efeitos devastadores, na obra de Piero Sraffa *Produção de mercadorias por meio de mercadorias*, cujo título já diz tudo. Há, portanto, uma sobreposição entre os feitos de Marx na criação dos esquemas de reprodução e o desenvolvimento da economia burguesa, da economia normativa e do planejamento socialista.

A estrutura das relações que Marx revela parece ter de fato um significado universal, que ultrapassa as relações históricas específicas de um modo de produção capitalista. Suas qualidades capitalistas específicas parecem residir no papel distintivo do fluxo de capital monetário como um grande coordenador das relações entre setores e departamentos de produção e consumo. Mas e se os esquemas fossem construídos em termos de valor de uso físico (em vez de valor ou valor de troca)? Eles poderiam ser usados no planejamento de relações físicas entre diferentes setores da economia, sem referência à acumulação do capital? Marx afirma claramente que o processo de circulação "pode ter lugar sobre a base de uma produção não-capitalista" (451).

A exploração altamente sofisticada da matemática do "modelo" de Marx por economistas matemáticos – tanto marxistas como não marxistas – certamente desenvolveu os *insights* de Marx, mas de uma maneira não dialética. Contudo, dado o modo como Marx apresenta o material, é muito difícil cogitar qualquer outra via de desenvolvimento. E, sendo essa a via predominante, até onde alguém deve ir quando apresenta pela primeira vez esse material a um público relativamente novato, expondo desenvolvimentos que exigem familiaridade com técnicas matemáticas altamente sofisticadas? O melhor que posso fazer nessas circunstâncias (especialmente porque meu próprio domínio das técnicas matemáticas é mínimo) é indicar algumas referências úteis para os que se sentem inclinados a trilhar essa via matemática.

Há, em linhas gerais, duas escolas de desenvolvimento dos esquemas que se baseiam no pensamento econômico elaborado por Marx. Por exemplo, Michio Morishima os transforma em esquemas da teoria neoclássica do equilíbrio e emprega técnicas matemáticas altamente sofisticadas para mostrar o que eles realmente implicam em termos de trajetória de crescimento econômico. Os resultados são interessantes. Quando se deixa de lado o pressuposto de que a acumulação ocorre separadamente em cada setor, os exemplos numéricos de Marx mostram "oscilações explosivas [...] em torno da via de crescimento equilibrado, se o setor II, produzindo salários e bens de luxo, é maior na composição de valor do capital (ou tem maior intensidade de capital) que o setor I". Quando "a composição de valor do capital é mais alta no setor I que no setor II, o resultado é uma divergência monotônica em relação a uma via de crescimento equilibrado". Exercícios desse tipo são fascinantes. porque ilustram como é difícil calcular, mesmo com modelos bastante simples, uma via de crescimento equilibrado.

Outra escola de pensamento, amplamente keynesiana, também empregou a matemática para mostrar que tudo depende da criação de uma tecnologia capaz de equilibrar as trocas físicas e de valor entre os setores simultaneamente, e que as taxas de reinvestimento e emprego devem caminhar juntas numa faixa mais estritamente definida. Mais uma vez, a implicação é que o crescimento equilibrado é extremamente improvável, e é absolutamente correta a intuição de Marx de que ele só poderia ser alcançado "por acidente".

A conclusão a que Marx chega em outro lugar – a de que as crises são violentas restaurações das condições de equilíbrio para um crescimento equilibrado, que no máximo pode ser momentâneo, mas jamais permanente – mostra-se inteiramente plausível, se não absolutamente justificável. O corolário é a difícil questão de como articular essas relações dinâmicas mediante um planejamento social consciente e de que forma projetá-las para satisfazer as necessidades de um modo de produção não capitalista.

A POSSIBILIDADE DE UM PLANEJAMENTO SOCIALISTA RACIONAL

Diversas vezes no decorrer desses capítulos (e em outras partes), Marx se refere ao problema da alocação racional do trabalho entre diferentes setores da divisão do trabalho no interior da sociedade. Ele sugere que a alocação racional deve ser realizada por meios sociais criados para esse fim. Isso contrasta com a anarquia das alocações a que se chegou pelos fluxos de dinheiro e pelos processos do mercado, e com a irracionalidade das crises que daí resultam. Ganha certa substância a visão de que o crescimento equilibrado seria possível, em princípio, pela aplicação dos esquemas de reprodução. Por isso, foram invocados como ferramentas úteis para o planejamento racional da produção e do consumo sob o socialismo e o comunismo. Numa "sociedade comunista", diz Marx:

> a sociedade *tem de calcular antecipadamente* a quantidade de trabalho, meios de produção e meios de subsistência que ela pode empregar sem quaisquer prejuízos em ramos da indústria que – por exemplo, a construção de ferrovias – por um período prolongado, de um ano ou mais, não fornecem nem meios de produção, nem meios de subsis-

tência, nem qualquer efeito útil, mas retiram trabalho, meios de produção e meios de subsistência da produção total anual. (410)

Ele também afirma, no capítulo 49 do Livro III (escrito antes dos principais estudos teóricos dos anos 1870, mas no qual os esquemas de reprodução fazem uma breve aparição), que "mesmo depois que o modo de produção capitalista é abolido, embora a produção social permaneça, continua a prevalecer a determinação do valor no sentido de que a regulação do tempo de trabalho e a distribuição do trabalho social entre os vários grupos de produção tornam-se mais essenciais que nunca, assim como sua contabilidade" (C3, 991). A implicação é que Marx pensava que os esquemas tinham um papel importante no desenvolvimento do planejamento socialista racional. Da forma como são, os esquemas de reprodução não contribuem em nada para a solução desses problemas. Mas mostram, em princípio, quantos meios de produção novos seriam necessários para expandir a produção, tanto de meios de produção como de bens de salário, e estabelecer um crescimento equilibrado numa sociedade racionalmente regulada. Em toda sociedade alternativa, coordenações desse tipo teriam de ser socialmente organizadas, dada a insistência de Marx de que o papel do capital monetário nessas coordenações é demasiadamente problemático e teria de ser abolido. Em outras palavras, os esquemas teriam de ser reescritos puramente em termos físicos e de valor de uso (como os que foram criados mais tarde por Leontief), em vez de guiados pelo fluxo monetário e por considerações de lucratividade.

Ao longo de *O capital*, Marx também citou com frequência a exploradora relação de classe capital-trabalho na produção como um problema fundamental, a ser enfrentado e substituído por "trabalhadores associados" que organizassem livremente a produção sobre uma base coletiva. Essa é a concepção da "alternativa" no plano do empreendimento individual. Mas essa alternativa, como Marx reconhece no Livro III, é limitada, porque, afinal, apenas reproduziria os problemas das empresas capitalistas (e até levaria a uma autoexploração crônica), a menos que tentasse controlar simultaneamente todos os três ciclos do capital e os submetesse ao controle social.

Marx parece querer dizer que a alternativa anticapitalista de controle da produção pelos trabalhadores associados tem de ser complementada, ou até substituída, por meios sociais que coordenem a alocação do trabalho entre as várias divisões inter-relacionadas do trabalho na sociedade. A distinção examinada aqui entre a produção de meios de produção e a produção de meios de consumo é apenas uma variante disso. Mas ela certamente continuaria a ser tão importante no comunismo como é no capitalismo. Essa parte do projeto anticapitalista é muito mais difícil de conceituar e organizar, ainda que seja absolutamente fundamental para definir a possibilidade de uma alternativa anticapitalista. Marx evita qualquer consideração adicional ou mais profunda sobre o assunto.

É correto dizer que, na presente conjuntura, os aspectos do projeto anticapitalista relacionados ao "trabalhador associado" têm mais peso do que o problema da alocação racional do trabalho na sociedade como um todo. Isso acontece, em parte, porque esse último problema está associado à dominação e à repressão do Estado comunista, ou mesmo social-democrata – que hoje são instituições em que ninguém está propenso a confiar (a meu ver, com toda a razão) – e, em parte, porque de modo geral a experiência do planejamento comunista e social-democrata não foi benigna (embora não seja correto considerá-la totalmente malsucedida). Mas, como diz Marx em outro contexto, não podemos permitir que estigmas desse tipo sirvam de "subterfúgios para eliminar dificuldades teóricas".

Infelizmente, o que ocorre é que a esquerda contemporânea é propensa demais a evitar essas dificuldades teóricas. Numa sociedade socialista complexa, há coordenações que precisam ser estabelecidas para evitar a superprodução, a falta de abastecimento e os gargalos nos fluxos físicos necessários para reproduzir a vida cotidiana com um nível aceitável de bem-estar material e com uma relação aceitável – se não muito mais benigna – com a situação ambiental. Como fazer isso sem a coordenação dos fluxos monetários e da busca do lucro em mercados que não são controlados? Essa é a grande questão que não pode ser evitada. E como fazer isso sem criar algo como um aparato estatal? Eis um enorme desafio.

O que pode dar errado é ilustrado apenas por uma faceta dos esquemas de Marx, o que – irrefletidamente e sem nenhuma justificação – tornou-se uma prática normal. No exemplo aritmético de Marx, toda a expansão é movida por mudanças no setor I. Disso deriva a visão, já mencionada, de que o planejamento econômico e desenvolvimentista deveria concentrar investimentos na produção de bens de capital e meios de produção, e só mais tarde cuidar da produção de bens de consumo. O modelo socialista de desenvolvimento adotou essa convenção ao pé da letra. Governos pós-coloniais, como o de Gana, também foi vítima desse pensamento nos anos 1960, e até hoje não se recuperou plenamente de seus efeitos.

Não há absolutamente nenhuma razão para que o setor II dependa do setor I. Essa ideia surgiu em consequência de uma escolha arbitrária de Marx e do caráter desigual das relações entre os dois setores que surgiu do impacto de um grau maior de entesouramento no setor I em relação ao setor II. O desafio da transição socialista seria, é claro, eliminar essa diferença. Com isso, seria plenamente possível inverter a relação e pôr o setor I a serviço do setor II. Sob relações sociais capitalistas isso seria impossível, como disse Marx, porque o objetivo do capital é acumular capital, e não satisfazer as necessidades físicas e de consumo das massas. Num mundo socialista/comunista, porém, o objetivo seria exatamente o inverso.

12. Reflexões

O que podemos concluir sobre a "unidade contraditória entre produção e realização" que molda a relação entre os livros I e II de *O capital*?

O que o Livro II mostra é que a continuidade da circulação do capital é repetidamente ameaçada pelos limites e barreiras que surgem no interior do processo de realização. Tais barreiras são diferentes daquelas com as quais a maioria dos marxistas está tão familiarizada no mercado de trabalho e no reino da produção. Contudo, como Marx insiste nos *Grundrisse* (327-34), os vários limites e barreiras à realização constituem uma ameaça permanente à dinâmica da acumulação contínua, gerando frequentemente grandes crises. Ele chega até mesmo a sugerir que "a universalidade para a qual o capital tende irresistivelmente encontra barreiras em sua própria natureza, barreiras que, em um determinado nível de seu desenvolvimento, permitirão reconhecer o próprio capital como a maior barreira a essa tendência e, por isso, tenderão à sua superação por ele mesmo" (*Grundrisse*, 334).

Essas barreiras podem ser vistas coletivamente como barreiras de consumo e de coordenação num contexto ditado pela "acumulação pela acumulação". Mas o consumo é em si mesmo uma categoria demasiadamente crua para capturar todas as questões envolvidas. Para começar, é vital distinguir entre consumo produtivo (o consumo que o capital realiza de matérias-primas, energia, produtos semiacabados e itens de capital fixo) e consumo final (a compra e o consumo de bens de salário e bens de luxo por trabalhadores assalariados, capitalistas e as "classes improdutivas"). O reinvestimento de mais-valor para criar mais mais-valor expande continuamente o consumo produtivo. Como mostra o Livro II, porém, o consumo produtivo gera uma demanda de valores de uso específicos necessários para produzir cada mercadoria particular. A natureza e a quantidade desses valores de uso específicos mudam constantemente de acordo com as exigências tecnológicas. Estas estão em fluxo constante, à medida que as leis coercitivas da concorrência produzem mudanças dramáticas em busca de uma produtividade crescente do trabalho (o mais-valor relativo, examinado com tantos detalhes no Livro I). Ao mesmo tempo, a criação de novas necessidades (por exemplo, telefones celulares em tempos recentes) exige uma série cada vez mais ampla de *inputs* de mercadoria, que devem estar à disposição onde quer que o capital os exija. Embora não seja impossível – como Marx demonstra em sua investigação sobre os esquemas de reprodução – uma coordenação racional de todas essas demandas e ofertas por meio dos mecanismos de mercado, a probabilidade de alcançar um crescimento equilibrado sem vários descompassos é muito baixa, e pressagia crises periódicas de desproporcionalidade (valores de uso em demasia ou em escassa quantidade para satisfazer as necessidades de uma dada mistura de processos de produção). Uma coisa são desvios oscilantes de equilíbrio, outra muito diferente são divergências monotônicas geradas por uma razão ou outra.

Mas não são apenas os fluxos físicos de valores de uso que requerem coordenação. Também os fluxos de dinheiro (e de valor) têm de se encaixar na busca propositada de crescimento equilibrado. Embora o dinheiro, como a representação material da sociabilidade do trabalho, seja inteiramente indiferente à especificidade dos valores de uso, seus fluxos quantitativos têm de ser mantidos em equilíbrio numa situação em que há grande possibilidade de que as coordenações monetárias dentro das divisões do trabalho fracassem radicalmente. O problema não é que a quantidade total de dinheiro pode ser insuficiente para a tarefa, pois, como afirma Marx de maneira muito convincente, há muitos mecanismos monetários para acomodar aumentos no intercâmbio de mercadorias (por exemplo, recorrer à moeda de conta). O problema é mobilizar a demanda efetiva (demanda sustentada pela solvência) de modo que não frustre a possibilidade de realizar o lucro em nenhum ponto de intercâmbio no interior da intricada rede de intercâmbios.

Quando isso dá errado, o que certamente ocorrerá, temos provavelmente crises de superprodução, que podem ser registradas (como Marx demonstra nos quatro primeiros capítulos do Livro II) como capital monetário ocioso, capacidade produtiva ociosa e excedentes de mercadorias que não podem ser vendidas a um preço remunerativo (isto é, lucrativo). A consequência é uma crise de *desvalorização* do capital. A duração e a gravidade dessa crise dependem das circunstâncias em cada caso.

O intricado comércio que surge entre os capitalistas, com relação às mercadorias que formam os meios de produção, depende, em última instância, da realização das mercadorias na esfera do consumo final.

Nessa esfera, encontramos imediatamente uma contradição potencial entre o fato de que a expansão do valor e sua representação monetária são potencialmente ilimitadas e a demanda de valores de uso específicos não é. Produtos que não são úteis (no sentido de que ninguém os demanda, necessita ou deseja) não têm valor e, por conseguinte, todas as mercadorias requeridas para produzi-los também são desvalorizadas. Embora no capitalismo haja uma longa história de criação de novas demandas e necessidades, além de mobilização de todo tipo de desejos (por mais estúpidos ou sem sentido que os consideremos), a capacidade humana de consumir jamais é infinita (ainda que Imelda Marcos, a mulher do infausto ditador filipino, tivesse cerca de 6 mil pares de sapatos). O impulso constante para expandir o valor vai de encontro ao que Marx chama, nos *Grundrisse* (331), de "consumo alheio" como uma potencial barreira universal que não pode ser facilmente ultrapassada.

Há, no entanto, uma distinção entre bens necessários e bens de luxo com relação ao consumo final. Os limites e barreiras na esfera dos bens necessários parecem diferentes daqueles relacionados aos bens de luxo, pois no primeiro caso as demandas, necessidades e desejos são limitados não pela incapacidade humana de absorver cada vez mais valores de uso, mas pela falta de demanda efetiva (demandas e necessidades sustentadas pela solvência) decorrente da imposição de um contrato salarial mais preocupado em maximizar a lucratividade imediata do que em expandir o mercado. Para os trabalhadores, portanto, a possibilidade de adquirir bens de consumo adequados para um padrão razoável de vida é estritamente limitada. Como Marx indica em diversas passagens, isso cria uma grande contradição, que não pode ser facilmente resolvida e, por conseguinte, é um frequente presságio de crises na demanda agregada.

A situação é muito diferente com relação ao consumo da burguesia, tal como constituído pelas próprias classes capitalistas, juntamente com aquilo que Marx chama de "classes improdutivas", que consomem sem produzir. Marx costuma excluir essas classes improdutivas de sua análise, mas reconhece sua importância nos vários esboços elaborados para *O capital*. Contudo, mesmo que essas classes improdutivas sejam incluídas na mistura, a certa altura fica claro que a renda delas depende em última instância da extração de valor e mais-valor da produção, por um meio ou outro (por exemplo, pela taxação que custeia os militares). Isso leva à questão de como superar o que Marx identifica no Livro II como um desequilíbrio estrutural profundamente problemático entre a oferta de valor $(c + v + m)$ e a demanda $(c + v)$ que a classe capitalista lança na circulação. Embora se possa dizer que, no fim das contas, a apropriação do mais-valor pelos capitalistas e pelas classes improdutivas prové a demanda, a estrutura temporal dessa apropriação implica comprar agora para pagar depois, ou, mais enfaticamente, recorrer ao crédito (mais detalhes em breve).

Até aqui, em nenhum momento consideramos os impactos dos diferentes tempos de rotação (períodos de trabalho, tempos de produção, tempos de circulação). Em particular, não dedicamos nenhuma atenção à espinhosa questão da circulação de capital fixo (e seu paralelo com itens fixos de longa duração – como a habitação – no interior do fundo de consumo). O Livro II reconstrói meticulosamente como todos esses processos de circulação operam para moldar o tempo-espaço da acumulação do capital sem – e esse é um ponto fundamental – qualquer recurso ao sistema de crédito. O resultado é o entesouramento de quantidades cada vez maiores de capital monetário em estado morto e improdutivo. É preciso ter dinheiro em reserva para lidar com tempos de rotação diferentes e renovar periodicamente o capital fixo. Quanto mais complexo e intricado é o sistema capitalista de produção, mais dinheiro precisa ser entesourado. Esse entesouramento constitui uma barreira crescente à expansão da acumulação, tornando cada vez mais imperativa a criação de um mercado monetário adequado e um sistema de crédito sofisticado. O resultado é que o próprio capital muda radicalmente de lugar, de modo que "em uma crise geral da superprodução, a contradição não se dá entre os diferentes tipos do capital produtivo, mas entre o capital industrial e o de empréstimo – entre o capital tal como aparece diretamente envolvido no processo de produção e o capital que, como dinheiro, aparece (relativamente) autônomo e exterior àquele processo" (*Grundrisse*, 337).

Por essa razão é tão crucial incluir na análise a exposição sobre os capitais comercial e monetário do Livro III, pois assim se pode entender por que é tão necessária a liberação do sistema de crédito como uma força independente e autônoma no interior do capitalismo. Marx começou seus estudos com a ideia de que a renda, o juro e o lucro sobre o capital comercial acabariam por ser enquadrados nas regras da circulação do capital industrial. Embora considerasse que já havia demonstrado como esse enquadramento podia ser obtido com relação ao capital comercial, e tivesse se dedicado longamente a mostrar (sem sucesso, a meu ver) que a renda fundiária poderia acabar na mesma situação, ele percebeu claramente que isso jamais poderia ocorrer com o capital monetário e portador de juros. Sua autonomia, sua independência e seu consequente poder como força externa à circulação do capital industrial eram necessários para abrir as vias que levam à acumulação contínua e perpétua do capital. Essa era a tarefa do capital monetário, organizado como "o capital comum da classe". E não é difícil perceber, como no caso das hipotecas, que as apropriações de renda seriam mais provavelmente lançadas no ciclo de capital monetário portador de juros do que estritamente enquadradas nas exigências da circulação de capital industrial. Lembre-se de que "toda renda é agora o pagamento de juro sobre o capital previamente investido na terra" (C3, 521). Mas se o surgimento do sistema moderno de crédito liberou enormes quantidades de dinheiro entesourado, transformando-as em capital monetário, ativo e frutífero na produção de mais-valor, ele também liberou a força selvagem da circulação de capital fictício na terra, convertendo os agentes primários da acumulação de capital (capital e trabalho) num conflito entre capital industrial e capital de empréstimo (conflito sobre o qual os trabalhadores tinham muito pouco a dizer). Disso resulta a transformação das tendências de crise do capital nas crises financeiras e comerciais que nos são tão familiares.

Em tudo isso, posso ser acusado com muita sensatez de estender o argumento de Marx a um terreno que interessa diretamente a mim, e não a Marx. Para me defender, eu diria que nos capítulos sobre dinheiro e finanças há muitos sinais de uma reconstrução radical do pensamento de Marx – embora, contra o pano de fundo do corpo de seus escritos, isso possa ser considerado mais um aprofundamento do que um desvio radical de sua postura inicial. É por isso que, por exemplo, dou tanta ênfase à ressurreição do conceito de fetichismo e sua transposição no conceito de capital fictício. As penetrantes revelações de Marx a respeito das ilusões e ficções do capital monetário, da fantasia da capitalização de todo fluxo de rendas e a consequente criação de uma pletora de capital monetário (à qual o FMI costuma se referir como excedentes de liquidez) que pode ser acumulada sem limites levou-o a insistir: "Se pensamos numa sociedade não capitalista, mas comunista, em primeiro lugar desaparece completamente o capital monetário e, assim, também os disfarces das transações que se realizam por meio desse capital" (410). Essa exigência da abolição imediata do capital monetário só faz sentido em relação ao papel fundamental que ele começava a ter na época de Marx para estimular a acumulação perpétua pela repressão crescente das aspirações do trabalho assalariado. Se na época de Marx isso começava a se tornar realidade, hoje é certo que o capital monetário atingiu o ápice de sua influência e poder.

Embora uma leitura cuidadosa e crítica do Livro II e dos capítulos sobre a distribuição no Livro III possam inspirar e fornecer informações sobre uma gama enorme de tópicos – que variam de tempos distintos de rotação até a volatilidade da provisão de crédito –, ainda é difícil chegar a qualquer conclusão definitiva sobre o funcionamento real das leis de movimento do capital nas condições atuais. É óbvio que muito trabalho ainda precisa ser feito para completar e retificar o que Marx fez em 1878, e para entender que direção ele deveria ter seguido para completar o enorme plano traçado na época da redação dos *Grundrisse*, em 1856-1857. Aqui é útil, antes de mais nada, lembrar o fôlego impressionante e a profundidade da concepção original de Marx. Num dos diversos esboços dos *Grundrisse*, ele escreve:

> I. 1) Conceito universal do capital. – 2) Particularidade do capital: capital circulante, capital fixo. (Capital como meio de subsistência necessários, matéria-prima, instrumento de trabalho.) 3) Capital como dinheiro. II. 1) *Quantidade de capital. Acumulação.* 2) *Capital medido em si mesmo. Lucro. Juro. Valor de capital, i.e.,* o capital em contraste consigo como juro e lucro. 3) *A circulação dos capitais.* α) Troca do capital por capital. Troca de capital por renda. Capital e *preços.* β) *Concorrência dos capitais.* γ) *Concentração dos*

capitais. III. O capital como crédito. IV. O capital como capital por ações. V. *O capital como mercado monetário*. VI. O capital como fonte de riqueza. O capitalista. Depois do capital, teria de ser tratada a propriedade fundiária. Depois desta, o trabalho assalariado. Todos os três pressupostos, *o movimento dos preços*, como circulação agora determinada em sua totalidade interna. Do outro lado, as três classes, como presume a produção em suas três formas básicas e pressupostos da circulação. Em seguida, o *Estado*. (Estado e sociedade burguesa. – O imposto, ou a existência das classes improdutivas. – A dívida pública. – A população. – O Estado em suas relações exteriores: colônias. Comércio exterior. Taxa de câmbio. Dinheiro como moeda internacional. – Finalmente, o mercado mundial. Propagação da sociedade burguesa sobre o Estado. As crises. Dissolução do modo de produção e da forma de sociedade fundados sobre o valor de troca. O pôr real do trabalho individual como trabalho social, e vice-versa). (*Grundrisse*, 204-5)

Para completar esse projeto pantagruélico, Marx teria de se tornar Matusalém. E não resta dúvida, com base nesse esboço e na linguagem subsequente dos *Grundrisse*, que sua grande ambição era descrever o advento da sociedade burguesa como uma totalidade orgânica.

É contra esse pano de fundo que podemos situar alguns marcadores que nos ajudem a entender criticamente e em detalhes o que Marx estava fazendo – e por que precisamente no Livro II. Para começar, penso que é inegável que, nesse livro, ele opera no âmbito do "silogismo raso" construído na economia política clássica. A clareza desse argumento depende da estrita adesão à reconstrução da dinâmica da acumulação e da realização no nível da generalidade, sem apelo a universalidades, particularidades e singularidades. O Livro II é de longe o mais espetacular exemplo da adoção por parte de Marx da estrutura da silogística fraca que ele atribuía à economia política clássica. A partir dela, ele tentou chegar a uma compreensão teórica do modo de produção capitalista "em seu estado puro". Uma vez realizada essa tarefa, ele pôde inserir seu achado nos modos mais orgânicos de pensamento, amplamente articulados nos *Grundrisse*.

Embora permaneça bastante fiel a essa estrutura, Marx reconhece que há ocasiões em que as universalidades, as particularidades e mesmo as singularidades podem afetar diretamente as leis de movimento do capital. Embora ele exclua a oferta e a demanda do Livro I, por exemplo, a brecha entre a oferta e a demanda agregadas e o problema de como preenchê-la tornam-se questões críticas no Livro II. Embora o consumo (e a relação entre o consumo produtivo e o pessoal) seja mencionado (mas não analisado) no Livro I, ele aparece no Livro II como um tópico cada vez mais importante para a análise. E embora no Livro III Marx pareça acreditar que o retorno sobre o capital comercial e o papel da renda foram enquadrados nas exigências do capital produtivo, o terceiro pilar da distribuição, do juro e das finanças escapou desse poder de enquadramento, de modo que as contingências da competição e da oferta e demanda de capital monetário determinavam tudo, ao mesmo tempo que as formas associadas de capital criavam uma situação diferente, da qual o socialismo poderia ou teria necessariamente de surgir.

O resultado é um edifício teórico incompleto, suficientemente robusto para analisar todas as configurações históricas e geográficas que o capitalismo possa assumir, mas não tão útil para explicar situações reais, cheias de divergências, imperfeições e contaminações políticas do modo de produção capitalista, e nas quais predominam, por exemplo, as particularidades das finanças ou as estranhas singularidades do consumismo. Acima de tudo, a relação que poderia existir entre as crises comerciais e financeiras, por um lado, e as leis contraditórias do movimento do capital já estabelecidas, por outro, não são desenvolvidas.

A questão, portanto, sobre o que os desenvolvimentos teóricos de Marx podem fazer por nós, e o que temos de fazer por nossa própria conta para analisar os predicamentos atuais, tem sempre de sobressair em qualquer tentativa de compreender em estilo marxista a história do capitalismo. Não podemos, por exemplo, tomar os eventos atuais, plugá-los numa versão da teoria de Marx e esperar respostas prontas. O que Marx fornece é um modo de pensar que vai além do mundo fetichista das aparências, para que possamos identificar as possibilidades emancipatórias imanentes a nossa condição atual.

No Livro I, é claro, há um diálogo entre a essência e a forma da manifestação histórica que ajuda a superar a divisão entre teoria e história. Partindo da teoria do mais-valor absoluto, entramos nos detalhes da luta histórica em torno da duração da jornada de trabalho, tendo como pano de fundo uma história pré-capitalista ainda mais longa, na qual a apropriação do tempo e do trabalho alheios forma a base para o surgimento de uma forma de sociedade de classes. Partindo da teoria do mais-valor relativo, mergulhamos na história das formas organizacionais mutáveis (cooperação, divisões do trabalho e o sistema fabril) e das novas tecnologias (o advento de uma indústria de máquinas-ferramentas – a produção de máquinas por meio de máquinas –, automação e aplicação da ciência), que são a expressão desse movimento teórico. Tendo estabelecido teoricamente uma lei geral da acumulação capitalista que acarreta o desemprego e a produção de um exército industrial de reserva, Marx olha concretamente para as formas históricas assumidas por esse exército industrial de reserva e suas condições de vida como trabalhadores rurais, imigrantes e, em última instância, urbanizados.

No Livro II, não há nenhuma tentativa de dar essa carne histórica aos ossos nus do argumento teórico. Pode-se dizer que há certas dificuldades inerentes nisso, e que elas derivam do foco que se dá à circulação, em vez de à produção. Não acredito que seja o caso. Mesmo os primeiros capítulos – que decompõem a unidade da circulação do capital industrial exposta no capítulo 4 nos diferentes ciclos do capital monetário, do capital produtivo e do capital-mercadoria – poderiam ser apresentados de maneira bem mais assentada na história. É isso, de fato, que encontramos quando lemos os capítulos históricos do Livro III, sobre o capital comercial e a história das relações de crédito. De certa forma, esses capítulos cumprem a mesma função do capítulo sobre as lutas em torno da duração da jornada de trabalho, desde a servidão e outros modos de mobilizar e apropriar-se do mais-valor de outrem. Grande parte do Livro II já havia sido escrita quando Marx redigiu os capítulos históricos sobre o capital comercial e de crédito, mas ele raramente nos remete ao material do Livro III para dar esclarecimentos históricos.

Não é apenas a história que está ausente no Livro II. Quando mergulhamos no material sobre finanças e crédito no Livro III, acabamos enredados, pela primeira e única vez em *O capital*, numa análise concreta das crises de 1848 e 1857. Embora sejam descritas como crises comerciais e financeiras de certo modo "independentes e autônomas" em relação às leis mais profundas de movimento com as quais Marx se preocupa em outro lugar, não é difícil ver que as muitas possibilidades de ruptura e bloqueio, tais como delineadas nos primeiros capítulos do Livro II, são transformadas aqui em realidades e eventos históricos.

Há, no entanto, algumas ausências nos desenvolvimentos teóricos de Marx que têm especial importância. Na conclusão de *Os limites do capital*, mencionei dois tópicos que merecem atenção imediata: a natureza do Estado capitalista e questões de reprodução social. É interessante que, na discussão travada na última parte das aulas sobre o Livro II, os participantes convergiram quase exclusivamente, sem nenhuma orientação minha, para esses dois tópicos. A essas questões eu acrescentaria agora o problema da dinâmica da relação com a natureza, que Marx reconhece que tem importância universal, mas não investiga com detalhes suficientes na generalidade do modo de produção capitalista. É claro que hoje há uma extensa literatura dedicada a todos esses tópicos, mas a exaustão que resultou do intenso debate sobre a teoria marxista do Estado capitalista nos anos 1970, o abandono de questões relacionadas à reprodução social e à subjetividade política do campo da economia política e a oposição de grande parte do movimento ambientalista ao pensamento de Marx contribuiu mais para exacerbar do que para suavizar as dificuldades.

Por exemplo, a relação metabólica com a natureza, ocasionalmente invocada no Livro I, não é mencionada no Livro II, exceto quando se trata das condições materiais que determinam a perecibilidade, a taxa de deterioração "natural" da produção, em oposição aos tempos de trabalho, ao tempo de vida dos capitais fixos, ao custo e ao tempo de superação de distâncias físicas e à capacidade de anular o espaço pelo tempo. Marx chama nossa atenção para o espaço e o tempo mutáveis do capital, mas dá pouca atenção às consequências (ou contradições) que poderiam derivar disso, e que relação isso tem com a construção do mercado mundial e as estruturas geopolíticas de dominação. Embora Marx deixe claro seu desprezo pela explicação "natural" de Malthus para a pobreza e o sofrimento da massa da população, ele não nega que a escassez natural (sobretudo quando exacerbadas pela extração de renda e pela especulação) e a dinâmica do crescimento populacional afetam materialmente a capacidade de obter tanto os meios de produção quanto a oferta adequada de trabalho.

Alguns temas cuidadosamente inseridos na análise também têm consequências para o entendimento da assim chamada inclinação "determinista" e "teleológica" de Marx. Por exemplo, a expressão "autônomo e independente" surge em vários pontos fundamentais do texto e requer comentário, uma vez que grande parte da crítica hostil à obra de Marx e mal informada sobre ela concentra-se no suposto fato de que ele não dá crédito à importância e ao poder da iniciativa individual e concebe os indivíduos como autômatos que obedecem cegamente a forças abstratas, sobre as quais não têm nenhum controle. Essa crítica é muito estranha, já que foi o muito admirado e citado Adam Smith que lançou a ideia da mão invisível do mercado, que determina o produto agregado e não é controlada por ninguém. Marx só adota a posição de Smith no capítulo 2 do Livro I, quando compartilha suas pretensões utópicas. Que a direita libertária continue a aceitar as pretensões utópicas de Smith e ao mesmo tempo ataque Marx é absolutamente estranho – exceto, é claro, quando se percebe que o propósito de Marx ao adotar o modelo smithiano é mostrar que ele não pode funcionar para o benefício de todos. Ele exacerba e aprofunda as desigualdades de classe, que é precisamente a razão pela qual, suspeita-se, a burguesia adere tão alegremente à versão smithiana, mas não à versão marxista da mesma teoria.

É evidente que a questão aqui não é negar a independência e a autonomia individual, mas reconhecer: (a) as condições socioeconômicas particulares em que essa iniciativa individual poderia florescer e (b) que as consequências agregadas poderiam ser muito diferentes das intenções individuais, quando mediadas pelas leis coercitivas da concorrência e pelo intercâmbio no mercado, submetido em última instância à lei do valor.

Contudo, Marx estende o tema do "independente e autônomo" à consideração da circulação dos capitais comercial, portador de juros e monetário (financeiro). No meu entender, isso significa que, sendo particularidades, essas formas de circulação não precisam se ajustar – como acontece na maioria das vezes – direta e mecanicamente às leis gerais de movimento do capital. No entanto, como indica a estrutura de "pivôs" em que gira o sistema de crédito, e como ilustra o desdobramento das crises comerciais e financeiras, algum tipo de poder disciplina os movimentos independentes e autônomos no mundo do comércio e das finanças, submetendo-os à necessidade da produção e realização de mais-valor.

Para mim, não está claro como funciona esse aparato disciplinador. Acredito que Marx estava apenas no início de seus estudos sobre o tema. E suspeito que é por isso que Engels considerou os capítulos sobre as finanças como provavelmente os mais importantes do Livro III. Há, é claro, alguns princípios mínimos citados por Marx (por exemplo, o de que a acumulação do capital cessaria, se todos os capitalistas abandonassem a produção para viver de juros). E há uma presunção de que as crises introduzem de certo modo uma medida de concordância na relação entre a produção de mais-valor e a proliferação de arranjos de crédito, por exemplo.

Na introdução deste livro, identifiquei o que poderia ser chamado de "teoria da determinação" em Marx. Sugeri que uma vasta gama de arranjos (políticos) distributivos e institucionais e de regimes de consumo seriam possíveis no mundo todo, em qualquer momento histórico, "*desde que eles não restrinjam ou destruam indevidamente a capacidade de produzir mais-valor em escala sempre crescente*". Na medida em que alguns arranjos e regimes têm mais êxito que outros, é provável que pressões competitivas impusessem adaptações ao longo do tempo no sentido do modelo de acumulação que tivesse mais êxito. Há exemplos na história. Nos anos 1980, a Alemanha Ocidental e o Japão estavam à frente nesse processo. Mais tarde, foi o chamado Consenso de Washington que o encabeçou, e agora o modelo do Leste Asiático. Mas, como bem ilustra a história das mudanças na hegemonia global, os elementos independentes e autônomos jamais saem de cena. O desenvolvimento geográfico desigual mantém sempre atual a questão do modelo de acumulação mais bem-sucedido em diferentes épocas e lugares. O mesmo vale para as formas independentes e autônomas de circulação, e para as crises que elas geram regularmente. Sem tal independência e autonomia, o capital não poderia se adaptar, se reproduzir e crescer.

Isso ilustra quão robusto e flexível o capital pode ser em relação, por exemplo, às singularidades do consumo. Por esse ser um dos aspectos mais problemáticos da teoria de Marx – o fato de não ter conseguido discutir, para não dizer teorizar, o consumismo –, dou um exemplo estranho, pessoal e definitivamente singular. Até pouco tempo atrás, eu era apaixonado pela compota inglesa de laranja-amarga. Ela tem um sabor peculiar, para o qual nós ingleses temos ou uma predisposição genética ou um sentido cultural distorcido, mas o fato é que muitos ingleses só conseguem começar o dia depois de comer alguma coisa amarga no café da manhã. Quando retornei à Inglaterra no início dos anos 1990, adquiri o costume de fazer a minha própria compota (como faziam minha mãe e minha avó antes de mim). Fiquei surpreso ao descobrir que muitos de meus colegas acadêmicos faziam o mesmo. Assim, em janeiro e fevereiro, milhares de cozinhas espalhadas por toda a Grã-Bretanha entram em ação para fazer compota. Quando retornei aos Estados Unidos, não conseguia encontrar laranjas-amargas. Sendo assim, eu tinha sempre uma desculpa para voltar à Europa em janeiro e fevereiro, a fim de conseguir as laranjas e fazer a polpa, com a qual produziria a compota quando retornasse aos Estados Unidos. Cheguei a fazer uma visita a Córdoba, onde há laranjas-amargas por toda parte, espalhadas no chão – ou no belo jardim islâmico que rodeia aquela mesquita espetacular. Apanhei as laranjas (para a grande surpresa dos nativos, que não cansavam de me dizer que aquelas laranjas eram intragáveis) e fiz a polpa no quarto do hotel – causando alvoroço entre os funcionários, que não suportavam o cheiro acre. Claramente acharam que eu era louco. Há coisa mais singular que isso?

Na verdade, há uma fascinante história no estilo marxista que ajuda a explicar meu estranho comportamento de consumo. Em minha pesquisa de doutorado sobre o cultivo de lúpulo e frutas em Kent no século XIX, descobri que nos anos 1840 os *yeomen** de Kent e os produtores de cana-de-açúcar do oeste indiano estabeleceram uma aliança estranha e incomum. Os dois grupos exigiam a redução dos impostos sobre o açúcar. Para os produtores de frutas, isso significava açúcar mais barato e maior demanda de frutas para a confecção de geleias e conservas. Nessa época, a agitação livre-cambista chegou ao ápice na Inglaterra, liderada pelos industriais de Manchester, que reivindicavam alimentos mais baratos para baixar o valor da força de trabalho e, com isso, aumentar o mais-valor que eles podiam apropriar. Embora essa agitação visasse sobretudo o preço do pão, os trabalhadores precisavam de recheio para colocar nele. Conservas cheias de açúcar (além de chá adoçado) forneciam uma fonte instantânea de energia para os trabalhadores das fábricas, que cumpriam longas horas de trabalho. Desse modo, como mostra Sidney Mintz em seu brilhante livro *Sweetness and Power*, o interesse industrial promoveu o consumo dessa fonte de energia instantânea entre seus trabalhadores (daí a importância da pausa para o chá na vida da classe trabalhadora inglesa). A análise feita no Livro I de *O capital* sobre a política comercial em relação ao valor e à intensidade da força de trabalho (no capítulo sobre "A jornada de trabalho") estabelece o contexto para a promoção dessas formas de consumo da classe trabalhadora.

Mas isso não explica por que justamente a compota de laranja-amarga. Para isso, temos de voltar ao Livro II de *O capital*. Os estoques de frutas frescas e polpa de frutas das fábricas de geleias e conservas costumam acabar em torno do mês de dezembro. Alguém viu todas aquelas laranjas intragáveis caindo das árvores espanholas entre janeiro e fevereiro (os espanhóis gostavam das laranjeiras em flor, mas não queriam que as árvores fossem atacadas por causa da fruta). O uso das laranjas-amargas da Espanha foi uma maneira esplêndida de manter o capital fixo plenamente empregado (um problema do Livro II) o ano todo. Assim, um problema no

---

* Os *yeomen* são pequenos fazendeiros, ou minifundiários. (N. T.)

tempo de rotação do capital fixo teve papel fundamental na promoção do consumo de compota de laranja-amarga no café da manhã. Rica em açúcar e vitamina C, a compota de laranja-amarga se tornou um hábito cultural profundamente arraigado e se mantém na Inglaterra até hoje.

Não há nada aqui que determine esse meu hábito cultural peculiar e singular. Posso abandoná-lo, se quiser (e recentemente o abandonei). Mas o capital cria certas "condições de possibilidade" para a formação e a perpetuação de hábitos culturais aparentemente singulares. A casa própria e o "*American dream*" são exemplos óbvios. Tenho grande prazer em mostrar o que essas condições de possibilidade podem significar, e acho fascinante que uma teorização de estilo marxista me ajude a entender de onde vêm alguns dos hábitos e gostos que me são peculiares.

Cito essa anedota pessoal aparentemente trivial porque estou profundamente convencido de que Marx faz mais sentido quando trazemos suas análises abstratas para a terra, e, se a teoria é incapaz de esclarecer não apenas os processos abstratos pelos quais o capital se move, mas também a vida cotidiana como todos a vivem (inclusive por que tantos ingleses amam compota de laranja-amarga), então a teoria é necessária como ferramenta emancipatória para a construção de um modo de produção alternativo, mais igualitário e menos propenso à violência.

É interessante que os conceitos de socialismo e comunismo apareçam mais explicitamente no Livro II do que nos outros livros de *O capital*. Marx parece ter em mente um conjunto de trabalhadores associados que controlam seus próprios processos de produção e níveis de recompensa e articulam-se numa forma mais ampla de organização social, capaz de eliminar os poderes perturbadores da circulação de capital monetário e substituí-los por um padrão coordenado e racionalmente determinado de bens não mercadorizados (valores de uso) no interior da divisão internacional do trabalho. A abolição de uma sociedade baseada no valor de troca é central em todas as formulações anticapitalistas de Marx. O corolário é que uma sociedade baseada na igualdade e na justiça, voltada para a emancipação humana, jamais pode ser construída num mundo onde o dinheiro é uma forma de poder social apropriável por pessoas privadas, e onde a coordenação monetária da troca nos mercados de mercadoria é a relação social fundamental pela qual a vida cotidiana é reproduzida. Obviamente, as especificações mínimas de Marx constituem um programa totalmente inadequado e utópico. Mas destacam o problema da coordenação internacional na crescente divisão do trabalho, problema que a esquerda anticapitalista reluta notoriamente em enfrentar, em parte devido a uma desconfiança compreensível em relação a qualquer coisa que se assemelhe a uma afirmação do poder do Estado na transição para uma alternativa anticapitalista. O Livro II também esclarece os complicados processos dos ciclos de capital que se entrelaçam para sustentar a produção e a realização de mais-valor aparentemente *ad infinitum* – e que se destinam a perpetuar um poder de classe singularmente capitalista. O que Marx mostra de maneira convincente é que nenhum aspecto da circulação (como o capital monetário) pode ser radicalmente alterado sem que ocorram transformações igualmente radicais nos ciclos sequenciais da produção e das mercadorias.

Que feição terá uma alternativa não capitalista é algo que será determinado pelas futuras gerações de ativistas e estudiosos, à luz das possibilidades da época (entre elas os modos eletrônicos de coordenação social, com os quais Marx não podia nem sequer sonhar). Mas a base estabelecida há tanto tempo por Marx fornece um quadro formidável do caráter sistêmico – ainda que contraditório – do fluxo do capital que precisa ser transformado em fluxos de valores de uso capazes de alimentar, alojar, vestir, criar e sustentar mais de 8 bilhões de pessoas no planeta Terra. Para alguém que afirmou que nossa tarefa não é entender o mundo, mas transformá-lo, Marx perde muito tempo e energia dissecando, entendendo e esclarecendo aquilo que tem de ser mudado. Ainda temos muito trabalho a fazer nessa seara. Mas, como sempre, é imperativo iniciarmos a tarefa de transformá-lo – particularmente quando levamos em conta que o capitalismo, como sistema social, chegou ao fim do prazo de validade e não pode crescer ilimitada e cegamente a taxas compostas pelo "consumismo alheio", indiferente às consequências sociais, políticas e ambientais. Apenas o capital, diz Marx, "capturou o progresso histórico e o colocou a serviço da riqueza" (*Grundrisse*, 490).

> A crescente inadequação do desenvolvimento produtivo da sociedade às suas relações de produção anteriores manifesta-se em contradições agudas, crises, convulsões. A destruição violenta do capital, não por circunstâncias externas a ele, mas como condição de sua autoconservação, é a forma mais contundente em que o capital é aconselhado a se retirar e ceder espaço a um estado superior da produção social. (*Grundrisse*, 627)

É certamente chegada a hora de dar ouvidos a esse conselho.

ÍNDICE

18 de brumário de Luís Bonaparte, O (Marx), 21-2, 304

acumulação, 82-5, 86-7, 356-7, 359-60, 366-9
  A acumulação do capital (Rosa Luxemburgo), 296, 310, 357
  circulação do capital, 48-50, 58, 62-3
  descrita, 10-9
  dinâmica do capital, 181-2
  do capital monetário, 198-9, 206-8, 211-4, 227-8, 231, 235, 243-50, 251, 253-7, 265-6, 274, 306-11, 313-5
  e a relação de entesouramento, 46, 138, 238-9, 291-3, 339-42, 345-53
  mais-valor, 116
  por despossessão, 95-6, 153, 226, 350-3
  primitiva, 50, 82, 149, 214, 226
  processo de, 194-6
  singularidade do consumo, 37-41
Afeganistão, 232
África, 265
agricultura, 120, 125, 145, 157, 214, 263-4, 289, 316
Alemanha, 58, 122, 140, 218, 251-2, 305-7
Alemanha Ocidental, 372
algodão, 105, 106, 109, 140, 257, 258, 290, 354

América do Norte, 305
América Latina, 264-5
Antipode, 266
Apalaches, 75
Argentina, 90, 112, 230, 263
Arrighi, Giovanni, 171, 217
  O longo século XX, 150
Ásia, 171, 264-5, 269-70, 372
assistentes sociais, 38, 354
automóveis, 104, 130, 136-7, 152, 274, 321, 354,

Bakewell, Robert, 262
Baltimore, Maryland, 75, 269, 273
Banco Central Europeu, 17, 209-10, 218, 251-2
Bank Act (1844), 17, 209-10, 237
"Bank Act Committee Report" (1857), 198
Banco da Inglaterra, 198-9, 208-10, 219, 250
Belgravia, 260
Benetton (empresa), 148, 151
Berle, Adolphe A., 192
Bessemer, processo de, 263

Birmingham, Inglaterra, 147
Blankfein, Lloyd, 144
Boccara, Paul, 34, 224
Bolena, Ana, 218
Boston, Massachusetts, 75, 129
burguesia, 60-1, 63, 169-70
    educação filantrópica, 38
    legalização das liberdades/direitos, 288
    Marx sobre, 114-5
    sobre a origem do capitalismo, 26-7
    valorização de capital fixo, 138-9
    versus aristocracia rural, 305

Califórnia, 137, 273
capital
    comercial, 153-6
    consumido *versus* empregado, 126-7
    fictício, 172-6, 193-6, 232-55
    fluido, 117
    latente, 96-7, 299
    meios de, 231-2
    mercadoria, 66-8
    monetário, 54-5, 167, 198-9
    portador de juros, 176-83
    produtivo, 59-66
    social, 68, 73, 123, 153, 225-7, 311-3, 319, 321, 330
capital fixo, 337-41
    aspectos monetários da circulação, 132-5
    na terra, 121-4
    peculiaridade do, 116-7
    relações com o fundo de consumo, 120-1
    tempo de vida físico do, 117-20
    teoria do valor e, 138-40
capital-mercadoria, 52-3, 66-8
    capital social, 68, 73, 74, 311-5
    aplicação do, 226-7
    circulação do, 319, 322
    componentes do, 123, 153
    produto do capital social total, 330
capitalista (individual *versus* classe)
    cálculo do, 73-4

capital fixo e teoria do valor, 138, 259-62
capital monetário disponível, 313
circulação monetária, 328-32
consumo do, 57-8
custos de armazenamento, 103, 106
maquinaria e, 254
Marx sobre, 172, 185-8, 309, 311
nas leis coercitivas da concorrência, 33
oferta e demanda, 81
organização da produção do valor, 75-6
papel do crédito e sistema bancário, 224-6
produção do espaço, 124
reprodução ampliada, 340-1, 345, 358
tempo de rotação, 132, 285, 296

Caribe, 264
catolicismo, 204, 207, 213
centralização (concentração),
    execuções hipotecárias (Estados Unidos), 153, 208, 350
China
    contemporânea, 89
    prata da, 99
    privatização neoliberal na, 241
    processo de desenvolvimento, 129
    trabalho, 305-6
Churchill, Winston, 209
circulação, meios de, 231
Citibank, 21
classe *versus* indivíduo (capitalista)
    cálculo da, 73-4
    capital fixo e teoria do valor, 138, 259-62
    capital monetário e disponível, 313
    circulação monetária, 328-32
    consumo, 57-8
    custos de armazenamento, 103, 106
    maquinaria e, 254
    Marx sobre, 172, 185-8, 309, 311
    nas leis coercitivas da concorrência, 33
    oferta e demanda, 81
    organização da produção de valor, 75-6
    papel do crédito e do sistema bancário, 224-6
    produção de espaço, 124
    reprodução ampliada, 340-1, 345, 358

tempo de rotação, 132, 285, 296
Clinton, Bill, 220
CNN, 277
colateralizadas, obrigações de dívidas, 21, 123, 245
colonialismo, 80, 341
composição (orgânica, técnica, de valor), 126, 157, 182, 301, 350-1, 355, 360
concentração (centralização), 34, 77-8, 100, 147, 184, 197, 214, 226, 229-30, 245, 260-2, 270, 367-8
Condição pós-moderna, A (Harvey), 14
Congresso (comissão), 144
consumo,
   capital-mercadoria, 66-9
   produção de relações espaciais, 119-22
   reprodução do capital, 301-10, 312, 315-7, 320-1, 322-31, 333-4
   singularidade da, 37-41
consumo racional, 11, 62, 354
Corbet, 198
Córdoba, Espanha, 373
Coreia do Norte, 91
Coreia do Sul, 152
Countrywide, 153
crédito, 167-201
   papel do, 223-55
   pré-história do sistema, 213-21
   sistema de, 201-89
crianças, 38, 152
Cromwell, Thomas, 218
Cronon, William
   Nature's Metropolis, 273

definições relacionais
   relevância histórica das, 127-30
"depreciação moral", 118-9, 129, 135-8, 338
descampados, 147
desemprego, 32, 209, 303, 369

desqualificação, 192
"destruição criativa", 113
Detroit, Michigan, 75, 104, 113, 269
Deutsche Bank, 21
Diálogos (Platão), 183
Dickens, Charles, 87, 262
Dinheiro, O (Zola), 203, 211-2
direitos
   concepção burguesa, 26, 183
distribuição, 35-7
dívida, 85, 123, 194-9, 207-21, 223-55, 298-305
divisão do trabalho, 145, 153-6, 258, 308-9, 360, 374
Dodd-Frank, lei de reforma da regulação financeira, 219
Drucker, Peter, 228-9

Economist, 195
educação, 161, 233
Egito, 106
empréstimo, 239-43
Engels, Friedrich
   intervenções de (nos livros II e III d'*O capital*), 15
   Manifesto Comunista, 22, 78, 108, 109, 229, 266, 267
   reorganização dos manuscritos de Marx por, 167, 187, 201
   sobre a admiração de Marx por Saint-Simon, 203, 229
   sobre finanças, 372
   sobre o capital comercial, 141
   sobre o processo de produção, 280
   sobre os esquemas de Marx, 308
Enigma do capital, O (Harvey), 51, 316-7, 325
Espanha, 12, 90, 210, 231, 242, 261, 373
Essen, Inglaterra, 75, 269
"estado puro", 19, 20, 140, 252, 368
estagflação, 35

estagnação, 135, 184, 247, 349
estado
    sistemas coloniais, 150
    Federal Reserve, 81, 172, 208, 209, 218, 313,
    fundo de infraestrutura, 127-31, 137, 198, 224, 241, 261,
    e força de trabalho, 26-7, 43, 101-2
    gerenciamento do sistema monetário, 208, 238
    aparato regulatório, 238
Estados Unidos
    após a Segunda Guerra Mundial, 263-4, 297-8
    execuções hipotecárias, 153, 208, 350
    corporações e regulações, 90, 123-4, 193, 220, 308
    descampados, 147
    e o trabalho mexicano, 75, 89, 264
    escassez de trabalho, 72
    indústria agrícola, 89
    origens do capital industrial, 55
    Partido Republicano, 85, 137
    salários (desde 1970), 11-2
    seguridade social, 232
    tradições políticas e laborais, 18, 38-9, 318

"Fall Line" (cidades), 75
Federal Reserve, 81, 172, 208, 209, 218, 313,
Fernbach, David, 14, 15
fetichismo, 86, 121, 143, 168, 172, 193-6, 206, 207, 212, 253, 255, 367
feudalismo, 20, 22, 36, 87, 216,
fisiocrata, escola de pensamento, 114, 316,
FMI (Fundo Monetário Internacional), 244, 357, 358, 367
força de trabalho, 10-1, 26-7, 101
Ford, Henry, 38, 354
França, 203, 252, 316, 318
Friedman, Milton, 129
fundo de consumo, relação com o capital fixo, 120-1

G20, reunião, 58
Galeno, 316-8
Gana, 362
Gap (empresa), 148
General Motors, 152
General Motors Acceptance Corporation, 152
Gênova, Itália, 217-8, 275
Gilbart, William James, 182
globalização, 45, 75-6, 266, 269-90, 380
Goldman Sachs, 21, 95, 144
Grã-Bretanha
    indústria algodoeira, 105, 106, 109, 140, 257, 258, 290, 354
    indústria têxtil, 75
    mercado para bens produzidos, 150
    mudança na hegemonia, 217, 219
    o modelo de Rostow e, 127-8
    produção de cerveja, 272, 273
    salários, 309, 354
    sistema fechado de comércio, 290
Gramsci, Antonio, 26
Grécia, 210, 218, 251
Greenspan, Alan, 209
Grundrisse (Marx)
    "anulação do espaço pelo tempo", 95, 108, 246, 267, 270-1
    capital fixo, 125, 128-9, 135-6
    O capital, panorama de estudo, 9-37
    contradições nos, 113
    leis de movimento do capital, 142, 279, 367, 368, 375
    regras de investimento, 181
    relação de limites e barreiras, 363-6
    singularidade, 162
    sobre a acumulação primitiva, 50
    sobre a competição, 169-70
    sobre a força de trabalho, 112
    sobre a reprodução do capital, 87-8
    sobre o dinheiro como comunidade, 149
    sobre o sistema de crédito, 212, 246
Guinness (cerveja), 273

Gunderman, 211
Guerra civil na França, A (Marx), 21, 22, 305
Guerras Napoleônicas, 209

Harvey, David,
  A condição pós-moderna, 14
  O enigma do capital, 51, 316-7, 325
  Os limites do capital, 111, 139, 182, 225, 266
Harvey, William, 315-7,
Hegel, G. W. F., 26, 29, 54n
hegemonia, 150, 171, 217, 372
Henrique VIII (rei), 218
Hilferding, Rudolf, 171
Hipaso, 175
Hobson, John Atkinson, 171
Holanda, 150, 217
Hong Kong, 75, 152
HSBC (banco), 21

Ikea (empresa), 21, 104, 148, 151
imigrantes, 76, 89, 126, 369
Índia, 106, 107, 129, 150, 191, 216, 273, 290, 308, 345
Índias Ocidentais, 78
indivíduo *versus* classe (capitalista)
  cálculo do, 73-4
  capital fixo e teoria do valor, 138, 259-62
  capital monetário disponível, 313
  circulação monetária, 328-32
  consumo do, 57-8
  custos de armazenamento, 103, 106
  maquinaria e, 254
  Marx sobre, 172, 185-8, 309, 311
  nas leis coercitivas da concorrência, 33
  oferta e demanda, 81
  organização da produção de valor, 75-6
  papel do crédito e do sistema bancário, 224-6
  produção do espaço, 124
  reprodução ampliada, 340-1, 345, 358
  tempo de rotação, 132, 285, 296

indústria agrícola (Estados Unidos), 89
infraestrutura, 18, 113, 127-9, 131, 138, 224, 241, 287-8, 344-5
inquérito parlamentar, 260n
Inquiry into the Principles of the Distribution of Wealth, An (Thompson), 293
inspetores de fábrica, 24
Iraque, 232
Irlanda, 12, 210, 231, 242, 261
Iron City, 273
Itália, 75, 148, 210, 217-8, 230,

Japão, 99, 104, 189, 208, 242, 258, 372
Jobs, Steve, 38
joint products, 120, 139
juro empresarial, 187-93
just-in-time (sistemas), 98, 103, 258, 265, 270

Kalecki, Michal, 358
Keynes, John Maynard, 46, 173, 212, 316, 357
  teoria econômica keynesiana, 206, 210-2, 238, 322, 357-8, 360
Kirchhof, Paul, 264

Leatham, W., 196
Lefebvre, Henri, 26, 125
Lehman Brothers, 218, 247
lei da propriedade, 176, 197, 202, 224, 234, 239, 271, 286-7
leis coercitivas da concorrência, 33-5
"leis de movimento do capital" (Marx), 20, 23, 34, 40, 54, 73, 91, 92, 124, 140, 143, 145, 146, 169, 170, 181, 193, 213, 224, 246, 252-355, 265, 279, 290, 315, 318, 346, 367-8
Lenin, Vladimir, 34, 35n, 127, 171, 219
Leontief, Wassily, 307-8, 321, 329, 361
Lille, França, 75, 269

Limites do capital, Os (Harvey), 111, 139, 182, 225, 266
Liz Claiborne (empresa), 152
Londres, Inglaterra, 87, 112, 151, 220, 250, 260, 272-3,
Longo século XX, O (Arrighi), 150
Los Angeles, Califórnia, 129
Lowell, Massachusetts, 75, 354
lucro
  comercial, 156-61
  divisão do, 183-6
  empresarial, 187-93
Luís XV, 315
Lutero, Martinho, 207, 215, 216
Luxemburgo, Rosa, 16, 304, 309
  A acumulação do capital, 296, 310n, 375

Madison Avenue, 165
Main Street, 207, 213
mais-valor, 9-41
  e sobriedade, 226, 295-6
  circulação do, 291-9
  cobertura legal para, 177-9
  problema da absorção do, 67, 81, 125, 128, 273-4
  transformação do, 53, 66, 322-3
Malthus, Thomas, 28, 82, 296, 305, 371
Manchester, Inglaterra, 75, 106, 129, 147, 269, 373
Mandel, Ernest, 16, 93
Manifesto Comunista (Marx e Engels), 22, 78, 108, 109, 214, 229, 266-7
Mantel, Hilary
  Wolf Hall, 218
máquina a vapor, 259
Marcos, Imelda, 365
Marx, Groucho, 174
Marx, Karl, obras de
  A guerra civil na França, 21, 22, 305

Manifesto Comunista, 22, 78, 108, 109, 214, 229, 266-7
O 18 de brumário de Luís Bonaparte, 21-2, 304
As teorias do mais-valor, 21, 24, 94,
Matusalém, 368
Means, Gardiner C., 192
Meidner, Rudolph, 228
Mellon, Andrew, 235
México, 75, 89, 129, 264
Mintz, Sidney
  Sweetness and Power, 373
mito weberiano, 266
"conflito fáustico", 83, [306]
Mondragon (modelo), 90, 94, 193, 230
More, Thomas, 218
Morishima, Michio, 310n, 359
mulheres, 10, 365
Mumbai, Índia, 75

Bonaparte, Luís, 203
Nature's Metropolis (Cronon), 273
neoliberalismo, 11, 20, 30, 34, 230, 241
neo-ricardianos, 322
"New Leicester" (raça de ovelha), 262
Nike (empresa), 148, 151
Nobel de Economia, Prêmio, 307
Nova Inglaterra, 75
Nova York, 75, 98, 103, 109, 112, 131, 132, 191, 273

Obama, governo, 58
obrigações de dívidas colateralizadas, 21, 123, 245
oferta e demanda, 183-6, 231, 254, 281-2, 285-7, 290, 294
  equilíbrio da, 80-2, 84-6, 169-71, 348, 353, 364

interesse dos trabalhadores e, 187
lei da, 28, 32-5
razão entre as trocas de mercadoria, 180-1
ouro, 47, 54, 65, 81, 86, 103, 143, 151, 172, 195, 196, 201, 204, 205, 208-13, 219, 223, 232, 234, 236-7, 250-1, 291, 293, 297, 298, 306, 313, 316, 333, 342
Overstone, lorde, 192, 198-9
Owen, Robert, 193
Oxford Street, 165

País Basco, 90
Palin, Sarah, 179
Partido Comunista Francês, 34, 224,
Partido Republicano (Estados Unidos), 85, 137
Paulson, Hank, 218
Péreires (irmãos), 203-4, 211, 219, 220, 225,
período de trabalho, 258-63
Phillips, Kevin, 58
Piore, Michael J.
 The Second Industrial Divide, 230
Pitsbugo, Pensilvânia, 75, 273
Platão
 Diálogos, 183
Portugal, 210
prata, 47, 103, 205, 208, 211, 213, 236, 250, 291, 293, 333
privatização, 35, 223, 241
produção
 capitalista, 28
 do espaço, 124-5
 sobre a, 24-5
 tempo de, 263-5
Produção de mercadorias por meio de mercadorias (Sraffa), 359
proletarização, 87-9, 202, 224, 230, 337
Protestante, Reforma, 215
protestantismo, 204, 226
Proudhon, Pierre-Joseph, 178, 183, 221

quakers, capitalistas, 296
Quesnay, François, 68, 315-9, 375

Ramsay, George, 184
relatório da Comissão Parlamentar sobre os Bank Acts, 198
reprodução
 ampliada, 337-62
 do capital, 301-35
 da vida cotidiana, 273, 362, 374
 simples, 319-35
Republic Windows and Doors, 92
Revolução Francesa, 203
revoluções (1848), 17, 22, 143, 145, 203, 230, 305
Ricardo, David, 10, 16, 23, 24, 114-45, 121, 139, 146, 211, 316, 318,
Roma, Itália, 214, 215,
Rostow, Walt, 127-8, 137
Rothschild
 casa, 203, 211
 família, 204, 211
Rússia, 264

Sabel, Charles F.
 The Second Industrial Divide, 230
Saccard, Aristide (personagem), 211-2
salário, 11-35
 arrocho do, 305
 convertido em meio de subsistência, 81
 do trabalho futuro, 61
 dos trabalhadores comerciais, 160
 força de trabalho e, 49, 181, 185, 190, 193, 224, 312, 320-30, 348-9, 354
 na Grã-Bretanha, 309
 para facilitar o consumo, 58
 reposição do, 108
 rotação, 259, 286-90, 313-4, 299
São Paulo, Brasil, 112
Say, a lei de, 26, 46, 62, 295

Schumpeter, Joseph, 113

Segundo Império (França), 153, 203, 211, 255, 241,

Second Industrial Divide, The (Piore e Sable), 230

Sheffield, Inglaterra, 75, 269

sindicatos, 32, 75, 152, 297

Singapura, 152

sistema bancário, 232-55

Smith, Adam
  Marx sobre, 31-2, 56, 92, 114-5, 318-9
  sobre a divisão do trabalho, 92
  sobre as empresas de capital aberto, 227
  sobre o funcionamento do mercado (a mão invisível), 371
  sobre o produto social total, 329, 330
  sobre Quesnay, 318-9

sobriedade, 226, 296

"socialismo de fundo de pensão", 228

socialismo utópico, 203, 225

Sraffa, Piero, 316-7, 322
  Produção de mercadorias por meio de mercadorias, 359

subconsumo, 325, 249, 353

Sweetness and Power (Mintz), 373

Taberna, A (Zola), 151

Tableau économique, 315, 317

taxa de juros, 183-6

Tea Party, 92

tecnologia, 43, 75, 137, 254

tecnologia da comunicação, 107-9

tempo
  apropriação, 369
  estudos de tempo e movimento, 267
  relação espaço-tempo, 108, 246, 270-1, 371
  de circulação, 265-75, 277-82

Teorias do mais-valor (Marx), 21, 24, 94,

Terceira Itália (Emília-Romanha), 230

Tesouro Americano, 208, 218

Thompson, William
  An Inquiry into the Principles of the Distribution of Wealth, 293

Tooke, Thomas, 231

Tower Hamlets, 151

trabalho, 9-37, 43, 45, 48-53, 55-63, 65-7, 73, 74-5, 77-8, 88, 94, 182, 289, 303, 369-70
  coletivo, 94-5
  desqualificação, 192
  divisão do, 145, 153-6, 258, 308-9, 360, 374
  Engels sobre, 101, 229-31
  escravo, 78, 89, 129n, 146, 183, 191, 215, 331
  exército de reserva, 22, 289, 303, 369
  força de trabalho, 26-7, 43, 101
  na China, 305-6
  qualificado e desqualificado, 192
  sistema familiar, 89, 152
  sistemas "híbridos" de, 151

transportes, 107-9

Trent (rio), 273

Trigg, Andrew, 310

Turim, Itália, 75

União Europeia (UE), 203, 208, 218

União Soviética, 345

Ure, Andrew, 191, 193

utopismo saint-simoniano, 203, 119, 225

valor
  composição do valor, 126-7, 182, 301, 350-3, 355, 360
  força de trabalho *versus* teoria do valor-trabalho, 111, 138-9, 318
  teoria do valor, capital fixo e, 138-40

Veneza, Itália, 227, 228, 275

vida, estilo suburbano de, 40, 125, 305

Wall Street, 143, 168, 173, 189, 207, 213,

Walmart, 21, 36, 63, 95, 98, 103, 104, 148, 151
Washington, Consenso de, 372
Washington, DC, 109
Wikipédia, 175
Wilson, Harold, 220

Wolf Hall (Mantel), 218

Zola, Émile,
   A taberna, 151
   O dinheiro, 203, 211-2

OUTROS LANÇAMENTOS DA BOITEMPO EDITORIAL

Estado e burguesia no Brasil
ANTONIO CARLOS MAZZEO
Orelha de **Evaldo Amaro Vieira**
Quarta capa de **José Paulo Netto**

História, estratégia e desenvolvimento
JOSÉ LUÍS FIORI
Orelha de **José Gabriel Palma**

O mistério do mal
GIORGIO AGAMBEN
Tradução de **Silvana de Gaspari e Patricia Peterle**

A política externa norte-americana e seus teóricos
PERRY ANDERSON
Tradução de **Georges Kormikiaris**
Orelha de **José Luís Fiori**

Quando o Google encontrou o WikiLeaks
JULIAN ASSANGE
Tradução de **Cristina Yamagami**
Orelha de Slavoj Žižek
Apresentação de Sérgio Amadeu da Silveira

Rap e política
ROBERTO CAMARGOS
Prefácio de **Adalberto Paranhos**
Orelha de **Pedro Alexandre Sanches**
Fotos de **Thiago Nascimento**

COLEÇÃO TINTA VERMELHA

Brasil em jogo
ANDREW JENNINGS, RAQUEL ROLNIK ET AL.
Apresentação de **João Sette Whitaker Ferreira**
Quarta capa de **Gilberto Maringoni e Juca Kfouri**

📖 COLEÇÃO MARX/ENGELS

O capital, Livro II
Karl Marx
Tradução de **Rubens Enderle**
Prefácio de **Michael Heinrich**
Orelha de **Ricardo Antunes**

Sobre a questão da moradia
Friedrich Engels
Tradução de **Nélio Schneider**

📖 COLEÇÃO ESTADO DE SÍTIO
Coordenação de Paulo Arantes

Mal-estar, sofrimento e sintoma
Christian Ingo Lenz Dunker
Prefácio de **Vladimir Safatle**
Orelha de **José Luiz Aidar Prado**

📖 COLEÇÃO MARXISMO E LITERATURA
Coordenação de Leandro Konder

Revolta e melancolia
Michael Löwy e Robert Sayre
Tradução de **Nair Fonseca**
Orelha de **Marcelo Ridenti**

📖 COLEÇÃO MUNDO DO TRABALHO
Coordenação de Ricardo Antunes

A montanha que devemos conquistar
István Mészáros
Tradução de **Maria Izabel Lagoa**
Prefácio de **Ivana Jinkings**

📖 COLEÇÃO CLÁSSICOS BOITEMPO

Tempos difíceis
Charles Dickens
Tradução de **José Baltazar Pereira Júnior**
Orelha de **Daniel Puglia**
Ilustrações de **Harry French**

📖 LITERATURA

A cidade e a cidade
China Miéville
Tradução de **Fábio Fernandes**
Orelha de **Ronaldo Bressane**

Diários de Berlim, 1940-1945
Marie Vassiltchikov
Tradução de **Flávio Aguiar**
Quarta capa de **Antonio Candido**

📖 SELO BARRICADA
Conselho editorial Gilberto Maringoni, Luiz Gê, Rafael Campos Rocha e Ronaldo Bressane

Cânone gráfico
Russ Kick (org.)
Tradução de **Magda Lopes e Flávio Aguiar**

Claun
Felipe Bragança
Arte de **Daniel Sake, Diego Sanchez e Gustavo M. Bragança**

Último aviso
Franziska Becker (org.)
Tradução de **Nélio Schneider**
Quarta capa de **Laerte**

Este livro é publicado pela primeira vez no Brasil em setembro de 2014, dois anos depois da morte do geógrafo escocês Neil Smith. Orientado por David Harvey em seu PhD na Johns Hopkins University, Smith posteriormente se juntou ao mentor como parte do corpo docente da City University of New York (Cuny), onde foi convocado como apresentador das primeiras gravações do curso de Harvey sobre *O capital* que deram origem a *Para entender O Capital: Livro I* e a este *Para entender O Capital: Livros II e III*, composto em Adobe Garamond Pro, corpo 11/13,5, e reimpresso em papel Luxcream 70 g/m², na gráfica Intergraf para a Boitempo Editorial, em maio de 2015, com tiragem de 4.000 exemplares.